千華數位文化
Chien Hua Learning Resources Network

U0152880

考前充分準備　臨場沉穩作答

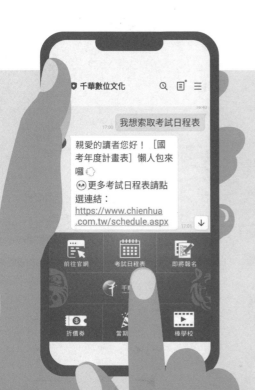

千華 Line@ 專人諮詢服務

☑ 有疑問想要諮詢嗎？
　歡迎加入千華 LINE @！

☑ 無論是考試日期、教材推薦、
　勘誤問題等，都能得到滿意的服務。

☑ 我們提供專人諮詢互動，
　更能時時掌握考訊及優惠活動！

衍生性金融商品
銷售人員資格測驗

■ **辦理依據**：依據「銀行業辦理外匯業務管理辦法」及「銀行辦理衍生性金融商品業務內部作業制度及程序管理辦法」規定辦理。

■ **報名資格**：報名資格不限。

■ **報名費用**：每位應考人報名費用為新台幣550元整（或愛學習點數55點）。

■ **報名方式**
　一、個人報名：一律採個人網路報名方式辦理，恕不受理現場報名。
　二、團體報名：僅適用於同一機構10人（含）以上集體報名，團體報名機構先行統一建檔與繳款。

■ **測驗日期及考區**
　一、測驗日期：依金融研訓院公告日期為主。
　二、考　　區：分為台北、台中、高雄、花蓮等四個考區。

■ **測驗科目、時間及內容**
　一、測驗科目、時間及題型

測驗科目	測驗時間	試題題數	測驗題型及方式
衍生性金融商品概論與實務	90分鐘	60題	四選一單選題，採答案卡作答

　二、測驗科目及內容：
　　(一) 衍生性商品概論（含交易實務、風險管理）
　　(二) 衍生性商品之會計處理
　　(三) 衍生性商品相關法規

■ **合格標準**：本項測驗以成績達70分為合格。

～以上資訊僅供參考，詳細內容請參閱招考簡章～

目　次

作者的話...(3)

第一部分　衍生性商品概論

第一章　概論

重點1　定義與類型 1
重點2　特性與功能 19
精選試題.........................21

第二章　交易實務

重點1　債券 32
重點2　利率衍生性商品.......43
重點3　匯率衍生性商品.......50
重點4　信用衍生性商品.......60
重點5　股權衍生性商品......66
重點6　結構型衍生性商品 ...72
精選試題.........................92

第三章　風險管理

重點1　概論 125
重點2　市場風險 128
重點3　信用風險 133
重點4　流動性風險 137
重點5　作業風險 138
重點6　法律風險 141
精選試題.........................142

第二部分　衍生性商品之會計處理

第一章　衍生性商品會計處理之相關法令及會計準則

重點1　衍生性商品會計處理相關法令及處理原則..........155
重點2　衍生性商品適用之基本會計原則........................157

第二章　衍生性商品之表達與揭露及會計分錄

重點1　衍生性商品之表達與揭露.....................165
重點2　衍生性商品之會計分錄.........................172
精選試題..190

第三部分　衍生性商品相關法規重點

第一章　銀行辦理衍生性金融商品業務內部作業控制及程序

重點1　銀行辦理衍生性金融商品業務內部作業控制
及程序管理辦法 196

重點2　銀行辦理衍生性金融商品自律規範.....................211

重點3　銀行辦理衍生性金融商品業務風險管理
自律規範（104.7.8）................................228

精選試題..231

第二章　銀行業辦理外匯業務管理

重點1　銀行業辦理外匯業務管理辦法 257

重點2　指定銀行辦理外幣保證金交易代客操作業務
管理辦法 280

精選試題..284

第四部分　相關法規彙編

第一章　銀行辦理衍生性金融商品業務內部作業制度及程序管理辦法 ..293

第二章　銀行辦理衍生性金融商品自律規範.......................306

第三章　銀行辦理衍生性金融商品業務風險管理自律規範 321

第四章　銀行業辦理外匯業務管理辦法 324

第五章　指定銀行辦理外幣保證金交易代客操作業務管理辦法........340

第五部分　近年試題及解析

第7期　衍生性金融商品概論與實務....................343

第8期　衍生性金融商品概論與實務....................361

第9期　衍生性金融商品概論與實務....................376

第10期　衍生性金融商品概論與實務...................392

第11期　衍生性金融商品概論與實務...................409

第12期　衍生性金融商品概論與實務...................425

第13期　衍生性金融商品概論與實務...................442

作者的話

衍生性商品係指依附於其他資產標的物上的金融商品，其價值高低取決於其所依附的資產標的物之價值。衍生性金融商品是一種財務工具或契約，其價值是由買賣雙方根據標的資產之價值（如外匯的匯率、股票的價格等）或其他指標如股價指數、物價指數來決定，這些要素的表現將會決定一個衍生工具的回報率和回報時間。

本科出題方向已不若之前的結構型商品難，題型的設計方向，從之前結構型商品想要考生弄懂如何設計結構型商品的考題，轉換為希望考生對衍生性商品有基本的概念及認識，並對現行的法規有所了解。而本書從圖表出發，輔以簡潔好記的文字說明，幫助考生們快速的、有效率的弄懂本科。最後，再配合歷屆考題的詳細解析，讓考生們可以活用所學，檢視學習成果。

以下為各位考生歸納衍生性商品的準備方法：

一、擬定計畫表

擬定讀書計畫表，配合本書，循序漸進。準備考試這條路真的像馬拉松競賽一樣，要比誰有耐力、有恆心，考生們一定要擬定計畫表，持之以恆，相信成功一定會到來的！

二、試題演練

演算題目是測量自己是否吸收的一個很好的方式，所以本書在每個重點後面，均附有試題演練，幫助各位考生熟悉題型外，更可以慢慢累積解題的方法、速度等，對於考試都是很有幫助。最後每個章節念完後，本書在每個章節後面，均附有考題練習，幫助各位考生了解自己對該章節的了解度外，也可幫助各位考生迅速了解最近幾年的命題重點。

(4) 作者的話

三、考前複習及模擬

參加任何考試皆然，考生們一定要在考前一個半月的時間內，挪出一至二星期的時間，配合各章節第一頁所附的學習地圖，快速的複習重點，並配合試題來模擬演練，以讓自己的記憶保持在最佳狀態。

總而言之，只有計畫性的讀書計畫，並持之以恆，才能得到勝利的甜美果實，祝各位考生金榜題名。

參考資料來源

1. 風險管理理論與方法，財團法人台灣金融研訓院，台北。
2. 行政院金融監督管理委員會網站連動債專區。
3. 證券暨期貨發展基金會結構型商品專區。
4. 證券市場-理論與實務，財團法人中華民國證券暨期貨市場發展基金會，台北。
5. 財務會計準則第34號公報。
6. 財務會計準則第36號公報。

第一部分 衍生性商品概論

第一章　概論

頻出度 **C**　依據出題頻率分為：**A** 頻率高 **B** 頻率中 **C** 頻率低

> 概論是後續章節的基礎，在準備此處內容務必抱持著打地基的想法，先建立基本概念，概論的出題方向皆是以概念題為主，是基本分數，請務必掌握。

重點 1　定義與類型

一、衍生性金融商品定義

所謂「衍生性金融商品」是指依附於其他資產標的物上的金融商品，其價值高低取決於其所依附的資產標的物之價值；換言之，係由傳統或基礎金融市場的商品，如外匯、債券、股票、短期票券等現貨市場商品所衍生出來的金融商品，例如選擇權、權證、各種指數（股票指數、消費者物價指數以及天氣指數）等。

> **知識補給**
> - 衍生性金融商品意指依附在金融商品上所衍生出另一種型態之商品。
> - 共同基金並非衍生性金融商品。

更具體地說，衍生性金融商品是一種財務工具或契約，其價值是由買賣雙方根據標的資產的價值（如外匯的匯率、短期票券的利率及股票的價格等）或其他指標如股價指數、物價指數來決定，這些要素的表現將會決定一個衍生性工具的回報率和回報時間。對衍生性金融商品工具進行買賣的投資者必須十分謹慎小心，嚴格控管風險，因為造成的損失有可能大於投資者最初所投資的資金。

二、衍生性金融商品類型

衍生性商品的種類相當繁多，一般將衍生性商品分成**基本四類：遠期契約、期貨、選擇權及交換**。這四種基本的衍生性商品，有人稱之為基石或積木（building block），就好像許多積木的堆積是幾種基本的積木堆積而成的，許多新的衍生性商品也都是由這四種基本衍生性商品組合而成。以下將簡單介紹這四種基本的衍生性商品。

(一) 遠期契約（Forwards）

一種在今日約定於未來特定時日交易特定標的物的契約，契約的買方同意在未來約定時日，支付一定金額，以交換賣方特定數量的商品、通貨或利息支付方式。雖遠期契約與其他三種工具在風險管理的功能上重複，但卻因契約條件較具彈性，能夠滿足部分交易者的特殊需求，因此在金融市場中仍占有一席之地。

(二) 期貨契約（Futures）

期貨契約與遠期契約同樣是買賣雙方約定在未來某一特定時日，以特定價格，買賣特定數量商品的交易行為，但兩者最大的不同在於期貨契約交易標的物已經過**標準化**，買賣雙方除價格外幾無任何彈性協議空間，不過也**正因為它是經過標準化的金融商品，透過交易所的居間撮合可以節省許多搜尋交易對手的成本**，而使其交易量迅速擴大，成為國際金融市場中不可或缺的基本金融商品。期貨可以分為「商品期貨」和「金融期貨」兩大類。

1. **商品期貨**（Commodity Futures）：
   (1) **農業期貨**：農業產品期貨契約種類極多，有穀物、黃豆、玉米、生豬、牛腩及棉花等。
   (2) **金屬期貨**：此種期貨又可分為貴金屬期貨（如黃金、白銀）及基本金屬（又稱有色金屬）期貨，如銅、鋁等期貨契約。
   (3) **能源期貨**：此類契約以石油為主，又擴展至石油產品，如燃油、汽油契約等。
   (4) **軟性期貨**：咖啡、可可、糖等特殊經濟作物期貨。

2. **金融期貨**（Financial Futures）：
   金融期貨是指期貨交易的標的物為金融工具，如外匯、債券和股價指數期貨。金融期貨標的物之現貨市場通常非常活絡、流動性很高，且金融工具沒有儲存成本，不像一般商品儲存成本較高。可分為：
   (1) **利率期貨**（Interest Rate Futures）：是指買賣雙方約定在未來某一特定期間或日期，以某一特定利率在市場買賣利率商品之契約，分為短期與長期利率期貨兩種，短期利率期貨以歐洲美元期貨和美國國庫券期貨（T-Bill Futures）為主；長期利率期貨則以美國中期公債期貨（T-Note Futures）和長期公債期貨（T-Bond Futures）為大宗。

(2) **外匯期貨**（Foreign Exchange Futures）：買賣雙方約定在未來某一特定期間以彼此同意之匯率，**以約定之某種貨幣交換另一種貨幣的契約**。如美元、英鎊、日圓及歐元期貨等。

(3) **股價指數期貨**（Stock Index Futures）：買賣雙方約定在未來某一特定期間依照彼此同意之價格買進或賣出以股價指數為標的之金融期貨，此種期貨通常以現金來交割。股價指數期貨之價格比利率期貨的價格更難決定，因為股價指數組合的價格會受到股票支付股利的影響，但是指數組合並不會配得股利。因此，股價指數期貨的價格必須扣除期貨到期前預期股利的現值。例如臺灣的臺指期貨、新加坡的摩根臺指期貨、美國的S&P500指數等，均有期貨可供交易。

觀念補給站

股價指數期貨與股票的比較：

項目	股票	股價指數期貨
交易標的	股票	股價指數
目的	籌資、投資、投機	避險、套利、投機
籌碼限制	公司流通在外股數	無
到期限制	無到期日	有到期日
所需資金	現金交易：100% 融資交易：40%	僅需契約總值3%~10%的保證金
財務槓桿	較小	較大
股利	有	無
操作靈活性	較不靈活	較靈活
每日結算	不需要每日結算	必須每日進行結算，交易人帳戶保證金淨額必須高於維持保證金。

(三) **選擇權**（Options）

1. **定義**：選擇權是一種契約，其買方有權利但沒有義務，在未來的特定日期或之前，以特定的價格購買或出售一定數量的標的物。選擇權之賣方，於買方要求履約時，有依選擇權約定履行契約之義務。

2. **選擇權的買方和賣方**

(1) **選擇權買方有權利但無義務履約，期初需先付出權利金。**

(2) **選擇權賣方期初收取買方支付的權利金，當買方要求履約時，有義務依約履行。為防止有違約之虞，故賣方需繳交保證金。**

3. **選擇權的分類**

(1) **依權利型態區分**：可分為買權（Call Option）及賣權（Put Option）。

買權 Call	是指該權利的買方有權在約定期間內，以履約價格買入約定標的物，但無義務一定要執行該項權利；而買權的賣方則有義務在買方選擇執行買入權利時，依約履行賣出標的物。
賣權 Put	是指該權利的買方有權在約定期間內，以履約價格賣出約定標的物，但無義務一定要執行該項權利；而賣權的賣方則有義務在買方選擇執行賣出權利時，依約履行買進標的物。

(2) **依履約期限區分**：可分為美式選擇權及歐式選擇權。

美式選擇權 American Option	美式選擇權的買方有權在合約到期日前的任何一天要求行使買入或賣出的權利。
歐式選擇權 European Option	歐式選擇權的買方必須於合約到期日當日方可行使買入或賣出的權利。

4. **選擇權的履約時機**：歐式選擇權的買方有權於到期日時，依市場情況來決定是否執行選擇權利，而決定是否執行的關鍵在於選擇權的到期履約價值。當到期履約價值大於零，交易人執行權利是有利的；反之，到期履約價值小於零，交易人執行權利將會有所損失，所以不具執行價值。以下將就「買進買權」及「買進賣權」兩種形態的履約時機分別說明。

知識補給

亞式期權又稱為平均價格期權，是股票期權的衍生，與標準期權的區別在於：在到期日確定期權收益時，不是採用標的資產當時的市場價格，而是用期權契約期內某段時間標的資產價格的平均值，這段時間被稱為平均期。在對價格進行平均時，採用算術平均或幾何平均。

滿分公式

各類型之選擇權其權利金由低至高：
亞式＜歐式＜美式。

(1) **買進買權（Long Call）**：買入買權者通常是對市場未來趨勢看漲而希望能在未來以低於市價的價格（即選擇權履約價）買入標的物。買權的內含價值計算公式為：標的物市價－（選擇權履約價）－選擇權權利金。所以當標的物市價上揚，致其內含價值大於／等於零時，選擇權買方執行權利是有利的。

(2) **買進賣權（Long Put）**：買入賣權（Long Put Option）者通常是對市場未來趨勢看跌而希望能在未來以高於市價的價格（即選擇權履約價）賣出標的物。賣權的內含價值計算公式為：即選擇權履約價－（標的物市價）－選擇權權利金。所以當標的物市價下跌時，致其內含價值大於／等於零時，選擇權買方執行權利是有利的。

5. **選擇權買賣雙方之權利及義務：**

	買方	賣方
權利	有執行契約的權利	無權利
義務	無義務	有義務
權利金	買方支付	賣方收取
最大損失	權利金	無限
最大獲利	無限	權利金
履行契約	有決定權	賣方無法要求買方履約

6. **選擇權的價值**：選擇權的價值就是選擇權的價格，可以分解成「內含價值」及「時間價值」。

(1) **內含價值**：內含價值又稱為履約價值，係指立即履約所能得到之報償，由於選擇權持有人擁有履約的權利而非義務，如果執行履約卻無利可圖，持有人將不會履行權利，因此，內含價值不可能為負數，其最小值為0。

(2) **時間價值**：「時間價值」係指在到期日之前，選擇權有可能因股價波動而產生更大的內含價值，因此，這段可供等待獲利的時間具有價值。換言之，距到期日愈長，可供選擇權持有人等待的時間也愈長，相對地，獲利機會也愈多，時間價值自然愈大，但隨著時間消逝，時間價值也會日趨減小。由於選擇權具有時間價值，如果我們觀察在市場交易的選擇權，可以發現即使是價外選擇權，只要在到期日之前，其價格均會大於0。

(3) **圖形分析**：圖一是以選擇權為例來說明選擇權價值之結構，圖中虛線表示選擇權的價值，實線表示選擇權的內含價值，而虛線與實線的差距即為時間價值。

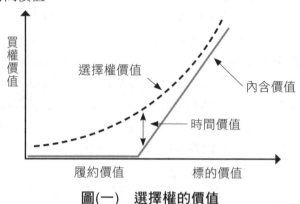

圖(一)　選擇權的價值

(4) **公式**：另可將選擇權價值利用下面的數學式表示，其中S表示標的價格，K表示履約價格：

> 選擇權價值＝內含價值（Intrinsic Value；IV）＋時間價值（Time Value；TV）。
> 選擇權價值＝IV＋TV
> Call權利金＝Max（S－K,0）＋TV
> Put 權利金＝Max（K－S,0）＋TV

在市場中，我們往往很容易知道選擇權價值及內含價值，所以，欲求時間價值，即是利用選擇權價值減去內含價值即可。舉例而言，標的證券為統一的倍利11，履約價格為14.04元，在12月4日當天，選擇權收盤價為1.40元，統一股價為14元小於履約價格，所以內含價值為0，時間價值即為1.40元（1.40-0＝1.40）。

7. **履約價與市價的關係**：價內／價平／價外

(1) **概念**

價內	In The Money，簡稱ITM。指履約價優於市價，有內含價值。
價平	At The Money，簡稱ATM。指履約價等於市價，無內含價值。
價外	Out of The Money，簡稱OTM。指履約價劣於市價，無內含價值。

(2) **買權**

價內	履約價＜現貨價（低價買進）
價平	履約價＝現貨價
價外	履約價＞現貨價

(3) **賣權**

價內	履約價＞現貨價（高價賣出）
價平	履約價＝現貨價
價外	履約價＜現貨價

8. **選擇權策略應用**

(1) **買進買權（Long Call Option）：**

適用時機預期	預期盤勢大漲時
最大損失	支付之權利金
最大利潤	無限
損益平衡點	履約價＋權利金點數

範例 操作方式：買進一口4月到期，履約價為6500，權利金為260點的買權。

損益圖：

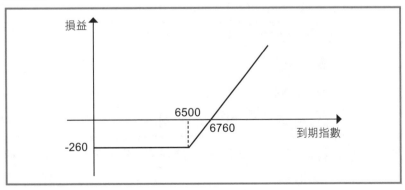

最大損失：260點

最大利潤：無限

損益平衡點：指數在6760點時

(2) **買進賣權**（Long Put Option）：

適用時機預期	預期盤勢大跌時
最大損失	支付之權利金
最大利潤	無限
損益平衡點	履約價－權利金點數

範例 操作方式：買進一口4月到期，履約價為6500，權利金為240點的賣權。

損益圖：

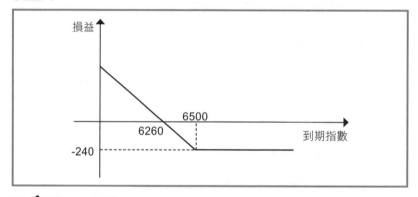

最大損失：240點

最大利潤：無限

損益平衡點：指數在6260點時

(3) **賣出買權**（Short Call Option）：

適用時機預期	預期盤勢小跌時
最大損失	無限
最大利潤	收取之權利金
損益平衡點	履約價＋權利金點數

範例 操作方式：賣出一口4月到期，履約價為6500，權利金為260點的買權。

損益圖：

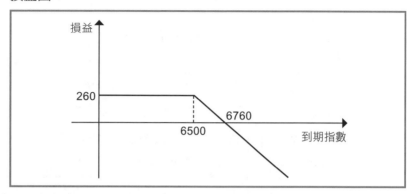

最大損失：無限
最大利潤：260點
損益平衡點：指數在6760點時

(4) **賣出賣權**（Short Put Option）：

適用時機預期	預期小漲時
最大損失	整個標的物價值－權利金
最大利潤	收取之權利金
損益平衡點	履約價－權利金點數

範例 操作方式：賣出一口4月到期，履約價為6500，權利金為240點的
賣權。
損益圖：

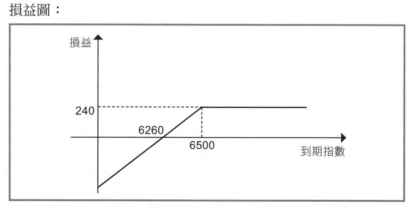

最大損失：6260點（指數跌至0時）
最大利潤：240點
損益平衡點：指數在6260點時

(5) **多頭價差（Bull Spread）：**

作法一：

買入低履約價買權＋賣出高履約價買權，此方式完全利用買權組成多頭價差，於期初為淨支出，故不用付出保證金，成本較低。

適用時機預期	預期小漲，但僅願承擔有限風險
最大損失	買進買權支付之權利金－賣出買權收取之權利金
最大利潤	（高履約價－低履約價）×50－投資成本
損益平衡點	低履約價＋（買進買權權利金點數－賣出買權權利金點數）

範例 操作方式：買進一口4月到期，履約價為6500，權利金為260點的買權；賣出一口4月到期，履約價為6600，權利金為220點的買權。

損益圖：

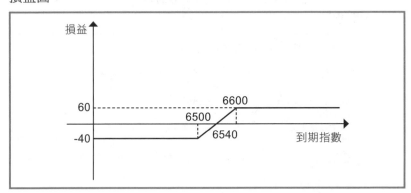

最大損失：40點

最大利潤：60點

損益平衡點：指數在6540點時

作法二：

買入低履約價賣權＋賣出高履約價賣權，此方式完全利用賣權組成多頭價差，於期初有淨收入，故需付出保證金，成本較高，但在接近到期日時，時間價值減損較快，應用此策略較適合。

適用時機預期	預期小漲，但想獲取權利金收入
最大損失	（高履約價－低履約價）×50－（賣出賣權權利金－買進賣權權利金）

最大利潤	賣出賣權收取權利金－買進賣權支付權利金
損益平衡點	高履約價－（賣出賣權權利金點數－買進賣權權利金點數）

範例 操作方式：買進一口4月到期，履約價為6500，權利金為240點的賣權；賣出一口4月到期，履約價為6600，權利金為260點的賣權。

損益圖：

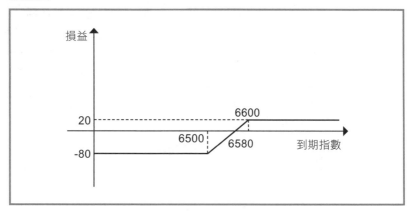

最大損失：80點

最大利潤：20點

損益平衡點：指數在6580點時

(6) **空頭價差**（Bear Spread）：

作法一：

買入高履約價買權＋賣出低履約價買權，此方式完全利用買權組成空頭價差，於期初有淨收入，故需付出保證金，成本較高，但在接近到期日時，時間價值減損較快，應用此策略較適合。

適用時機預期	預期小跌，但想獲取權利金收入
最大損失	（高履約價－低履約價）×50－（賣出買權權利金－買進買權權利金）
最大利潤	賣出買權權利金－買進買權權利金
損益平衡點	低履約價＋（賣出買權權利金點數－買進買權權利金點數）

範例 操作方式：買進一口4月到期，履約價為6600，權利金為220點的
買權；賣出一口4月到期，履約價為6500，權利金為260點的買權。
損益圖：

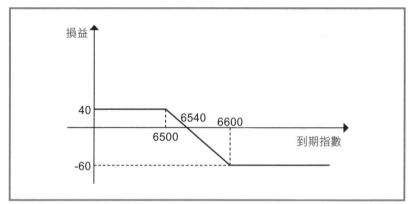

最大損失：60點
最大利潤：40點
損益平衡點：指數在6540點時

作法二：
買入高履約價賣權＋賣出低履約價賣權，此方式完全利用賣權組成空
頭價差，於期初為淨支出，故不用付出保證金，成本較低。

適用時機預期	預期市場小跌，但僅願承擔有限風險
最大損失	買進賣權權利金－賣出賣權權利金
最大利潤	（高履約價－低履約價）×50元－（買進賣權權利金－賣出賣權權利金）
損益平衡點	高履約價－（買進賣權權利金點數－賣出賣權權利金點數）

範例 操作方式：買進一口4月到期，履約價為6600，權利金為280點的
賣權；賣出一口4月到期，履約價為6500，權利金為260點的賣權。

損益圖：

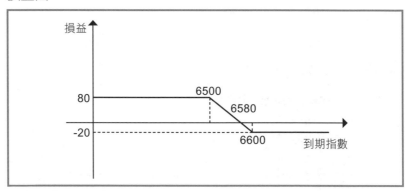

最大損失：20點

最大利潤：80點

損益平衡點：指數在6580點時

(7) **買進跨式**（Long Straddle）：

適用時機預期	預期標的物大漲或大跌時
最大損失	買進買權權利金＋買進賣權權利金
最大利潤	無限
損益平衡點	履約價＋（買進買權權利金點數＋買進賣權權利金點數）或履約價－（買進買權權利金點數＋買進賣權權利金點數）

範例 操作方式：買進一口4月到期，履約價為6500，權利金為260點的買權；買進一口4月到期，履約價為6500，權利金為260點的賣權。

損益圖：

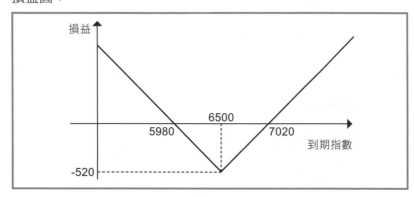

最大損失：520點

最大利潤：無限

損益平衡點：指數在5980點或7020點時

(8) **賣出跨式**（Short Straddle）：

適用時機預期	預期市場盤整時
最大損失	無限
最大利潤	賣出買權權利金＋賣出賣權權利金
損益平衡點	履約價＋（賣出買權權利金點數＋賣出賣權權利金點數）或履約價－（賣出買權權利金點數＋賣出賣權權利金點數）

範例 操作方式：賣出一口4月到期，履約價為6500，權利金為260點的買權；賣出一口4月到期，履約價為6500，權利金為260點的賣權。
損益圖：

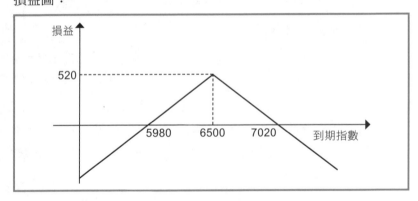

最大損失：無限

最大利潤：520點

損益平衡點：指數在5980點或7020點時

(9) **買進勒式**（Long Strangle）：

適用時機預期	預期標的物大漲或大跌時
最大損失	買進買權權利金＋買進賣權權利金

最大利潤	無限
損益平衡點	損益平衡點：高履約價＋（買進買權權利金點數＋買進賣權權利金點數）或低履約價－（買進買權權利金點數＋買進賣權權利金點數）

範例 操作方式：買進一口4月到期，履約價為6600，權利金為240點的買權；買進一口4月到期，履約價為6400，權利金為240點的賣權。

損益圖：

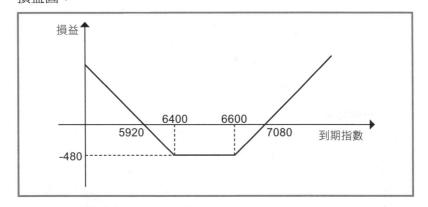

最大損失：480點

最大利潤：無限

損益平衡點：指數在5920點或7080點時

(10) 賣出勒式（Long Strangle）：

適用時機預期	預期市場盤整時
最大損失	無限
最大利潤	賣出call權利金＋賣出put權利金
損益平衡點	高履約價＋（賣出（call）權利金點數＋賣出（put）權利金點數）或低履約價－（賣出（call）權利金點數＋賣出（put）權利金點數）

範例 操作方式：賣出一口4月到期，履約價為6600，權利金為240點的買權；賣出一口4月到期，履約價為6400，權利金為240點的賣權。

損益圖：

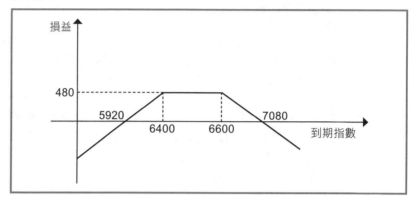

最大損失：無限
最大利潤：480點
損益平衡點：指數在5920點或7080點時

7. **新式選擇權：**

數位選擇權	數位選擇權（Digital Option），又稱為二項式選擇權，是指當標的資產價格滿足履約價格的水準時，則數位選擇權的投資人將可獲得固定金額的報酬；反之，若標的資產價格的表現不如預期，則投資人損失為原先購買選擇權所支付的權利金。數位選擇權的最高收益已被鎖定。
百慕達選擇權	所謂百慕達選擇權（Bermuda Option），是指投資人可以在到期日前幾個特定時間點，以履約價格買進或賣出標的資產的選擇權。百慕達選擇權雖然和美式選擇權一樣可在到期前執行履約，不過僅限於幾個特定時間點，因此在可執行履約時間點的頻率比較，百慕達選擇權可說是介於歐式與美式選擇權之間。
複合選擇權	所謂複合選擇權，就是選擇權的選擇權，也就是複合選擇權的標的物為另一選擇權。當投資人執行複合選擇權時，將會買進或賣出另一個選擇權。複合選擇權係以選擇權為標的資產之選擇權與一般選擇權比較，複合選擇權提供投資人更多的權利來決定是否投資某標的資產。

後付選擇權	後付選擇權（Pay-Later Option），又稱條件選擇權，指投資人在買進此選擇權時並不需支付權利金，只在契約到期時，若選擇權處於價內的狀態，持有選擇權的投資人才須支付權利金。而若到期時選擇權處於價外，則投資人不須支付任何權利金，同時可放棄該選擇權。
延遲付款選擇權	延遲付款選擇權又稱波士頓選擇權（Boston Option），延遲付款選擇權是在到期日時，不論選擇權是處於價內或是價外的狀態，都必須支付權利金。延遲付款選擇權與一般選擇權的差異僅是權利金支付的時間點為到期日，而其主要功能便是節省投資人的交易成本。
次方選擇權	次方選擇權（Power Option）是指將標的資產價格予以次方來計算履約價值的選擇權。次方選擇權的報酬與波動性擴大。

(四) 交換契約（Swaps）

交換是一種以物易物的互利行為，運用在金融工具的操作上，乃是指兩個或兩個以上的經濟個體（銀行或企業）在相互約定的條件（包括幣別、金額、期間、計息方式、利率及匯率）下，將握有的資產或負債與對方交換的契約。

> **知識補給**
> 交換期貨選擇權
> ＝交換合約＋期貨契約
> ＋選擇權

依其標的資產的不同，可分為通貨交換、利率交換、換匯等多種，金融交換交易與遠期交易相同，是在店頭市場上進行的，以簽訂契約完成。交換契約一般可分為利率交換契約、貨幣交換契約、商品交換契約以及權益交換契約等。分述如下：

1. **利率交換契約（interest rate swap）**：是交易雙方約定在未來的某一期限內，彼此交換一連串不同的利息支付契約。一般稱固定利率與浮動利率的交換為單純利率交換（plain vanilla interest rate swap）。利率交換除了可以規避浮動利率風險，也可以經由比較利益降低借款成本。
   (1) **作為銀行機構管理利率風險的工具**：銀行機構或是保險公司可以藉由利率交換來縮小利率敏感性資產和利率敏感性負債的差距（gap）。
   (2) **作為企業改變其資產收益方式或是負債融資方式的工具**：譬如公司資產中已經擁有浮動利率債券，如果預期未來利率會下跌，公司可以進行一個利率交換，將資產的收益由浮動的利率轉變為固定的收益。

2. **貨幣交換契約**（currency swap）：又稱通貨交換，指雙方約定在期初交換兩種不同的貨幣（例如美元與歐元），而在期中交換所得到貨幣之利息支付，到期末再換回兩種不同的貨幣。

3. **商品交換契約**（commodity swap）：商品交換是一方交付另外一方浮動商品的價格乘以名目數量，而由另外一方收到固定商品的價格乘以名目數量。

4. **權益交換契約**（equity swap）：是另外一種形式的交換契約，指雙方約定在未來的一段時間，依名目本金由一方支付另外一方股價指數或股票的報酬，而另外一方則支付對方固定利率或者是浮動利率。

經典範題

( ) **1** 下列何者之交易行為，符合「買方在支付權利金之後便對賣方擁有以特定價格買進（或賣出）特定數量商品的權利，而賣方於收取權利金後須負應賣（或應買）的義務」之描述？ (A)遠期契約（Forward Contracts） (B)期貨契約（Futures Contracts） (C)交換契約（Swap Contracts） (D)選擇權（Option Contracts）。 【第6期結構型商品銷售人員】

( ) **2** 有關金融期貨與遠期契約之差異，下列敘述何者錯誤？ (A)信用風險：前者由清算所負擔，後者由買賣雙方負擔 (B)交割方式：前者為到期前反向平倉，後者為到期時實質交割 (C)交易地點：前者為交易所，後者為店頭市場 (D)價格形成：前者為議價，後者為競價。 【第6期結構型商品銷售人員】

解答與解析

1 (D)。選擇權（Options Contracts）乃是一種合約，買方有權利在未來某一特定期間內，以事先議定好的價格〔履約價格（Exercise Price）〕向賣方買入或賣出某一特定數量的標的資產。

2 (D)。遠期契約：由買賣雙方自行議價。期貨契約：在交易場內公開競價。

重點 **2** 特性與功能

一、衍生性金融商品特性

(一)**財務槓桿大**：衍生性金融商品交易，大多無需交割本金，只需支付較小金額的保證金或權利金，且可採淨額交割，投資人無須大量資金成本即可承作衍生性金融商品，此種槓桿倍數之運用，強化了企業資金運用之效率。

(二)**風險高**：由於財務槓桿大之特性，企業常常可以在極短時間內賺取數倍的利潤，但相對地操作不當亦會造成鉅額之損失。

(三)**產品複雜、評價不易**：相對於傳統金融商品，衍生性金融商品複雜程度較高且不易瞭解，如結構式商品就是衍生性金融商品複雜結構的例子，這類與標的物交互組合構成或衍生出來的衍生性金融商品，不但種類多且複雜。

(四)**交易策略繁多，風險難以衡量**：衍生性金融商品的交易策略繁多，風險不易衡量，加以結構式商品蓬勃發展，投資人可以選擇的商品種類越來越多，亦越來越複雜。

(五)**資產負債表外交易**：衍生性商品交易一般不列入資產負債表內，而以表外加以註解說明。由於衍生性商品的交易一般均沒有實體，不影響資產及負債，而且OTC的交易也沒有公平市價可衡量，所以操作衍生性商品之盈虧金額即發生的時點比較難以衡量及認定。由於公司行號所交易之衍生性商品情形，並無法由財務報表完全揭露，因此無論公司的股東、債權銀行或金融監理機構，常常無法完全了解這些衍生性商品的潛在風險。

二、衍生性金融商品之功能

(一)**作為風險管理的工具**：衍生性商品最早開始的目的便是作為風險管理（risk management）之用。譬如台灣的進口商可以買入遠期美元，以規避美元升值、新台幣貶值的損失，因此衍生性商品最初的目的大都是在避險（hedging）。但是也有交易者在沒有現貨的情形下，買賣衍生性商品而承擔風險，就是所謂的投機（speculating）。也就是說，避險者或不想承擔風險的投資人，可藉由衍生性商品把風險移轉給願意承擔風險的投機者，因此衍生性商品可作為風險管理之用。

(二)**具有交易上的優勢**：衍生性金融商品降低金融市場的訊息成本與交易成本，使得金融市場更為健全，對市場參與者存在外部利益，因此無論是資金需求者、投資者或銀行證券商等皆可透過衍生性金融商品的交易獲得衍生性金融商品所帶來之優勢。資金需求者可以透過中介機構來降低取得資金的成本。因資金成本較低，衍生性金融商品交易量的增加使金融市場的交易成本下降，交易之流動性增加。

(三)**具有價格發現的功能**：透過交易所喊價的方式，提供現貨市場上的交易商許多指標，如未來利率、匯率及物價膨脹率的可能走勢，也就是說現貨價格變動，使衍生性金融商品價格跟著改變，因此現貨市場價格的訂定就是未來現貨價格的參考依據。而此一價格已充分反映了期貨契約基礎資產現在及未來的需求和供給，這就是期貨市場上所謂發現價格的功能，又稱之為市場發現真實均衡價格的能力。

(四)**促進市場效率及完整性**：由於衍生性商品的價格和現貨商品的價格存在一定的關係，如果兩者的關係不符合理論價格，便存在套利機會。而套利的結果將會使價格快速調整到合理的價位，直到沒有套利機會為止，因此可以促進市場效率。另外，由於衍生性商品的種類非常多，而交易策略也相當多，因此可以提供投資者許多不同的風險與報酬的組合，適合各種不同的風險需求者，使金融市場的產品更加完整。

經典範題

(　　) **1** 有關衍生性商品特性的敘述，何者有誤？　(A)付現成本極低　(B)通常以附註方式在財務報表上表達　(C)多屬零和遊戲　(D)信用風險低。

(　　) **2** 衍生性商品具有下那那些功能？　(A)風險管理　(B)具有交易上的優勢　(C)促進市場效率及完整性　(D)以上皆是。

解答與解析

1 (D)。信用風險（Credit risk）是指交易對手未能履行約定契約中的義務而造成經濟損失的風險。衍生性商品的信用風險高。選項(D)有誤。

2 (D)。衍生性金融商品之功能：
(1)作為風險管理的工具。　　(2)具有交易上的優勢。
(3)具有價格發現的功能。　　(4)促進市場效率及完整性。

精選試題

( ) **1** 外匯期貨契約類似銀行之遠期外匯市場交易，請問下列敘述何者錯誤？ (A)外匯期貨有標準的契約數量，遠匯市場則無 (B)外匯期貨市場流動性較高，遠匯市場流動性較低 (C)外匯期貨保證金收取交易金額7%，遠匯市場則為5%保證金 (D)外匯期貨以集中市場交易，遠匯市場則在各銀行間交易。 【第2期衍生性金融商品銷售人員】

( ) **2** 有關衍生性商品之特性，下列敘述何者錯誤？
(A)付現成本極低
(B)通常以附註方式在財務報表上表達
(C)多屬零合遊戲
(D)信用風險低。

( ) **3** 下列何者係指「買方有權利（但無義務）在選擇權到期時選擇是否執行『支付固定利息，收取浮動利息』的利率交換」？
(A)遠期交換（Forward Swaps）
(B)利率交換期貨賣權（Put Option on Interest Rate Swap Futures）
(C)利率交換（Interest Rate Swap）
(D)支付（固定利率）者交換權（Payers Swaption）。

( ) **4** 信用交換契約是以下列何者為其標的資產？ (A)公司的信用事件 (B)公司的信用等級 (C)公司股價被市場接受的程度 (D)公司股價的高或低。

( ) **5** 第一個正式出現在交易所交易的金融期貨是何者？
(A)日本稻米期貨
(B)利率期貨
(C)股價指數期貨
(D)外匯期貨。 【第11期結構型商品銷售人員】

( ) **6** 選擇權之類型中，何者係指「買方有以特定價格買進特定數量商品之權利，而賣方有應賣的義務」？ (A)買權（Call Option） (B)賣權（Put Option） (C)交換選擇權（Swaption） (D)交換契約（Swap Contract）。

( ) **7** 有關觸及失效選擇權的投資概念，下列何者錯誤？ (A)上漲失效買權投資時機為投資人認為標的資產價格將上漲，但不會超過上限價格 (B)下跌失效買權投資時機為投資人認為標的資產價格將上漲，且就算下跌也不會低於下限價格 (C)下跌失效賣權的最大風險為下限價格與履約價格的差距 (D)上限價格對上漲失效賣權而言，是種懲罰機制，當投資人看錯方向且偏離太遠時，將強制提前出局。 【第10期結構型商品銷售人員】

( ) **8** 期貨的價格變動往往領先現貨價格的變動，此為衍生性商品之何項功能？ (A)風險管理 (B)價格發現 (C)促進市場效率及完整性 (D)具投機交易上之優勢。 【第10期結構型商品銷售人員】

( ) **9** 有關交換期貨（Swaps Futures）之敘述，何者錯誤？ (A)是為交換契約 (B)是為期貨契約 (C)標的物是利率交換契約 (D)避險功能幾乎與「遠期交換」相同。 【第10期結構型商品銷售人員】

( ) **10** 台灣市場上所稱之「連動債」或「結構債」在本質上是屬於哪一種？ (A)外幣存款 (B)外幣債券 (C)衍生性證券 (D)固定收益證券。 【第9期結構型商品銷售人員】

( ) **11** 衍生性證券的價值是由何者所決定？ (A)市場供需 (B)標的資產 (C)買方 (D)賣方。 【第9期結構型商品銷售人員】

( ) **12** 有關「界限選擇權」之敘述，下列何者錯誤？ (A)存續效力不受標的資產臨界價格影響 (B)界限選擇權較一般選擇權便宜 (C)約定期間內，標的資產價格觸及預設的界限價格，則選擇權可能立刻生效或失效 (D)界限選擇權可分成觸及生效選擇權及觸及失效選擇權。 【第9期結構型商品銷售人員】

( ) **13** 有關金融期貨與遠期契約之敘述，下列何者錯誤？ (A)兩者均是於未來於特定時日，以特定價格交割特定數量商品之交易行為 (B)期貨交易之信用風險係由買賣雙方負擔 (C)兩者相較之下，遠期契約的流動性欠佳 (D)遠期契約於到期時需為實質交割。 【第9期結構型商品銷售人員】

( ) **14** 就期貨價格和現貨價格的變動而言，下列何者具有領先變動的
特性？ (A)期貨價格 (B)現貨價格 (C)同時變動 (D)視情
形而定。 【第8期結構型商品銷售人員】

( ) **15** 選擇權之類型中，下列何者係指「買方有以特定價格賣出特定數量
商品之權利，而賣方有應買的義務」？
(A)買權（Call Option）
(B)賣權（Put Option）
(C)交換選擇權（Swaption）
(D)交換契約（Swap Contract）。

( ) **16** 出口商預期六個月後有美元貨款收入，為規避未來美元貶值的
風險，故承作賣出六個月期的遠期美元。請問承作該交易係反
應衍生性商品的何項功能？ (A)風險管理的功能 (B)投機交
易上的優勢 (C)價格發現的功能 (D)促進市場效率及完整性
的功能。 【第8期結構型商品銷售人員】

( ) **17** 下列衍生性金融避險工具中，最早被應用為避險工具者為
何？ (A)遠期契約 (B)期貨契約 (C)交換契約 (D)選擇
權契約。 【第8期結構型商品銷售人員】

( ) **18** 下列衍生性商品的特性中，何者係指投資人只須在訂約時支付較少
的現金，即可承作數倍名目本金之衍生性商品交易，即有「以小博
大」的意思？ (A)表外交易 (B)槓桿操作 (C)零合遊戲 (D)高
科技金融商品。 【第7期結構型商品銷售人員】

( ) **19** 甲公司預期三個月後利率將上升，為規避此利率風險，請問甲公司
可承作下列哪一項衍生性商品？
(A)買入收取（固定利率）者交換權（Receiver Swaption）
(B)「支付固定利息，收取浮動利息」的遠期交換（Forward Swaps）
(C)「收取固定利息，支付浮動利息」的交換期貨（Swap Futures）
(D)賣出支付（固定利率）者交換權（Payer Swaption）。
【第7期結構型商品銷售人員】

（　　）**20** 有關外幣選擇權的商品特性，下列敘述何者錯誤？　(A)選擇權較其他衍生性商品複雜，但有利於商品設計人員依投資人的特殊偏好量身訂做投資商品　(B)相對其他商品如利率商品、信用衍生性商品，外幣選擇權市場流動性較低、價格透明度亦較低　(C)外幣組合式定存應可以與其他衍生性商品結合，如與期貨、利率等商品結合，但考量流動性以及投資人接受度，目前為止多與選擇權結合者居多　(D)早期選擇權評價難度極高，但現在資訊普及的前提下，評價模型較為普及，價格透明度已較以前高。　　【第6期結構型商品銷售人員】

（　　）**21** 期貨的交易成本比現貨低，投資者傾向將訊息反應在期貨交易上，因此期貨的價格變動往往領先現貨價格的變動。請問此現象反應衍生性商品具有何項功能？　(A)風險管理的功能　(B)投機交易上的優勢　(C)價格發現的功能　(D)促進市場效率及完整性的功能。　　【第5期結構型商品銷售人員】

（　　）**22** 下列敘述何者錯誤？　(A)雙元組合的結算日需與外幣選擇權結算日一致　(B)一般而言，選擇權到期日前一個營業日為結算日　(C)結算匯率一旦決定，就可以確定存款人是否需把本金轉為連結貨幣　(D)投資人於結算日可確認是否有匯兌損失。　　【第5期結構型商品銷售人員】

（　　）**23** 有關交換選擇權（Swaptions）之敘述，下列何者錯誤？　(A)交換選擇權（Swaptions）標的物亦可為股權交換　(B)交換選擇權之賣出買權者於履約時，係「收取固定利息，支付浮動利息」　(C)交換選擇權之賣出賣權者於履約時，係「收取固定利息，支付浮動利息」　(D)交換選擇權之買入買權者於履約時，係「收取固定利息，支付浮動利息」。　　【第5期結構型商品銷售人員】

（　　）**24** 在衍生性商品的避險應用中，以何者的歷史最為久遠？　(A)遠期契約　(B)期貨契約　(C)交換契約　(D)選擇權契約。

（　　）**25** 交易標的為利率之遠期契約（Forward Contract）係指下列何項衍生性金融商品？　(A)利率交換　(B)遠期外匯　(C)利率選擇權　(D)遠期利率協定。

(　) **26** 下列衍生性商品中,何者是同時在集中市場與店頭市場均可進行交易的「雙棲」衍生性商品? (A)遠期契約 (B)期貨契約 (C)交換契約 (D)選擇權契約。

(　) **27** 下列何者之交易行為,符合「買賣雙方約定在未來某特定時日,以特定價格買賣特定數量商品」之描述? (A)遠期契約(Forward Contracts) (B)交換契約(Swap Contracts) (C)選擇權(Option Contracts) (D)交換選擇權(Swaptions)。

(　) **28** 下列何種交換選擇類型係指「買方可以在選擇權契約到期前的任一時點要求賣方履約」? (A)歐式 (B)美式 (C)亞式 (D)百慕達式。

(　) **29** 有關遠期契約之信用風險,下列敘述何者正確? (A)買方須負擔賣方之信用風險,但賣方不須負擔買方之信用風險 (B)買方須負擔買方之信用風險,但買方不須負擔賣方之信用風險 (C)買賣雙方皆須負擔對方之信用風險 (D)信用風險由清算所負擔。

(　) **30** 下列市場行情的變動,何者使投資人產生或損失? (A)賣出買權,現貨價格下跌 (B)賣出賣權,現貨價格下跌 (C)買入買權,現貨價格上升 (D)賣出賣權,波動率下降。

(　) **31** 甲公司持有10億元固定收益債券,與乙公司簽訂一年期的利率交換契約(名目本金10億元),約定以每季付出5.0%的固定利息,交換90天期的銀行承兌匯票(BA)利息收入。假設第一期的銀行承兌匯票利率為5.2%,因此甲公司之結算金額為何? (A)0元 (B)應收50萬元 (C)應付50萬元 (D)應付100萬元。

(　) **32** 有關選擇權的敘述,下列何者正確? (A)買賣契約成立後,雙方的權利義務均等 (B)買進賣權之一方,負有應賣的義務 (C)賣出買權的一方,負有應賣的義務 (D)買進買權的一方,有賣出的權利。

(　) **33** 遠期交換是一種以下列何者為標的物的遠期契約? (A)選擇權契約 (B)利率交換契約 (C)期貨契約 (D)以上皆非。

(　) **34** 交換期貨選擇權是一種以下列何者為標的物的選擇權? (A)交換合約 (B)交換期貨 (C)選擇權 (D)現貨。

(　) **35** 依據金管會的定義，衍生性金融商品是一種金融交易的合約，其標的資產不包括下列何者？ (A)匯率 (B)利率 (C)可轉換公司債 (D)個股與股價指數。　【第1期衍生性金融商品銷售人員】

(　) **36** 衍生性金融商品不具備下列何種功能？ (A)風險管理 (B)投機交易 (C)促進市場的完整性 (D)管制套利。【第1期衍生性金融商品銷售人員】

(　) **37** 金融交換早期是由下列何種金融商品所衍生出來？
(A)平行貸款和銀行間拆款
(B)銀行間拆款和債券附買回
(C)債券附買回和相互擔保貸款
(D)相互擔保貸款和平行貸款。　【第1期衍生性金融商品銷售人員】

(　) **38** 關於「遠期交換」（Forward Swaps）和「期貨選擇權」（Futures Options），下列敘述何者正確？
(A)遠期交換是一種「遠期契約」，而期貨選擇權是一種「選擇權」
(B)遠期交換是一種「交換」，而期貨選擇權是一種「選擇權」
(C)遠期交換是一種「遠期契約」，而期貨選擇權是一種「期貨」
(D)遠期交換是一種「交換」，而期貨選擇權是一種「期貨」。
　【第1期衍生性金融商品銷售人員】

(　) **39** 下列何項變數的變化不會使買權的價值隨之增加？ (A)到期時間縮短 (B)無風險利率上升 (C)標的物價格波動性升高 (D)標的物價格升高。　【第1期衍生性金融商品銷售人員】

(　) **40** 有關遠期匯率與即期匯率的敘述，下列敘述何者錯誤？
(A)遠期匯率與即期匯率的差額稱為「換匯匯率」（swap rate）
(B)遠期匯率與即期匯率的差額稱為「換匯點」（swap point）
(C)當換匯匯率為正值（>0）時，表示遠期外匯是「升水」（premiun）
(D)當換匯點為負值（<0）時，表示遠期外匯是「升水」（premiun）。
　【第1期衍生性金融商品銷售人員】

(　) **41** 期貨交易中，市價申報與限價申報二者以何種優先撮和？ (A)市價優先 (B)限價優先 (C)優先順序一樣 (D)依輸入時間的先後決定。　【第1期衍生性金融商品銷售人員】

( ) **42** 預期美國聯邦準備理事會將調升存款準備率時，持有大量美元債券型資產的外商銀行若欲快速降低債券存續期間應如何？(A)買入短天期利率衍生性商品 (B)賣出短天期利率衍生性商品 (C)買入長天期利率衍生性商品 (D)賣出長天期利率衍生性商品。 【第1期衍生性金融商品銷售人員】

( ) **43** 何謂「TED spread」？ (A)美國中期政府公債期貨與美國短期政府公債期貨間的利率差距 (B)歐洲美元期貨與美國國庫券期貨間的利率差距 (C)美國長期政府公債期貨與美國13週國庫券期貨間的利率差距 (D)美國一年期定存利率與美國商業本票利率期貨間的利率差距。 【第2期衍生性金融商品銷售人員】

( ) **44** 關於選擇權，下列敘述何者正確？ (A)價外選擇權含有時間價值及內含價值 (B)價外選擇權含有時間價值並無內含價值 (C)價內選擇權含有時間價值並無內含價值 (D)價內選擇權無時間價值亦無內含價值。 【第2期衍生性金融商品銷售人員】

解答與解析

1 (C)。外匯期貨交易實行保證金制度，通常為契約金額的2%～3%，而遠期外匯交易一般不收保證金。選項(C)有誤。

2 (D)。衍生性商品通常具有高度槓桿操作之特性，其價值之波動劇烈且常涉及高度財務風險及資產負債表外風險，衍生性商品的信用風險高。選項(D)有誤。

3 (D)。支付（固定利率）者交換權（Payers Swaption）係指買方有權利（但無義務）在選擇權到期時選擇是否執行「支付固定利息，收取浮動利息」的利率交換。

4 (A)。信用交換合約（CDS）是一種信用衍生商品合約，主要是提供信用風險（Credit Risk）的保護。信用交換契約是以公司的信用事件為其標的之資產。

5 (D)。第一個正式出現在交易所交易的金融期貨是外匯期貨。

6 (A)。買權（Call Option）是指該權利的買方有權在約定期間內，以履約價格買入約定標的物，但無義務一定要執行該項權利；而買權的賣方則有義務在買方選擇執行買入權利時，依約履行賣出標的物。

7 (C)。界限選擇權可分成觸及生效選擇權及觸及失效選擇權，以上限

選擇權為例，當標的物價格上漲超過設定之上限時，則該選擇權將失效，投資人僅可獲得固定之報酬率，此選擇權比較便宜可提高參與率。故界限選擇權在約定期間內，標的資產價格觸及預設的界限價格，則選擇權可能立刻生效或失效，存續效力受標的資產臨界價格影響。選項(C)有誤。

8 (B)。 透過交易所喊價的方式，提供現貨市場上的交易商許多指標，如未來利率、匯率及物價膨脹率的可能走勢，也就是說現貨價格變動，使衍生性金融商品價格跟著改變，因此現貨市場價格的訂定就是未來現貨價格的參考依據。而此一價格已充分反映了期貨契約基礎資產現在及未來的需求和供給，這就是期貨市場上所謂發現價格的功能，又稱之為市場發現真實均衡價格的能力。

9 (A)。 交換期貨在性質上屬於期貨契約之一種，該契約之標的為「金融交換」，其避險功能與「遠期交換」類似，惟交換期貨因係在交易所進行交易，因此具有流動性較高，以及違約風險由交易所承擔之優點。選項(A)有誤。

10 (C)。
(1)「衍生性金融商品」則是由金融商品所衍生出來，包括利率，匯率，貨幣交換，期貨指數等，其標的商品都是一些變動的數字，無法具體化，必須再透過另一種資產才能計算其價值，所以通常都採用

差額結算，也無法直接以實體交割。通常都採用定型化契約，透過特定的交易所作仲介和保證，撮合買賣雙方，由於契約定型，產品的流動性大，參與者眾多。
(2)台灣市場上所稱之「連動債」或「結構債」在本質上即屬於衍生性證券。

11 (B)。
(1)衍生性金融商品是一種附屬性、有限期的契約，其價值會隨著其所依附之證券或資產價值而波動。若契約的價值決定於其基礎資產價格的變動，就謂之衍生性金融商品。衍生性金融商品不是一種實質商品而只是一紙契約，該契約之價值決定於其標的商品價格。
(2)綜上，衍生性證券的價值是由標的資產所決定。

12 (A)。 界限選擇權可分成觸及生效選擇權及觸及失效選擇權，以上限選擇權為例，當標的物價格上漲超過設定之上限時，則該選擇權將失效，投資人僅可獲得固定之報酬率，此選擇權比較便宜可提高參與率。故界限選擇權在約定期間內，標的資產價格觸及預設的界限價格，則選擇權可能立刻生效或失效，存續效力受標的資產臨界價格影響。選項(A)有誤。

13 (B)。
(1)金融期貨與遠期契約兩者均是於未來於特定時日，以特定價

格交割特定數量商品之交易行為。選項(A)正確。

(2) 信用風險（Credit risk）是指交易對手未能履行約定契約中的義務而造成經濟損失的風險。故期貨交易之信用風險係由出售人負擔。選項(B)有誤。

(3) 金融期貨與遠期契約兩者相較之下，遠期契約的流動性欠佳，遠期契約於到期時需為實質交割。選項(C)、(D)正確。

14 (A)。在上漲趨勢中，期貨領先現貨上漲，市場預期心理後勢看好，若基差發散則有助漲力道，若收斂表示漲勢趨緩。在下跌趨勢中，期貨亦領先現貨止跌，市場預期心理後市有撐，若基差發散則有止跌力道，若收斂表示跌勢將趨急。（基差：係指期貨到期日應與期貨價格相同，但未到期日前，因買賣關係使期貨價格高於或低於現貨價格，因此，二者產生價格差異，又稱之期貨與現貨之價差。基差＝現貨－期貨）

15 (B)。選擇權的「賣權（put option）」的定義為，買方有以特定價格賣出特定數量商品之權利，而賣方有應買的義務，持有（買進）賣權的人是對標的物看跌。

16 (A)。出口商預期六個月後有美元貨款收入，為規避未來美元貶值的風險，故承作賣出六個月期的遠期美元，該交易係為避險，故承作該交易係反應衍生性商品的「風險管理的功能」。

17 (A)。衍生性金融避險工具中，最早被應用為避險工具者為「遠期契約」。

18 (B)。「槓桿操作」係指投資人只須在訂約時支付較少的現金，即可承作數倍名目本金之衍生性商品交易，即有「以小搏大」的意思。

19 (B)。「利率交換」（Interest Rate Swap，簡稱IRS）是雙方約定於未來特定周期，就不同計息方式之現金收付定期結算差價的一種契約。舉例來說，假設甲公司持有10億元固定收益債券，因為擔心未來利率上漲的風險，可以與A證券商簽訂二年期的利率交換契約（名目本金10億元），約定以每季付出5.0%的固定利息，交換90天期的銀行承兌匯票（BA）浮動利息收入。假設第一期的銀行承兌匯票利率為5.2%，因此甲公司應收到5.2%的利息收入／付出5.0%的利息費用，沖抵後可向A證券商收取50萬元淨額；反之，如果浮動利率低於5.0%時，則須由甲公司支付A證券商差額。故本題答案為(B)。

20 (B)。相對其他商品如利率商品、信用衍生性商品，外幣選擇權市場流動性較高。

21 (C)。市場的價格係由供需的關係決定。期貨市場以公開的方式進行交易，並且將交易的相關資訊即時傳至各地。在價格變化的資訊充分揭露之下，所有的市場參與者，皆可以完全掌握價格變動的狀況。所以，期貨市場自然的成為了決定商品價

解答與解析

格的場所,成交價格也就成為了買賣的標準。譬如說,意欲買進現貨:則期貨多單先進場,之後買進現貨,以吸引期貨市場之投機性買盤追價,而因此墊高期現貨價格。此為了降低多單進場之原始成本所做的買進過程,所造成對於期現貨市場價格影響的骨牌效應,正符合期貨市場「價格發現」功能的彰顯。

22 (B)。選擇權到期日=結算日、內含價值及時間價值(time value)、最後結算價選擇權是一衍生性商品,交易所會事先公告其各契約的到期日,到了到期日之後此契約消失,也就是在選擇權結算日後視此履約價是否有履約的價值、可轉換成實體商品或現金差價結算;此為必然之規則,無所謂轉倉不出,所謂的轉倉,就是交易二次:平倉後再重新建立新倉。

23 (B)。以利率交換(Interest Rate Swaps;IRS)契約為標的資產的選擇權(Swaption,亦或稱為換利選擇權;Swap Options或Option on Interest Swaps)。選擇權的買方在期初支付權利金予賣方後,有權利在到期日(或於到期日前之任一時點/特定時點)將「履約交換利率」(Strike swap rate,即約定利率交換之固定利率)與「市場交換利率」(Market swap rate)比較,選擇直接以約定之市場交換利率及約定履約交換利率間進行差額交割或依約定之履約交換利率履約承作利率交換交易。選擇權買方依契約種類可選擇成為支付

固定利率的一方(Paye's swaption),或可以選擇成為收取固定利率的一方(Receiver's swaption)。

24 (A)。遠期契約是一種最古老之財金契約,大概已有一百多年的歷史。

25 (D)。交易標的為利率之遠期契約是遠期利率協定。

26 (D)。遠期契約及交換契約只在店頭市場交易,期貨契約只在集中市場交易,選擇權兩種市場皆可。

27 (A)。遠期契約的交易行為,符合「買賣雙方約定在未來某特定時日,以特定價格買賣特定數量商品」。

28 (B)。歐式選擇權是到期日才能履約,亞式選擇權是取一段時點價格平均當作履約價,美式選擇權是到期前任一時點皆可履約。

29 (C)。遠期契約因為是買賣雙方在店頭市場交易,並無結算機制,所以皆須負擔對方之信用風險。

30 (B)。
(A) 對賣方有利,因價格下跌買權較無履約價值。
(B) 對買方產生或有損失。
(C) 對買方有利,價格上漲買權較有履約價值。
(D) 對賣方有利,因波動率下降,會使權利金價值變少。

31 (B)。5.2%-5%=0.2%
1,000,000,000×0.2%×90/360
=500,000
甲公司結算金額應收50萬元

32 (C)。(A)選擇權買賣雙方均不相等。(B)買進賣方之一方負有權利而非義務。(D)買進買權之一方有買入之權利。

33 (B)。遠期交換性質上為遠期契約之一，惟該契約之標的物為「交換契約」，於到期日屆至時，交易雙方即進行契約中所定之交換交易，故遠期交換有可能以利率交換契約為標的物。

34 (B)。交換期貨選擇權在性質上屬於選擇權契約之一種，其契約之標的為「交換期貨」。

35 (C)。依據金管會的定義，衍生性金融商品是一種金融交易的合約，其標的資產包括，利率，匯率，個股，或者各種指數（股票指數，消費者物價指數，以及天氣指數）等。

36 (D)。衍生性金融商品的主要功能包括可作為風險管理的工具、價格發現、具有投機交易，以及促進市場的效率性及完整性等，不包括管制套利功能。

37 (D)。金融交換是由1970年代的相互擔保貸款和平行貸款所衍生出來。

38 (A)。「遠期交換」（Forward Swaps）是約定合約持有人有權利與義務去執行一項交易，該交易是針對某特定證券或商品，而持有人必需在特定的時間以特定的價格去履行此合約。遠期交換是一種「遠期契約」，常見的遠期合約如遠期外匯、金屬、能源產品與利率商品。期貨選擇權是一種「選擇權」。

39 (A)。買權的價值距到期日越長，價值越大。而當買權的到期時間縮短時，買權的價值隨之減少。

40 (D)。遠期外匯匯率與即期外匯匯率是有差額的，這種差額叫遠期差價，用升水、貼水或平價來表示。升水表示遠期匯率比即期匯率高（即當換匯匯率為正值），貼水則反之，平價表示二者相等。

41 (A)。市價申報，係指不限定價格之買賣申報，其成交價格依競價程序決定之。限價申報，係指限定價格之買賣申報，於買進時，得在其限價或限價以下之價格成交；於賣出時，得在其限價或限價以上之價格成交。市價申報與限價申報二者以市價優先優先撮和。

42 (D)。預期美國聯邦準備理事會將調升存款準備率時，預期利率下降時，持有大量美元債券型資產的外商銀行若欲快速降低債券存續期間，可透過賣出長天期利率衍生性商品因應。

43 (B)。「TED spread」係指歐洲美元期貨與美國國庫券期貨間的利率差距。

44 (B)。價外選擇權：表示此履約價的價格全部屬於時間價值，而並沒有任何內含價值的。只有價內才有履約的價值。

第二章 交易實務

頻出度A 依據出題頻率分為：**A**頻率高 **B**頻率中 **C**頻率低

「交易實務」是介紹衍生性金融商品的各種可能的交易類型，其中最重要的章節應是結構型衍生性商品，畢竟這科在改課綱之前，重點完全是擺在結構型衍生性商品，但在改課綱之後，考試的方向會希望各位只須對結構型衍生性商品有基本的瞭解即可，而不須花費那麼多的心力去瞭解結構型衍生性商品的設計及收益的設定。

重點 1　債券

一、馬凱爾（Malkiel）債券價格五大定理

(一) **第一定理**：債券價格與殖利率成反向關係。

即殖利率上升時，債券價格會下降；反之，殖利率下降時，債券價格會上升。

(二) **第二定理**：到期期間愈長，債券價格對殖利率的敏感性愈大。

當其他條件都一樣的狀況下，債券到期日越長，表示利率風險就越高，所以債券價格對殖利率之敏感性愈大。

(三) **第三定理**：債券價格對殖利率敏感性之增加程度隨到期期間延長而遞減。

雖然債券到期日越長，表示利率風險就越高，但隨著到期期間延長，投資人就比較不擔心利率波動。故三年期的債券利率敏感度＜一年期債券利率敏感度。

(四) **第四定理**：殖利率下降使價格上漲的幅度，高於殖利率上揚使價格下跌的幅度。

殖利率下跌1%使債券價格上漲幅度，會比殖利率上揚1%時造成債券價格下跌的幅度高。殖利率下跌使債券價格上漲的幅度>殖利率上揚使債券價格下跌的幅度。

(五) **第五定理**：低票面利率債券之殖利率敏感性高於高票面利率債券。

票面利率越低，表示每次收到的利息越少，所以對投資人而言，回收的速度越慢，自然也面對比較長的「存續期間」。故低票面利率債券之利率敏感性大於高票面利率債券。

二、貨幣的時間價值

(一)**意義**：如果有人欠了你10,000元，你是希望他現在歸還還是一年後再歸還呢？顯然，大多數人都希望「現在歸還」。首先，人們會擔心風險問題，欠賬的時間越長違約的風險就越大；其次，人們會想到通貨膨脹問題，如果在這一年內物價上漲，則貨幣將會貶值。且現在得到這筆欠款，可以立刻將其存入銀行，假設年利率5%，則一年後可以從銀行提出10,500元。可見，經過一年時間，這10,000元錢發生了500元的增值，現在的10,000元與一年後的10,500元是等值的。人們將貨幣在使用過程中隨時間的推移而發生增值的現象，稱為貨幣具有時間價值的屬性。而兩個時點上的500元價值差額就是這筆錢的時間價值。

(二)**單利及複利**：

1. **單利**：每期的利息只以本金計算，並不把前期的利息滾入本金計算。
2. **複利**：每期的利息是以前一期的本利和計算。

   範例

   以本金100萬，年利率5%來算，每年發放利息一次，請問：

   (1) 以單利算十年後本利和？
   (2) 以複利算十年後本利和？

   解析

   (1) 單利本利和＝本金＋本金×利率＝年利息×期間

   $$=100萬＋(100萬×5\%)×10＝150萬$$

   (2) 複利本利和＝本金×(1＋年利率)^n

   $$=100萬×(1＋5\%)^{10}＝1,628,894$$

(三)**現值及終值**：

1. **現值（Present Value；PV）**：係指未來預期會產生的現金流量在今日的價值。
2. **終值（Future Value；FV）**：係指貨幣在未來特定時點的價值。

(四)**單利終值及複利終值**：

1. **單利終值定義**：指一定量的貨幣，按單利計算的若干期後的本利總和。

> 滿分公式
>
> 終值＝今日貨幣價值＋時間價值。

範例

小華投資10萬元，並且投資期為5年，每年的投資報酬率為10%，請問5年後可以收回的本息合計為多少？

解析

$100,000 \times 10\% \times 5 + 100,000 = 150,000$

2. **複利終值**：

(1) **定義**：指一定量的貨幣，按複利計算的若干期後的本利總和。也就是計算現在的一筆錢到未來會變成多少（即以複利計算的本利和），為了快速計算複利終值在若干年後的利率，可以直接透過複利終值表查表得知。

(2) **公式**：

$$FV = PV \times (1+r)^n$$

FV：終值，PV：現值，r：利率，n：投資期數

範例

如前述範例，如以複利計算5年後可以收回的本息合計為多少？

解析

本利和$F = 100,000 \times (1+i)^5$

$= 100,000 \times (1.1)^5 = 100,000 \times$複利終值係數

（可直接查閱複利終值表）

$= 100,000 \times 1.61051 = 161,051$元

> **滿分公式**
>
> 付息頻率越多者，複利終值越大。

三、不同收益率的衡量

(一) **票面利率**：債券或票券發行者按發行面額及債券或票券之利率所支付的利息。

利率＝R（每年利息收入）／F（票面金額）

(二) **目前收益率**：

$Y_c = R / P$

Y_c：目前收益率，R：每年利息收入，P：債券當期價格

(三) **到期收益率**：

1. 又稱「殖利率」，指持有債券至到期為止。在這段期間中，你每年平均可以得到多少報酬率？這就是所謂的到期殖利率（YTM）。

$$P = \sum_{t=1}^{n} \frac{R}{(1+YTM)^t} + \frac{F}{(1+YTM)^n}$$

P：債券當期價格，R：每年利息收入，F：債券面值，t：年數（n）

2. 如何求解YTM：

(1) 查表及試誤法

(2) 公式法估算

$$YTM = \frac{R + \dfrac{F-P}{n}}{P} = \frac{R}{P} + \frac{1}{P} \times \left(\frac{F-P}{n}\right)$$

範例

(1)某甲購買面額＄100,000之公司債，票面利率為7.5%，10年到期，每年支付利息，則債券投資入每年可收取之利息收入為何？

(2)承上，假設目前之價格為NT＄95,000，則當期收益率為何？

(3)承上，計算其到期收益率為何？

解析

(1) ＄100,000×7.5%＝＄7,500

(2) $Y_C = \dfrac{R}{P} = \dfrac{7,500}{95,000} \fallingdotseq 7.89\%$

(3) $P = \dfrac{R}{(1+YTM)} + \dfrac{R}{(1+YTM)^2} + ... + \dfrac{R}{(1+YTM)^n} + \dfrac{F}{(1+YTM)^n}$

$= \dfrac{7,500}{(1+YTM)} + \dfrac{7,500}{(1+YTM)^2} + ... + \dfrac{7,500}{(1+YTM)^{10}} + \dfrac{\square\square\square}{(1+YTM)^{10}}$

求YTM＝？

$$YTM \approx \frac{R + \dfrac{1}{n} \times (F-P)}{P} \approx \frac{R}{P} + \frac{1}{n} \times \frac{F-P}{P}$$

$$\approx \frac{7,500}{95,000} + \frac{1}{10} \times \frac{100,000 - 95,000}{95,000} \fallingdotseq 7.89\% + 0.53\% \fallingdotseq 8.42\%$$

(四)貼現收益

$$i = \frac{F-V}{F} \times \frac{360}{剩餘到期日}$$

F：債券面值，V：市價

(五)永久公債

永久公債為一種存續時間無限的公債。每年均支付利息，且到期期間為無限大，我們可以利用永續年金的現值公式求算。

$V = \dfrac{C}{i}$　V：市價，C：每年固定之債息，i＝利率

例如：永久公債每年付息100元，當市場利率為10%時，債券價格＝$\dfrac{100}{10\%}$＝1,000

四、債券評價

(一)評價公式：

$$P = \sum_{t=1}^{n} \frac{R}{(1+YTM)^t} + \frac{F}{(1+YTM)^n}$$

P：債券當期價格，R：每年利息收入，F：債券面值，t：年數（n）
YTM：殖利率

(二)債券價格與殖利率之關係：

債券價格與殖利率成反向關係，殖利率越低，債券價格越高；反之，殖利率越高，債券價格越低。如右圖：

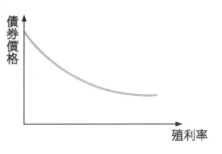

(三)折價、平價與溢價債券：

1. 殖利率高於票面利率，債券就會折價。
2. 殖利率低於票面利率即會溢價。
3. 殖利率恰等於票面利率則會平價。
4. 到期後，折價發行的債券市價會上升，也就是資本利得為正。
5. 到期後，溢價發行的債券市價會下跌。
6. 到期後，平價發行的債券市價不變。

五、影響債券價格因素

(一)利率水平：債券的價格與殖利率呈反向變動，而債券殖利率又受到利率水平的影響。投資人買進債券之後，如果利率水平下跌導致債券殖利率下跌，將導致債券的價格上漲，有資本利得，反之，如果利率水平上漲，將導致債券殖利率上漲，將導致債券的價格下跌，遭受資本損失。

(二)**通貨膨脹率**：債券的價格與殖利率呈反向變動，而債券殖利率又受到利率水平的影響。投資人買進債券之後，如果通貨膨脹率上升通常會使利率水平上升，將導致債券殖利率上漲，因而使債券價格下跌，遭受資本損失；反之，通貨膨脹率下跌導致債券殖利率下跌，將導致債券的價格上漲，有資本利得。

(三)**景氣狀況**：景氣好時，企業對資金的需求增加，使得債券的供給增加；但民眾的所得和財富增加，對債券的需求也會增加。景氣對債券價格的影響，視供給與需求力量的大小而定。

(四)**貨幣政策**：採取寬鬆性貨幣政策時，利率水平會下跌，導致債券殖利率下跌，將導致債券的價格上漲，有資本利得；反之，採取緊縮性貨幣政策時，利率水平會上漲，導致債券殖利率上漲，將導致債券的價格下跌，遭受資本損失。

(五)**資金供需**：當資金供給增加，利率水平傾向於下跌，導致債券殖利率下跌，將導致債券的價格上漲，有資本利得；反之，當資金需求增加，利率水平傾向於上漲，債導致債券殖利率上漲，將導致債券的價格下跌，遭受資本損失。

(六)**信用狀況**：當債券發行人的信用狀況改善，投資人對該債券的需求傾向於增加，債券價格傾向於上漲；反之，投資人對該債券的需求傾向減少，債券價格傾向於下跌。

六、債券之存續期間（Duration）

(一)**定義**：債券的存續期間是以現金流量計算為基礎的債券加權平均到期期間，亦為衡量債券利率風險的程度。因為先前收取的利息是能增加未來現金的流入，通常債券的存續期間小於到期期間，惟零息債券的存續期間等於到期期間。由於債券與利率呈反向變動之關係，故債券投資者可利用前述特性找出一個可規避市場利率風險之投資期限，此一期限即稱為「存續期間」。

(二)**功能**：
1. 作為債券風險衡量指標。
2. 馬凱爾債券價格五大定理之解釋。
3. 銀行界的利率風險分析與資金缺口管理。

(三) 公式：

1. 附息債券：

附息債券其存續期間之公式：

$$Duration = \frac{各期現金流量以期別為權數計算之加權總現值}{各期現金流量總現值}$$

範例

假設3年期債券面額1,000元，票面利率5%，殖利率4%，每年底付息一次，到期還本，則此債券存續期間為多少？

解析

期數 (t)	現金流量	現值 (A)	權數 (B)	存續期間 (D)=(t)*(B)
1	50	48.08	4.68%	0.047
2	50	46.23	4.50%	0.090
3	1,050	933.45	90.82%	2.725
合計		1,027.76	100%	2.862

滿分公式

1. 票面利率越高，存續期間越短。
2. 付息次數愈多，則其存續期間愈短。

2. 零息債券：

零息債券其存續期間之公式：

$$Duration = \frac{各期現金流量以期別為權數計算之加權總現值}{各期現金流量總現值}$$

範例

設有一零息債券面額1,000元，3年後到期還本付息，殖利率為4%，其存續期間為何？

解析

期數 (t)	現金流量	現值 (A)	權數 (B)	存續期間 (D)=(t)*(B)
1	0	0	0	0
2	0	0	0	0
3	1,000	889	100%	3
合計		889	100%	3

滿分公式

零息債券的存續期間必等於到期期間。

(四) 影響存續期間之因素：

1	票面利率	存續期間與票面利率成反向關係，票面利率愈高，存續期間愈短。
2	付息次數	付息次數愈多，存續期間愈短，從而半年付息一次之存續期間比每年付息一次的存續期間愈短。
3	市場利率	存續期間與市場利率呈反向關係，當市場利率愈高，存續期間愈短，利率愈低，存續期間愈長。
4	到期期間	在其他條件不變下，距到期日時間愈近，其存續期間愈短；距到期日時間愈遠，其存續期間愈長，但存續期間增加的速度會呈遞減的現象。
5	應計利息	所購買的債券具有較多的應計利息，由於現金流量較近，其存續期間較短；反之，其存續期間較長。

七、保守型債券投資組合管理

(一) 買入持有法：

1. **定義：**
    (1) 基本上相信市場是極有效率的。
    (2) 投資管理目標放在極小化交易成本。
    (3) 當買入債券後便一直持有至到期日，於收到現金流量時再投資於風險相似之債券，並繼續持有至到期。
2. **優點：**
    (1) 管理方便。
    (2) 可節省可觀的交易成本。
3. **缺點：** 循機誤差較高。

(二) 標竿指數設定法：

1. **定義：** 投資組合內容與標竿指數完全一致。
2. **優點：**
    (1) 多角化分散投資、較穩定的報酬。
    (2) 以及循機誤差較低。
3. **缺點：**
    (1) 部分標竿指數的投資標的可能流動性過低。
    (2) 某些較獨特的債券無法即時購入。

(三)**免疫策略**：

　　定義：免疫策略係指規避利率風險以及經濟餘值變動風險。採用免疫法時，須滿足下列條件，則當利率變動時，資產與負債相互配合，經濟餘值維持為零：

　　(1) 投資組合現值＝負債現值。

　　(2) 投資組合債券資產存續期間＝負債存續期間。

> **知識補給**
>
> 債券免疫策略係指建構一個債券資產的存續時間與債券負債的存續期間相同。如此可免除利率變動的風險。

(四)**現金流量配合法**：

　1.**定義**：債券投資組合未來多期的現金收入與現金流出互相配合。

　2.**優點**：

　　(1) 簡單易懂。

　　(2) 除非遇到債券有違約情形，否則持有至到期時應可達成當初設定目標，在到期前皆不須做任何的調整。

　3.**缺點**：建構投資組合時的成本較免疫為高。

八、創新債券

(一)**浮動利率債券**：

　1.**定義**：浮動利率債券是指發行時規定債券利率隨市場利率定期浮動的債券，也就是說，債券利率在償還期內可以進行變動和調整。浮動利率債券的票面利率，是由一個固定利率加上指標利率。

　2.**特色**：

　　(1) 票面利率隨指標利率定期重設。

　　(2) 浮動利率債券的存續期間等於距離下次利率重設的期間。

(二)**反浮動利率債券**：

　1.**定義**：反浮動利率債券的票面利率，是由一個固定利率減去指標利率。

　2.**特色**：

　　(1) 債息會隨市場利率作反方向的變動。

　　(2) 利率風險會超過相同期限的固定利率債券。

(三)**荷蘭標債券**：

　1.**定義**：類似浮動利率債券，但是在每期債息重設時，是由市場投資人以競標方式決定基點加碼的額度，又稱作競標利率債券。

2. 特色：

(1) 可適時反應發行人的信用風險變動。

(2) 確保債券價格在利率重設日時會回復至面額。

九、結構型債券

(一)**定義**：各種隨附於債券的選擇權來創造出多樣化的報酬型態，主要分為保本型債券（PGN）以及股權連結債券（ELN）。

(二)**保本型債券**：

1. **基本設計**：

保本型債券＝零息債券＋選擇權的買進部位

（投資人看多，買進買權；投資人看空，買進賣權。）

2. **價值**：

保本型債券的價值＝保本率×零息債券價值＋參與率×選擇權價值

範例

100%保本，贖回金額＝面額×〔1＋90%×Max（指數成長率－8.5%, 0）〕，8.5%價外買權，92.2%參與率，若在到期時，指數成長14%，投資人可領回之金額是多少？

解析

贖回金額＝$100,000×〔1＋0.9×（0.14－0.085）〕

＝$100,000×1.0495＝$104,950

(三)**股權連結債券**：

基本設計：

股權連結債券＝零息債券＋選擇權的賣出部位

範例

	發行價格	履約價格	到期贖回金額
ELN(A)	98	7200	指數不低於履約價格，償還$100
ELN(B)	95	7600	若指數小於履約價格，償還$100×（到
ELN(C)	94	8000	期指數／履約價格）

到期指數為7,350點時的贖回金額？

解析

ELN(A)＝100

ELN(B)＝$100×（7,350／7,600）＝$96.71

ELN(C)＝$100×（7,350／8,000）＝$91.87

經典範題

( ) **1** 一張每年固定支付$2的永久債券（consols），若投資人買進的價格是$80，則收益率是多少？ (A)1.5% (B)2.0% (C)2.5% (D)3.0%。

( ) **2** 景氣出現衰退現象，對債券價格與利率的影響為： (A)債券價格上漲、利率上升 (B)債券價格上漲、利率下跌 (C)債券價格下跌、利率上升 (D)債券價格下跌、利率下跌。

( ) **3** 其他條件不變下，當票面利率大於到期收益率時，則債券： (A)溢價發行 (B)折價發行 (C)平價發行 (D)不一定。

( ) **4** 零息債券（zero-couponbond）的市價與面值關係： (A)市價＝面值 (B)市價<面值 (C)市價>面值 (D)市價≧面值。

( ) **5** 根據下列債券的存續期間（duration），何者利率風險最高？ (A)5年 (B)4年 (C)3年 (D)2年。

解答與解析

1 (C)。永久債券現值＝$\dfrac{\text{股利}}{\text{收益率}}$

$$80＝\dfrac{2}{\text{收益率}}$$

收益率＝2.5%

2 (B)。(1)景氣出現衰退現象，會造成利率下跌。

(2)而當市場利率很低，低過債券的票面利率時，此時投資人都會去買債券，債券就會溢價發行。所以債券價格與市場利率會相反。

3 (A)。在其他條件不變下，當票面利率大於到期收益率時，則代表債券溢價發行。

4 (B)。折價債券（discountbond）是價格小於票面價值的差額。債券折價
　　　　是由於債券的票面利率低於市場利率而產生的。對債券購買者來
　　　　說，低於面值購得債券是為以後逐期少得利息而預先得到的補償；
　　　　對債券發行人來說，每期可按低於市場利率的票面利率支付利息。
　　　　零息債券即為折價債券的一種。

5 (A)。(1)債券的存續期間與利率風險呈反比。
　　　　(2)故本題債券的存續期間（duration）5年之利率風險最高。

重點 2　利率衍生性商品

一、利率衍生性商品定義

依會計處理準則第三十四號公報，對衍生性金融商品定義為同時具有下列三項特性之金融商品或合約：

(一)其價值之變動係反應特定變數／標的之變動，例如利率、匯率、金融商品價格、商品價格、信用等級、信用指數、價格指數、費率指數或其他變數之變動。

(二)相對於對市場情況之變動有類似反應之其他類型合約，僅須較小金額之原始淨投資者或無須原始淨投資者。

(三)於未來日期交割。

> **知識補給**
>
> 利率衍生性金融商品是一種財務工具或契約，其價值之變動係反應特定利率之變動。其種類有：遠期利率協定、利率交換、利率期貨、利率選擇權及利率交換選擇權。

依上述的衍生性金融商品定義，利率衍生性金融商品，指其價值由利率所衍生之遠期契約、選擇權契約、期貨契約、交換契約及前述商品組合而成之複合式契約。

二、利率衍生性商品種類

(一)遠期利率協定

係指買賣雙方約定一適用於未來開始的一段期間內之固定利率與名目本金的契約，透過此契約，買方可鎖定未來的借款利率，但是買賣雙方並不

> **知識補給**
>
> 遠期利率協定買方可鎖定未來的借款利率，未來僅針對利息差額做結算。

交換名目本金，僅針對利息差額做結算。

遠期利率契約是管理利率風險的有效工具之一，功能是買方可用以規避利率上漲的風險，而賣方可免於利率下跌的風險；此外，對未來有預期的投資者而言，買方可享受利率上漲的利潤，賣方可享受利率下跌的好處。

(二) 利率交換

1. **利率交換的定義**：所謂利率交換係指承作交易雙方依交易條件及利率指標約定，於未來特定周期就不同計息方式在未來交換一連串的現金流量之契約。在交易契約中，雙方約定在特定期間內，每隔一段期間依約定之固定或浮動型態利率交換來交換對方新台幣利息，其交換之一連串利息金額係依約定之名目本金計算。另該契約並不交換名目本金，僅就各付息週期之交割日結算兩交換利息之淨額辦理交割支付。利率交換最主要是藉利息支付方式變化，而改變債權或債務之結構，利率互換的雙方，在訂立利率交換的契約後，彼此同意契約規定的期間中互相交換付息的方式，如以浮動利率交換固定利率，反之亦然，為期達成比較利益，或規避未來利率變動之風險，或期盼做好資產與負債之管理。

2. **利率交換之種類**：除了基本型態之固定利率／浮動利率之利率交換外，利率交換之型態可以依據投資人之需求做調整，包含其名目本金及付息方式之修改，成為非標準型之利率交換：

   (1) **標準的利率交換交易**：一方收取固定利率，另一方收取浮動利率，故其交易的固定利率可視為雙方在未來交易期間內，對浮動利率的預期。

   (2) **基差利率交換交易**：交易雙方將收取不同利率指標之浮動利率，故其交易一方之利率加碼可視為雙方在未來交易期間內，對不同利率指標差價之預期。

   (3) **遠期利率交換交易**：交易雙方約定交易在未來才生效，可視為一組長天期利率交換交易與另一組反向短天期利率交換交易之組合。

   (4) **零息利率交換**：即為以單筆付款取代一連串固定付款，亦即交易一方必須於交換期間先付出一連串浮動利率，並於到期時收取一約定之固定利率複利計算之利息收入。

   (5) **遞增、遞減或不規則型利率交換**：以名目本金之型態來區分，有固定型、遞增型、遞減型、不規則型名目本金。利率交換之名目本金不固定，而且在交換期間依據預定之金額變動。

   (6) **可延長或可撤銷之利率交換**（Extendible or Cancellable IRS）：係指利

率交換契約搭配利率交換選擇權契約。

3. **利率交換實例：**

(1) 某公司向銀行借款，借款利率為CP加碼65基本點，為鎖定資金成本，故該公司業承作一支付3.6%的固定利率的利率交換。

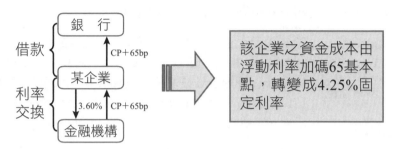

(2) 某公司買進一台積電公司債，票面利率6%。目前因預期未來利率有上漲的空間，故承作一支付固定利率3.6%的利率交換。

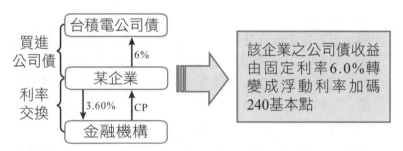

(3) 某公司購買票面利率0%，賣回收益率（YTP）6%之可轉債，為配合浮動利率之資金成本型態，可承作支付固定利率3.6%、收取浮動利率之Zero Coupon Swap，以降低利率風險。

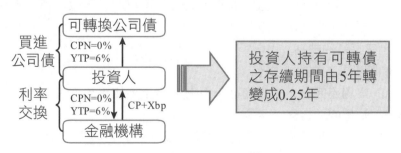

(三) 利率期貨

1. **利率期貨的定義**：以各國政府債券、LIBOR、歐洲美元、歐洲日圓等**長短期利率為交易標的的期貨商品**。

2. **利率期貨的種類**：

   利率期貨一般可分為短期利率期貨及長期利率期貨：

短期 利率期貨	歐洲美元、國庫券期貨等屬之，產品如芝加哥期貨交易所（Chicago Board of Trade，CBOT）的30 Day Federal Funds Futures、泛歐證券交換所（Euronext）英國分公司Euronext. LIFFE.的Three Month Sterling Futures及臺灣期貨交易所的30天期利率期貨。
長期 利率期貨	公債、公司債期貨等屬之，產品如CBOT的10 Year U.S. Treasury Notes Futures、Euronext.LIFFE.的Long Gilt Futures 及在臺灣期貨交易所的10年期公債期貨。

3. **利率期貨的特性**：

   (1) **利率商品具有保存及耐久性**：利率商品具有保存及耐久性，特別適合進行期貨交易，且可透過1天24小時的全球交易網交易，流動性很高。

   (2) **利率期貨具有結算與交割的便利性**：利率期貨的標的物是各種債券憑證，因利率期貨為標準化契約，只要是同一種債務憑證，都具有完全的同質性，有助於交易的進行。

   (3) **利率商品價格的波動性**：利率商品因無內含價值，亦無使用價值，其價格完全由市場供需決定，故會受到各種影響利率變動的因素干擾，價格產生波動。

   (4) **利率期貨價格與基差決定的特性**：因利率商品的持有成本與運輸成本比一般商品低，且持有利率商品可獲得收益，故使得利率期貨與商品期貨之價格與基差的決定和變動過程完成不同。

4. **利率期貨的缺點**：

   利率期貨的缺點主要有：

   (1) **市場不完全**：市場商品仍不夠多樣化，使得參與者只能以相關商品作為標的進行交叉避險。

   (2) **契約不可分割**：標準化的期貨契約，雖可帶來便利，但也因契約的不可分割性，使得進行避險操作的避險者，必須多承擔避險數量的風險。

(3) **易流為投機工具**：因利率期貨允許以小搏大的財務槓桿特性，故易流為投機客的樂園。

(4) **無法完全避險**：在避險操作上，基於某些市場狀況，即使已經進行避險操作，但是仍然無法完全規避風險。其原因主要為期貨規格固定，使得「零頭」避險部位無法避險，無法完全建立所需的部位；期貨與現貨並非完全相關，使得基差變動造成避險的不完全性。因此完全避險必須建立在基差固定以及避險部位可以完全建立而沒有「零頭」的部位。

5. **利率期貨的功能**：利率期貨雖有其缺點，但仍提供多項功能，利率期貨的主要功能在規避利率波動風險、預期未來利率走勢、提高資金運用效率、資訊取得迅速便利、創造合成性工具、調整持有債券或票券部位存續期間、進行利率資產及負債風險管理。

(四) **利率選擇權**

1. **利率選擇權的定義**：**利率選擇權是一種以利率為標的之選擇權**，買方在期初支付一筆權利金予賣方後有權在契約到期日當天執行此項權利，賣方並有義務履行此契約。透過利率選擇權的操作，**可以幫助買方在支付權利金購買選擇權後，把利率成本或投資收益固定在一定水準之上，以避免利率不利於買方時所產生的損失。而賣出利率選擇權的賣方，可立即收取權利金**，當利率變動不利於買方而導致其放棄執行此契約時，賣方所獲取的利益便是當時所收取到的權利金，但當利率變動不利於賣方時，則將產生損失。

2. **利率選擇權商品**：

(1) **利率上限（Cap）**：**為利率買權**，指在約定的比價日，市場指標利率高於履約利率時，利率選擇權之買方得依履約利率與指標利率間收取利息差額的權利。**對以浮動利率進行籌資之企業而言，可將長期負債的利息成本完全鎖定在一定水準之下，將可有效規避企業利率風險。**

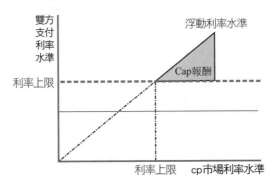

(2) **利率下限（Floor）**：為**利率賣權**，指在約定的比價日，市場指標利率低於履約利率時，利率選擇權之買方得依履約利率與指標利率間收受利息差額的權利。**可將長期投資資產利息收入鎖定在一定水準之上，可確保投資收益**。

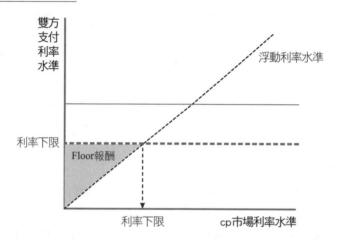

(3) **利率上下限（Collar）**：**利率上限與利率下限契約的組合**，此類選擇權組合之買方同時買一個利率上限及賣一個利率下限，將利率固定在一個範圍內，而形成一個區間（Collar），即當市場指標利率上漲超過利率上限，則賣方須支付市

> **知識補給**
>
> 「利率上下限」是同時買進一個「利率上限」，以及賣出一個「利率下限」。

場指標利率與利率上限之間的利息差額予買方；當市場指標利率下跌超過利率下限，則買方須支付市場指標利率與利率下限之間的利息差額予賣方。**目的是將利率固定在一定範圍內，以達到避險的目的**。

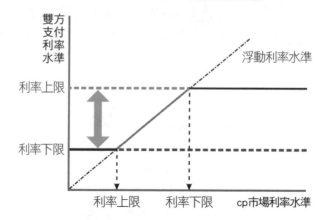

3. **承作利率選擇權可能產生之風險：**

利率風險	市場參與者於承作利率選擇權交易後，因市場利率上升或是下跌，導致參與者所承作的契約產生損益變化的風險，對選擇權買方而言，其最大損失僅為權利金，然而對選擇權賣方而言，其最大損失將為無限。
信用風險	利率選擇權之信用風險，主要指交易對手對於現在或未來之現金流量無法履行交割義務之風險，該項風險之大小除取決於契約損益金額的大小外，交易對手的履約能力也為影響該風險之重要因素。

(五) **利率交換選擇權**

1. **利率交換選擇權的定義：**利率交換選擇權的標的是指架構在利率交換合約下的選擇權契約，選擇權的買方在期初支付一筆權利金予賣方，有權在未來某特定時點執行此權利，以事先約定的利率進入一利率交換合約。

2. **利率交換選擇權商品：**

   (1) **付固定利率之利率交換選擇權（Payer's Swaption）：**此契約賦予選擇權的買方有權進入一個「支付固定利率、收取浮動利率的利率交換契約」，一旦未來交換利率高於執行價格時，買方將會選擇執行契約，如此將可享有以較低交換利率進行利率交換的好處。

   (2) **收固定利率之利率交換選擇權（Receiver's Swaption）：**此契約賦予選擇權的買方有權進入一個「收取固定利率、支付浮動利率的利率交換契約」，一旦未來交換利率低於執行價格時，買方將會選擇執行契約，如此將可享有以較高交換利率進行利率交換的好處。

> **知識補給**
>
> 透過利率交換選擇權的操作，可以幫助買方在支付權利金而取得選擇權時，鎖定未來特定期間內資金成本或收益之利率水準，以避免未來若利率不利於買方時所產生的損失。

另一方面，根據買方之執行權利，利率交換選擇權可分為以下三類：

(1) **歐式利率交換選擇權（European Swaption）：**買方僅能在選擇權到期日決定是否進入一利率交換契約。

(2) **美式利率交換選擇權（American Swaption）：**買方能在選擇權到期日之前的任一時點，決定是否進入一利率交換契約。

(3) **百慕達式利率交換選擇權**（Bermudan Swaption）：介於歐式與美式契約間的商品，買方僅能在選擇權到期前，某些特定時點選擇執行，當買方一旦選擇執行，則進入一生效日為最近一次的起息日，且到期日固定（交易開始就決定）的利率交換契約。

經典範題

(　　) **1** 下列何者不是利率衍生性金融商品？　(A)短期利率協定　(B)遠期利率協定　(C)利率交換　(D)利率選擇權。

(　　) **2** 下列何者不是利率期貨的特性？　(A)具有耐久性　(B)具有結算的便利性　(C)商品價格的波動性　(D)商品價格發現性。

(　　) **3** 下列何者不是利率期貨的缺點？　(A)獨占市場　(B)契約不可分割　(C)易流為投機工具　(D)無法完全避險。

解答與解析

1 (A)。利率衍生性金融商品種類有：遠期利率協定、利率交換、利率期貨、利率選擇權及利率交換選擇權。

2 (D)。利率期貨的特性有：(1)利率商品具有保存及耐久性。(2)利率期貨具有結算與交割的便利性。(3)利率商品價格的波動性。(4)利率期貨價格與基差決定的特性。

3 (A)。利率期貨的缺點有：(1)市場不完全。(2)契約不可分割。(3)易流為投機工具。(4)無法完全避險。

重點 **3**　匯率衍生性商品

一、匯率衍生性商品定義

凡是涉及外幣衍生性金融商品交易的行為，均稱為匯率衍生性金融商品交易。一般而言匯率衍生性金融商品包括遠期外匯（Forward）、換匯交易（FX Swap）、無本金交割遠匯（NDF）、無本金交割選擇權（NDO）、外匯期貨（FX Future）、外匯選擇權（FX Option）等。

二、匯率衍生性商品種類

(一)**遠期外匯（Forward）**：指外匯買賣成交後，交易雙方於兩個交割營業日以上進行交割者。

(二)**換匯交易（FX Swap）**：指結合外匯即期交易及外匯遠期交易的一種合約；合約雙方約定於某一交易日按即期匯率進行一定金額的兩貨幣互換，並在未來另一交易日，再依約定之遠期匯率以相等金額交換回來。外匯交換以遠期換匯點數的方式報價，並反映了合約雙方對所交換的兩種貨幣匯率及利率走勢的看法。

(三)**無本金交割遠匯（Non-Deliverable Forward, NDF）**：類似遠期外匯（DF），與DF最大的差異就是合約到期時無須交割本金，僅就議定匯率與結算匯率做差額交割，結算匯率為到期日前兩個營業日早上11點的台北外匯經紀商之新台幣定盤匯率（Fixing Rate），與期初議定之遠期匯率做比較收付美金。NDF除了交割方式與DF不同外，承做NDF時，不須提供實質商業交易所產生之發票、信用狀貨物訂單等交易憑證。

(四)**換匯換利交易（Cross Currency Swap, CCS）**：指雙方約定在期初交換兩種不同的貨幣，而在期中交換所得到貨幣之利息支付，到期末再換回兩種不同的貨幣。貨幣交換雙方的利息支付，有一方是浮動利率，另一方是固定利率；或者兩方都是浮動；亦或是兩方都是固定利率。其功能在於公司法人可經由不同幣別間的換匯換利交易加強資產與負債的風險管理，交易的雙方可獲得對彼此較有利的資金取得條件，達到互惠互利的效果。

(五)**外匯選擇權（FX Option）**：外匯選擇權主要分為買權（Call）與賣權（Put），依據需求，客戶可與本行約定買進或賣出外匯選擇權，選擇權的買方需支付權利金給賣方，以取得在未來特定期間或到期日時，有權利執行選擇權，賣方則有義務履約。

1. **簡單型選擇權（Vanilla Options）**：指市場上所廣泛使用的簡易遠匯避險工具，利用單純的Call或Put組合成投資或避險策略，接下來將介紹Vanilla Options常用的選擇權種類。

    (1) Risk Reversal：又稱為Costless Collar，由買一個call、賣一個put或賣一個call、買一個put組合而成，權利金相較於單純歐式選擇權的call或put便宜，因為Risk Reversal賣出選擇權所獲得的權利金與買入選擇權所需支付的權利金相抵後，實際支出的成本非常低，有時甚至可做到一個「零成本」的避險策略。

Buy Call-Sell Put

Put Strike　Call Strike

Buy Call-Sell Put

Put Strike　Call Strike

(2) **垂直價差交易**（Vertical Spread）：指買入一個選擇權的同時，賣出一個相同型式的選擇權，兩者到期日相同，但履約價不同。依據對市場的預期不同，垂直價差交易策略可分為多頭價差（Bullish Spreads）及空頭價差（Bearish Spreads）。

多頭價差	指預期未來某種幣別升值，於是買一個價內的Call和賣一個價外的Call，或是買一個價外的Put和賣一個價內的Put。由買權組合而成的多頭價差，由於買的是價內的Call，所付出的權利金會高於賣出價外的Call，產生的負現金流量即為可能的最大損失。由賣權組合而成的多頭價差，由於賣的是價內的Put，所得之權利金會高於買入價外的Put所需支付之權利金，產生的正現金流量即為可能的最大收益。	**Bullish Spread** Call 2 Strike Call 1 Strike
空頭價差	指預期未來某種幣別貶值，於是買一個價外的Call和賣一個價內的Call，或是買一個價內的Put和賣一個價外的Put。由買權組合而成的空頭價差，賣出價內的Call的權利金高於買入價外的Call權利金，產生的正現金流量即為可能的最大收益。反之，由賣權組合而成的空頭價差，產生的負現金流量則為可能的最大損失。	**Bearish Spread** Put 1 Strike Put 2 Strike

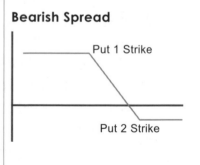

2. **新奇選擇權**（Exotic Option）：因應市場需求，選擇權日趨複雜多樣化，遂衍生出不同於簡單型選擇權的新奇選擇權（Exotic Option），新奇選擇權常因避險成本低、操作策略更靈活，而廣為店頭市場使用，其主要有三個特性：

定價的複雜性	簡單型選擇權call或put定價容易，一般是採用標準化Black-Scholes定價模式或簡單的計算公式；新奇選擇權在訂價時則需考慮數種不同標的物的波動率、隱含價值和彼此間的相關係數，訂價上相對複雜，外商銀行通常會有定價模組或系統來計算。
複雜的風險管理	簡單型選擇權在部位風險控管上普遍使用的就是Delta避險，然而新奇選擇權在部位避險上可能需要再用其他選擇權來進行避險，而且因為有多重標的物，所以在避險時需考慮不同標的物在不同價格時所暴露的風險及彼此之間的相關係數，當變數變動時，所有其他相關變數均須重新計算，避險部位幾乎隨時都在變動，又因為很多變數的波動很難由市場觀察，因此只能藉由「marked-to-model」，而不是「marked-to-market」，假如模型或系統產生偏差，則在風險管理的程度上將更加複雜。
有限的市場	交易員在交易簡單型選擇權時，很容易由市場取得價格對沖手中的部位，但是新奇選擇權是由不同選擇權組合而成，價格不透明，市場報價不確定性高，因為報價來自各家銀行的計算模組，當模組參數設定及波動率有差異，或是假設觀察因子不同，均可能影響選擇權價格，因此新奇選擇權的報價市場在交易實質面相對於簡單型選擇權較為有限。

新奇選擇權的種類大致可分為Barrier Options、Asian Options、Bermudan Options、Binary（Digital）Options、Rainbow Options、Lookback Options和Reload Options。以下將就市場上最常使用的選擇權做介紹。

(1) **觸及生效選擇權**（Knock-In）：觸及生效選擇權簡單的說就是除了履約價外，另外多設了一個門檻價（barrier），在到期日前任何時候只要當選擇權觸及門檻價時，該選擇權才生效，生效後即轉變為簡單型選擇權，惟到期前，若始終未曾觸及門檻價，則該選擇權無效，意即不會被執行。這種選擇權的權利金因為加了一個門檻價的條件，所以會比簡單型選擇權來得便宜。

範例

有一公司認為EUR／USD在未來6個月將於區間波動，於是賣一個EUR Call USD Put Knock-in：

Spot：1.40

Expiry：6 months

Strike：1.50

KI：1.55

Premium：1.35%EUR

#如果到期日前EUR／USD觸及1.55的價位，則選擇權生效，且到期時如果EUR／USD即期匯率在履約價1.50上方，則該公司必須以1.50的價位賣出選擇權。

#如果在到期時，選擇權未曾觸及1.55，則選擇權不會被執行，公司賺入權利金收入。

(2) **觸及無效選擇權**（Knock-Out）：觸及無效選擇權與觸及生效選擇權類似，不同之處在於當選擇權觸及門檻價時，選擇權即無效，同樣的權利金亦較簡單型選擇權便宜。

範例

一公司在3個月後需要支付美金，因擔心美金升值，因此買USD Call JPY Put Knock-Out作為避險：

Spot：90

Expiry：3 months

Strike：92

KO：95

Premium：0.88%USD

#如果到期日前USD／JPY沒有觸及95，則該公司可以用92的價格買入美金。

#反之，如果到期日前觸及95，則該選擇權失效，損失的為權利金。

(3) Knock-In Knock-Out（KIKO）**選擇權**：Knock-In Knock-Out選擇權可說是上述Knock-In和Knock-Out的合體，除了履約價外，多設了兩個門檻價，一個是Knock-In的barrier，另一個是Knock-Out的barrier，在到期日前若是該選擇權先觸及Knock-In的barrier，則該選擇權生效，但是之後又再觸及Knock-Out的barrier，則該選擇權又變成無效了。

另一種情況,到期日前選擇權先觸及Knock-Out的barrier,則該選擇權失效,就不會再有Knock-In的機會。這種選擇權的權利金也較簡單型選擇權便宜。當Knock-In barrier的價格離即期匯率愈遠,權利金愈便宜,因為在到期日前選擇權生效的機率小。當Knock-Out barrier的價格離即期匯率愈近,權利金當然也相對便宜,因為在到期日前選擇權失效的機率高。

範例

一日本進口商在3個月後需支付美金,然而市場上預期USD/JPY有可能上漲,因此他想要就美金可能上漲的狀況避險,但是同時他又希望萬一USD/JPY下跌,他能有機會受益,所以他買了一個USD Call JPY Put Knock-In Knock-Out的選擇權:

Spot:92

Expiry:6 months

Strike:92

Barriers:100 for Knock-In

90 for Knock-Out

Premium:0.83%USD

#如果選擇權先觸及100但在到期日前未再觸及90,則該進口商可用92的價位買入美金。其他狀況則是先Knock-In再Knock-Out或是未曾觸及Knock-In,該選擇權都是無效,進口商損失為權利金。

(4) **雙門檻選擇權**(Double Barriers Option):觸及選擇權除了上述之種類外,還有Double Knock-In、Double Knock-Out,「Double」顧名思義就是一個選擇權有兩個門檻,到期日前只要觸及任一門檻,則該選擇權生效(無效)。

範例

預期二個月內GBP/USD會有很大的波動,一進口商必須在這段期間支付英鎊,因避免英鎊升值而買一個Double Knock-In的選擇權避險:

Spot:1.62

Expiry:3 months

Strike:1.62

KI Levels:1.55 and 1.70

Premium:0.97%GBP

#3個月內觸及任一個barrier，則該選擇權生效，到期時，英鎊的即期匯率如高於履約價，進口商將執行選擇權，以1.62買入英鎊，若英鎊的即期匯率低於履約價，進口商可放棄執行權。

(5) **部分觸及選擇權（Partial Knock-In）**：部分觸及選擇權是指在選擇權有效期間內的「指定期間（sub-period）」觸及barrier時，選擇權即生效，過了「指定期間（sub-period）」即使仍在選擇權期間內觸及barrier，選擇權也不再有效。這種選擇權的barrier可以是價內也可以是價外，當barrier愈接近即期匯率和「指定期間」愈長時，權利金愈高，因為在到期前選擇權生效的機會愈大。

範例

一投資人認為在未來3個月EUR／USD會上漲，但是短線1個月內EUR／USD有可能會先下跌，之後再上揚，因此他買一個EURCall USD Put Partial Knock-In：

Spot：1.45

Expiry：3 months

Strike：1.45

Barrier：1.42

Sub-Period：1 month

Premium：0.49%EUR

> **知識補給**
>
> 同樣Partial Knock-Out與Partial Knock-In類似，差異在於選擇權到期日前的「指定期間」內若觸及barrier，選擇權即失效。

#若如投資人所預期EUR／USD在第一個月先下跌並觸及1.42的barrier，且到選擇權到期日時，即期匯率在1.45以上，則該投資人執行選擇權，以1.45買入歐元。

(6) **遠期觸及生效選擇權（Forward Knock-In）**：遠期觸及生效選擇權與觸及生效選擇權類似，差別在於遠期觸及生效選擇權開始在選擇權到期日內未來的某一時點，結束在選擇權到期日，Barrier則被定義為「Up & In」或「Down& In」，權利金會較一般的barrier選擇權便宜。

範例

一投資人在未來6個月預期EUR／USD會上漲，但是可能是發生在後3個月，所以他買一個EUR Call USD Put Forward Knock-In：

Spot：1.45

Strike：1.45

Maturity：6 months

KI Barrier：1.48（ "Up & In）

KI Period：3 months

Premium：2.20%EUR

#如果即期匯率在後3個月內觸及1.48，而且在到期時匯價在1.45以上，則投資人將執行選擇權，以1.45履約價買入歐元。

(7) **遠期觸及無效選擇權（Forward Knock-Out）**：遠期觸及無效選擇權類似觸及無效選擇權，惟開始日期在選擇權有效期間內未來的某一時點，結束在選擇權到期日，Barrier 則被定義為「Up & Out」或「Down & Out」，權利金較標準型的歐式選擇權便宜，但是比一般的 barrier 選擇權貴。

範例

一投資人看多EUR／USD但是他認為歐元很可能短線會先跌再漲，因此他買一個E UR Call USD Put Forward Knock-Out：

Spot：1.45

Strike：1.45

Maturity：6 months

KO Barrier：1.42（ "Down & Out"）

KO Period：3 months

Premium：2.45%EUR

如果即期匯率在後3個月均位於1.42barrier上方，且到期時匯價在1.45以上，則投資人將執行選擇權，以1.45履約價買入歐元。

3. **數位選擇權（Digital Option）**：數位選擇權又稱二分法選擇權（Binary Option），以投機目的為主，可以為歐式選擇權或美式選擇權。買賣雙方約好在選擇權有效期間內，設定一個barrier的匯價，如果在到期日或到期日前觸及（One Touch）或未觸及（No Touch）barrier價格，則買方可收到雙方約定好的一定金額（pay out amount）。

(1) One Touch：買賣雙方約好在選擇權有效期間內，設定一個barrier的匯價，如果在到期日或到期日前觸及（One Touch）barrier價格，則買方可收到雙方約定好的一定金額（pay out amount）。所設的barrier離即期匯率愈遠，選擇權愈便宜，波動率愈大，選擇權愈貴。

範例

預期EUR／USD下個月會下跌，並且可能會觸及1.42，一投資者想要從中獲利，因此他買一個EUR／USD One Touch：

Spot：1.45

Expiry：1 month

Barrier：1.42

Pay out：10,000EUR

Premium：44.7%EUR

#如果到期日前即期匯率觸及1.42，則投資人可收到pay out 10,000EUR，反之，投資人損失權利金。

> **知識補給**
>
> No Touch與One Touch類似，差異在於到期日前即期匯率不得觸及barrier價格，則投資人可收到pay out金額。

(2) Yes No：只要當即期匯率在選擇權到期日前先觸及「Yes」barrier，而不論之後匯價往那個方向移動，買方都可收到pay out金額，反之，若即期匯率在選擇權到期日前先觸及「No」barrier，或是沒有觸及「Yes」barrier，則買方無法獲得pay out金額。「Yes No」選擇權的價值取決於Yes barrier及No barrier匯價的設定與執行機率的高低，通常權利金會比One Touch要便宜。

範例

EUR／USD有可能下個月會上漲，分析師預測有機會觸及1.34，一投資人欲從中獲利，但是基於成本考量，所以決定買Yes No選擇權而不買One Touch選擇權：

Spot：1.45

Expiry：1 month

Barriers：Yes 1.48／No 1.41

Pay out：10,000EUR

Premium：41.5%EUR

> **知識補給**
>
> 數位選擇權是屬於非常投機、為買賣雙方對賭的一種選擇權，在所有選擇權中，權利金是最貴的。

#如果到期日前即期匯率先觸及1.48，則投資人可收取pay out金額。反之，投資人將損失大額的權利金。

(3) **區間計息債券**：區間計息債券（Range accrued note）是指當指標利率落在一定區間內該債券才計息，否則不計息。指標利率落在預設區間內時，區間計息債券就變成「普通債券」。指標利率落到區間外時，則成為「零息債券」。區間計息債券設計原理是將債券與數位式選擇權結合。

範例 1

投資人買進區間為2%～6%的三年期區間計息債券共300萬元,假設
票面利率X=5%,指標利率3個月期LIBOR落入區間的天數為60天,
(n=60),而該計息期間的總天數共120天

→該區間計息債券當期利息為:300×5%×60/360=2.5萬。

範例 2

甲乙雙方約定3個月後如果3M-LIBOR大於2.0%,甲(買方)可獲得
(3×期初權利金×名目本金)的補償。假設名目本金為1,000,000,期
初權利金是名目本金的0.5%,

→甲在期初需支付1,000,000×0.5%=5,000。如果3個月後3M-LIBOR等
於2.0%或更高,甲可獲得1,000,000×0.5%×3=15,000的補償,如果3
個月後3M-LIBOR小於2.0%,則甲就損失權利金。

(4) **區間數位式選擇權**:單一數位式選擇權只能形成一個臨界點,要形成
一個區間就要兩個臨界點。

經典範題

( ) **1** 下列何者不是匯率衍生性商品? (A)短期外匯 (B)遠期外匯
(C)無本金交割選擇權 (D)換匯交易。

( ) **2** 遠期外匯係指外匯買賣成交後,交易雙方於幾個交割營業日以
上進行交割者? (A)1個 (B)2個 (C)3個 (D)7個。

解答與解析

1 (A)。凡是涉及外幣衍生性金融商品交易的行為,均稱為匯率衍生性金融商
品交易。一般而言匯率衍生性金融商品包括遠期外匯(Forward)、換
匯交易(FX Swap)、無本金交割遠匯(NDF)、無本金交割選擇權
(NDO)、外匯期貨(FX Future)、外匯選擇權(FX Option)等。

2 (B)。遠期外匯(Forward):係指外匯買賣成交後,交易雙方於兩個交
割營業日以上進行交割者。

重點4　信用衍生性商品

一、信用衍生性商品定義

信用衍生性金融商品為金融工具的一種，用來移轉放款（loan）或其他資產的風險。信用衍生性金融商品有許多不同的型式，內容可以依使用者的需要，量身訂做。例如，信用風險移轉的期間可以和標的資產的存續期間一致，也可更短。可以移轉一部份或全部風險。標的資產通常為放款債權或公司債、票據（note）等固定收益工具。惟移轉的僅限於信用風險，不及於其他如匯率風險或利率風險。交易方式可以是店頭市場契約，或與票據連結。但無論如何，最基本的架構不外是選擇權（option）、遠期契約（forwards）及交換契約（swap）。

二、信用衍生性商品種類

信用衍生性金融商品的種類，最基本、市場上最常使用、交易最熱絡的就是信用違約交換（CDS），另外還有結合多種CDS包裝成的一籃子第一個違約的CDS，稱為First To Default（FTD）；此外信用違約選擇權（Credit Default Option；CDO）、信用連結債券（Credit-Linked Note；CLN）、信用結構式商品（Collateralized Debt Obligations；CDO）等均為再發展出來的信用衍生性金融商品。以下分別介紹之：

(一)**信用違約交換（CDS）**

　　信用違約交換為最基本的信用衍生性金融工具。**信用違約交換的目的在對因特定標的資產的債務人違約所造成的信用損失提供信用保護**。例如，尋求信用風險保護的當事人（信用保護買方），為避免標的資產（例如放款）債務人違約，與信用保護提供人（信用保護賣方）約定，由買方支付一定金額費用予賣方，在約定期間內，如債務人發生信用風險事件，則由賣方補償買方就標的資產的損失。信用違約交換非常類似保證或擔保信用狀。信用保護的買方為受益人，賣方為保證人。信用風險的買方即受益人通常按年或按季支付費用予保證人，費用依標的資產面額一定的基本點計算。信用風險的賣方即保證人，則同意在違約事件發生時支付受益人按約定方式計算的金額。

　　所謂信用風險事件，最普遍的定義指債務到期無法支付，在某些情形，只有在債務人無法支付達一定金額時，方屬信用風險事件發生。另外，破產

或停止支付，廢止營業、債務重大不利重組，交叉違約加速到期等均屬信用風險事件。惟無論如何，事件必須可以公開辨識。賣方應支付金額為標的資產的原本（或名目）金額以及違約發生後標的資產市價的差額，或一預定金額或標的資產的一定比例。另外，賣方也可選擇支付標的資產原來價值全額，而要求交付標的資產。不過，實際交割的方式並非全屬可行，因信用違約交換往往用來做為無法即時移轉的資產避險使用，或使不實際持有應交割標的資產者，用以創設空方部位。

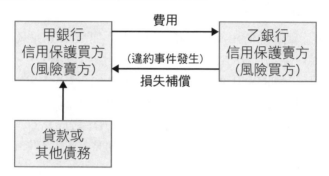

一旦發生違約後，CDS的交割方式可分為「實體交割」及「現金交割」兩種。「實體交割」即買方將合約「標的債務」（稱為Reference Obligation；可能為標的實體發行或保證的公司債、資產抵押債券或放款等）交付予賣方，賣方依面額收購；「現金交割」為賣方將合約標的債務面額與市價之差價交付予買方，買方仍繼續持有合約標的債務。以往市場慣例，在考量市價的取得、計算與公正性，大多採行「實體交割」較為方便且無爭議性，但自從華爾街金融風暴後，金融市場認為面額價格已非正常價值，因此大多以「現金交割」為主，如採用「實體交割」，需在合約書中特別訂明。所謂「違約事件」，依據ISDA定義包含下列八種情況：

1. 未能付款與交割（Failure to Pay or Delivery）。
2. 錯誤的聲明（Misrepresentation）。
3. 違反雙方同意事項（Breach of Agreement）。
4. 信用擔保違約（Credit Support Default）。
5. 特定交易違約（Default under Specified Transaction）。
6. 破產（Bankruptcy）。
7. 未承受本契約義務之合併（Merge without Assumption）。
8. 發生連帶違約（Cross Default）。

金融市場中最常見的或一般所稱之違約事件包括實質違約（未能履行支付義務）、破產、債務重整等。

範例

花旗銀行5年期CDS報價為192／202，表示買一個花旗銀行5年期的CDS報價為202點（bp），賣一個5年期的CDS報價為192點（bp），假設名目本金為USD1,000,000，做為買方，則一年所需支付的權利金為USD1,000,000×2.02%＝USD20,200。交易雙方可協定支付方式為年付、半年付或季付。

#當預期花旗銀行信用風險可能擴大，即可買入5年期的CDS在202bp，當花旗銀行違約風險加大，則5年CDS報價可能為220／230，此時賣出CDS，即可獲利USD1,000,000×（2.20-2.02）%＝USD1,800；如預期花旗銀行信用風險穩定，CDS呈窄幅區間波動，則可為賣方，收取固定權利金；如預期花旗銀行信用風險降低，CDS可能縮小，可先賣出5年期的CDS在192bp，假設當報價為170／180時，則可獲利USD1,000,000×（1.92-1.80）%＝USD1,200。

(二)**全部報酬交換**（total return swap， total rate-of-return swap）

全部報酬交換為契約當事人一方（全部報酬支付人），支付他方（全部報酬收受人）標的資產的全部報酬，包括所有應支付之款項以及資產增值，換取他方支付按約定固定或浮動利率計算的報酬。例如標的資產為貸款時，全部的報酬包括期間內可取得的利息加上費用，扣除原來價額與最後價額的差額。全部報酬支付人（即保證人）則按參考利率（如libor）加上標的資產貶值或差額支付受益人。

全部報酬交換和信用違約交換最主要的不同，在於後者僅移轉信用風險，前者則除信用風險外更移轉市場風險。全部報酬交換的期間通常為一至三年。下圖為全部報酬交換交易的基本架構：

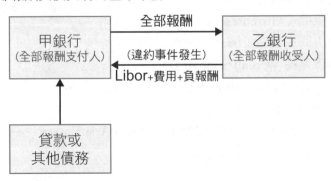

第二章 交易實務 63

(三) **信用價差選擇權**（credit spread options）

信用價差選擇權是由為保護所持有債券信用的買方與信用保護賣方約定信用價差，該價差為無信用風險的公債（例如國庫券）殖利率與市場上類似條件的債券利率差價，由買方支付權利金與賣方，於所持有債券的信用價差超過約定價差時，有權要求賣方支付約定方式計算的金額。

下圖為信用價差選擇權的基本架構：

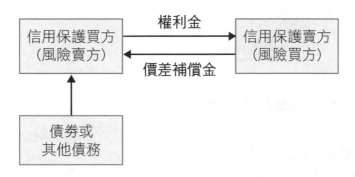

(四) **信用違約連結票據**（credit default link note）

信用違約連結票據又稱信用連結票據，是在票據中植入信用衍生性金融商品。信用連結票據為信用衍生性金融商品中，成長最快速的一種工具。由信用保護買方創設一破產隔離的特殊目的機構（bankruptcy-remote special purpose vehicle），由該特殊目的機構發行票據與投資人。特殊目的機構再與信用保護買方從事信用交換。由信用保護買方支付固定年費（annual premium）予該特殊目的機構。如信用保護買方的債務人發生信用風險事件，則由特殊目的機構支付補償予買方，所支付之金額則以票據殖利率的型態轉嫁予投資人。特殊目的機構所發行的票據通常為五年，如到期時債務人未發生信用風險事件，則票據持有人得以票據面額受償。如發生信用風險事件，則票據持有人須承擔補償買方損失，以致投資人無法按票據面額受償（有時可能只能受償半數），投資人亦可受讓該發生信用風險的債權，並自行向債務人求償。

全部報酬交換和信用違約交換不同，前二者為資產負債表外交易，信用連結票據則是資產負債表交易。信用連結票據常見於資產證券化所發行的資產基礎證券（asset-back securities）交易。

下圖為信用連結票據的基本架構：

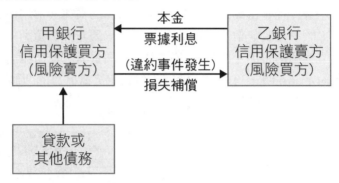

三、信用衍生性商品的功能

信用衍生性金融商品對最終使用者（end-user）而言，有下述功能：

(一)不移轉標的資產，僅移轉信用風險

信用衍生性金融商品可用來保護或避免因信用品質變化的風險。例如，銀行可使用信用衍生性金融商品，將其風險移轉與他方，但仍能保留標的資產，而不致因出售標的資產，破壞其與貸款客戶間的關係。這點對商業銀行而言，無疑是最重要。許多商業銀行的貸款客戶多是中小企業，由於資訊的不完全，無法自資本市場取得融資，必須仰賴銀行融資。而銀行就該類客戶，主要自行建立個別的資訊及持續控管該客戶。因此，銀行與客戶間形成特殊的關係。即便雙方就貸款訂有借貸契約，往往亦為不完全契約（incomplete contract）。這種關係的建立，通常也是銀行最重要的資產。信用衍生性金融商品提供銀行可以移轉客戶的信用風險，而可以繼續保留客戶的業務。

(二)增加對客戶的融資額度

銀行對單一客戶，均有授信額度的限制。如銀行已經持有該客戶所發行的公司債，如再融資予該客戶，則將於逾越單一公司授信額度限制。銀行如因客戶關係的考量，可以使用信用衍生性金融商品達到增加對客戶的融資額度的效果。例如，銀行和擬投資該公司所發行的公司債的投資人從事全部報酬交換交易，該投資人甚至不須支付全部投資款項。由投資人組合式的買入（synthetically long）該公司債，銀行則組合式的賣出（synthetically short）該公司債。投資人可以不需要真正出資買受該公司債，僅支付固定的費用，而可取得公司債的投資收益。銀行即全部報酬支

付人可以取得出售標的資產的報酬,而投資人可取得標的資產的收益,而毋庸占有該債券。由於投資人僅需按季支付一定的金額,從另一方面來看,其投資該債券有槓桿作用。例如,如投資人就標的資產全部報酬支付三個月LIBOR的話,等於以三個月LIBOR,取得融資,投資於該債券。

四、信用衍生性商品的問題

信用衍生性金融商品雖得以用來風險管理,但不表示其交易全無風險。信用衍生性金融商品的契約當事人,除了面對通常創新的金融工具都有的問題外,因缺乏公開可取得市場及產品資訊及缺乏市場透明度,導致評價困難。而信用衍生性金融商品契約和其標的資產契約的不一致,使得信用衍生性金融商品的信用風險保護機制,無法有效發揮。此外最常見的風險有下列:

(一) **交易對手的信用風險**

交易對手的信用風險是指信用衍生性金融商品契約當事人,因其交易對手違約時,所承受的損失。信用保護的買方固然可利用信用衍生性金融商品,移轉其風險與賣方,但亦須承擔屆時賣方無法履約的風險。因此信用保護的買方對於交易對手的信用風險也應有正式及獨立控管程序。在交易前固應先評估交易對手的金融狀況,在交易開始後亦應持續監控信用保護賣方的履約能力,而無法履約的契約也應採取與不良債權一致的處理方式。

(二) **交易的法律風險**

契約的法律風險包括契約的簽訂違反法律或行政命令、交易對手欠缺訂約能力、簽約當事人未經授權、法律文件不齊備、契約法律效力及執行性缺乏法律確定性,尤其在破產或重整程序其效力不確定等等。信用衍生性金融商品尚乏完整有效的標準法律文件,有關信用衍生性金融商品交易合約法律義務的可執行性及有效性亦非絕對確定。因此,信用保護買方在簽約前,應確認其交易對手在法令上有權從事該交易,由法律專家詳細審核交易所需的法律文件,確認交易得以合法有效執行。特別是有關交割結算、相互沖銷(netting and close-out)條款法律上的可執行性。

經典範題

( ) **1** 信用衍生性金融商品主要設計用來移轉何種風險？ (A)匯率
(B)放款 (C)利率 (D)債券。

( ) **2** 下列何性質與信用違約交換相似？ (A)擔保信用狀 (B)信用
狀 (C)抵押 (D)交換。

解答與解析

1 (B)。信用衍生性金融商品為金融工具的一種，用來移轉放款（loan）或
其他資產的風險。信用衍生性金融商品有許多不同的型式，內容可
以依使用者的需要，量身訂做。例如，信用風險移轉的期間可以和
標的資產的存續期間一致，也可更短。

2 (A)。信用違約交換為最基本的信用衍生性金融工具。信用違約交換的目
的在對因特定標的資產的債務人違約所造成的信用損失提供信用保
護。例如，尋求信用風險保護的當事人（信用保護買方），為避免
標的資產（例如放款）債務人違約，與信用保護提供人（信用保護
賣方）約定，由買方支付一定金額費用與賣方，在約定期間內，如
債務人發生信用風險事件，則由賣方補償買方就標的資產的損失。
信用違約交換非常類似保證或擔保信用狀。

重點 **5** 股權衍生性商品

一、股權衍生性商品定義
所稱股權衍生性商品，指依國內外金融市場之規則或實務，其價值由股票、股
價指數、指數股票型基金所衍生之選擇權、交換及其組合契約。

二、股權衍生性商品種類
(一)**股權選擇權**：股權選擇權是交易雙方約定以股票、股價指數或指數股票型基
金等股權相關標的為選擇權標的，買方支付權利金取得於特定到期日或期間，
依履約價格（Exercise Price）購入或售出選擇權標的之權利。賣方收取權利
金，並於買方要求履約時，有依約履行的義務。**擁有購入選擇權標的權利者，**
稱為買權（Call Option）；擁有賣出標的權利者，則稱為賣權（Put Option）。

股權選擇權的報酬如下：

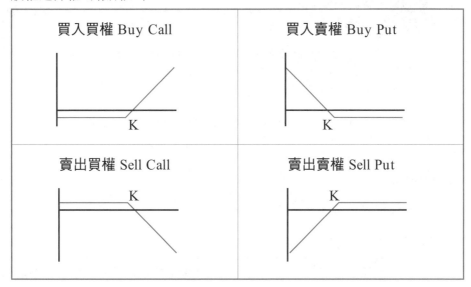

範例

某客戶看好華碩（2357）未來股價表現，與甲證券商簽訂以華碩為連結標的之選擇權契約，條件如下：

契約期間：二個月

契約股數：300,000股

選擇權型態：歐式買權

目前華碩市價：92元

履約價格：價外10%（92×110%＝101.20）

權利金：每股1.5072元

客戶支付的權利金：NTD1.5072×300,000股＝NTD 452,160

假設二個月後華碩股價分別為108.56、103.04、92及80.96元，選擇權買權的投資收益狀況如下表：

履約日 標的股價	標的股價 報酬率	OCT Option投資利益	投資報酬率
108.56	18%	(108.56-101.2)*300,000- 452,160=1,755,840 享受選擇權以小搏大的特性	388%

履約日 標的股價	標的股價 報酬率	OCT Option投資利益	投資報酬率
103.04	12%	(103.04-101.2)*300,000-452,160=99,840 享受選擇權以小搏大的特性	22%
92.00	0%	-452,160 標的股價未如預期上漲超過10%， 到期損失全部權利金	—
80.96	-12%	-452,160 標的股價下跌，到期損失全部權利金	—

影響股權選擇權價格的因素：

	買權價格變化	賣權價格變化
標的價格（Spot）	↑	↓
履約價格（K）	↓	↑
契約期間（Time to Maturity）	↑	↑
無風險利率（Risk Free Rate）	↑	↓
標的價格波動率（Volatility）	↑	↑

(二) **股權交換**：股權交換係指證券商與交易相對人約定，依其交易條件及約定之股權標的資產報酬，於未來特定周期就約定利率及股權標的資產報酬之現金收付差額，由負數差額之一方以現金將該差額給付予正數差額之一方之衍生性金融商品。若證券商支付交易相對人股權標的資產之報酬率，交易相對人支付券商固定或浮動的利率，股權交換之一方為股權收益端（Equity Leg），擁有標的證券股價漲跌的報酬，包含配發的股票股利及股息。另一方為利息收益端（Interest Leg），取得約定利率的利息報酬。期初（交易雙方簽訂股權交換交易契約）；交易期間（發行券商支付標的資產之報酬率，交易相對人支付固定或浮動利率）；到期日（契約到期，交易雙方交付最後一期之現金流量）。其交易流程如下所示：

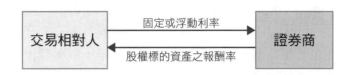

股權交換依據其不同的現金流量給付方式,會有不同的結構,茲將本公司預擬承作的交易型態整理如下,惟因股權交換型態種類繁多,未來交易時將不限於表列之類型:

1. **一般型**(Plain Vanilla):由供給者支付一系列的股權報酬,且收到需求者所支付的固定利率或浮動利率。股權報酬可以包含股利或只交換資本利得,而其標的資產可以是單一股票、一籃子股票、產業指數或股價指數,可能之產品條件如下圖示:

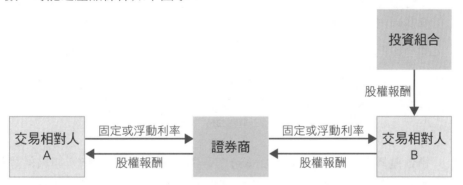

2. **名目本金變動型**(Variable Notional Principal):此種形式之股權交換是指交易雙方於每一交換日,並不直接交換股權報酬及利息收入,而是以結算淨額當作名目本金之加減項,逐期調整名目本金,使得參與交換的投資人能將每期獲得的現金收入再予以投資。圖示如下:

假設期初約定之名目本金為:1億元

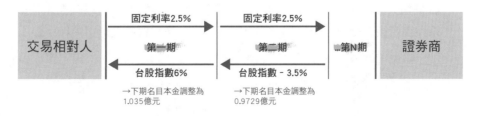

3. **上（下）限型（Capped，Floor）**：上限型股權交換為原始股權交換附上（embedded）一個選擇權，使得所支付的股權報酬受到利率上限之限制，可降低支付股權報酬一方之風險。此選擇權讓上限型股權交換支付股權報酬之一方有權於股價上漲超過其上限利率時，將每期所須支付之股權報酬限制在上限利率之下，此上限利率可設定為固定或浮動利率。同理，下限型股權交換限制股權報酬之最低下限，可降低收取股權報酬一方之風險，限制其最大損失在下限利率之上。圖示如下：

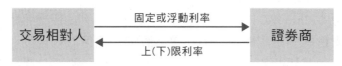

4. **混合型（Blended）**：混合型股權交換是指收取一個以上的股權報酬（通常為兩市場指數之加權平均報酬），並付出固定或浮動利率。混合股權交換實際上是由多個基本型股權交換所組合而成。圖示如下：

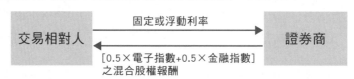

5. **績效差異型（Out-performance）**：界限型股權交換係指所連結的標的於存續期間任一時點或指定之觀察時點，達成相對於期初所設定之界限條件時，股權交換在此條件下進行或停止報酬交換之動作。其報價情形如下圖所示：

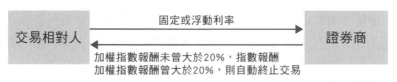

6. **新奇型（Exotic）**：泛指非傳統定義之股權交換型態，可以為上述各型商品條件混合後之結果，也可為上述為定義之商品。其報價情形可能如下圖所示：

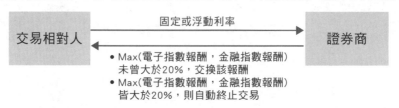

7. **單向（One-way）或雙向（Two-way）股權交換**：若交換標的物係兩種股價（如S&P500和NYSE）的報酬率，則稱為雙向股權交換；反之，交換標的為股價或其他非股價之收益者稱為單向股權交換。

8. **單一貨幣（One-currency）或跨國貨幣（Cross-currency）股權交換**：如交換合約中的各項資產、報酬率及支付貨幣皆為同一國家，則為單一貨幣股權交換，否則為跨國貨幣股權交換。

範例

X公司擁有100,000股A公司之股票，市價為一股新台幣75元。X公司與甲證券商簽訂一筆100,000股之股價交換契約，條件如下：

契約期間：二年

交割區間：半年

標的證券：A公司

名目本金：NTD 75×100,000股＝NTD 7,500,000

甲證券商支付X公司：90天CPBA－15bps

X公司支付甲證券商：A公司每半年股價漲跌報酬

#假設這二年期間每半年90天CPBA利率及A公司股價於評價日時的價格如下，每期雙方應支付的金額及差額交割淨額亦整理如下：

	0.5年	1年	1.5年	2年
90天CPBA	2%	2.2%	2.4%	2%
A公司股價	80	85	70	90
甲證券商應付	69,375	76,875	84,375	69,375
X公司應付	500,000	468,750	（1,323,529）	2,142,857
差額交割	X公司付 430,625	X公司付 391,875	甲證券商付 1,407,904	X公司付 2,073,482

三、股權衍生性商品特性

(一)店頭市場客製化契約。　　(二) 提供避險或投資功能。

(三)降低交易成本。　　(四) 提供投機功能。

經典範題

( ) **1** 影響股權選擇權價格的因素,不包括下列那一項? (A)標的價格 (B)契約期間 (C)匯率 (D)履約價格。

( ) **2** 下列何者不是股權衍生性商品特性? (A)店頭市場客製化契約 (B)提供避險或投資功能 (C)增加交易成本 (D)提供投機功能。

解答與解析

1 (C)。影響股權選擇權價格的因素,包括:標的價格、履約價格、契約期間、無風險利率、標的價格波動率。

2 (C)。股權衍生性商品特性有:
(1) 店頭市場客製化契約。   (2) 提供避險或投資功能。
(3) 降低交易成本。   (4) 提供投機功能。

重點6 結構型衍生性商品

一、結構型衍生性商品定義

結構型商品(Structured Notes)又稱連動式債券,其係透過財務工程技術,針對投資者對於市場之不同預期,以存款、保險或債券等固定收益商品為基礎,再利用利息或部分本金操作選擇權、權證等衍生性金融商品,透過財務槓桿,獲取較高的報酬率。

> **知識補給**
>
> 結構型商品＝固定收益商品＋衍生性金融商品。

結構型商品與常見的衍生性金融商品(如期貨與選擇權)存在著許多不同的差異。結構型商品由於大多數屬於契約化量身訂作金融商品,因此在集中市場交易量並不多,多半是存在於客戶與投資銀行間的店頭市場交易;而期貨與選擇權絕大部分都在交易所進行交易。其次,結構型商品的報酬率型態不僅受所連結標的資產的變動所影響,同時也會因為不同選擇權的設計結構,而得以使投資人最終報酬率不同,也因此,配合量身訂作的特性,結構型商品可以針對投

資人的標的偏好、特定投資期間及風險承擔能力等條件設計出符合投資人需求的金融商品。

| 結構型商品 | = | 固定收益用品 | ・政府公債
・公債附買回
・銀行定期存單
・有擔保公司債
・貨幣市場基金
・資產證券化商品 | + | 衍生性商品 | ・利率、匯率、股權、信用、商品之選擇權
・交換合約
・逾期契約
… |

結構型商品的組成圖

（資料來源：劉慶平,2003）

二、基本要素

一個結構型債券有三個基本要素：

1	固定收益證券連結成份	本金、利息或兩者都有；若是零息債券，則連結者一定是本金。若是附息債券，則連結者可能是利息、本金或債券全體。
2	連結對象	這可以是商品價格（例如股票價格、美元匯率、黃金價格）、價格指數（例如股價指數、物價指數）或某種特殊事件的發生（例如違約事件、自然災害事件）。
3	連結方式	主要是買賣遠期契約或買賣選擇權（買權或賣權）。

三、結構型商品之風險

一般購買結構型商品前，銷售銀行會展示一份中文產品說明書，其中臚列十餘項風險，並告知並不限於所列之風險。茲將結構型商品常見的風險摘要說明如下：

(一) **信用風險**：由於投資的期限通常較長，如果發行機構不幸倒閉，投資人的本金可能有無法回收的風險。委託人須承擔債券發行或保證機構之信用風險；而「信用風險」之評估，端視委託人對於債券發行或保證機構之信用評等價值之評估；亦即保本保息係由發行機構所承諾，而非委託人之承諾或保證。

(二) **利率風險**：由於結構型商品一部分為固定收益商品所組成，例如債券，債券自正式交割發行後，其存續期間之市場價格往往會受將受發行幣別利率變動所影響；當該幣別利率調升時，債券之市場價格有可能下降，並有可能低於票面價格而損及原始投資金額；當該幣別利率調降時，債券之市場價格有可能上漲，並有可能高於票面價格而獲得額外收益。

(三) **匯率風險**：連動債多以外幣計價（例如美元、歐元），其價格將受到外幣走勢影響，投資人在投資期限到期兌換回台幣時，若不幸遇到台幣相對走勢較弱時，轉換回新台幣資產時將可能產生低於投資本金之匯兌風險，則可能遭到匯兌損失，承受匯率風險；又通常產品期間可能長達數年，其匯率走勢預測更是艱難，不確定性很高。

(四) **流動性風險**：部分的結構型商品會規定提前贖回的周期，此周期可能為每個月、每季或每年開放一天讓投資人贖回，且通常提前贖回所能取回的金額，都會有一定的折價。因此，投資人購買結構型商品有可能急需資金時無法贖回結構型商品，或贖回金額不如預期。此外，其流動性較差，投資人金額較小的提前贖回要求，亦可能無法成交。

(五) **市場風險**：最大的市場風險來自於選擇權部分，保本型商品投資人所買入的選擇權到期價值可能為零，使得投資人投資於保本型商品的最終收益，比不上直接將所有資金投資於固定收益商品或定存；而股權連結商品投資人是藉由賣出選擇權來拉高股權連結商品名目利率，但當賣出的選擇權到期處於價內時，投資的本利和將遭到侵蝕，最大的可能損失是所有投資本金。

(六) **法律風險**：由於許多結構型商品的設計相當複雜，再加上契約中常有許多額外的條款規定雙方的權利義務，對於這些條款應該詳加閱讀，以維護自身權益，避免不必要的法律風險。

(七) **再投資風險**：發行機構有強制買回條款，當投資期限尚未到期，發行機構提前買回時，投資人再次投資的標的可能無法提供與先前相同的收益。

(八) **發行機構強制轉換投資標的之風險**：有的產品說明書上已載明發行機構有權轉換給付標的，因此，投資人拿到的到期金額不是原先被轉換前預期的金額，而是轉換標的後相對較低的金額。例如，遭發行機構轉成跌價的股票，或雙元存款中，當商品與市場走勢相反時，投資人本金被轉為另一個弱勢貨幣。

(九) **最低收益風險**：當投資期間所連結標的表現不佳，以致委託人於到期日時僅得到發行機構所保證之最低收益風險。

(十) **事件風險**：如遇發行機構發生重大事件，有可能導致債券評等下降（bond downgrades）。

> **知識補給**
> 連動式債券的標的屬國外有價證券，故屬於海外投資，不計入個人所得稅。

四、結構型商品種類

(一) **以商品架構區分**：一般來說，就設計結構來分類，結構型商品可以大致分為保本型商品及非保本商品兩大類，分述如下：

1. **保本型商品**：係指犧牲部分本金或固定收益商品之利息，用以買入衍生性金融商品，收益連結標的資產（利率、匯率、選擇權等等，但不包含信用）的表現，讓投資人在風險有限的情況下追求穩健的報酬。保本型商品是固定收益投資工具，擔保投資人在到期時可獲得100%或一定比率的原始投資金額給付，外加一定比率的連結商品或指數的上漲價值。下圖為保本型商品預估獲利率圖：

> **知識補給**
> 我國主管機關規定保本率不得低於80%。

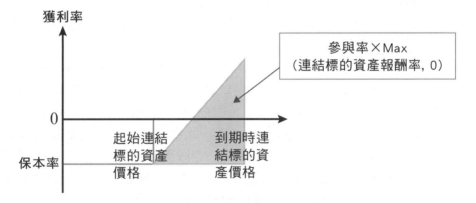

通常發行機構在投資初期即購買一個等額的零息債券，零息債券的市場價格係以市場利率將債券到期金額折現到交易時之現值，換句話說購買價格等於先扣除未來的利息收入，以淨額支付交易對手，債券到期日可收到與投資人原始投入金額相等數額的金額，故具保本效果。再以預收的利息去購買（buy）一個商品的賣權（put）或買權（call），買權的買方有權利在約定期間內，用約定價格、買入約定的標的物；賣權的買方有權利在約定期間內，以約定價格賣出約定的標的物，不論買權或賣權，買方擁有主

控權,頂多只損失購買選擇權的權利金,投資人最後可領回的就是原來的本金,但若執行買權或賣權有利時,即有利潤可分享投資人。下圖為結構型商品結構圖:

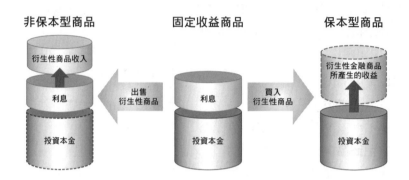

| 非保本型商品 | 固定收益商品 | 保本型商品 |

2. **非保本型**:非保本型商品與保本型商品不同的是賣出買權或賣權,若買方未執行選擇權,則投資人除收回原始本金外可分享固定收益的利息及賣出選擇權的權利金收入。但因為賣方有義務應買方要求履行賣出義務,或應買方要求

履行買入義務,通常買方有利才會要求賣方履行義務,故賣方處於不利地位,可能損及投資本金或轉換成股票等其他證券。

非保本型商品風險最高之類型為信用連結型商品(Credit-linked Notes,以下簡稱CLN),其衍生性商品部位,則以信用衍生性商品為連結標的,包括信用違約交換(Credit Default Swaps)、總報酬交換(Total Return Swaps)及信用價差選擇權(Credit Spread Options)等。此類商品通常高度財務槓桿操作,即使設有虧損上限,一般人常忽略,一旦經濟景氣衰退時,骨牌效應將產生連鎖倒閉風潮,投資機構須賠付信用交易對手,即侵蝕到原始本金,有可能血本無歸。下圖為非保本型商品預估獲利率圖:

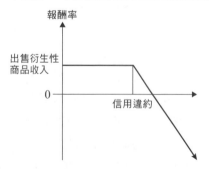

(二)以連結標的區分

1. **股權連結型商品**：股權連結型商品係透過財務工程將「零息債券」（zero coupon bond）和「賣出相關標的選擇權」組合而成的結構型商品，並依據選擇權的拆解及拼湊組合出不同型態的「股權連結商品」，主要有「看多型」、「看空型」、「跨式型」、「勒式型」、「觸及生效型」、「高績效型」及「彩虹型」等，同時根據它所連結的「標的」（可為上市櫃股票、股價加權指數、指數股票式基金、利率、匯率等）來決定投資績效的投資工具。

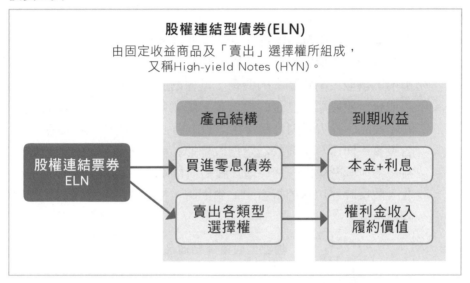

由於股權連結商品是一種結合固定收益證券及賣出選擇權的結構性商品，因此透過不同選擇權型態的設計，我們可以讓股權連結商品的報酬型態產生不同變化，投資人在選擇股權連結型商品時，務必要瞭解商品特性及報酬型態。以下介紹股權連結型商品：

(1) **看多型股權連結商品**：依據國外的發行經驗，看多型股權連結商品是目前最受市場投資人歡迎的架構之一，適合預期標的股權後市將保持盤整、上漲或是微幅下跌的投資者；看多型股權連結商品同時適合願意以履約價格（低於目前市場價格）買進標的股權的投資者。

對投資人而言，投資於看多型股權連結商品，等於是買進一個固定收益證券並同時賣出一個賣權（履約價格K1）給發行機構，而其賣出賣權的權利金收入將反映在ELN的折價中。到期時，投資人的交易損益型態將如圖一所示：

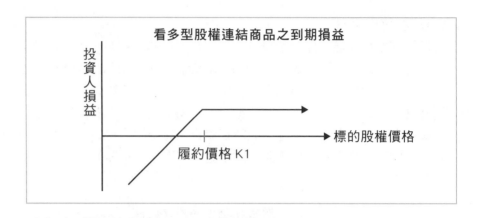

(2) **看空型股權連結商品**：看空型股權連結商品（Bear ELN）適合預期標
的股權價格將保持盤整、下跌，或是微幅上升的投資者，提供在空頭
市場下爭取更高報酬率的機會。當標的股權價格下跌時，投資於該股
票或是一般股票型基金的投資者，將難免蒙受損失，然而看空型股權
連結商品的投資者則有機會在空頭市場中爭取理想的收益率。

對投資人而言，投資於看空型股權連結商品，等於是買進一個固定收
益證券並同時賣出一個買權（履約價格K1），而其賣出買權的權利金
收入將反映在ELN的折價中。到期時，投資人的交易損益型態將如下
圖所示：

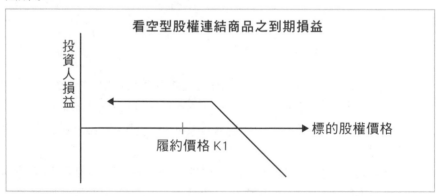

(3) **勒式股權連結商品**：股權連結商品（Strangle ELN）適合預期市況將
呈現區間盤整的投資人，而只要標的股權價格出現大漲或是大跌的走
勢，投資人將承受損失，但是在到期時結算價格落在兩個履約價格之
間，則投資人可以獲得高於一般固定收益證券的收益率。對投資人而
言，投資於勒式股權連結商品，等於投資人買進一固定收益證券，並
同時賣出一個買權（履約價格K3）及一個賣權（履約價格K2），因

此此種ELN折價幅度較高（因投資人可收到較高權利金），投資人預期報酬率也較高。到期時，投資人的交易損益型態將如下圖所示：

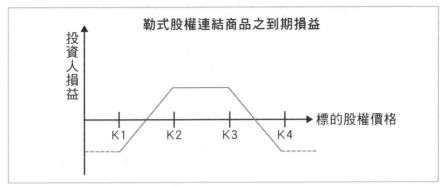

而若投資人為了規避股權價格波動劇烈所帶來的下檔風險，則我們也可以再賣給投資人一個買權（履約價格K4）與一個賣權（履約價格K1），改變後的損益型態將如上圖中所示虛線，代表投資人的下檔損失將獲得控制。

(4) **多頭價差型股權連結商品**：多頭價差型股權連結商品（Bull Spread ELN）基本上可視為投資人買進看多型股權連結商品，再另外買進一個履約價格更低的賣權（履約價格K1）。此種型態的ELN適合預期短期間內標的股權將維持盤整或微幅下跌的投資人，同時為鎖定下檔風險，故投資人再買進一賣權，使損益控制在兩個賣權的履約價格之間。到期時，投資人的交易損益型態將如下圖所示：

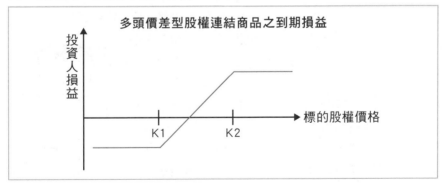

(5) **空頭價差型股權連結商品**：空頭價差型股權連結商品（Bear Spread ELN）基本上可視為投資人買進看空型股權連結商品，再另外買進一個履約價格更高的買權（履約

> **知識補給**
>
> 股權連結結構型商品的特色為連結個股標的及股價指數。

價格K2）。此種型態的商品適合預期短期間內標的股權將維持盤整或微幅上漲的投資人，同時為鎖定下檔風險，故投資人再買進一買權，使損益控制在兩個買權的履約價格之間。到期時，投資人的交易損益型態將如下圖所示：

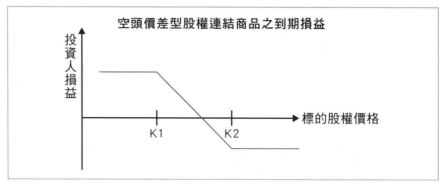

2. **利率連結型商品**：投資收益之本金或利息金額之多寡，連動至某指標利率（此指標通常為總體經濟指標）、特定債券價格，甚或通貨膨脹率之商品，按其結構，可再行細分為三大類：

   (1) **內嵌利率遠期契約結構商品**：以一固定利率債券與一或一個以上「可視為一序列遠期契約之利率交換（swap）」組成。逆浮動利率債券（inverse floating rate notes）、延遲逆浮動利率債券（deferred inverse floating rate notes）、超級逆浮動利率債券（leveraged inverse floating rate notes）、階梯逆浮動利率債券（step-up inverse floating rate notes），更包含報酬連結至債券價格或交換利率之商品等，皆可歸為此類。

   (2) **內嵌型利率選擇權結構商品**：此類產品僅由一固定利率債券和一個或一個以上之利率選擇權所組成。設有上限之利率浮動債券或設有上下限之利率浮動債券皆屬之。

   (3) **債券指數連結票券商品**：基於提供投資人以為績效評估之參考，各投資銀行莫不紛紛按各不同債券信用評等、所屬地域、計價幣別等各條件，分門別類並據以編製債券指數。也因債券指數之出現，進一步而衍生出連結至債券指數之結構型商品。

3. **外匯連結型商品**：投資收益之本金或利息金額多寡與某幣別之匯價相關的商品。按其結構可分為兩類，分屬雙重幣別結構與匯率連動結構二種，茲分述如下：

雙重幣別結構商品	償付本金與利息幣別不同，商品可拆解為一固定收益證券與一或一序列遠期外匯契約之組合。**雙重幣別債券（利息與發行幣別相同，償付本金之幣別不同）** 與反雙重幣別債券（償付本金與發行幣別相同，然利息幣別不同）等皆歸於此類。
匯率連動結構商品	**利息或本金與匯率連動**，並依據到期或付息日之匯率水平，從而決定給付之金額。利息與匯率連動債券、本金與匯率連動債券屬此類。

4. **商品連結型商品**：投資收益之本金或利息金額之多寡連動至某商品價格（小麥、黃金、油）或商品指數之商品。按其結構可再細分為下列兩類：

商品連結 **遠期契約** 結構商品	換言之，其由一固定利率債券與一商品遠期契約或交換契約組成。
商品連結 **選擇權契約** 結構商品	係以一固定利率債券和一商品選擇權契約搭配而成。

5. **信用連結型商品**：投資收益之本金或利息金額多寡，取決於某特定信用事件是否發生之商品，為一固定或浮動利率債券納入一信用衍生性商品所組成。信用總報酬連結債券、信用違約連結債券、信用價差連結債券皆屬之。

> **知識補給**
>
> 信用連結型商品的特色為報酬連結至某債權之價值變動、信用價差、信用違約風險等。

6. **非經濟變數連結型商品**：投資收益之本金或利息金額多寡，**取決於某特定事件是否發生之為依據**。連結標的繁複多樣，如「端視某企業是否發生併購事件」、「是否發生重大災害」、「降雨量」、「氣溫」等，皆屬此類。

五、雙元組合商品設計

(一)**設計架構**：外幣定期存款＋賣出連結其他外幣的選擇權（賣出買權／賣出賣權）

(二)**設計原理**：

1. 雙元組合式外幣商品是結合了「外幣定存」及「出售外幣幣別選擇權」之商品組合。外幣選擇權它是一種貨幣買賣契約，選擇權買方支付權利金（Premium）予選擇權賣方之後，自該項契約成立之日起，至預先約定未來某一時日或之前，得以事先約定之履約價格，要求賣方買入或賣出定量之某種貨幣，賣方有義務按約定價格履行交割義務。

2. 雙元組合式外幣商品除了有承作外幣定存的固定收益外，還可收取選擇權權利金。因賣出選擇權有權利金收益，再將此權利金收益年率化，加上外幣原先定存利率，得出一個新的報酬率，此報酬率就是雙元組合式外幣商品的報價。

> **知識補給**
>
> 投資收益率於發行時已固定，惟到期時可能被轉換為弱勢貨幣，損及本金。

然而，因賣出選擇權，在未來有可能被履行，原本存入本金將依原先約定的匯率（轉換價格）被轉換成另一種約定的貨幣。當被轉換成的約定貨幣貶值時，將造成本金的損失；反之，升值時，則本金將有資本利得。因此，**雙元組合式外幣商品是一種「保息不保本」的商品**。

(三)**案例（結合賣出單純選擇權之雙元組合式外幣商品）**

1. 案例一：

(1) **案例介紹**：存款本金USD100,000，承作天期30天，權利金收入USD1,500，手續費USD150，美金定存利率2%，則總收益率為何？

(2) **案例分析**：總收益＝$2\% + \dfrac{1,500 - 150}{100,000} \times \dfrac{360}{30} = 2\% + 16.2\% = 18.2\%$

2. 案例二：

(1) **案例介紹**：美元外匯存款＋賣出澳幣賣權

投資人選擇承作7天期的雙幣組合式外幣商品，以美元為基準貨幣，澳幣為相對貨幣，約定之履約匯率為0.9900。如7天後澳幣走強，澳幣兌美元匯率高於或等於履約匯率，投資人可收到以USD計價的本利和；反之，如7天後澳幣走弱，澳幣兌美元匯率低於履約匯率，投資人本利和將轉換為相對貨幣。

承購金額	20,000
基準貨幣	USD
相對貨幣	AUD
承作天期	7天
匯率比價日	5月21日
履約匯率	0.9900
定存利率	0.1%
超利收益率	5.78%
總收益率	5.88%

(2) **案例分析**：上述案例可得出以下二種結算情況：

A. **結算情況一**：

如7天後澳幣走強，澳幣兌美元匯率高於或等於履約匯率0.9900。

投資人於到期日將收到到期本利和

$=(20,000+20,000×5.88\%×7／360)$

$=20,022.87$（美元）

總收益：22.87美元

B. **結算情況二**：

如7天後澳幣走弱，澳幣兌美元匯率低於履約匯率0.9900

本金及總收益將以履約匯率轉換為相對貨幣，投資人於到期日收到到期本利和

$=20,022.87／0.9900=20,225.12$（澳幣）

到期本利和（約當原幣金額，假設為當時到期匯價0.98）

$=20,225.12×0.98=19,820.62$（美元）

總報酬為$=20,000-19,820.62$

$=-179.38$（美元）

知識補給

· 雙元組合式外幣商品乃賣出選擇權，收益可以提高，但本金有可能被轉換成相對貨幣，有匯兌的風險，但不一定會發生。

· 對賣權而言，當外匯價格下跌低於履約價，此種狀態我們稱為「價內」；當外匯價格高於履約價，我們則稱此狀態為「價外」；若外匯價格等於履約價則稱「價平」。

· 如果買方的權利只能在到期日當天行使，則該選擇權稱為歐式選擇權；如果買方在到期日當天及之前的任何一天都可以行使權利，則該選擇權稱為美式選擇權。

3. **案例三：**

(1) **案例介紹：** 投資人承作雙元組合式商品，承作本金USD100,000，承作天期1個月，計價貨幣為美元，連結貨幣為歐元。1個月定存為2%，總收益率為7%，轉換匯率為1.34，假設到期匯率為1.35，請問投資人可領回之本利和為多少？

(2) **案例分析：**

A. 到期匯率1.35＞轉換匯率1.34，則本金不會被轉換。

B. 領回之本利和＝100,000×（1＋7%×30／360）＝USD100,583.33。

4. **案例四：**

(1) **案例介紹：** 投資人選擇承作7天期的雙幣組合式外幣商品，以美元為基準貨幣，歐元為相對貨幣，約定之履約匯率為1.2930。如7天後歐元走強，歐元兌美元匯率高於或等於履約匯率，投資人可收到以USD計價的本利和；反之，如7天後歐元走弱，歐元兌美元匯率低於履約匯率，投資人本利和將轉換為相對貨幣。

承購金額	100,000
基準貨幣	USD
相對貨幣	EUR
承作天期	7天
匯率比價日	5月21日
履約匯率	1.2930
定存利率	0.15%
超利收益率	4.96%
總收益率	5.11%

(2) **案例分析：** 上述案例可得出以下二種結算情況：

A. **結算情況一：** 如7天後歐元走強，美元走弱，歐元兌美元匯率高於或等於履約匯率1.2930

　　投資人於到期日將收到到期本利和＝20,022.87美元

　　（100,000＋100,000×5.11%×7／360＝100,099.36）

　　總收益：99.36美元

B. **結算情況二**：如7天後歐元走弱，歐元兌美元匯率低於履約匯率1.2930
本金及總收益將以履約匯率轉換為相對貨幣，投資人於到期日收到
到期本利和

＝100,099.36／1.2930＝77,416.37（歐元）

到期本利和（約當原幣金額，假設為當時到期匯價1.28＝77,416.37×1.28
＝99,092.95（美元）

總報酬為＝100,000－99,092.95＝907.05（美元）

5. **案例五：**

(1) **案例介紹**：投資人選擇承作14天期的雙幣組合式外幣商品，以美元為基
準貨幣，歐元為相對貨幣，約定之轉換匯率為1.2500。若結算轉換時間，
EUR／USD匯率高於轉換匯率1.2500，投資人可收到美元本金與美元加值
收益（稅前）；反之，若結算轉換時間，EUR／USD匯率低於（等於）
轉換匯率1.2500，投資人可收到歐元本金與美元加值收益（稅前）。

承購金額	200,000
基準貨幣	USD
相對貨幣	EUR
承作天期	14天
匯率比價日	6月15日
轉換匯率	1.2500
總收益率	6%

(2) **案例分析**：上述案例可得出以下三種結算情況：

A. **結算情況一**：

假設比價日之匯率1.2550高於轉換匯率1.2500

投資人於到期日將收到到期本利和＝200,466.67美元

（200,000＋200,000×6%×14／360＝200,466.67）

代扣繳稅額＝466.67×10%＝46.67美元

實際投資報酬：420.01美元（466.67－46.67＝420.01）

B. 結算情況二：

假設比價日之匯率1.2450低於履約匯率1.2500，有投資損失，本金
將以轉換匯率轉換為相對貨幣，投資人於到期日收到到期本利和
＝200,000／1.2500＝160,000（歐元）

商品收益＝200,000×6%×14／360＝466.67（美元）

總報酬為＝（160,000×1.2450–200,000）＋466.67＝－333.33（美元）

代扣繳稅額＝0美元

實際投資報酬：－333.33（美元）

C. 假設比價日之匯率1.2480低於履約匯率1.2500，但有投資收益，本
金將以轉換匯率轉換為相對貨幣，投資人於到期日收到到期本利和
＝200,000／1.2500＝160,000（歐元）

商品收益＝200,000×6%×14／360＝466.67（美元）

總報酬為＝（160,000×1.2480–200,000）＋466.67＝146.67（美元）

代扣繳稅額＝146.67×10%＝14.67美元

實際投資報酬：132美元（146.67－14.67＝132）

(四)案例（結合賣出障礙選擇權之雙元組合式外幣商品）

1. 案例一：

(1) 案例介紹：

承購金額	100,000
基準貨幣	USD
相對貨幣	EUR
標的	EUR／USD（EUR put USD call）
承作天期	1個月
履約匯率	1.4400
碰觸匯率	1.4150（觸及失效knock-out）
1個月美元定存	2%
總收益率	5%

到期本金：

A. 承購一個月內期間曾觸及觸價失效價格1.4150，則選擇權失效，
選擇權賣方（投資人）的義務提前解除客戶，投資人本金確定贖
回美元。

B. 承購一個月內期間未曾觸及觸價失效價格1.4150，歐元兌美元的即期匯率在清算標準日＞轉換匯價，投資人贖回美元本金。

C. 承購一個月內期間未曾觸及觸價失效價格1.4150，而歐元兌美元的即期匯率在清算標準日≦轉換匯價，客戶本金需以歐元贖回（美元本金／轉換匯價）。

(2) **案例分析**：上述案例可得出以下三種結算情況：

　A. **結算情況一**：承購一個月內期間曾觸及觸價失效價格1.4150，則選擇權失效，選擇權賣方（投資人）的義務提前解除客戶，投資人本金確定贖回美元。

　　投資人於到期日將收到到期本利和＝100,416.67美元

　　（100,000＋100,000×5%×30／360＝100,416.67），

　　其中：

　　本金：100,000（美元）

　　利息收入：100,000×2%×30／360＝166.67

　　選擇權投資收益：100,000×3%×30／360＝250

　　總收益：416.67美元

　B. **結算情況二**：承購一個月內期間未曾觸及觸價失效價格1.4150，歐元兌美元的即期匯率在清算標準日1.4500＞轉換匯價1.4400，投資人贖回美元本金。

　　投資人於到期日將收到到期本利和＝100,416.67美元

　　（100,000＋100,000×5%×30／360＝100,416.67），

　　其中：

　　本金：100,000（美元）

　　利息收入：100,000×2%×30／360

　　＝166.67

　　選擇權投資收益：

　　100,000×3%×30／360＝250

　　總收益：416.67美元

　C. **結算情況三**：承購一個月內期間未曾觸及觸價失效價格1.4150，而歐元兌美元的即期匯率在清算標準日1.4200≦轉換匯價1.4400，客戶本金將被轉換為歐元。

> **知識補給**
>
> 障礙選擇權是一種附加條件的選擇權，此類選擇權是否有效取決於標的資產的市價是否觸及確定的界限（barrier）。可分觸及生效選擇權（knock-in option）及觸及失效選擇權（knock-out option）。

USD100,000／1.4400

＝69,444.44（歐元）

到期本金現值＝69,444.44×1.4200

＝98,611.11（美元）

利息收入：

100,000×2%×30／360＝166.67

選擇權投資收益：

100,000×3%×30／360＝250

總報酬為＝166.67+250－（100,000－98,611.11）

＝－972.22（美元）

> **知識補給**
>
> 觸及生效選擇權是指只有在標的資產的市價觸及確定的水準時期權才生效；觸及失效選擇權在標的資產的市價觸及約定水準時即失效。標的資產是指行使期權時可以買進或賣出的資產。

2. **案例二**：

(1) **案例介紹**：

承購金額	100,000
基準貨幣	USD
相對貨幣	EUR
標的	EUR／USD（EUR put USD call）
承作天期	1個月
履約匯率	1.4400
碰觸匯率	1.4150（觸及有效knock-in）
1個月美元定存	2%
總收益率	5%

到期本金：

A. 承購一個月內期間不曾觸及觸價有效價格1.4150，則選擇權不生效力，投資人到期贖回美元本金。

B. 承購一個月內期間曾觸及觸價有效價格1.4150，歐元兌美元的即期匯率在清算標準日＞轉換匯價，投資人贖回美元本金。

C. 承購一個月內期間曾觸及觸價失效價格1.4150，而歐元兌美元的即期匯率在清算標準日≦轉換匯價，客戶本金需以歐元贖回（美元本金／轉換匯價）。

(2) **案例分析**：上述案例可得出以下三種結算情況：

A. **結算情況一**：承購一個月內期間不曾觸及觸價有效價格1.4150，則選擇權不生效力，投資人到期贖回美元本金。

投資人於到期日將收到到期本利和＝100,416.67美元

（100,000＋100,000×5%×30／360＝100,416.67），

其中：

本金：100,000（美元）

利息收入：100,000×2%×30／360＝166.67

選擇權投資收益：100,000×3%×30／360＝250

總收益：416.67美元

B. **結算情況二**：承購一個月內期間曾觸及觸價有效價格1.4150，歐元兌美元的即期匯率在清算標準日1.4500＞轉換匯價1.4400，投資人贖回美元本金。

投資人於到期日將收到到期本利和＝100,416.67美元

（100,000＋100,000×5%×30／360＝100,416.67），

其中：

本金：100,000（美元）

利息收入：100,000×2%×30／360＝166.67

選擇權投資收益：100,000×3%×30／360＝250

總收益：416.67美元

C. **結算情況三**：承購一個月內期間曾觸及觸價失效價格1.4150，而歐元兌美元的即期匯率在清算標準日1.4200≦轉換匯價1.4400，客戶本金將被轉換為歐元。

USD100,000／1.4400＝69,444.44（歐元）

到期本金現值＝69,444.44×1.4200＝98,611.11（美元）

利息收入：100,000×2%×30／360＝166.67

選擇權投資收益：100,000×3%×30／360＝250

總報酬為＝166.67＋250－（100,000－98,611.11）＝－972.22（美元）

> **知識補給**
>
> 就觸及失效選擇權而言，碰觸匯率越靠近轉換匯率，則失效可能性愈高，選擇權權利金愈便宜，則商品收益愈低。反之，碰觸匯率離轉換匯率越遠，則失效可能性愈低，則選擇權權利金愈貴，商品收益愈高。

經典範題

( ) **1** 下列何者為利率連結式結構型產品？
(A)匯率保本型票券
(B)雙貨幣債券
(C)反浮動債券
(D)信用連動債券。 【第1期結構型商品銷售人員】

( ) **2** 保本型商品可以視為固定收益商品與買入下列何種商品之組合？
(A)期貨　　　　　(B)選擇權
(C)遠期契約　　　(D)交換。 【第1期結構型商品銷售人員】

( ) **3** 有關「高收益型商品」之敘述，下列何者錯誤？ (A)高收
益型商品具有保本特性 (B)可連結股權、利益或信用等標
的 (C)高收益型商品最大的損失為全部投入本金 (D)常
見的高收益商品為賣出選擇權之設計，對投資人而言風險
較大。 【第1期結構型商品銷售人員】

( ) **4** 有關結構型商品風險的敘述，下列何者錯誤？ (A)投資人必
須承擔發行機構的信用風險，也就是可能會面臨本金無法回收
的風險 (B)一般而言信用評等為S＆P AAA的債券，違約風險
較BBB的低 (C)結構型商品的市場風險，最主要來自於選擇
權端 (D)結構型商品中的固定收益端，從發行到到期前並沒
有市場風險。 【第1期結構型商品銷售人員】

( ) **5** 下列何者為結算風險的定義？ (A)指投資人的部位無法找到
交易對手，或者無法以合理的價格軋平部位 (B)指當銀行
履行契約規定之交割義務後，因全球時差尚未收到交易對手
所提供之報價或價值而承擔的風險 (C)指當選擇權標的物
的現貨價格波動程度為1%時，其權利金變動的幅度 (D)指
個股股價或股價指數的變動而使衍性商品的部位發生損失的
風險。 【第1期結構型商品銷售人員】

( ) **6** 假設投資人投資一雙元組合式商品100,000美元,為期1個月,到期日投資人領回本利和100,500美元,請問總收益率為多少?
(A)5% (B)6% (C)7% (D)8%。 【第1期結構型商品銷售人員】

( ) **7** 針對雙元貨幣定存,所連結碰觸失效果限選擇權(Knock-out-Barrier),下列何者錯誤?
(A)所附加的碰觸條款,提高未來轉換的機會
(B)收益率比結合陽春型選擇權商品低
(C)碰觸匯率愈接近轉換匯率,收益率愈低
(D)當即期匯率一觸及碰觸匯率,選擇權即失效。

【第1期結構型商品銷售人員】

( ) **8** 投資人投資雙元組合式商品,承作本金為100,000美元,承作天期1個月,計價貨幣為美元,連結貨幣為歐元,1個月美元定存為2%,總收益率為7%,轉換匯率為1.3400,假設到期匯率為1.3500,請問投資人可領回本利和為多少?
(A)100,218.33美元
(B)100,416.67美元
(C)100,583.33美元
(D)101,375.67美元。 【第1期結構型商品銷售人員】

解答與解析

1 (C)。(1)匯率保本型票券屬於匯率連結式結構型商品。
(2)雙貨幣債券屬於連結式結構型商品。
(3)反浮動債券屬於利率連結式結構型商品。

2 (B)。保本型商品可視為固定收益商品與買入選擇權之結合。

3 (A)。高收益型商品具有賣出選擇權,故為不保本特性。

4 (D)。結構型商品從發行到到期前,固定收益仍會受到利率影響、影響其價格,故亦會有市場風險。

5 (B)。(A)為流動性風險。(B)屬結算風險。(C)(D)為價格風險。

6 (B)。(100,500－100,000)／100,000×12／1＝6%

7 (A)。針對雙元貨幣定存,所連結碰觸失效果限選擇權(Knock-out-Barrier),一旦觸及選擇即失效,因此可降低被轉換的機會。

8 (C)。100,000×〔1＋7%×(1／12)〕＝100,583.33(美元)

精選試題

(　) **1** 有關結構型商品之特性，下列敘述何者正確？ (A)保本率越低，則參與率亦越低 (B)即使保本率註明為110%，仍不具最低保證報酬率 (C)約定好之保本率僅適用於持有至到期日的投資型產品 (D)若希望參與率提高而保本率不降低，則可透過縮短投資天期達成。 【第11期結構型商品銷售人員】

(　) **2** 下列何者非屬結構型產品？ (A)亞式選擇權 (B)可轉換公司債 (C)連動式債券 (D)投資型保單。 【第11期結構型商品銷售人員】

(　) **3** 下列結構型商品連動標的，何者屬總體經濟指標？
(A)個股價格 (B)商品價格
(C)利率水準 (D)違約事件之發生。 【第10期結構型商品銷售人員】

(　) **4** 有關產品說明書（Term Sheet）上必須載明之交易條件之定義，下列何者錯誤？ (A)立約日（Trade Date）是指投資人與交易相對人交易的日期 (B)存款起始日是指由該日開始計息期間 (C)到期日為最後評價日加一個營業日 (D)觀察日為觀察連結標的績效表現的日期，並以此日為準計算產品報酬率。 【第10期結構型商品銷售人員】

(　) **5** 有關結構型商品風險來源之敘述，下列何者正確？ (A)連動債信用風險來源為債券連結之商品 (B)連動債信用風險來源為發行機構 (C)結構型商品最大的市場風險來自固定收益商品端 (D)外幣計價結構型商品由發行機構承擔匯率風險。 【第10期結構型商品銷售人員】

(　) **6** 有關結構型商品之定義，下列敘述何者錯誤？ (A)高收益債券，由投資人賣出一標的資產選擇權給發行機構，由所得到的選擇權權利金收入來提高債券的預期收益率 (B)保本型商品，提供投資人下檔有限風險，同時又能參與連結標的資產上漲的報酬率，爭取提高報酬率的機會 (C)投資於隱含賣權保本型商品，等於是買進一個固定收益證券以及買進賣權，因投資人對市場趨勢看多 (D)投資人在不確定市場上漲或下跌的情況，可在獲得一定比率本金的保障，同時參與標的股價在各約定區間內的報酬，可買進隱含勒式選擇權保本型商品。 【第9期結構型商品銷售人員】

( ) **7** 有關結構型金融商品之敘述,下列何者正確? (A)固定收益金融商品之收益可能因連結標的之價格變動而受影響 (B)由國外金融機構發行之連動債由國內銀行受託投資者,應依「銀行辦理衍生性金融商品業務應注意事項」辦理 (C)由國內銀行以交易相對人身分自行承作之結構型商品,應依「境外結構型商品管理規則」辦理 (D)結構型金融商品係由固定收益金融商品與衍生性金融商品結合。 【第9期結構型商品銷售人員】

( ) **8** 有關結構型商品之敘述,下列何者正確? (A)假設其他條件不變下,發行機構具贖回權(Call Provision)的債券報酬率高於不具贖回權的報酬率 (B)假設其他條件不變下,發行人可贖回頻率越高(callable yearly or quarterly),債券報酬率越低 (C)保本型商品的部分,保本比例愈低的債券,可買入選擇權的比例愈高,潛在報酬率可能愈低 (D)結構型商品連結的指數僅限於國內的指數。 【第9期結構型商品銷售人員】

( ) **9** 有關保本型結構型商品,下列敘述何者正確? (A)保本比例為事先約定的比例,不一定會100%本金保本,也有可能是90%保本 (B)若投資人於到期日前贖回,也可獲得保本的保障 (C)由於是保本型的商品,沒有信用風險 (D)投資人的收益來源,來自於為投資人賣出選擇權所產生的報酬。 【第8期結構型商品銷售人員】

( ) **10** 如果投資人預期未來標的將大幅波動,但不確定上漲或下跌,則該投資人可以選擇下列何種保本型商品? (A)下跨式 (B)勒式 (C)多頭蝶式 (D)空頭蝶式。 【第8期結構型商品銷售人員】

( ) **11** 投資人購買了一檔由台灣金融機構發行的新臺幣計價連結台灣加權股價指數為標的且天期為3年的100%保本結構型商品,請問下列敘述何者正確? (A)投資人承擔了外匯風險 (B)產品為100%保本,故投資人未承擔此發行機構的信用風險 (C)投資人承擔此產品中途解約贖回的流動性風險 (D)投資人承擔了金融機構作業風險所產生的損失。 【第8期結構型商品銷售人員】

（　　）**12** 銀行向客戶提供結構型商品交易服務前，應向客戶說明之事項，下列敘述何者錯誤？　(A)該結構型商品因利率、匯率、有價證券市價或其他指標之變動，有直接導致本金損失或超過當初本金損失之虞者　(B)該結構型商品因銀行或他人之業務或財產狀況之變化，有直接導致本金或超過當初本金損失之虞者　(C)該結構型商品因其他經金管會規定足以影響投資人判斷之重要事項，有直接導致本金損失或超過當初本金損失之虞者　(D)銀行就結構型商品之交易服務，涉有契約權利行使期間、解除期間及效力之限制者，不需向客戶說明之。　　　　　　　　　　　　　　　【第8期結構型商品銷售人員】

（　　）**13** 下列何者非屬主管機關規範結構型商品需在產品說明書（Term Sheet）上完整闡明之產品風險？　(A)信用風險　(B)產業風險　(C)市場風險　(D)法律風險。　　　　　【第7期結構型商品銷售人員】

（　　）**14** 有關結構型商品與組合式商品之敘述，下列何者正確？　(A)組合式產品設計類似連動債　(B)組合式存款可由券商及保險業者承作　(C)連動式債券之清償責任在於國內代銷機構　(D)國內券商欲發行結構型商品需取得S&P BB級（含）以上之長期信用評等。　　　　　　　　　　　　　　　【第7期結構型商品銷售人員】

（　　）**15** 在無特殊約定情形下，匯率觀察結束日通常為：　(A)商品到期日　(B)商品到期日前一個營業日　(C)商品起息日前兩個營業日　(D)投資收益的計算截止日前兩個營業日。　　【第7期結構型商品銷售人員】

（　　）**16** 下列結構型商品連動標的，何者與金融商品價格連動？　(A)個股價格　(B)股價指數　(C)降雨量　(D)利率水準。　【第7期結構型商品銷售人員】

（　　）**17** 下列何項結構型商品之再投資風險最高？　(A)發行機構沒有任何贖回權　(B)發行機構每一年具有「無條件贖回權」（Hard Call Provision）　(C)發行機構每二年當LIBOR 高於6%時，發行機構將贖回債券　(D)發行機構每二年具有「無條件贖回權」（Hard Call Provision）。　　　　　　　　　　　　　【第6期結構型商品銷售人員】

( ) **18** 有關保本型基金及保本型結構商品之比較,下列何者正確? (A)保本型結構商品流動性較低 (B)保本型基金投資衍生性商品比例較高 (C)保本型結構商品投資成本較高 (D)保本型結構商品免支付銀行保證費。 【第6期結構型商品銷售人員】

( ) **19** 下列敘述何者錯誤? (A)固定收益金融商品投資人應可在固定時間收到固定金額之收益 (B)依本國相關法令,境外結構型商品需以債券方式發行 (C)結構型商品的價值決定於連結之標的資產的價值、指標利率或指數 (D)保本之結構型商品係以固定收益商品加上買入選擇權為組合之複合式商品。 【第5期結構型商品銷售人員】

( ) **20** 有關結構型商品風險的敘述,下列何者錯誤? (A)投資人必須承擔發行機構的信用風險,也就是可能會面臨本金無法回收的風險 (B)一般而言信用評等為S&P AAA的債券,違約風險較BBB的低 (C)結構型商品的市場風險,最主要來自於選擇權端 (D)結構型商品中的固定收益端,從發行至到期前並沒有市場風險。 【第5期結構型商品銷售人員】

( ) **21** 有關結構型商品風險的敘述,下列何者錯誤? (A)結構型商品次級市場活絡,投資人不需考慮流動性不足的問題 (B)閉鎖期越長,投資人風險越高 (C)具有提前贖回的結構型商品,投資人將面臨再投資風險 (D)具有提前贖回的結構型商品,若市場價格變動不利於發行機構時,發行機構即可能提前將本金償還與投資人。 【第5期結構型商品銷售人員】

( ) **22** 有關結構型商品的保本率,下列敘述何者錯誤? (A)參與率為投資人可以參與投資組合式產品的成長比率 (B)一般而言,參與率愈高,保本率愈高 (C)參與率為一大於或等於0%之比率,甚至可超過100% (D)假設參與率為50%,而連結標的之報酬率為10%,投資人可額外享受5%的報酬。 【第5期結構型商品銷售人員】

( ) **23** 下列債券,何者可能屬於變量架構(Quanto)的結構型商品? (A)發行幣別為台幣,選擇權連結標的為台灣股價指數 (B)發行幣別為美金,選擇權連結標的為S&P 500 (C)發行幣別為台幣,選擇權連結標的為美金LIBOR指數 (D)發行幣別為美金,選擇權連結標的為美金LIBOR 指數。 【第5期結構型商品銷售人員】

(　　) **24** 有關結構型商品風險來源之敘述，下列何者正確？　(A)連動債信用風險來源為債券連結之商品　(B)連動債信用風險來源為發行機構　(C)結構型商品最大的市場風險來自固定收益商品端　(D)外幣計價結構型商品由發行機構承擔匯率風險。　【第4期結構型商品銷售人員】

(　　) **25** 投信發行的保本型基金與券商發行的保本型結構商品比較，下列敘述何者錯誤？　(A)保本型基金需經保證機構保證　(B)保本型結構商品的參與率較高　(C)保本型基金投資成本較低　(D)保本型基金閉鎖期較長，投資人面臨較高的流動性風險。　【第4期結構型商品銷售人員】

(　　) **26** 某保本型商品，假設參與率為80％，投資連結標的獲利為20％，投資人享有額外的報酬為：　(A)4%　(B)16%　(C)20%　(D)24%。　【第4期結構型商品銷售人員】

(　　) **27** 有關結構型商品之敘述，下列何者正確？　A.結構型商品均以債券形式存在　B.結構型商品均有投資風險　C.保本型商品未必保證保本　D.高收益型商品保證高收益　(A)僅AB　(B)僅BC　(C)僅CD　(D)僅AC。　【第4期結構型商品銷售人員】

(　　) **28** 有關國內結構型商品之發展現況，下列敘述何者正確？　(A)國外金融機構發行之連動債並由國內銀行受託投資者，適用「銀行辦理衍生性金融商品業務應注意事項」相關規定辦理　(B)國內銀行以交易相對人身分自行承作之結構型商品，適用「銀行辦理衍生性金融商品業務應注意事項」相關規定辦理　(C)國內各種形式之結構型商品皆可分為高收益及優利二種型態　(D)國內除銀行外，證券商及保險業者皆不得受託買賣國外金融機構發行之連動債。　【第4期結構型商品銷售人員】

(　　) **29** 下列敘述何者錯誤？　(A)受託或銷售機構及其負責人或受僱人，就境外結構型商品相關事務，應盡善良管理人之注意義務及忠實義務　(B)對非專業投資人之封閉式結構型商品，到期保本率至少為計價貨幣本金之百分之一百　(C)境外結構型商品發行機構、總代理人及受託或銷售機構間應共同簽訂書面契約　(D)對非專業投資人之開放式結構型商品之動態保本率須達計價貨幣本金之九十以上。【第4期結構型商品銷售人員】

(　　) **30** 保本型基金是由國內投信發行的公開發行基金，保本率至少必須達：　(A)100%　(B)95%　(C)90%　(D)85%。　【第3期結構型商品銷售人員】

( ) **31** 有關投資型保單，下列敘述何者錯誤？ (A)報酬率並非固定 (B)與傳統保單差別在於保險人可選擇投資標的 (C)有固定報酬率，投資人投資風險有限 (D)投資標的可包含國內外結構式債券。 【第3期結構型商品銷售人員】

( ) **32** 有關高收益型商品之敘述，下列何者正確？ A.高收益型商品由固定收益商品加上買入衍生性商品組成 B.高收益型商品到期時，投資人可能血本無歸 C.高收益型商品專門投資於高收益債券 (A)僅A、B (B)僅A、C (C)僅A (D)僅B。 【第3期結構型商品銷售人員】

( ) **33** 有關變量及非變量架構之敘述，下列何者正確？ (A)變量架構下，結構型商品之履約價格與標的資產為不同計價幣別 (B)變量架構下，投資人之投資報酬僅與標的資產本身之價格變動相關，投資人不需承受匯率風險 (C)非變量架構下，結構型商品之履約價格與標的資產為相同計價幣別 (D)非變量架構下，投資人之投資報酬僅與標的資產本身之價格變動相關，投資人不需承受匯率風險。 【第3期結構型商品銷售人員】

( ) **34** 有關保本率及參與率之敘述，下列何者錯誤？ (A)保本率為任何期間下投資人可拿回之本金比例 (B)相同價格下，保本率與參與率呈反向關係 (C)參與率愈低對投資人愈不利 (D)參與率為投資人分配標的資產正報酬部分的比例。 【第3期結構型商品銷售人員】

( ) **35** 有關保本型基金之敘述，下列敘述何者錯誤？
(A)由國內投信公司發行
(B)以美金計價，故投資人須承擔匯率風險
(C)投資門檻低（台幣五萬元）
(D)規定必須定期公告基金淨值。 【第2期結構型商品銷售人員】

( ) **36** 有關非保本型商品，下列敘述何者錯誤？ (A)為固定收益商品與衍生性金融商品的組合 (B)即俗稱的「高收益型」（Yield Enhanced）商品 (C)由於不保本，契約期間通常比較短 (D)投資人的收益來源，來自於為投資人買入選擇權所產生的報酬。 【第2期結構型商品銷售人員】

( ) **37** 有關「非保本型商品」之敘述，下列何者錯誤？ (A)固定收益商品與賣出選擇權的組合為本商品型態之一 (B)高收益型商品，其以債券型態存在者，即所謂「高收益債券」 (C)投資人是選擇權賣方，因此投資風險有限 (D)標的資產價格若符合預期，投資人可獲得比貨幣市場更高的收益。 【第1期結構型商品銷售人員】

( ) **38** 有關保本型商品之「參與率」的敘述，下列何者正確？
(A)保本率愈高則參與率愈高
(B)選擇權部位價格愈高則參與率愈高
(C)市場利率愈低則參與率愈高
(D)契約期間愈長則參與率愈低。 【第1期結構型商品銷售人員】

( ) **39** 有關投資信用結構型商品（Collateralized Debt Obligation CDO），下列敘述何者錯誤？ (A)信用評等代表信評機構對該CDO信用品質的意見，並非對其信用品質的保證 (B)信用評等不能完全反映CDO的真實風險 (C)信評機構會評估CDO市場價值波動的風險 (D)信評機構授予每檔CDO信評後，會持續監控表現。 【第1期結構型商品銷售人員】

( ) **40** 有關「看空型」保本型商品之敘述，下列何者錯誤？ (A)由零息票債券與買進標的資產賣權組成 (B)只要標的資產價格低於履約價格，投資人至少可以領回約定保本金額 (C)無論到期的資產價格走勢為何，投資人的收益可達最大 (D)理論上，當標的資產價格跌至0元時，投資人的收益可達最大。 【第1期結構型商品銷售人員】

( ) **41** 為了獲得高於相同天期債券的報酬，下列何者是設計「優利型」結構型商品所採取的策略？ (A)買入選擇權 (B)賣出選擇權 (C)連結交換契約 (D)連結遠期契約。 【第1期結構型商品銷售人員】

( ) **42** 下列何者不是利率交換的商品種類？ (A)基差利率交換 (B)遠期利率交換 (C)零息利率交換 (D)零期利率交換。

( ) **43** 下列何者不是利率期貨的功能？ (A)提高資金運用效率 (B)完全避險 (C)進行利率資產及負債風險管理 (D)資訊取得迅速便利。

( ) **44** 下列何者不是利率交換選擇權的商品？ (A)歐式利率交換選擇權 (B)英式利率交換選擇權 (C)美式利率交換選擇權 (D)百慕達式利率交換選擇權。

( ) **45** 下列何者不是匯率衍生性商品？ (A)遠期外匯 (B)換匯交易 (C)外匯期貨 (D)本金交割遠匯。

( ) **46** 下列何者不是新奇選擇權的特性？ (A)無限市場 (B)定價的複雜性 (C)複雜的風險管理 (D)有限的市場。

( ) **47** 下列何者是信用衍生性商品的功能的功能？ (A)不移轉標的資產，僅移轉信用風險 (B)完全避險 (C)進行利率資產及負債風險管理 (D)資訊取得迅速便利。

( ) **48** 臺灣市場上所稱之「連動債」或「結構債」，其本質係屬於下列何者？ (A)外幣存款 (B)外幣債券 (C)衍生性證券 (D)固定收益證券。 【第1期衍生性金融商品銷售人員】

( ) **49** 利率上下限（interest rate collar）簡稱為Collar，下列敘述何者正確？ (A)「利率上下限」是同時買進一個「利率上限」，以及買進一個「利率下限」 (B)「利率上下限」是同時賣出一個「利率上限」，以及賣出一個「利率下限」 (C)「利率上下限」是同時買進一個「利率上限」，以及賣出一個「利率下限」 (D)「利率上下限」是同時賣出一個「利率上限」，以及買進一個「利率下限」。 【第1期衍生性金融商品銷售人員】

( ) **50** 關於換匯換利（cross-currency swap）與外匯交換（foreign exchange swap，FX swap），下列敘述何者錯誤？ (A)換匯換利是指交易期間雙方相互支付「期初取得貨幣利息」，期末再依原期初互換之本金等額返還 (B)換匯換利交易，因為本金相同，所以進行差額交割 (C)外匯交換是在同一交易日簽訂一筆即期交易與另一筆買賣方向相反的遠期交易 (D)外匯交換交易，在存續期間內無利息的交換。 【第1期衍生性金融商品銷售人員】

( ) **51** 關於一籃子信用連結票券報酬率，下列敘述何者錯誤？ (A)參考實體之數量越多，應提供之報酬率越高 (B)參考實體之信用評級越差，應提供之報酬率越高 (C)參考實體彼此間違約相關性越高，應提供之報酬率越高 (D)為消除發行者自身的風險，可透過特殊目的公司（SPV）發行信用連結票券。 【第1期衍生性金融商品銷售人員】

(　　) **52** 投資人若買進反向浮動債券，等於透過銀行承做了三筆交易，但不包括下列何種類型的交易？　(A)買進與反向浮動利率相同天期的債券　(B)賣出相同天期的利率交換合約　(C)賣出相同天期的債券　(D)買進相同天期的利率上限合約。【第1期衍生性金融商品銷售人員】

(　　) **53** 何謂「雲霄飛車型交換」？　(A)企業融資時搭配「本金遞減交換」，償債時搭配「本金遞增交換」　(B)企業融資時搭配「本金遞增交換」，償債時搭配「本金遞減交換」　(C)企業融資前期搭配「本金遞減交換」，融資後期搭配「本金遞增交換」　(D)企業融資後，償債前期搭配「本金遞減交換」，償債後期搭配「本金遞增交換」。　【第1期衍生性金融商品銷售人員】

(　　) **54** 持有標的資產（即期為多頭部位），並同時買入該標的資產的賣權，此交易策略稱為下列何者？　(A)保護性賣權（protective put）策略　(B)掩護性賣權（covered put）策略　(C)反向保護性賣權策略　(D)多頭價差策略。　【第1期衍生性金融商品銷售人員】

(　　) **55** 信用交換商品訂價常考慮多種變數，以下何者錯誤？　(A)參考實體的信用品質　(B)參考實體與信用保障的賣方的聯合違約機率　(C)交易期間長短　(D)參考實體的市場價值。
　【第1期衍生性金融商品銷售人員】

(　　) **56** 以台積電股票為標的物之3個月後到期執行價150元的歐式賣權，賣權市價5元，台積電股票市價目前150元，3個月內不會發放現金股利。已知無風險利率為0%，請問，條件一樣的歐式買權合理價格最接近多少？
(A)-5元　　　　　　　(B)0元
(C)＋5元　　　　　　(D)＋10元。　【第1期衍生性金融商品銷售人員】

(　　) **57** 假設某遠期利率協定之參考利率為7.50%，約定利率為6.50%，訂約金額為$10,000,000，合約期間為90天，每年天數為360，請問在定息日時，利差清算金額為何？　(A)$23,256　(B)$24,540　(C)$25,000　(D)$25,848。　【第1期衍生性金融商品銷售人員】

( ) **58** 臺灣的某家進口廠商預期在3個月後須支付一筆EUD100,000的歐元，在無做任何避險交易下，廠商所擔心的是屆時新臺幣將會作何變化？ (A)升值 (B)貶值 (C)升值或貶值都沒關係 (D)升值或貶值都擔心。 【第1期衍生性金融商品銷售人員】

( ) **59** 下列有關遠期外匯交易之報價方式的敘述，何者正確？ (A)銀行同業間和外匯指定銀行對一般出口廠商之報價方式皆以換匯率（swap rate）為基礎 (B)銀行同業間和外匯指定銀行對一般出口廠商之報價皆採直接遠匯價格（forward outright rate）方式 (C)銀行同業間之報價方式以換匯率為基礎，而外匯指定銀行對一般出口廠商則採直接遠匯價格方式 (D)銀行同業間之報價方式以直接遠匯價格為基礎，而外匯指定銀行對一般出口廠商則採換匯率方式。 【第1期衍生性金融商品銷售人員】

( ) **60** 關於上限型股價交換，下列敘述何者正確？ (A)上限型股價交換是指對股價水準設定上限，以降低支付股價報酬一方之風險 (B)上限型股價交換是指對股價報酬率設定上限，以降低支付股價報酬一方之風險 (C)下限型股價交換是指對股價水準設定下限，以降低支付股價報酬一方之風險 (D)下限型股價交換是指對股價報酬率設定下限，以降低支付股價報酬一方之風險。 【第1期衍生性金融商品銷售人員】

( ) **61** 在信用交換的確認函中必須詳細載明足以導致信用事件發生的事由。下列何者非為ISDA（International Swaps and Derivatives Association）規定的信用事件？ (A)企業本身破產 (B)企業加速償還債務 (C)拒絕履行債務 (D)企業本身宣佈重整。 【第1期衍生性金融商品銷售人員】

( ) **62** 關於「約當存續法」之敘述，下列何者錯誤？ (A)通常用來衡量債券的風險 (B)可衡量利率衍生性商品風險評估 (C)把凸性列入考慮 (D)未考慮殖利率曲線平行移動因素。 【第2期衍生性金融商品銷售人員】

( ) **63** E公司投資可轉換公司債金額為100，經合理衡量嵌入應分離認列之選擇權公允價值為25，則公司債之原始帳面金額為： (A)100 (B)25 (C)125 (D)75。 【第2期衍生性金融商品銷售人員】

（　）**64** 關於避險工具之敘述，下列何者錯誤？　(A)遠期外匯可作為避險工具　(B)非衍生性商品在規避匯率風險時可作為避險工具　(C)發行選擇權均可作為避險工具　(D)二項以上衍生性商品之組成可作為避險工具。　　　　　　　　　【第2期衍生性金融商品銷售人員】

（　）**65** 投資人有美元存款，欲承作連結歐元之雙元貨幣定存，所連結的外幣選擇權為何？　(A)買入（EUR PUT／USD CALL）　(B)賣出（EUR PUT／USD CALL）　(C)賣出（EUR CALL／USD PUT）　(D)買入（EUR CALL／USD PUT）。　　　　【第2期衍生性金融商品銷售人員】

（　）**66** 下列何者為臺灣期貨交易所掛牌的股價指數期貨之到期月份？　(A)自交易當月起連續二個月份，另加上三月、六月、九月、十二月中三個接續的季月　(B)自交易當月起連續三個月份，另加上三月、六月、九月、十二月中二個接續的季月　(C)自交易當月起連續三個月份，另加上三月、六月、九月、十二月中四個接續的季月　(D)自交易當月起連續四個月份，另加上三月、六月、九月、十二月中三個接續的季月。　　　　　　　【第2期衍生性金融商品銷售人員】

（　）**67** 「交叉貨幣利率交換」（Cross-currency Interest Rate Swap）相較於「貨幣交換」（Cross Currency Swap）之主要差異為何？
(A)貨幣不同　　　(B)利率不同
(C)名目本金不同　(D)計息方式不同。　【第2期衍生性金融商品銷售人員】

（　）**68** 關於雙元貨幣產品風險，下列敘述何者錯誤？　(A)投資受存款保險保障　(B)投資人應依其稅率就商品收益繳納稅額　(C)投資人若中途或提前解約，可能需支付高額手續費用　(D)投資人有可能因賣出選擇權而需承擔潛在匯兌損失。　【第2期衍生性金融商品銷售人員】

（　）**69** 有關雙元組合式商品（Dual Currency Deposit），下列敘述何者正確？　(A)投資人於商品到期時有權選擇決定是否進行幣別轉換　(B)商品到期時如符合轉換條件致本金轉換為其他幣別，此時如以外幣計算，投資人原承作本金部份（不含收益）通常不會有本金轉換損失　(C)投資人可能是賣出選擇權，也可能是買入選擇權　(D)結合「外幣定存」及「外幣選擇權」之外幣理財商品，其中「外幣定存」（投資本金）不屬於存款保險保障範圍。　　　　【第2期衍生性金融商品銷售人員】

( ) **70** 利率浮動於5%~9%間,票面利率為LIBOR+0.5%的「附有利率上下限的浮動債券」(collared FRN)可分解為: (A)完全浮動利率債券(LIBOR)+年息(.5%)−利率上限(Max8.5%)+利率上限(Min 4.5%) (B)完全浮動利率債券(LIBOR)+年息(.5%)−利率下限(Max8.5%)+利率下限(Min 4.5%) (C)完全浮動利率債券(LIBOR)+年息(.5%)+利率上限(Max8.5%)−利率下限(Min 4.5%) (D)完全浮動利率債券(LIBOR)+年息(.5%)−利率上限(Max8.5%)+利率下限(Min 4.5%)。【第2期衍生性金融商品銷售人員】

( ) **71** 假設某CBOT合格交割債券其面值為100元,息票利率為10%,15年4個月到期,貼現率為每年6%,每半年複利一次,請問其轉換因子為何?
(A)1.3466　　　(B)1.3670
(C)1.3716　　　(D)1.3856。　　【第2期衍生性金融商品銷售人員】

( ) **72** 某一檔結構型債券的價值與台股指數連動,其到期支付金額如下列公式:債券面額×〔0.9+0.5×Max(0,0.12−台股指數報酬率)〕。如果期初台股指數為5,000,到期時台股指數為4,000,債券面額為100,請問此結構型債券到期時價值為: (A)$94 (B)$100 (C)$106 (D)$112。　　【第2期衍生性金融商品銷售人員】

( ) **73** 雙元外幣組合式商品條件如下:一個月定存USD200,000.,連結貨幣=JPY,轉換匯率=92.00(僅轉換存款本金部份),一個月美元定存利率=0.25%,總收益率=6.25%,結算日匯率 USD/JPY=91.80,則投資人領回: (A)USD41.67+JPY18,360,000 (B)USD1,041.67+JPY18,400,000 (C)USD200,041.67 (D)USD201,041.67。　　【第2期衍生性金融商品銷售人員】

( ) **74** CBOT之美國長天期中央政府公債期貨每口契約10萬美元,最小價格跳動點為1/32(%),請問某投資人於市價105-24買入美國政府長期債券期貨,三個月後並於105-28賣出,其損益狀況為何?
(A)獲利31.25美元 (B)獲利62.5美元 (C)獲利125.0美元 (D)損失125.0美元。　　【第2期衍生性金融商品銷售人員】

（　　）**75** 有一97.5%保本的保本型債券，參與率為60%，當投資連結商品獲利25%，則該商品獲利多少？　(A)25%　(B)20%　(C)15%　(D)12.5%。　　　　　　　　　　　　　　【第2期衍生性金融商品銷售人員】

（　　）**76** 雙元組合式商品（Dual Currency Deposit）條件：天期30天／本金美元100,000／連結貨幣為澳幣／目前AUD／USD匯率為0.8800／轉換匯率為0.8500（僅轉換本金部份）／30天期美元定存年率3%／總年收益率8%。請問此例中投資人選擇權部分之投資收益為何？　(A)美元250　(B)美元416.67　(C)美元666.67　(D)美元916.67。　　　　　　　　　　　　　　　【第11期結構型商品銷售人員】

（　　）**77** 假設某保本型外幣組合式商品（95%保本）之條件如下：本金為USD50,000，30天期美元存款利率為2%，若銀行手續費為USD50，則可供買入選擇權權利金為若干美元？　(A)83　(B)2,500　(C)2,533　(D)2,583。　　　　　　　【第11期結構型商品銷售人員】

（　　）**78** 雙元組合式商品條件如下：計價貨幣EUR，連結貨幣USD，承作本金100,000歐元，契約期間3個月，轉換匯率：1.35（僅轉換本金部份），決算日EUR／USD為1.28，3個月歐元定存利率3%，商品總收益率8%，請問產品到期時之情況，下列敘述何者正確？　(A)本金不需轉換為美元，領回本利和100,750歐元　(B)本金需轉換，領回128,000美元　(C)本金需轉換，領回135,000美元　(D)本金不需轉換為美元，領回本利和102,000歐元。【第11期結構型商品銷售人員】

（　　）**79** 投資雙元貨幣定存，存款本金：美金100萬元，連結英鎊（GBP），轉換匯率1.6200，結算日匯率1.6000，下列何者正確？(A)不必轉換　(B)換成英鎊617,283.95　(C)換成英鎊625,000　(D)換成英鎊621,180.01。　　　　　　　　　【第10期結構型商品銷售人員】

（　　）**80** 雙元外幣組合式商品條件如下：一個月定存EUR200,000，連結貨幣＝USD，轉換匯率＝1.3200（僅轉換存款本金部分），一個月歐元定存利率＝3%，總收益率＝15%，結算日匯率EUR／USD＝1.3100，則投資人以外幣計算的交易所得（損失）為：　(A)交易損失USD500　(B)交易所得EUR500　(C)交易損失USD2,500　(D)交易所得EUR2,500。　　　　　　　　　　　　【第10期結構型商品銷售人員】

( ) **81** 雙元組合式商品（Dual Currency Deposit）條件：天期30天／本金美元100,000／連結貨幣為澳幣／目前AUD／USD匯率為0.8800／轉換匯率為0.8500（僅轉換本金部分）／碰觸有效匯率為0.8200／碰觸事件為合約存續期間內，匯率曾碰觸過碰觸匯率／30天期美元定存年率3%／總年收益率8%。若30天內AUD／USD匯率不曾碰觸到0.8200且結算日AUD／USD匯率為0.8400，請問以外幣計算投資人交易所得（損失）為何？　(A)交易所得USD666.67　(B)交易損失USD509.80　(C)交易損失USD926.47　(D)交易損失USD2,862.74。　　　　　　　　　　　　　　【第10期結構型商品銷售人員】

( ) **82** 請計算以下雙元組合式商品（Dual Currency Deposit）之年收益率：假設一個月美元定存利率為1%，本金為：USD10,000，權利金收入為USD200，其收益率為何？　(A)1%　(B)3%　(C)20%　(D)25%。　　　　　　　　　　　　　　【第10期結構型商品銷售人員】

( ) **83** 保本型外幣組合式商品條件如下，本金100%保本，60天期美金存款利率＝3%，最低收益率1%，本金＝$30,000，選擇權到期執行收益＝$600，銀行手續費用＝$30，請問該商品總收益率為何？　(A)12%　(B)13%　(C)14%　(D)15%。【第10期結構型商品銷售人員】

( ) **84** 保本型外幣組合式商品條件如下：一個月定存EUR200,000，連結外幣選擇權＝EUR／USD數位選擇權，指標匯率＝1.3200，一個月歐元定存利率＝3%，最低收益率＝0，如投資期間EUR／USD匯價曾經碰觸指標利率，收益率＝10%，選擇權存續期間匯率波動區間為1.3150-1.3400，則投資人以外幣計算的交易所得（損失）為：

(A)0　　　　　　　(B)EUR500

(C)EUR1,666.67　(D)EUR2,166.67。　　【第10期結構型商品銷售人員】

( ) **85** 假設某加值型外幣組合式商品交易條件如下，30天期美金存款利率＝0.20%，本金＝USD200,000，權利金收入＝USD2,500，銀行手續費＝USD500，請問該商品總收益率為何？　(A)12.20%　(B)14%　(C)15.20%　(D)17%。　　　　　　　　【第9期結構型商品銷售人員】

(　　) **86** 投資雙元組合式商品，存款本金：歐元60萬元，連結美元匯率，轉換匯率1.4500，結算日匯率1.4400，到期日幣別及金額為何？
(A)EUR600,000　　(B)USD413,793.10
(C)USD870,000　　(D)USD864,000。　　【第9期結構型商品銷售人員】

(　　) **87** 投資雙元組合式商品（30天），本金為歐元100萬元，連結英鎊匯率，EUR／GBP轉換匯率0.8700，收益率＝6%，比價日匯率為0.8750，產品到期時可能情況為何？　(A)本利和為美元1,005,000
(B)本利和為歐元1,005,000　(C)本利和為歐元874,350　(D)本利和為英鎊874,350。　　【第9期結構型商品銷售人員】

(　　) **88** 雙元外幣組合式商品條件如下：一個月定存USD200,000，連結貨幣＝JPY，轉換匯率＝92.00（僅轉換存款本金部分），一個月美元定存利率＝0.25%，總收益率＝6.25%，結算日匯率USD／JPY＝92.80，則投資人領回：　(A)USD41.67＋JPY18，360,000
(B)USD1,041.67＋JPY18，400,000　(C)USD200,041.67　(D)USD201,041.67。　　【第9期結構型商品銷售人員】

(　　) **89** 假設某加值型外幣組合式商品交易條件如下，30天期美元存款利率＝0.20%，本金＝USD200,000，銀行手續費＝USD500，商品總收益率＝12.2%，請問該商品選擇權收入為何？　(A)USD2,000　(B)USD2,500
(C)USD2,750　(D)USD3,000。　　【第8期結構型商品銷售人員】

(　　) **90** 投資人承作雙元組合式商品，其條件如下：計價貨幣×美元：100,000元，連結貨幣澳幣（AUD），轉換匯率：0.8500，目前即期匯率為0.8800，契約期間：3個月，一般美元3個月定存年利率：3%，組合式雙元商品年利率：8%，假設到期之結算匯率為0.8000，投資人本金轉換後之幣別及金額為何？　(A)AUD117,647.06　(B)USD85,000
(C)AUD85,000　(D)USD117,647.06。　　【第8期結構型商品銷售人員】

(　　) **91** 有最低收益率保本型外幣組合式商品條件如下，60天期美元存款利率為 2%，本金為$30,000，買入選擇權支出為$30，選擇權到期執行收益為$600，銀行手續費用為$50，請問該商品總收益率為何？　(A)12.4%
(B)18.4%　(C)20.4%　(D)25.4%。　　【第8期結構型商品銷售人員】

( ) **92** 保本型外幣組合式商品條件如下：一個月定存EUR200,000，連結外幣選擇權為EUR／USD數位選擇權，一個月歐元定存利率＝3%，最低收益率＝0，收益率計算為投資期間EUR／USD匯價維持在：(1)1.3200-1.3800，收益率5%　(2)1.3300-1.3700，收益率8%　(3)1.3400-1.3600，收益率12%，選擇權存續期間匯率波動區間為1.3250-1.3400，則投資人以外幣計算的交易所得（損失）為：
(A)0　　　　　　(B)EUR833.33
(C)EUR1,333.33　(D)EUR2,000。　　　【第8期結構型商品銷售人員】

( ) **93** 投資雙元貨幣定存1個月期（30天），本金為美元100萬元（1個月美元定存2%），連結日圓匯率，轉換匯率91.00，收益率＝10%，比價日匯率為90.00，產品到期時可能情況為何？
(A)本利和為美元1,008,333.33
(B)本利和為日圓91,758,333.03
(C)總收益為美元1,666.67
(D)選擇權收益為美元8,333.33。　　　【第8期結構型商品銷售人員】

( ) **94** 投資人投資雙元組合式商品，承作本金為100,000美元，計價貨幣為美元，連結貨幣為歐元，承作天期1個月，轉換匯率為1.3400，到期如匯率低於轉換匯率，本金需轉換為歐元。假設到期匯率為1.3200，請問投資人本金轉換後的幣別與金額，下列敘述何者正確？　(A)74,626.87美元　(B)74,626.87歐元　(C)75,757.58美元(D)75,757.58歐元。　　　【第3期結構型商品銷售人員】

( ) **95** 假設投資人投資一計價貨幣為美元的雙元組合式商品100,000美元，為期1個月，假設定存利率為3%，總收益率為9%，到期後本金未被轉換，請問選擇權投資收益率為多少？　(A)5%　(B)6%(C)7%　(D)8%。　　　【第3期結構型商品銷售人員】

( ) **96** 假設某加值型外幣組合式商品交易條件如下，30天期美金存款利率＝0.20%，本金＝USD200,000，權利金收入＝USD2,500，銀行手續費＝$0，請問該商品總收益率為何？　(A)2.20%(B)14%　(C)15.20%　(D)17%。　　　【第3期結構型商品銷售人員】

（　　） **97** 投資人承做雙元組合式商品，本金日圓1,000萬，連結貨幣為澳幣，轉換匯率為80.00，到期匯率如低於80.00，本金需轉換為澳幣。到期匯率為77.00，請問到期時投資人取回本金之幣別及金額為何？　(A)日圓1,000萬　(B)澳幣125,000　(C)澳幣129,870.13 (D)日圓129,870.13。　　　　　　　　　　【第3期結構型商品銷售人員】

（　　） **98** 投資人承作雙元組合式商品，其條件如下：計價貨幣美元：1,000,000元，連結貨幣歐元（EUR），轉換匯率：1.2500，目前即期匯率為1.3000，契約期間：90天（一年以360天計），一般90天期美元定存年利率：3%，權利金收入：USD20,000，請問該非保本型雙元組合式商品之年化報酬率為何？　(A)7%　(B)9% (C)11%　(D)13%。　　　　　　　　　　【第3期結構型商品銷售人員】

（　　） **99** 最低收益率保本型外幣組合式商品條件如下，30天期美元存款利率＝4%，本金＝$30,000，買入選擇權支出＝$70，銀行手續費＝0，請問該商品最低收益率為何？　(A)0.6%　(B)1.0%　(C)1.2% (D)2.2%。　　　　　　　　　　　　　【第2期結構型商品銷售人員】

（　　） **100** 假設某100%保本型外幣組合式商品交易條件如下，30天期歐元存款利率＝2%，本金＝EUR200,000，最低收益率＝0.75%，選擇權到期執行收益＝EUR1,000，銀行手續費＝0，請問該商品總收益率為何？　(A)2.00%　(B)2.75%　(C)6%　(D)6.75%。

　　　　　　　　　　　　　　　　　　　　【第2期結構型商品銷售人員】

（　　） **101** 投資人有美元存款，以之承做雙元組合式商品（Dual Currency Deposit），連結貨幣為南非幣，請問投資人係：　(A)賣出美元買權南非幣賣權　(B)買入美元買權南非幣賣權　(C)賣出美元賣權南非幣買權　(D)買入美元賣權南非幣買權。【第2期結構型商品銷售人員】

（　　） **102** 雙元外幣組合式商品條件如下：一個月定存USD100,000，連結貨幣＝JPY，轉換匯率＝95.00（僅轉換存款本金部份），一個月美元定存利率＝0.25%，總收益率＝6.25%，則選擇權投資收益為：
(A)USD20.83　　(B)USD479.17
(C)USD500　　(D)USD520.83。　　　　【第2期結構型商品銷售人員】

(　　) **103** 投資人承作雙元組合式商品,其條件如下:計價貨幣美元:1,000,000元,連結貨幣歐元(EUR),目前即期匯率為1.2200,契約期間:3個月,到期收益率,依結算匯率而定,如結算匯率落於1.200-1.2400,則收益率為20%,當結算匯率為1.2395時,投資人之本利和為何? (A)USD1,200,000 (B)USD1,050,000 (C)USD1,100,000 (D)USD1,025,000。 【第2期結構型商品銷售人員】

(　　) **104** 假設某99%保本型外幣組合式商品交易如下,30天期美元存款利率=0.12%,本金=USD200,000,銀行手續費=USD500,請問該商品可供運用買入選擇權支出為何? (A)USD1,520 (B)USD2,000 (C)USD2,020 (D)USD2,120。 【第2期結構型商品銷售人員】

(　　) **105** 雙元組合式商品(Dual Currency Deposit)條件:天期30天/本金美元100,000/連結貨幣為澳幣/目前AUD/USD匯率為0.8800/轉換匯率為0.8500(僅轉換本金部份)/30天期美元定存年率3%/總年收益率8%。請問此例中投資人選擇權部分之投資收益為何? (A)美元250 (B)美元416.67 (C)美元666.67 (D)美元916.67。 【第6期結構型商品銷售人員】

(　　) **106** 假設某AUD/USD雙元組合式商品交易本金為USD 1,000,000,履約價格為0.8750,到期之匯率為0.8700,則投資人期末持有之本金為:
(A)USD 1,000,000.00
(B)AUD 1,142,857.14
(C)AUD 1,141,552.51
(D)USD 9,998,320.20。 【第6期結構型商品銷售人員】

(　　) **107** 一個月澳幣定存利率為6%,本金為AUD10,000,保本率為90%,在沒有其他費用的前提下,可買入選擇權的最高金額為何?
(A)AUD133 (B)AUD600
(C)AUD1,050 (D)AUD1,600。 【第5期結構型商品銷售人員】

(　　) **108** 投資人投資雙元組合式商品,承作本金為100,000美元,計價貨幣為美元,連結貨幣為歐元,承作天期1個月,轉換匯率為1.3400,到期如匯率低於轉換匯率,本金需轉換為歐元。假設到期匯率為1.3200,請問投資人本金轉換後的幣別與金額,下列敘述何者正確?

(A)74,626.87美元

(B)74,626.87歐元

(C)75,757.58美元

(D)75,757.58歐元。　　　　　　　　　【第5期結構型商品銷售人員】

(　　) **109** 投資人承作保本型組合式商品，其條件如下：計價貨幣美元：1,000,000元，連結貨幣歐元（EUR），轉換匯率：1.3500，目前即期匯率為1.3000，契約期間：90天（一年以360天計），一般90天期美元定存年利率：3%，權利金支出：USD5,000。請問該保本型組合式商品之最低保息年化利率為何？　(A)0.50%　(B)0.75%　(C)1%　(D)1.25%。　　　【第5期結構型商品銷售人員】

(　　) **110** 有關結合碰觸失效外幣選擇權的雙元組合式商品之敘述，下列何者正確？　(A)碰觸匯率越接近轉換匯率，對選擇權的賣方越有利　(B)碰觸匯率越接近轉換匯率，商品收益率將越高　(C)碰觸匯率轉往轉換匯率兩側擴散時，商品收益率越低　(D)一旦履約機制被啟動，投資人的損失有限。　　【第5期結構型商品銷售人員】

(　　) **111** 投資人承作雙元組合式商品，其條件如下：計價貨幣美元：1,000,000元，連結貨幣澳元（AUD），指標匯率一：0.8500，指標匯率二：0.9500，目前即期匯率為0.9000，契約期間：1個月（一年以360天計），倘於結算日時澳幣之結算匯率介於兩個指標匯率之間，到期年收益率：10%，倘澳幣之結算匯率落於兩指標匯率區間之外，則收益率為0%，假設到期之結算匯率為0.9750，則該商品到期時，投資人回收之本金及利息為何？　(A)USD 1,083,333.33　(B)USD 1,000,000　(C)USD 1,008,333.33　(D)USD 1,100,000。　　　　　　　　　【第5期結構型商品銷售人員】

(　　) **112** 某加值型外幣組合式商品交易條件如下，60天期歐元存款利率＝0.5%，本金＝EUR50,000，權利金收入＝EUR100，銀行手續費用＝EUR20，請問該商品總收益率為何？　(A)0.96%　(B)1.46%　(C)1.92%　(D)2.42%。　　　　　　　【第4期結構型商品銷售人員】

解答與解析

1 (C)。結構型商品（Structured Notes）是透過財務工程之技術，針對投資者對於市場之不同預期，以拆解或組合選擇權搭配零息票券的方式去組合成各種報酬型態的商品。結構型商品之特性之一為約定好之保本率僅適用於持有至到期日的投資型產品。

2 (A)。
(1) 結構型商品（Structured Notes）是透過財務工程之技術，針對投資者對於市場之不同預期，以拆解或組合選擇權搭配零息票券的方式去組合成各種報酬型態的商品。
(2) 而亞式選擇權非屬結構型產品。

3 (C)。總體經濟指標有GDP、失業率、利率水準等。結構型商品連動標的，利率水準屬總體經濟指標。

4 (C)。產品說明書（Term Sheet）上必須載明之交易條件之定義：(A)立約日（Trade Date）是指投資人與交易相對人交易的日期。選項(A)正確。(B)存款起始日是指由該日開始計息期間。選項(B)正確。(C)到期日係指就每一外國債券而言，依該境外債券產品說明書及（或）交易確認書所載之債券到期日。選項(C)錯誤。(D)觀察日為觀察連結標的績效表現的日期，並以此日為準計算產品報酬。選項(D)正確。

5 (B)。信用風險：由於投資的期限通常較長，如果發行機構不幸倒閉，投資人的本金可能有無法回收的風險。故連動債信用風險來源為發行機構。

6 (C)。保本型商品（Principal Guaranteed Note，PGN）的投資人在期初購入此商品，至到期日時投資人依商品條件中之保本率與參與率所載明之計算方式獲得收益。保本型商品投資人在期初買入一固定收益商品及連結某一特定標的之選擇權，若到期時選擇權有履約價值，投資人的收益將因此而增加；反之，若到期時選擇權無履約價值，投資人將可取回全部或大部分的本金，所以投資人的本金可獲得一定程度的保障，其下檔風險有限。而投資於隱含賣權保本型商品，等於是買進一個固定收益證券以及買進賣權，因投資人對市場趨勢看空的。選項(C)有誤。

7 (D)。
(A)固定收益金融商品之收益不會因連結標的之價格變動而受影響。選項(A)有誤。
(B)由國外金融機構發行之連動債由國內銀行受託投資者，不應依「銀行辦理衍生性金融商品業務應注意事項」辦理。選項(B)有誤。
(C)由國內銀行以交易相對人身分自行承作之結構型商品，不應依「境外結構型商品管理規則」辦理。選項(C)有誤。

(D)結構型金融商品係由固定收益金融商品與衍生性金融商品結合。選項(D)正確。

8 (A)。
(1)其他條件不變下，發行機構具贖回權（Call Provision）的債券，代表投資人的再投資風險較大，故發行機構具贖回權（Call Provision）的債券報酬率高於不具贖回權的報酬率。選項(A)正確。選項(B)有誤。
(2)保本型商品的部分，保本比例愈低的債券，可買入選擇權的比例愈高，潛在報酬率可能愈高。選項(C)有誤。
(3)結構型商品連結的指數僅不限於國內的指數。選項(D)有誤。

9 (A)。保本型的結構型商品保本率不得低於契約本金之80%，保本比率為事先約定的比率，不一定是100%本金保本。

10 (B)。如果投資人預期未來標的將大幅波動，但不確定上漲或下跌，則該投資人可以選擇「勒式」保本型商品。例：隱含勒式選擇權保本型商品適合預期未來標的將大幅波動，但不確定上漲或下跌的投資人，投資人可獲得一定比率本金的保障，同時參與標的股價在各約定區間內的報酬。

11 (C)。投資人購買了一檔由台灣金融機構發行的新臺幣計價連結台灣加權股價指數為標的且天期為3年的100%保本結構型商品，投資人

承擔了此產品中途解約贖回的流動性風險，但因為係新臺幣計價，並未發生外匯風險。

12 (D)。銀行就結構型商品之交易服務，涉有契約權利行使期間、解除期間及效力之限制者，需向客戶說明之。選項(D)有誤。

13 (B)。主管機關規範結構型商品需在產品說明書上完整闡明之產品風險有信用風險、市場風險、法律風險。

14 (D)。因券商存放於保管機構保管之固定收益商品係以券商名義存放，若券商發生信用風險時，其債權人仍可扣押此部分固定收益商品，為保障投資人權益，因此券商承作結構型商品交易需具備下列資格，並取得櫃買中心核准始可承作：
(1)需為同時經營證券經紀、承銷及自營業務之綜合證券商。
(2)應取得中華信用評等股份有限公司評級twBB級以上，Moody's Investors Service評級Ba2以上或Standard&Poor's Corp.評級BB級以上或Fitch Inc.評級BB級以上之長期信用評等。
(3)申請日之前半年每月申報之自有資本適足率均需逾200%。
(4)申請日之前半年未曾受主管機關依證券交易法第66條第款獲期貨交易法第100條第1項第2款以上之處分。故本題選項(D)正確。

15 (D)。在無特殊約定情形下，匯率觀察結束日通常為投資收益的計算截止日前兩個營業日。

16 (A)。結構型商品連動標的，個股價格與金融商品價格連動。

17 (B)。再投資風險（Reinvestment risk）係指發行機構若行使提前買回債券權利，委託人將產生再投資風險。故本題某項商品的發行機構若每一年都具有「無條件贖回權」，則該項結構性商品的再投險風險最大。

18 (D)。保本型基金，依規定保本比率至少需達九成，投信可匯出一成資金投資海外。同樣訴諸可避免匯率風險的保本型基金（由投信發行）與保本型結構商品（由券商發行）比較如下：一、保本型基金無法給予報酬率保證，保本型結構商品則可保息。二、保本型基金投資衍生性商品比率僅一成，參與率低，保本型結構商品則投資衍生性商品最高達二成，可以提高參與率。三、保本型基金會收取申購手續費、管理費及保管費，投資成本比保本型結構商品高。四、保本型基金需經保證機構保證，必須付給銀行一筆保證費，保本型結構商品則免。五、保本型基金投資標的必須在一定等級以上，保本型結構商品投資標的則無限制。六、保本型基金閉鎖期長達二至三年，保本型結構商品則訴求較高流動性，甚至可隨時贖回。

19 (A)。

(1)所謂固定收益工具（Fixed-income），一般均會明定到期值及利息收入。包括銀行定存、各類型債券商品（如政府公債、國庫券、公司債）及債券基金等。以債券商品投資為例，一般的債券都會有一個固定的票面利率，然後在債券到期之前，定期（每年、每半年、每季）按票面利息乘上債券面額，定期支付持有人債息，到期時則一次償還本金。由於每一期間的收益是固定的，因此叫做固定收益債券，後來擴大到泛指債券類的投資工具。

(2)本題解答為(A)，因債券中仍有所謂零息債券，就無分期給付的利息。

20 (D)。結構型商品是可能損及本金具有相當複雜度之金融商品，有主要下列四項風險：首先是「市場風險」，結構型商品通常連結至「匯率」、「股價」與「利率」等各種金融市場標的資產，投資人購買相關商品的收益或損失，取決於標的資產未來價格走勢。若標的資產與商品設計預期之價格走勢不同，投資人獲益就會受到影響，甚至侵蝕投資本金，進而引發投資人與銀行間糾紛。其次是「信用風險」，若銀行因為財務體質惡化，而無法給付結構型商品之本金或收益，投資人將面臨信用風險引起的損失。第三是「流動性風險」，結構型商品並不具備充分之市場流動性，部分結構型商品可能無法提前贖回；即使是市面上所稱之保本型的結構型商品，通常指商品持有至到期日才能得到約定之保本率，若提前贖

回，還要多付手續費或違約金。第四是「匯兌風險」，部分結構型商品是以外幣為計價單位，若結構型商品到期，投資人也可能因匯率變動而面臨匯兌損失。

21 (A)。結構型商品並不具備充分之市場流動性，部分結構型商品可能無法提前贖回；即使是市面上所稱之保本型的結構型商品，通常指商品持有至到期日才能得到約定之保本率，若提前贖回，還要多付手續費或違約金。

22 (B)。
(1)保本型票券之本金×（保本率＋參與率×選擇權收益）
　其中，保本率為保障投資人到期時可拿回的最低金額與期初投資本金的比率，參與率為保本型債券實際參與所連結投資商品獲利的比例。
(2)一般而言，參與率愈高，保本率愈低。

23 (C)。多重因子選擇權可劃分為三大類：彩虹（Rainbow）、因變量（Quanto）與一籃式（Basket）選擇權。彩虹與因變量選擇權可以再根據選擇權的盈虧結構進一步劃分。因變量選擇權主要應用於以外幣計價的標的資產，當投資者購買非本國貨幣計值的資產，可以透過因變量選擇權（Quanto Options）規避匯率風險。例如將通常以日圓計價的日經股價指數選擇權改以美元報價，當美國投資人持有選擇權

時，由於日經指數每變動1點的價值已改由美元計算（例如1點＝1美元），因此投資人只要關心指數的變動，毋須擔心匯率變動風險影響其損益。此類型選擇權損益結構為：$X \times Max(Sf-Kf, 0)$其中，X代表固定之匯率；Sf與Kf分別代表以外幣計價之標的資產價格與履約價格。

24 (B)。結構型商品最大的市場風險來自於選擇權端。外幣計價結構型商品由消費者承擔匯率風險。

25 (C)。保本型基金的投資成本高低，應視投資時間的長短。

26 (B)。額外報酬＝參與率×連結標的資產漲跌幅＝80%×20%＝16%。

27 (B)。結構型商品還可以保本型商品形式存在。「高收益」是指，若選擇權到期時無履約價值，投資人即可獲得比一般貨幣市場商品更高的收益。

28 (B)。銀行辦理衍生性金融商品業務應注意事項，不包含國外金融機構所發行之連動債。結構型商品可以簡單分成保本型商品和非保本型商品兩類。國內金融機構，包含銀行、證券商、投信及保險業皆可受託。

29 (D)。對非專業投資人之開放式結構型商品之動態保本率須達計價貨幣本金之百分之八十以上。

30 (C)。保本型基金係由國內投信發行，保本率至少需達90%。

31 (C)。投資型保單之報酬並非固定，由投資人承擔投資風險。

32 (D)。僅B.敘述正確。高收益型商品由固定收益商品及賣出衍生性商品組成、高收益商品係指因賣出選擇權，取得權利金，而獲取較高於定存之收益，非投資於高收益債券。

33 (B)。在變量架構下，投資人之投資報酬係與其標的資產本身之價格變動相關，投資人不須承擔匯率風險。

34 (A)。保本率為到期期間投資人可拿回本金的比例。

35 (B)。保本型基金係由國內投信發行，採新台幣計價。

36 (D)。非保本型商品之收益來源，係由投資人賣出選擇權取得之收益。

37 (C)。投資人為選擇權賣方，可收取權利金，但下檔風險無限。

38 (C)。保本率與參與率為反比關係；期間長短與參與率為正比關係；市場利率愈高，可用以買入選擇權之支出愈高，故參與率愈高。

39 (C)。信評機構並不會評估CDO市場價值波動風險。

40 (B)。商品如為非100%保本，而且標的資產價格低於履約價格的幅度不大，選擇權執行收益率可能不足以讓本金回到100%，投資人不一定可取得正報酬。

41 (B)。優利型結構型商品藉由賣出選擇權提升其收益。其收益為原有貨幣定存收益＋賣出選擇權權利金之年化收益。

42 (D)。利率交換的商品種類有：標準的利率交換交易；基差利率交換交易、遠期利率交換交易；零息利率交換；遞增、遞減或不規則型利率交換）；可延長或可撤銷之利率交換等。

43 (B)。利率期貨的主要功能在規避利率波動風險、預期未來利率走勢、提高資金運用效率、資訊取得迅速便利、創造合成性工具、調整持有債券或票券部位存續期間、進行利率資產及負債風險管理。

44 (B)。利率交換選擇權的商品包括有：付固定利率之利率交換選擇權；收固定利率之利率交換選擇權（歐式利率交換選擇權、美式利率交換選擇權、百慕達式利率交換選擇權）。

45 (D)。凡是涉及外幣衍生性金融商品交易的行為，均稱為匯率衍生性金融商品交易。一般而言匯率衍生性金融商品包括遠期外匯（Forward）、換匯交易（FX Swap）、無本金交割遠匯（NDF）、無本金交割選擇權（NDO）、外匯期貨（FX Future）、外匯選擇權（FX Option）等。

46 (A)。新奇選擇權常因避險成本低、操作策略更靈活，而廣為店頭市場使用，其主要有三個特性：定價的複雜性、複雜的風險管理、有限的市場。

47 (A)。信用衍生性金融商品可用來保護或避免因信用品質變化的風險。例如，銀行可使用信用衍生性金融商品，將其風險移轉與他方，但仍能保留標的資產。

48 (C)。「連動債」或「結構債」結合固定收益商品與衍生性金融商品的投資工具，固定收益部份提供投資金額的基本利息收益，而變化多端的衍生性商品部份則負責提供槓桿效果，加強收益，或是改變風險承受的模式。

49 (C)。利率上下限期權又稱領子期權、雙限期權或利率雙限期權，是利率上限期權和利率下限期權的結合。「利率上下限」是同時買進一個「利率上限」，以及賣出一個「利率下限」。

50 (B)。換匯換利（Cross Currency Swap，CCS），為管理匯率與利率風險的金融工具，藉由雙方對於不同資金的需要，簽訂契約進行本金和利率的交換，有浮動利率交換固定利率、固定利率交換固定利率、浮動利率交換浮動利率等方式。選項(B)有誤。

51 (C)。關於一籃子信用連結票券報酬率，其信用標的實體的違約可能性增加時，買方未來收到報酬的機會增加，因此必須支付較高的權利金給賣方。但與參考實體彼此間違約相關性無關，選項(C)有誤。

52 (C)。所謂反浮動利率債券，即利率持續走低，則債券收益率將反向走高。投資人若買進反向浮動債券，等於透過銀行承做了三筆交易，包括買進與反向浮動利率相同天期的債券、賣出相同天期的利率交換合約、買進相同天期的利率上限合約。

53 (B)。所謂雲霄飛車型交換（Roller-coaster Swaps），係指企業融資時搭配「本金遞增交換」，償債時搭配「本金遞減交換」。企業融資期間內的本金並非一成不變的，像許多專案融資都是分期攤還本金，或者許多債券在發行之初即備有償債基金，所以若搭配貨幣交換，其本金必須隨著降低而非自始至終都固定不變，這種交換本金逐漸減少的金融交換稱為「本金遞減交換」（Amortising Swaps）；換成另外一種狀況，某項專案融資須依工程進度分批撥貸，搭配的貨幣交換的本金就必須逐漸增加，這種特殊的貨幣交換稱之為「本金遞增交換」（Accreting Swaps）。若是融資時搭配「本金遞增交換」，償債時搭配「本金遞減交換」，則整個交換稱之為「本金先遞增後遞減交換」。

54 (A)。保護性賣權策略（買入股票＋買入賣權）（Protective Put）：指投資組合中包含了股票與賣權，亦即先買入股票，再買入賣權來保護股價下跌。

55 (D)。
(1) 信用交換商品是以所連結之合約標的是否發生信用事件為依據，因此其定價或收益是以合約標的之違約機率大小為依歸。理論上，信用交換商品之評價決定於四個因素：權利金利率（premium）、回收率（recovery rate，如債券違約後之剩餘價值比率）、信用價差（Credit spread，通常以信評來決定）及折現率（通常以Libor利率來決定）。
(2) 參考實體的市場價值不屬於上述評價決定的影響四個因素，故不屬於信用交換商品訂價常考慮的變數之一。

56 (C)。歐式選擇權（European option）的買方僅能於到期日要求履約。本題台積電股票為標的物之3個月後到期執行價150元，目前台積電股票市價目前150元，3個月內不會發放現金股利。已知無風險利率為0%，是本題歐式買權合理價格最接近賣權市價5元。

57 (B)。
(1) 遠期利率協定的訂約雙方約定一適用於未來期日起息，借或貸一定期間、一定金額資金的利率，惟到時不交付本金，僅相互交割「約定利率」與「實際市場利率」間的差點所計得「補償差價」的契約。

(2) 補償差額＝契約本金×（到期市場利率－約定利率）×約定期間日數／年日數＝10,000,000×(7.5%－6.5%)×90／360＝25,000
(3) 遠期利率交割金額＝補償差價÷（1＋市場利率×遠期利率期間日數／年日數）＝25,000÷(1＋7.5%×90／360)＝24,540

58 (B)。臺灣的某家進口廠商預期在3個月後須支付一筆EUD100,000的歐元，在無做任何避險交易下，廠商所擔心的是屆時新臺幣貶值，因為新臺幣貶值代表須用更多的新臺幣才能換到EUD100,000的歐元。

59 (C)。銀行之間的匯率報價是以「貨幣A／貨幣B＝？」表示，斜線前的貨幣為基準貨幣，斜線後的貨幣為標價貨幣，是銀行同業間之報價方式以換匯率為基礎。而外匯指定銀行對一般出口廠商則採直接遠匯價格方式。

60 (B)。股權交換係指：證券商與交易相對人約定，依其交易條件及約定之股權標的資產報酬，於未來特定周期就約定利率及股權標的資產報酬之現金收付差額，由負數差額之一方以現金將該差額給付予正數差額之一方之衍生性金融商品。上限型股權交換為原始股權交換附上（embedded）一個選擇權，使得所支付的股權報酬受到利率上限之限制，可降低支付股權報酬一方之

解答與解析

風險。此選擇權讓上限型股權交換支付股權報酬之一方有權於股價上漲超過其上限利率時，將每期所須支付之股權報酬限制在上限利率之下，此上限利率可設定為固定或浮動利率。同理，下限型股權交換限制股權報酬之最低下限，可降低收取股權報酬一方之風險，限制其最大損失在下限利率之上。選項(B)正確。

61 (B)。根據2003年ISDA對於信用衍生性商品的定義，將信用事件歸類為以下六大項：
(1)破產（Bankruptcy）。
(2)未能付款（Failure to Pay）。
(3)債務加速到期（Obligation Acceleration）。
(4)債務違約（Obligation Default）。
(5)拒付／延期償付（Repudiation／Moratorium）。
(6)債務重整（Restructuring）。

62 (C)。存續期間法係以「約當平均到期期間衡量法」（duration-based equivalent measures）票券金融公司可以將其部位轉換成某一基標，如四年期美國國庫券，三個月期歐元期貨或其他商品之平均到期期間，藉基標大小，相互比較各種暴險之價格敏感性。運用平均到期期間方法，必須熟悉衍生性產品標的物價格波動值，用每一基點值乘以標的物價格波動值算出暴險值。惟本法無法顯示投資商品之凸性（Convexity）及相關性（Correlation），又平均到期期間乃假設收益線為平行移動。而銀行仍需控制收益曲線非平行移動之風險。此種移動可由利率及匯率相關性來衡量。

63 (D)。公司債之原始帳面金額＝100－25＝75

64 (C)。惟由發行選擇權及購入選擇權組成之衍生工具（例如利率上下限），若其在指定日實質上為淨發行選擇權，則不符合作為避險工具。

65 (B)。投資人有美元存款，欲承作連結歐元之雙元貨幣定存，所連結的外幣選擇權為賣出（EUR PUT／USD CALL）。

66 (A)。臺灣期貨交易所掛牌的股價指數期貨之到期月份為自交易當月起連續二個月份，另加上三月、六月、九月、十二月中三個接續的季月。

67 (D)。貨幣利率交叉互換（Cross Currency Interest Rate Swap）是指交易雙方將兩種貨幣的資產或者債務按不同形式的利率進行交換。貨幣利率交叉互換的特徵：貨幣利率交叉互換兼具貨幣互換和利率互換的雙重特徵。「交叉貨幣利率交換」相較於「貨幣交換」之主要差異為計息方式不同。

68 (A)。雙元貨幣產品非一般傳統存款亦不屬於中央存款保險保障範圍，而是一項存款結合外幣匯率選擇權之投資，投資本商品有可能因

匯率變動而發生獲利機會或風險。
選項(A)有誤。

69 (D)。雙元組合式商品（Dual Currency Deposit），是結合「外幣定存」及「外幣選擇權」之外幣理財商品，非一般傳統存款亦不屬於中央存款保險保障範圍，而是一項存款結合外幣匯率選擇權之投資，投資本商品有可能因匯率變動而發生獲利機會或風險。

70 (D)。利率浮動於5%～9%間，票面利率為LIBOR＋0.5%的「附有利率上下限的浮動債券」(collared FRN)可分解為：
完全浮動利率債券（LIBOR）＋年息（.5%）－利率上限（Max8.5%）＋利率下限（Min4.5%）

71 (A)。$5 \times P3\% / 40 + 100 \times P3\% / 40 = 134.66$
轉換因子＝$134.66 / 100 = 1.3466$

72 (C)。此結構型債券到期時價值
＝債券面額×〔0.9＋0.5×Max（0,0.12－台股指數報酬率）〕
＝$100 \times [0.9 + 0.5 \times Max(0, 0.12-0)]$
＝$100 \times [0.9 + 0.5 \times (0.12-(-0.2))]$
＝106

73 (D)。
(1)「雙元貨幣連結組合式商品」（Dual Currency Deposit，簡稱DCD）也稱為外幣加值存款（Premium Currency Deposit，簡稱PCD），是一種結合外幣定期存款及外匯選擇權之組合式投資商品。承做初期選擇兩種貨幣，投資人原持有之貨幣為基準貨幣，依據基準貨幣與相對貨幣之間的匯率表現，決定一履約匯率，經過一段時間（一般為短期），在產品結束時進行比價，之後可能發生以下兩情況：若基準貨幣走弱或持平，投資人會收到以基準貨幣計價之投資本金及收益。若相對貨幣走弱，投資人會收到以履約匯率轉換後之相對貨幣本金及收益。
(2)本題比價日USD走弱，故可領回USD：$200,000 \times (1 + 6.25\% \times \frac{1}{12})$
＝201,041.67（USD）

74 (C)。10萬美元×1／32(%)×4＝125.0美元（獲利）

75 (D)。該商品獲利＝60%×25%－2.5%＝12.5%

76 (B)。
(1)雙元組合式商品（Dual Currency Deposit）是一種結合外幣定期存款及賣出外匯選擇權之組合式投資商品，連結標的為匯率，投資人賣出匯率選擇權以賺取收益。
(2)本題到期時連結貨幣兌標的貨幣匯價超過約定價格，則投資人可得到事先約定的報酬。則投資人選擇權部分之投資收益＝$100,000 \times 5\% \times \frac{1}{12} = 416.67$（USD）。

解答與解析

77 (C)。可供買入選擇權權利金

$$=50,000 \times 5\% +$$

$$50,000 \times 2\% \times \frac{30}{360} - 50$$

$$=2,533$$

78 (D)。

(1)「雙元貨幣連結組合式商品」（Dual Currency Deposit，簡稱DCD）也稱為外幣加值存款（Premium Currency Deposit，簡稱PCD），是一種結合外幣定期存款及外匯選擇權之組合式投資商品。承做初期選擇兩種貨幣，投資人原持有之貨幣為基準貨幣，依據基準貨幣與相對貨幣之間的匯率表現，決定一履約匯率，經過一段時間（一般為短期），在產品結束時進行比價，之後可能發生以下兩情況：若基準貨幣走弱或持平，投資人會收到以基準貨幣計價之投資本金及收益。若相對貨幣走弱，投資人會收到以履約匯率轉換後之相對貨幣本金及收益。

(2)本題比價日EUR走弱,故可領回

$$EUR：100,000 \times (1+8\% \times \frac{3}{12})$$

$$=102,000（EUR）$$

79 (B)。

(1)投資雙元組合式商品，契約年收益率取決於未來連結貨幣兌標的貨幣的匯價，只要到期時連結貨幣兌標的貨幣匯價超過約定價格，則投資人可得到事先約定的報酬。但到期時若連結貨幣兌標的貨幣匯價低於約

定價格，則投資人還是可得到原先約定的報酬，但須將原本的標的貨幣轉換成連結貨幣，投資人將可能因匯率上的損失而損失本金。

(2)本題結算日匯率1.6000低於約定匯率1.6200，須將原本的標的貨幣轉換成連結貨幣，故本題換成英鎊617,283.95（1,000,000÷1.6200）。

80 (D)。

(1)投資雙元組合式商品，契約年收益率取決於未來連結貨幣兌標的貨幣的匯價，只要到期時連結貨幣兌標的貨幣匯價超過約定價格，則投資人可得到事先約定的報酬。但到期時若連結貨幣兌標的貨幣匯價低於約定價格，則投資人還是可得到原先約定的報酬，但須將原本的標的貨幣轉換成連結貨幣，投資人將可能因匯率上的損失而損失本金。

(2)本題到期時連結貨幣兌標的貨幣匯價超過約定價格，則投資人可得到事先約定的報酬。則投資人以外幣計算的交易所得

$$=200,000 \times 15\% \times \frac{1}{12}=2,500$$

（EUR）。

81 (A)。

(1)投資雙元組合式商品，契約年收益率取決於未來連結貨幣兌標的貨幣的匯價，只要到期時連結貨幣兌標的貨幣匯價超過約定價格，則投資人可得到事

先約定的報酬。但到期時若連
結貨幣兌標的貨幣匯價低於約
定價格,則投資人還是可得到
原先約定的報酬,但須將原本
的標的貨幣轉換成連結貨幣,
投資人將可能因匯率上的損失
而損失本金。
(2) 本題到期時連結貨幣兌標的貨
幣匯價超過約定價格,則投資
人可得到事先約定的報酬。
則投資人以外幣計算的交易所

得$=100,000 \times 8\% \times \dfrac{1}{12}=666.67$

(USD)。

82 (D)。
(1) 雙元組合式商品投資契約年收
益率取決於未來美元兌另一種
貨幣的匯價,只要到期時美元
兌另一種貨幣匯價低於約定轉
換匯率,投資人紐幣存款本金
可獲得100%的保障並可享有年
收益率;但到期時若美元兌另
一種貨幣匯價高於或等於約定
轉換匯率,則投資人還是可得
到原先約定的報酬,但須將原
本的紐幣存款轉換成美金,投
資人將可能因匯率上的損失而
損失本金。
(2) 本題收益=權利金收入+利息

收入$=200+10,000 \times 1\% \times \dfrac{1}{12}$

$=208.33$(USD)

(3) 本題收益率$=\dfrac{208.33}{10,000} \div \dfrac{1}{12}=$
25%

83 (B)。
(1) 本題收益=權利金收入+利息
收入-銀行手續費

$=600+30,000 \times 1\% \times \dfrac{60}{365}-30$

$=620$

(2) 本題收益率$=\dfrac{620}{30,000} \div \dfrac{60}{365}=13\%$

84 (C)。
(1) 投資保本型外幣組合式商品,
連結指標匯率選擇權,年收益
率取決於投資期間內匯率是否
碰觸指標匯率。
(2) 本題選擇權存續期間匯率波動區
間為1.3150-1.3400,曾經碰觸
指標利率,則投資人以外幣計算

的交易所得$=200,000 \times 10\% \times \dfrac{1}{12}$

$=1,666.67$(EUR)。

85 (A)。本題加值型外幣組合式商品
的總收益=美金存款利息+
權利金收入-銀行手續費

$=200,000 \times 0.20\% \times \dfrac{30}{360}+$

$2,500-500=2,033$
該加值型外幣組合式商品總

收益率$=\dfrac{總收益}{總成本} \times \dfrac{360}{30}$

$=\dfrac{2,033}{200,000} \times \dfrac{360}{30}=12.20\%$

86 (A)。
(1) 雙元組合式商品投資契約年收益
率取決於未來歐元兌美元的匯
價,只要到期時美元兌歐元匯價
超過約定價格,則投資人可得到
事先約定的報酬。但到期時若美

元兌歐元匯價低於約定價格，則投資人還是可得到原先約定的報酬，但須將原本的美元轉換成歐元，投資人將可能因匯率上的損失而損失本金。

(2) 本題結算日匯率1.4400＞轉換匯率1.4500，投資人可以得原先約定報酬及原幣別，本期到期日金額＝600,000（EUR）。

87 (D)。

(1) 該雙元組合式商品投資契約年收益率取決於未來歐元幣兌美元的匯價，只要到期時歐元兌英鎊匯價超過約定價格，則投資人可得到事先約定的報酬。但到期時若歐元兌英鎊匯價低於約定價格，則投資人還是可得到原先約定的報酬，但須將原本的英鎊轉換成歐元，投資人將可能因匯率上的損失而損失本金。本題因到期時若歐元兌英鎊匯價低於約定價格，是投資人須將原本的歐元轉換成英鎊投資人產品到期時本利和＝ $1,000,000 \times 0.8700 + 1,000,000 \times 6\% \times \frac{30}{360} \times 0.8700$ ＝874,350（GBP）。

88 (B)。

(1) 雙元組合式商品投資契約年收益率取決於未來USD兌JPY的匯價，只要到期時USD兌JPY匯價超過約定價格，則投資人可得到事先約定的報酬。但到期時若USD兌JPY匯價低於約定

價格，則投資人還是可得到原先約定的報酬，但須將原本的USD轉換成JPY，投資人將可能因匯率上的損失而損失本金。

(2) 本題結算日USD／JPY＜轉換匯率，投資人可以須轉換存款本金，投資人領回金額 $=200,000 \times 92（JPY）+ 200,000 \times 6.25\% \times \frac{1}{12}（USD）$ ＝USD1,041.67＋JPY18,400,000

89 (B)。
選擇權收入＝ $200,000 \times（12.2\% - 0.20\%）\times \frac{30}{360} + 500 = 2,500$（USD）

90 (A)。 該雙元組合式商品投資契約年收益率取決於未來澳幣兌美元的匯價，只要到期時澳幣兌美元匯價超過約定價格，則投資人可得到事先約定的報酬。但到期時若澳幣兌美元匯價低於約定價格，則投資人還是可得到原先約定的報酬，但須將原本的美元轉換成澳幣，投資人將可能因匯率上的損失而損失本金。本題因到期時若澳幣兌美元匯價低於約定價格，是投資人須將原本的美元轉換成澳幣。投資人期末持有之本金＝ $100,000 \div 0.8500 = 117,647.06$（AUD）。

91 (A)。 收益＝ $30,000 \times 2\% \times \frac{60}{360} + 600 - 50 - 30 = 620$
收益率＝ $\frac{620}{30,000} \times \frac{360}{60} = 12.4\%$

92 (B)。投資人承作雙元組合式商品，契約書上載明商品匯率波動區間，契約到期時未超出預測區間，投資人可拿到存款利息及本金，若超出波動區間，本金可百分之百取回，損失利息收入。故本題該商品到期時，契約期間匯率區間位為5%的區間，故此筆交易所得＝ $200,000 \times 5\% \times \dfrac{1}{12} = 833.33$（EUR）

93 (A)。該雙元組合式商品投資契約年收益率取決於未來美金兌日圓的匯價，只要到期時美金兌日圓匯價超過約定價格，則投資人可得到事先約定的報酬。但到期時若美金兌日圓匯價低於約定價格，則投資人還是可得到原先約定的報酬，但須將原本的美元轉換成日圓，投資人將可能因匯率上的損失而損失本金。本題到期時美金兌日圓匯價超過約定價格，投資人可得到事先約定的報酬並以美元計價。到期本利和＝ $1,000,000 \times 10\% \times \dfrac{1}{12} + 1,000,000 = 1,008,333.33$（美元）。

94 (B)。由於到期匯率低於1.34，因此需轉換為歐元，$100,000 / 1.34 = 74,626.87$歐元。

95 (B)。由於本金未被轉換，因此選擇權投資收益為9%－3%＝6%。

96 (C)。總收益率＝定存利率＋權利金年化收益
$0.2\% + (2,500 / 200,000) \times \dfrac{360}{90} = 15.2\%$

97 (B)。因到期匯率低於轉換匯率需轉換為澳幣，到期取回之金額：1000萬日圓／80＝125,000澳幣。

98 (C)。年化報酬率＝權利金年化＋定存年利率＝
$\left[\left(\dfrac{20,000}{1,000,000} \right) \times \dfrac{360}{90} \right] + 3\% = 11\%$。

99 (C)。$30,000 \times 4\% \times 30 / 360 = 100$
$100 - 70 = 30$
$(30 / 30,000) \times (360 / 30) = 1.2\%$

100 (D)。$1,000 / 200,000 \times 12 + 0.75\% = 6.75\%$

101 (A)。美元存款投資人承作雙元組合式商品，係認為南非幣短期不會大跌，且美元對南非幣為直接報價，因此投資人為賣出南非幣賣權。

102 (C)。$100,000 \times [(6.25\% - 0.25\%) / 12] = 500$

103 (B)。$1,000,000 \times [1 + (20\%) / 4] = 1,050,000$

104 (A)。$[(200,000 \times 99\%) - (200,000 \times 0.12\% / 12)] + 500 +$ 選擇權支出＝200,000
選擇權支出＝1,520

105 (B)。$100,000 \times 8\% \times \dfrac{30}{360} - 100,000 \times 3\% \times \dfrac{30}{360} = 416.67$（美元）

解答與解析

106 (B)。該雙元組合式商品投資契約年收益率取決於未來澳幣兌美元的匯價,只要到期時澳幣兌美元匯價超過約定價格,則投資人可得到事先約定的報酬。但到期時若澳幣兌美元匯價低於約定價格,則投資人還是可得到原先約定的報酬,但須將原本的美元轉換成澳幣,投資人將可能因匯率上的損失而損失本金。本題因到期時若澳幣兌美元匯價低於約定價格,是投資人須將原本的美元轉換成澳幣。投資人期末持有之本金=1,000,000÷0.875=1,142,857.14(AUD)

107 (C)。 10,000×6%=600
600÷12(月)=50
10,000×(100%-90%)=1,000
1,000+50=1,050

108 (B)。 100,000÷1.34=74,626.87

109 (C)。 1,000,000+1,000,000×3%×(3/12)-5,000=1,002,500

1,002,500-1,000,000
=2,500
2,500÷1,000,000=0.0025
0.0025×4=1%

110 (A)。 碰觸失效意指當看多時,外幣貶值逾轉換匯率;當看空時,外幣升值超過轉換匯率,即失效;若進行保本組合式外幣投資,持有台幣定存而做為外幣選擇權之賣方,則碰觸匯率越接近轉換匯率,對選擇權的賣方越有利。

111 (B)。 因觸及指標匯率就失效,因此收益率為0%,投資人回收之本金及利息為USD1,000,000元。

112 (B)。 收益率=外幣存款利率+〔(賣出選擇權權利金-銀行手續費用)÷存款本金×360÷續作天期〕
=0.5%+〔(EUR100-EUR20)÷ERU50,000×360÷60〕
=0.5%+0.96%=1.46%

第三章　風險管理

頻出度C 依據出題頻率分為：**A**頻率高 **B**頻率中 **C**頻率低

此處是衍生性金融商品的風險型態的介紹與分析，並不是重點章節，在研讀本章時，只要閱讀過有印象，可以選出答案即可，「風險管理」的出題方向皆是以觀念題為主，是基本分數，請務必掌握。

重點 **1** 概論

一、風險概論

(一)**定義**：風險是指在某一特定環境下，在某一特定時間段內，某種損失發生的可能性。風險是由風險因素、風險事故和風險損失等要素組成。換句話說，是在某一個特定時間段裡，人們所期望達到的目標與實際出現的結果之間產生的距離稱之為風險。就證券投資而言，風險就是投資者的收益和本金遭受損失的可能性。

(二)**風險型態**：風險與收益的關係來看，證券投資風險可分為系統風險和非系統風險兩種，分述如下：

1	系統風險	**是指與整個市場波動相聯繫的風險**，它是由影響所有同類證券價格的因素所導致的證券收益的變化。經濟、政治、利率、通貨膨脹等都是導致市場風險的原因。由於系統風險與整個市場的波動相聯繫，因此，**無論投資者如何分散投資資金都無法消除和避免這一部分風險**。
2	非系統風險	**是指與整個市場波動無關的風險，它是某一企業或某一個行業特有的那部分風險**。例如，企業營運風險等。

觀念補給站

系統風險和非系統風險的比較：

	系統風險	非系統風險
定義	與整個市場波動相聯繫的風險。	與整個市場波動無關的風險。
特徵	(1)由共同因素引起。 (2)影響所有證券的收益。 (3)無法通過分散投資來化解。 (4)與證券投資收益相關。	(1)由特殊因素引起。 (2)影響某種證券的收益。 (3)可以通過分散投資來化解。 (4)與證券投資收益不相關。

二、風險種類

美國金融局將衍生性商品的風險分為五大類，其中又可分為可量化風險及無法量化風險二部份，分述如下：

(一) 可數量化風險：

市場風險	指由於未來市場價格（債券價格、利率、匯率、股價等之波動）變化而使得金融商品或投資組合之價值發生變動，又稱為「價格風險」。
信用風險	交易對手於訂約後因市場價格波動無法承受損失或破產等原因，導致無法履行合約條款規定，使得企業蒙受損失的風險，又稱「違約風險」。
流動性風險	流動性風險可分為商品流動性風險及現金流動風險二大類。在市場中產生之部位因市場流動性不足，無法軋平部位或及時於市場將特定商品以合理價格完成拋補的風險，稱為「商品流動性風險」。或因為持有流動性高之金融資產不足，以致於拖延拋補時間，產生交割困難之風險，稱「現金流動風險」。

(二)**無法量化風險**：

1. **作業風險**：因制度缺失、管理不當或人為疏忽、舞弊導致清算金額收付錯誤或交割日期控管錯誤所造成的損失。
2. **法律風險**：因法律上權責不清、契約內容欠完備、相關法令制度不全、交易對手授權不實、屬跨國交易涉及不同法律制度、行為能力不詳、對交易雙方當事人之規範亦不同等因素，而產生損失的風險。

經典範題

( ) **1** 美國金融局分類之五大衍生性商品風險中，若因內部制度設計不良而引起損失之風險稱為下列何者？
(A)信用風險　　　　　　　(B)流動性風險
(C)法律風險　　　　　　　(D)作業風險。

( ) **2** 美國金融局分類之五大衍生性商品風險中，因交易對手於訂約後因市場價格波動無法承受損失或破產等原因，導致無法覆行合約條款規定，使得企業蒙受損失的風險稱為下列何者？
(A)信用風險　　　　　　　(B)流動性風險
(C)法律風險　　　　　　　(D)作業風險。

解答與解析

1 (D)。作業風險係指因不合宜之內部制度、人為疏失或管理疏失而造成之損失風險。

2 (A)。美國金融局分類之五大衍生性商品風險中，因交易對手於訂約後因市場價格波動無法承受損失或破產等原因，導致無法履行合約條款規定，使得企業蒙受損失的風險稱為信用風險。

重點 **2**　市場風險

一、市場風險概述

(一)**定義**：因部位市值漲跌而產生的損失，亦包含模
　　型風險（使用錯誤的模型評價所導致之風險）。

(二)**風險因子**：價格、利率、匯率之不利波動。例
　　如：利率下跌造成結構型商品價值下降。

(三)**種類**：市場風險包括基差風險（basis risk）與
　　γ風險（Gamma risk），分述如下：

> **知識補給**
>
> 對於擁有龐大衍生性商
> 品部位的投資者而言，
> 即使他們自以為已經做
> 好完全的避險，但是也
> 可能因為基差風險與γ風
> 險而遭受巨額的損失。

1. **基差風險**（basis risk）：來自於產品本身以及
　用以避險的商品間之關係改變或崩潰的風險。

2. **γ風險**（Gamma risk）：來自於非線性的關係的風險。

(四)**型態**：根據風險型態的不同，市場風險可分為「價格風險」及「選擇權風
　　險」二種型態，分述如下：

1. **價格風險：價格風險為對稱式市場風險的一種**，價格風險因標的物不同，
　可分為利率風險、匯率風險、股價（指數）風險及商品價格風險四種，分
　述如下：

　(1) **利率風險**：利率風險係指因利率變動而產生的風險，其風險的來源
　　　有利率改變的時點與現金流量的時點不一致之重定價風險（repricing
　　　risk）、影響銀行業務活動的殖利率曲線間之利率關係改變之基差風
　　　險（basis risk）、跨越不同到期日的利率關係改變之殖利率曲線風
　　　險（yield curve risk）、殖利率曲線平行移動之期間結構風險（term
　　　structures exposures），分述如下：

　　　A. **重定價風險**（repricing risk）：重新定價風險又稱期限錯配風險，
　　　　是最主要和最常見的利率風險形式，重定價風險是指衍生性金融商
　　　　品到期期限之固定利率與重新定價期限之浮動利率所存在的差異。

　　　B. **基差風險**（basis risk）：基差風險主要是來自各個市場間利率的差
　　　　距。

　　　C. **殖利率曲線風險**（yield curve risk）：投資人買進債券並持有至到
　　　　期日，這段期間的年投資報酬率稱為債券殖利率，又稱「到期殖利
　　　　率」（Yield to maturity，簡稱YTM）。計算殖利率時，必須假設投
　　　　資人的利息收入均須再投資，且再投資的收益率等於殖利率。殖利

率曲線（Yield Curve）係指將同一種類型倒帳風險的票券，但有不同到期日的利率劃在平面座標上。殖利率曲線的四種基本型態如下：

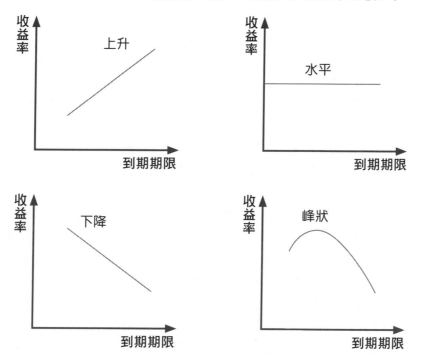

D. **期間結構風險**（term structures exposures）：金融工具的品質相同，因為到期期限的差異，會出現不同的利率。此種期限不同的金融工具，其到期期限與利率的關係，稱為利率的期間結構。期間結構風險係指殖利率曲線平行移動所形成的風險。

(2) **匯率風險**：匯率風險是指投資人在投資衍生性金融商品，因為匯率發生變動而引起衍生性金融商品價格變動的風險。

(3) **股價（指數）風險**：係指因個別股票價格變動或股價指數變動，而引起衍生性金融商品損失的風險，股價風險為非系統風險，可藉由分散投資來降低股價風險；而股價指數風險為系統風險，無法藉由分散投資來降低。

(4) **商品價格風險**：指農產品、礦物（包括石油）及貴金屬，但不包括黃金等一般商品價格變動，而引起衍生性金融商品損失的風險。

2. **期權風險**：在對期權價格的影響因素進行定性分析的基礎上，通過期權風險指標，在假定其他影響因素不變的情況下，可以量化單一因素對期權

價格的動態影響。期權的風險指標包括：Delta、Gamma、Theta、Vega、Rho等。對於期權交易者來說，了解這些指標，更容易掌握期權價格的變動，有助於衡量和管理部位風險。

(1) Delta值：Delta是指期貨價格變動所引起期權價格的變化幅度。用公式表示：Delta＝期權價格變化／期貨價格變化。對於看漲期權來說，期貨價格上漲（下跌），期權價格隨之上漲（下跌），二者始終保持同向變化。因此看漲期權的Delta為正數。而看跌期權價格的變化與期貨價格相反，因此，看跌期權的Delta為負數。期權的Delta值介於-1到1之間。對於看漲期權，Delta的變動範圍為0到1；對於看跌期權，Delta變動範圍為-1到0。如看漲期權的Delta為0.5，意味著期貨價格每變動一元，期權的價格則變動0.5元。

(2) Gamma值：Gamma反映期貨價格對Delta的影響程度，為Delta變化量與期貨價格變化量之比。如某一期權的Delta為0.6，Gamma值為0.05，則表示期貨價格上升1元，所引起Delta增加量為0.05，Delta將從0.6增加到0.65。與Delta不同，無論看漲期權或是看跌期權的Gamma值均為正值。期貨價格上漲，看漲期權之Delta值由0向1移動，看跌期權的Delta值從-1向0移動，即期權的Delta值從小到大移動，Gamma值為正。期貨價格下跌，看漲期權之Delta值由1向0移動，看跌期權的Delta值從0向-1移動，即期權的Delta值從大到小移動，Gamma值為正。Gamma絕對值越大的部位，風險程度也越高，因為進行中性對沖需要調整的頻率高；相反，Gamma絕對值越小的部位，風險程度越低。

(3) Theta值：Theta是用來測量時間變化對期權理論價值的影響。表示時間每經過一天，期權價值會損失多少。用公式表示：Theta＝期權價格變化／到期時間變化。在其他因素不變的情況下，不論是看漲期權還是看跌期權，到期時間越長，期權的價值越高；隨著時間的經過，期權價值則不斷下降。時間只能向一個方向變動，即越來越少。對於期權部位來說，期權多頭的Theta為負值，期權空頭的Theta為正值。負Theta意味著部位隨著時間的經過會損失價值。對期權買方來說，Theta為負數表示每天都在損失時間價值；正的Theta意味著時間的流失對你的部位有利。

(4) Vega值：Vega是用來衡量期貨價格的波動率的變化對期權價值的影響。用公式表示：Vega＝期權價格變化／波動率的變化。如果某期權的Vega為0.15，若價格波動率上升（下降）1%，期權的價值將上升

（下降）0.15。期權多頭部位的Vega都是正數，期權空頭的Vega都是負數。

(5) **Rho值**：Rho是用來衡量利率的變化對期權價值的影響。用公式表示：Rho＝期權價格變化／利率變化。在期權定價理論中，期權的價值也會受到利率變動影響，利率上升時，看漲期權價格上升，看跌期權價格下跌。所以看漲期權的Rho為值，看跌期權的Rho為負值。

二、市場風險管理

(一) **管理程序**：市場風險管理旨在結合所有金融交易的活動，藉由有效且動態的監督控管，精確又及時的顯示每個層面的風險部位。管理程序分敘如下：

1. **風險管理的建構**：

   (1) **風險管理政策**：必須先決定所願承受的最大風險，也就是所謂的風險胃納量，接著便是依照這個風險胃納值，訂定各項風險額度以及相關的控管原則。

   (2) **風險管理方法**：當公司決定了最高指導原則後，還需要適當的方法來支援風險管理工作，包括風險的確認、衡量、監控與管理，整個風險管理流程必須從整合性的投資組合角度來衡量。

> **知識補給**
> ・風險管理為：
> 1.建立風險管理制度。
> 2.設定風控限額。
> 3.落實風險控管。
> ・風險質化指組織、辦法、人員、流程。
> ・風險量化指量化指標、風控系統。

   (3) **風險管理建置**：有了政策與方法後，風險管理還需要有完備的基礎建設才能實現。

2. **市場風險管理流程**：

   (1) **市場風險的界定**：第一步必須先辨識及確認所有業務的風險來源，才能進一步對各類風險進行量化及管理。

   (2) **市場風險衡量**：需要有客觀量化的模型，來衡量目前面臨的風險。例如VaR（Value at Risk）就是常用的市場風險值衡量工具。

   (3) **市場風險監控與管理**：設定整體風險總限額，以作為公司資本配置及風險額度分配的依據。

   (4) **市場風險報告與揭露**：風險管理執行的結果需要藉由風險管理報表、風險資訊定期揭露以及風險管理執行結果報告，來達成即時的風險管理。

3. **市場風險管理方法**：就市場風險的管理方法而言，一般以「量」的控制為主，而其中最主要的方法即為風險限額的設定。風險限額是指市場價格或利率發生不利變動時，願意接受的最大損失金額。限額的設定是一項艱困及複雜的工作，設定太高會限制了獲利的機會，設定太低將會暴露於過多的風險之中。風險限額的種類如下：

(1) **交易操作的限額**：

有期間限額	是設定持有部位而不作反向交易或平倉的最長期間。主要是防範交易員握有不具流動性部位或用以掩蓋未實現損失的情況。
集中度限額	主要是防範將所有的風險集中在同一個籃子裡，因此限定對同一金融工具的集中程度。
停損限額	停損的目的是當市場行情開始變糟時，為了維護金融資產所設的防線，即當損失已到門檻值時，停損機制即應立即被執行。一般設定較嚴謹的停損限額，則可以減少發生重大損失的可能，亦可降低銀行資本需求，但是相對的亦會降低獲利能力。

(2) **持有部位的限額**：

A. **本金限額**：設定投資組合持有部位的最高總金額。

B. **敏感度限額**：是指限制金融投資工具如股票的Beta值、債券的存續期間或選擇權的Delta值，不得超過某一衡量水準，以控制投資組合的風險。

C. **風險值限額**：以風險偏好度與交易所得預算相乘得到風險限額。

風險限額＝風險偏好度×年度所得預算。

經典範題

( ) **1** 有關β（貝他）係數之敘述，下列何者錯誤？　(A)市場投資組合之β係數為零　(B)主要為衡量一證券之相對市場風險　(C)代表資產投資報酬率對市場的敏感度　(D)β係數為正時，代表投資報酬率的變動與市場同向。

( ) **2** 下列哪一項措施有助於降低市場風險？　(A)記錄每筆交易　(B)交易確認書的點收部門獨立於交易部門之外　(C)針對交易員部位設定暴險金額上限　(D)了解交易對手使用額度的情形。

解答與解析

1 (A)。β係數主要為衡量一證券之相對市場風險，代表資產投資報酬率對市場的敏感度。β係數為正時，代表投資報酬率的變動與市場同向；β係數為負時，代表投資報酬率的變動與市場反向。市場投資組合之β係數不可能為零。

2 (C)。(A)(B)均屬控制作業風險方式。(D)屬控制交易對手信用風險之方式。

重點 **3**　信用風險

一、信用風險概述

(一)定義：<u>信用風險一般指交易對手因違約事件的發生，造成無法履行契約而引發的損失</u>，一般違約事件包含付息日無法支付所承諾之款項、破產導致之違約或是信用評等的調降等。信用風險包括違約（Default）、信用額度下降（Decline in The Credit of Standing）、債信等級下降（Down Rating of Credit Rating）。影響違約可能性因素：債信等級、產業歷史資料、發生違約後收回之可能性。而衡量一項交易的信用風險時，必須考慮三大因素：以交易對手違約機率（Probability of Default；PD）之分配衡量交易對手是否違約、以交易對手違約時的損失（Loss Given Default；LGD）衡量交易對手違約時之經濟損失率、以信用暴險值（Exposures at Default；EAD）衡量交易對手違約後損失。

(二) 風險因子：

1. **信用風險的組成因子**：信用風險可由借款人違約或信用品質惡化時所造成的損失來定義。由此定義可看出三種風險成分，風險的「量」指的是借款人的借款餘額，風險的「質」則是違約發生的機率以及發生違約時降低損失的保證，而違約時的違約額與實際損失間的差異即為將來可能的違約回收。因此，遂將**信用風險分成三種組成風險：違約風險（default risk）、曝露風險（exposure risk）以及回收風險（recovery risk）**。為了能夠將信用風險定量化，遂以違約時所產生的損失衡量信用風險：

預期損失＝風險曝露額×（1－回收率）×違約率

2. **信用風險因子分析：**

   (1) **違約風險**：違約風險為違約事件的機率。以下有三種違約的定義：喪失支付義務、不遵守契約規定（如金融比例的上下限，為一技術違約）、進入合法程序或經濟違約（當資產經濟價值低於未履行債務的價值）。違約風險可由一段時間的違約機率來衡量，其與借款者的信用狀況有關，可由市場展望、公司規模、競爭條件、管理品質及股東評定借款者的信用狀況。違約紀律無法直接衡量，可使用違約歷史統計值，也就是利用過去違約事件的紀錄作為歷史違約率，但是此法不能得知預期違約機率。此外，有些機構會對債務風險品質進行評等，此處風險品質與違約機率及違約事件回收情形有關，評等通常與違約統計值交叉製表，用來作為違約機率。

   (2) **暴露風險**：暴露風險係來自於未來風險量之不確定性。有些交易幾乎沒有暴露風險，如分期攤還為契約計畫之還款，除了客戶提前還款外，事先可以知道未來未付清之餘額，因此並無暴露風險。大致上資產負債表之表外項目皆具有未來暴險的特性。而有時未來暴險會與借款者需求有關，可是當或有債權有第三人保證時，不會有未來暴險。有些由衍生性金融商品所產生的暴露風險，其不確定性來源不是客戶的行為，而是來自市場的動向，當清算價值為正值時，銀行即會面臨交易對方可能違約的信用風險。由於違約發生在不確定的未來，故應以未來暴險部位衡量暴露風險。即期暴險額（current exposure）係指目前所有客戶使用的信用額度，記錄在資產負債表上，當銀行改變可使用的信用額度時，暴險額會跟著變動，而不再是原先的即期暴險

額，因此在估計信用風險時，採用預期暴險額較能考慮到未來暴險變動的風險。

(3) **回收風險**：違約事件損失是違約風險額度減去回收情形。而違約事件的回收情形是無法預期的，其與違約類型、借款者的保證（來自擔保品或第三人保證）及違約時期環境有關。

擔保風險 **collateral risk**	當擔保品可容易被接收或能以不錯的價格售出，擔保品的存在能最小化信用風險。使用擔保品會產生兩種風險，一為有關接收、處分及販售成本能力的不確定性，另一為擔保品本身是否容易售出的不確定性（與次級市場及擔保品特性有關）。因此，擔保品的存在將信用風險轉換成回收風險及資產價值風險。
第三人保證風險 **third-party** **guarantee risk**	保證為第三者給予銀行的或有項目。例如當子公司違約時，母公司承諾代替子公司還款。本質上，第三人保證將借款人之信用風險移轉為保證人之信用風險，然而實際風險則為此二者同時違約，其相對應之違約機率將是聯合機率而非單一機率。

(三)**型態**：

1. **結算前風險**：結算前風險是指在交易的期間，交易對手沒有履行契約上的責任，因而導致損失的風險。因此，結算前風險的存在時間，是由契約訂定開始持續到進行結算為止。結算前風險可分為「現有違約風險」及「潛在違約風險」

2. **結算風險**：乃指當主體一方已經付款後，而交易對手有可能違約的可能性。對外匯交易來說這種違約的可能性是很高的，因為早晨可能在歐洲即已付款，然而交割卻是稍後才在美洲進行。

二、信用風險管理方法

信用風險管理指的是針對交易對手、借款人或債券發行人具有違約「可能性」所產生的風險，進行管理。分述如下：

(一)**淨額結算協議**：雙邊或多邊的支付淨額結算是一種非常重要的降低信用風險的方法。通過減少結算風險及信用暴露，抵算對於減少系統性風險具有的作用。

(二)**信用升級**：信用升級安排對管理對手風險具有非常重要的作用，這種安排包括抵押品和保證金要求，第三方保證等等。

(三)**信用限額**：信用限額需要考慮結算前風險和結算風險，並應對與機構有業務關係的所有對手均設置這樣的信用限額。作為一項總的政策，開發與某個交易對手的業務活動應該在該對手的信用限額已獲批准之後進行。各機構的信用審批過程可能有所不同，但無論如何，信用限額應由與金融衍生交易業務具體操作無關的人員確定。

(四)**內部評等**：大的投資銀行通常設立專門的單位來評定對手的信用。內部評等中應考慮的因素主要有：

1. **內部評級等次**：如標準普爾、穆迪公司的評級結果等。
2. **交易的時間性和數量**：一般說來，交易時間越長，交易的數量越大，對手風險也越大。
3. **第三者保證**。
4. **抵押品**：一般按抵押品（現金除外）價值的一定折扣來設立交易金額。

經典範題

(　　) **1** 交易對手在履行交割義務前違約造成損失，歸屬於下列哪一種風險？　(A)作業風險　(B)法律風險　(C)結算前風險　(D)市場風險。

(　　) **2** 下列何者不屬於信用風險管理工作項目？　(A)辦理交割　(B)設立專門的單位來評定對手的信用　(C)淨額結算協議　(D)對所持有的部位設立限額。

解答與解析

1 (C)。交易對手在履行交割義務前違約造成損失為結算前風險。

2 (A)。辦理交割係屬作業風險管理工作項目。

重點 **4** 流動性風險

一、流動性風險概述

(一)**定義：無法在合理的時間內，以合理價格取得資金以履行財務義務，進而造成盈餘或資本損失之風險。**

(二)**型態：主要可區分為兩種型態：市場或產品流動性風險、現金流量風險。**

　1. **市場或產品流動性風險：**

　　(1) **定義：**係指市場缺乏足夠交易量，使交易無法以現行市場價格來進行交易。

　　(2) **風險因子：**金融商品的流動性不足。例如：投資人買進無流動性之連動債，以致難以出脫。

　2. **現金流量風險：**

　　(1) **定義：**因現金流量不足，因而被迫提早清算所持有之資產，以致須將帳面損失轉換為已實現損失。此風險通常起因於使用財務槓桿。

　　(2) **風險因子：**流動性資產不足。例如：資產大於負債，但無力負擔日常之營運資金。

二、流動風險管理方法

其管理機制至少應包括下列項目：

(一)**資金流動性風險管理：**

　1. 評估與監控短期現金流量需求，並訂定資金流動性風險管理機制，以因應未來之資金調度。

　2. 應設立一獨立於交易單位之資金調度單位，每日現金管理及持續性現金流量管理，並負責監控各業務單位淨現金流量。

　3. 建立流動性計畫，找尋替代市場及產品。

　4. 資金調度單位需與業務單位及相關部門保持密切聯繫，並針對個別交易之資金使用狀況，與結算交割相關部門相互溝通。

(二)**市場流動性風險管理：**

　1. 應考量市場交易量與其所持部位之相稱性。

　2. 巨額交易部位對市場價格造成重大影響，應謹慎管理之。

(三)異常及緊急狀況資金需求策略：

1. 對異常或緊急狀況導致之資金需求，應擬定應變計畫。

2. 發現業務單位重大與異常使用現金情形時，資金調度單位應通報風險管理單位或其他相關單位，必要時得成立危機處理小組，以處理重大流動性風險。

經典範題

( ) **1** 投資人的部位無法找到交易對手，或者無法以合理的價格軋平部位屬於下列哪一種風險？ (A)作業風險 (B)流動性風險 (C)信用風險 (D)市場風險。

( ) **2** 下列何者不是流動性風險的管理機制？ (A)資金流動性風險管理 (B)市場流動性風險管理 (C)異常及緊急狀況資金需求策略 (D)保留交易軌跡。

解答與解析

1 (B)。「流動性風險」指的是一個金融商品因為缺乏市場機制或需求量不高而造成不容易交易，難以脫手的風險。本案投資人的部位無法找到交易對手，或者無法以合理的價格軋平部位即屬之。

2 (D)。保留交易軌跡是作業風險的管理機制。

重點 5 作業風險

一、作業風險概述

(一)定義：作業風險指因內部作業、人員及系統之失誤，或因外部事件所造成直接或間接的損失。作業風險為未包含於資本計提規範（如：信用風險、市場風險）之中的其他風險；導因於不適當或錯誤的內部處理程序、人員與系統或外部事件所造成損失之風險。但並不包含企業、策略、流動與名譽風險。

> **知識補給**
>
> 「流動性」係指投資標的轉換為現金之能力，或稱「變現性」。

(二) **風險因子**：作業錯誤、未符合內控規範、職能未有效分工。例如：法國興業銀行交易員弊案。作業風險的可能來源如下圖：

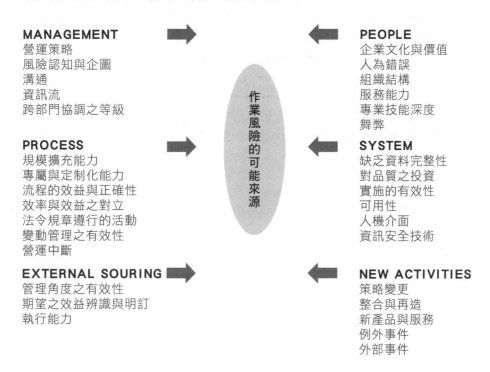

MANAGEMENT	PEOPLE
營運策略	企業文化與價值
風險認知與企圖	人為錯誤
溝通	組織結構
資訊流	服務能力
跨部門協調之等級	專業技能深度
	舞弊

作業風險的可能來源

PROCESS	SYSTEM
規模擴充能力	缺乏資料完整性
專屬與定制化能力	對品質之投資
流程的效益與正確性	實施的有效性
效率與效益之對立	可用性
法令規章遵行的活動	人機介面
變動管理之有效性	資訊安全技術
營運中斷	

EXTERNAL SOURING	NEW ACTIVITIES
管理角度之有效性	策略變更
期望之效益辨識與明訂	整合與再造
執行能力	新產品與服務
	例外事件
	外部事件

二、作業風險管理方法

對於作業風險應訂定適當之風險管理機制，其內容包含但不限於下列各項：

(一) **作業風險控管措施**：

1. **適當之權責劃分**：各項業務活動及營運交易之作業流程應建立適當之權責劃分。

2. **授權層級及授權額度**：不同型態之業務及交易活動訂定明確之分層負責授權標準，各層級人員在授權範圍及授權額度內執行各項營運作業。

3. **保留交易軌跡**：應依規定保留各項業務活動及交易之文件紀錄或相關資訊。

4. **法令遵循**：各相關單位應訂定業務規章，以作為業務進行之遵循依據，並應定期評估法令遵循執行情形。

5. **簽訂契約之風險管理**：公司各項對外契約之內容條件，除應事先詳細評估外，並應經公司之法務單位或法律顧問審閱，再依裁決權限簽核後，始得簽訂。但若公司訂有分層授權辦法時，則可依該辦法執行。

(二)**作業風險辨識**：作業風險辨識應考量人員、系統、流程或外部事件等主要風險因子。

(三)**作業風險衡量**：作業風險衡量主要係為了解作業風險之程度及本質，進而能協助作業風險回應方案之形成及決定實施之優先順序。而作業風險程度主要是由發生可能性及影響程度來決定。風險之發生可能性及影響程度可利用質化或量化方式進行分析。

質化分析	質化分析方式主要是利用敘述方式來定義風險程度。完成質化之發生可能性及影響程度分析後，可透過風險比對步驟得出作業風險之高低程度並給予不同之風險因應方式。
量化分析	當有足夠之作業風險歷史資料，並且有能力將作業風險發生可能性及影響程度利用數字表達時，宜使用量化之作業風險衡量方式。

(四)**作業風險管理工具**：應建置質化或量化之工具來辨識、衡量及管理作業風險。

經典範題

(　　) **1** 下列何項措施有助於降低作業風險？　(A)針對交易員設定停損限額　(B)交易確認書的點收部門獨立於交易部門之外　(C)針對交易員部位設定暴險金額上限　(D)針對個別商品的持有部位設定限額。

(　　) **2** 下列何者不屬於作業風險管理工作項目？　(A)適當之權責劃分　(B)法令遵循　(C)執行交易並紀錄每筆交易　(D)對所持有的部位設立限額。

解答與解析

1 (B)。不同於市場風險與信用風險，作業風險需要定性（qualitative）與定量（quantitative）的組合資訊，以協助資深管理階層暸解風險概況暨專注於相關決策。資訊來自於組織內的任何人，且實際地影響組織內每一個人。不同於市場風險與信用風險，其使用者眾多，包括專門委員、專家，以及職員。不同類型的股東需要不同的資訊。

業務經理（Business manager）熱衷於確切的資料與行動，諸如實際損失事件、風險衡量，以及自我評估的特定調查結果。執行經營階層（Executive management）眼光較為廣泛，需要更多樣化的資訊，以專注於主要議題與應採取行動。因此交易確認書的點收部門獨立於交易部門之外，可以降低作業風險。

2 (D)。對所持有的部位設立限額係屬信用風險管理工作項目。

重點 **6** 法律風險

一、法律風險

(一)**定義**：因法律文件瑕疵影響契約效力而造成的損失。

(二)**風險因子**：契約不合法、交易對手未經合法授權。例如：契約自始無效之交易。

二、法律風險管理方法

法律風險的管理方法著重於事前的審核，可透過重要法律文件，交由法律顧問覆核，由其提供專業之意見與建議，以降低法律風險。目前「國際交換暨衍生性商品交易協會」（International Swap and Derivatives Association）透過所發布之ISDA標準文件對交易內容規範。因為金融商品推陳出新，市場規模亦不斷擴大，交易頻繁，交易條件固然重要，其他法律風險亦應相對重視。如可藉由初步標準契約條款，不僅顧及契約的完備性，且簡化後交易對手僅需依交易條件磋商進行交易，省卻逐一簽訂龐大契約之處理流程。目前ISDA發布有關衍生性商品交易的文件包括：ISDA Agreement（Master Agreement ＆Schedule，主約及附約）、Confirmation（交易確認書）、ISDA Definitions（ISDA定義）、Credit Support Annex（信用補充文件）、Legal opinions（法律意見）User's Guides（使用者手冊）及Protocol（議定書）。

ISDA合約，因兼具法律性及自律性風險控管雙重的功能，故為國際上最為廣泛運用之衍生性商品交易條款。因此，若銀行能於合約中約定（例如違約終止事件、處理方式、交互違約、抵銷以及分行條款等等），確實可以降低交

易後潛在的不確定性與風險。惟需注意的是，相關人員必須對該相關條款有詳細透徹的瞭解，並依銀行自身營業的目標與條件來制訂，以免反而簽署損及自身權利的約定。ISDA主契約（master agreement）就是由1985年創設、總部位於紐約的「國際交換交易商協會」（International Swaps and Derivatives Association）所設計出，目前為世界各金融中心所沿用的法律契約，其主要功能在於規範交易雙方的法律風險及信用風險，並且透過中立的角色，設計出公平的法律條款，將使雙方的交易成本大幅降低，有助於市場的正常發展。

經典範題

(　　) **1** 衍生性商品因法律文件瑕疵影響契約效力而造成的損失歸屬於下列哪一種風險？
　　(A)作業風險　　　　　　　　(B)法律風險
　　(C)現金流量風險　　　　　　(D)信用風險。

(　　) **2** 有關金融期貨之信用風險，下列敘述何者正確？
　　(A)買方須負擔賣方之信用風險，但賣方不須負擔買方之信用風險
　　(B)買方須負擔買方之信用風險，但買方不須負擔買方之信用風險
　　(C)買賣雙方皆須負擔對方之信用風險
　　(D)信用風險由清算所負擔。

解答與解析

1 (B)。此風險定義屬法律風險之定義。

2 (D)。期貨市場中買賣雙方之交易相對人為清算所，所以信用風險由清算所負擔。

精選試題

(　　) **1** 衍生性商品在契約期間內需追繳保證金卻沒有足夠的現金履行義務，導致損失的風險歸屬於下列哪一種風險？
　　(A)作業風險　　　　(B)法律風險
　　(C)現金流量風險　　(D)信用風險。　　【第11期結構型商品銷售人員】

（　） **2** 下列何項乃是應用在市場或商品的流動性風險控制要領？　(A)維持與銀行或關係企業間良好的調度管道　(B)建立流動性計畫，尋找替代市場與產品　(C)監控備償計畫內的資金分散程度　(D)維持高效率的全行現金流量資訊，使直線主管明白現況。　【第11期結構型商品銷售人員】

（　） **3** 因不合宜的內部管理制度、人為疏失或管理失敗等因素造成損失的風險屬於下列哪一種風險？　(A)作業風險　(B)流動性風險　(C)信用風險　(D)市場風險。　【第10期結構型商品銷售人員】

（　） **4** 因商品殖利率曲線平行移動形成的風險稱之為：
(A)殖利率曲線風險　　(B)匯率風險
(C)基差風險　　　　　(D)期間結構風險。　【第10期結構型商品銷售人員】

（　） **5** 衍生性金融商品的波動比一般商品更為劇烈，因此金融機構為避免市場風險發生，必須對每位交易員進行哪一種限額控制方式才比較適當？　(A)停損限額　(B)價差限額　(C)盈餘或資本暴險限額　(D)交割限額。　【第10期結構型商品銷售人員】

（　） **6** A金融機構向B金融機構買進一個台股指數買權，在交易日當天A金融機構已經將權利金匯入B金融機構，請問下列敘述何者正確？　(A)在交易日後B金融機構承擔了A公司的信用風險　(B)在交易日後A金融機構承擔了B公司的信用風險　(C)在交易日後A和B金融機構皆承擔了對方的信用風險　(D)在交易日後A和B金融機構皆未承擔對方的任何信用風險。　【第10期結構型商品銷售人員】

（　） **7** 霸菱銀行倒閉事件最大的原因除了市場風險以外，還有下列哪種風險？　(A)結算風險　(B)信用風險　(C)政治風險　(D)作業風險。　【第9期結構型商品銷售人員】

（　） **8** 有關衍生性金融商品的法律風險，下列敘述何者錯誤？　(A)銀行交易契約內容的各項條件中，應包含契約到期時間　(B)目前國際上最普遍使用的契約為「ISDA主契約」（ISDA Master Agreement）　(C)法律風險的控制與信用風險一樣應更注重事前的審核工作　(D)結算方式中的雙邊淨額清算（Bilateral Netting）適用於集中市場的交易雙方。　【第9期結構型商品銷售人員】

(　　) **9** C金融機構發行了一個新臺幣計價，連結台灣加權股價指數的結構
型商品，6個月期，100%保本，產品參與率為50%，投資者欲認購
此商品必須在交易日前一日將申購款項匯入C金融機構，請問下列
敘述何者正確？　(A)在交易日後C金融機構即承擔了申購此產品
投資者的信用風險　(B)C金融機構應放空台指期貨來規避市場風險
(C)由於產品保本率為100%，代表申購此產品投資人沒有承擔任何
風險，例如市場風險、信用風險、外匯風險等　(D)在交易日後投
資者承擔了C金融機構的信用風險。　　　【第9期結構型商品銷售人員】

(　　) **10** 某金融機構風險管理部主管欲降低作業風險，請問下列何項措施
沒有幫助？　(A)制定嚴謹的交易作業程序　(B)交易前須經權
限主管覆核交易條件始可交易　(C)嚴密監控交易員的暴險金額
(D)已輸入電腦的交易紀錄，任何修改都需經辦人員同意且權限主
管放行。　　　　　　　　　　　　　　【第9期結構型商品銷售人員】

(　　) **11** 殖利率曲線形狀改變的風險歸屬於下列哪一種風險？
(A)期間結構風險（Term Structures Exposures）
(B)殖利率曲線風險（Yield Curve Exposures）
(C)基差風險（Basis Risk）
(D)匯率風險（Foreign Exchange Risk）。　【第8期結構型商品銷售人員】

(　　) **12** 外匯交易中，交易雙方無法同步進行無時差的資金收付，因而產生
的風險稱為：　(A)流動性風險　(B)市場風險　(C)交割風險　(D)
作業風險。　　　　　　　　　　　　　【第7期結構型商品銷售人員】

(　　) **13** 有關市場風險管理之敘述，下列何者正確？　(A)停損限額不屬於
量的控制　(B)衍生性商品交易量限額是以名目本金為準　(C)風
險評估資訊品質與限額設定無關　(D)複雜交易策略已考慮避險需
要，因此不須進行限額管理。　　　　　【第7期結構型商品銷售人員】

(　　) **14** 殖利率平行移動所造成的風險歸屬於下列哪一種風險？　(A)期
間結構風險（Term Structures Exposures）　(B)殖利率曲線風險
（Yield Curve Exposures）　(C)基差風險（Basis Risk）　(D)匯率
風險（Foreign Exchange Risk）。　　　【第7期結構型商品銷售人員】

(　　) **15** 金融機構員工未經授權進行結構型商品交易是屬於下列哪一種風險？ 　(A)市場風險 　(B)信用風險 　(C)作業風險 　(D)流動性風險。 　　　　　　　　　　　　　　　　　【第6期結構型商品銷售人員】

(　　) **16** 下列何者不屬於作業風險管理工作項目？ 　(A)辦理交割 　(B)交易相關文件歸檔備查 　(C)執行交易並紀錄每筆交易 　(D)對所持有的部位設立限額。 　　　　　　　　　　　　　　　【第6期結構型商品銷售人員】

(　　) **17** 王董看好台股未來的走勢，想買台股連結的結構型商品，可是擔心產品天期太長，在產品期間內無法獲利了結，讓獲利只是曇花一現，請問王董所擔心的是下列哪一種風險？ 　(A)發行機構的信用風險 　(B)發行機構的作業風險 　(C)法律風險 　(D)流動性風險。 　　　　　　　　　　　　　　　【第5期結構型商品銷售人員】

(　　) **18** 下列何者為結算風險的定義？ 　(A)指投資人的部位無法找到交易對手，或者無法以合理的價格軋平部位 　(B)指當銀行履行契約規定之交割義務後，因全球時差尚未收到交易對手所提供之報價或價值而承擔的風險 　(C)指當選擇權標的物的現貨價格波動程度為1%時，其權利金變動的幅度 　(D)指個股股價或股價指數的變動而使衍生性商品的部位發生損失的風險。 　　【第4期結構型商品銷售人員】

(　　) **19** 因交易對手無法依約履行義務而發生損失的風險屬於下列哪一種風險？ 　(A)作業風險 　(B)流動性風險 　(C)信用風險 　(D)市場風險。 　　　　　　　　　　　　　　　　　【第4期結構型商品銷售人員】

(　　) **20** 作業風險管理所重視的交易流程作業程序，下列何者不包括在內？ (A)確認交易 　(B)建立資金備償計畫 　(C)文件歸檔備查 　(D)辦理交割。 　　　　　　　　　　　　　　　　　【第4期結構型商品銷售人員】

(　　) **21** 依中央銀行外匯局函請銀行辦理衍生性外匯商品，應由客戶或有權簽約人親自書寫「本人已充分瞭解本商品並同意承擔其風險」及簽署規定，銀行辦理下列何項商品應遵守該規範？
(A)遠期外匯交易 　(B)換匯交易
(C)換匯換利交易 　(D)雙元組合式商品。 　【第4期結構型商品銷售人員】

(　　) **22** 出口商預期六個月後有美元貨款收入，為規避未來美元貶值的風
險，故承作賣出六個月期的遠期美元。請問承作該交易係反應衍生
性商品的何項功能？
(A)風險管理的功能
(B)投機交易上的優勢
(C)價格發現的功能
(D)促進市場效率及完整性的功能。　　　【第4期結構型商品銷售人員】

(　　) **23** 遠期風險又稱為「對稱式市場風險」，而這種風險又可因標的物不
同分為四種風險，下列何者不屬之？　(A)指數風險　(B)匯率風險
(C)利率風險　(D)潛在違約風險。　　　【第3期結構型商品銷售人員】

(　　) **24** 利率風險是指因利率變化而引起衍生性商品部位的市場變化，若
再加以細分，利率變化的方式上可再區分為三種，請問何謂「基
差風險」（Basis Risk）？　(A)因為不同期間利差關係改變而形
成的風險　(B)因為不同市場間利差關係改變而形成的風險　(C)
因殖利率曲線平行移動形成的風險　(D)因殖利率曲線形狀改變形
成的風險。　　　【第3期結構型商品銷售人員】

(　　) **25** 有關風險型態與分析之敘述，下列何者錯誤？　(A)當發行機構的信用
出現問題時，投資人持有的債券或投資契約價值可能趨近於零　(B)
若代銷機構內部的產品會議沒有嚴格把關，只著眼於高額的手續費收
入，極可能把投資人帶入高風險境地　(C)個股特定風險即為股價風
險，可經由分散投資來降低　(D)根據風險型態的不同，信用風險可
以再分為遠期風險及選擇權風險兩種。　　　【第3期結構型商品銷售人員】

(　　) **26** 有關殖利率曲線之敘述，下列何者錯誤？　(A)正斜率代表長期
公債殖利率大於短期公債殖利率　(B)負斜率代表長期公債殖利
率小於短期公債殖利率　(C)水平線代表長期公債殖利率等於短
期公債殖利率　(D)丘型代表中期公債殖利率最低，長短期公債
殖利率較高。　　　【第2期結構型商品銷售人員】

( ) **27** 假設一投資人投資美金1萬元於非變量架構下之匯率連結商品，下列何者為投資此商品需承擔之風險？　(1)信用風險　(2)流動性風險　(3)匯率風險

(A)僅(1)　　　　　　(B)僅(1)(2)

(C)僅(2)(3)　　　　　(D)(1)(2)(3)。　　　　【第8期結構型商品銷售人員】

( ) **28** 下列何者不是法律風險的成因？　(A)交易對手未經授權進行金融商品交易　(B)法令不確定　(C)書面約定不明確　(D)未監控交易對手結算風險。　　　　　　　　　【第5期結構型商品銷售人員】

( ) **29** 衍生性商品風險管理執行方式中，有關「質」的控制項目，下列何者不包括在內？　(A)市場結構性因素　(B)選擇交易對手　(C)內部作業品質　(D)交易產品標的的選擇。　【第4期結構型商品銷售人員】

( ) **30** 關於信用風險的敘述，下列何者錯誤？　(A)當期暴險額（current exposure）為0表示沒有違約風險　(B)當期暴險額（current exposure）只有在市場走勢不利客戶時才為正值　(C)違約風險屬於一種信用風險　(D)信用風險可分為結算前風險和結算風險。　【第1期衍生性金融商品銷售人員】

( ) **31** 結算前風險係屬於何種風險？　(A)市場風險　(B)信用風險　(C)流動性風險　(D)作業風險。　　　　　　【第1期衍生性金融商品銷售人員】

( ) **32** 距到期期間變動所引發選擇權價值變動的風險是指：　(A)θ（Theta）風險　(B)δ（Delta）風險　(C)γ（Gamma）風險　(D)ρ（Rho）風險。　　　　　　　　　【第1期衍生性金融商品銷售人員】

( ) **33** 下列何者不屬於選擇權風險的衡量方法？

(A)Delta法　　　　　(B)敏感度分析法

(C)共變異數法　　　　(D)模擬法。　　　【第1期衍生性金融商品銷售人員】

( ) **34** 若某一個選擇權的Delta值為-0.5，所代表的涵義為何？　(A)當標的上漲1元，該選擇權Gamma值約略上漲0.5　(B)當標的上漲1元，該選擇權Gamma值約略下跌0.5　(C)當標的上漲1元，該選擇權約略下跌0.5元　(D)當標的上漲1元，該選擇權約略上漲0.5元。

【第1期衍生性金融商品銷售人員】

（　　）**35** 一般金融機構對於市場風險所採行限額控制方式，下列何者不在
其中？　(A)交易量限額　(B)選擇權限額　(C)交割限額　(D)缺
口限額。　　　　　　　　　　　　　　【第1期衍生性金融商品銷售人員】

（　　）**36** 在國際金融市場上，衍生性商品交易最常使用哪一個協會所訂定的契
約？
(A)IDSA　　　　　　　(B)ISDA
(C)ISBL　　　　　　　(D)ISIS。　　　【第2期衍生性金融商品銷售人員】

（　　）**37** 美國金融局分類之五大衍生性商品風險中，若因內部制度設計不良
而引起損失之風險稱為下列何者？
(A)信用風險　　　　　(B)流動性風險
(C)法律風險　　　　　(D)作業風險。　　【第2期衍生性金融商品銷售人員】

（　　）**38** 關於風險值衡量法（VaR）之敘述：　(1)風險值係以一金額數字來
表達金融商品或投資組合在特定持有期間及特定信賴水準下之最大
可能損失　(2)風險值的原始目的係用來描述複雜投資組合的風險
暴露程度，同時整合風險發生機率與損失金額之概念　(3)風險值
除可用來表達不同交易活動及投資活動所隱含的風險大小外，亦可
用來作為與外部溝通、或進行跨資產比較的風險衡量工具。前述正
確者有哪幾項？
(A)僅(1)(2)　　　　　(B)僅(2)(3)
(C)僅(1)(3)　　　　　(D)(1)(2)(3)。　　【第2期衍生性金融商品銷售人員】

（　　）**39** 衍生性商品在契約期間內需追繳保證金，卻沒有足夠的現金履行義
務導致損失的風險，係歸屬於下列何種風險？
(A)作業風險　　　　　(B)法律風險
(C)現金流量風險　　　(D)信用風險。　　【第2期衍生性金融商品銷售人員】

（　　）**40** 下列何項措施有助於降低信用風險？
(A)記錄每筆交易
(B)交易確認書的點收部門獨立於交易部門之外
(C)針對交易員部位設定暴險金額上限
(D)了解交易對手使用額度的情形。　【第2期衍生性金融商品銷售人員】

( ) **41** 因商品殖利率曲線平行移動形成的風險，係指下列何者？
(A)殖利率曲線風險　(B)匯率風險
(C)基差風險　　　　(D)期間結構風險。【第2期衍生性金融商品銷售人員】

( ) **42** 下列何者不屬於利率風險？　(A)殖利率曲線平行移動所引發的債券價格波動　(B)殖利率曲線形狀改變所引發的債券價格波動　(C)倫敦LIBOR與美國基本放款利率之間的利差關係改變所引發的基差風險　(D)股票無法即時賣出所造成的價格損失。

【第2期衍生性金融商品銷售人員】

解答與解析

1 (C)。衍生性商品在契約期間內需追繳保證金卻沒有足夠的現金履行義務，導致損失的風險歸屬於現金流量風險。

2 (B)。
(1) A.信用風險管理：交易對象原則上限定為國內外金融機構，否則應簽請財務經理同意。B.市場風險管理：以從事避險性交易為主，儘可能不創造額外之部位。C.流動性風險管理：為確保流動性，交易前應與資金人員確認交易額度不會造成流動性不足之現象。D.作業風險管理：必須確實遵守授權額度、作業流程，以避免作業上的風險。E.法律風險管理：任何和銀行簽署的文件必須經過法務的檢視後才能正式簽署，以避免法律上的風險。
(2) 故建立流動性計畫，尋找替代市場與產品乃是應用在市場或商品的流動性風險控制要領。

3 (A)。作業風險是指所有因內部作業、人員及系統之不當與失誤，或其他外部作業與相關事件，所造成損失之風險，其中包括「法律風險」。

4 (D)。因商品殖利率曲線平行移動形成的風險稱之為「期間結構風險」。

5 (A)。停損限額（Stop loss Limit）：當交易員之部位累積損失到達或接近停損限額時，交易員之部位須受到限制，以將部位損失控制在停損限額內。故當衍生性金融商品的波動比一般商品更為劇烈，因此金融機構為避免市場風險發生，必須對每位交易員進行停損限額控制較適當。

6 (B)。
(1) 買進買權（Long Call Option）適用時機預期：預期盤勢大漲時、最大損失：支付之權利金、最大利潤：無限。
(2) A金融機構向B金融機構買進一個台股指數買權，在交易日當

天A金融機構已經將權利金匯入B金融機構，代表在交易日後A金融機構承擔了B公司的信用風險。

7 (D)。

(1) 作業風險是指所有因內部作業、人員及系統之不當與失誤，或其他外部作業與相關事件，所造成損失之風險，其中包括「法律風險」，但排除策略風險及聲譽風險。

(2) 本題霸菱銀行倒閉事件最大的原因除了市場風險以外，還有上述的作業風險。

8 (D)。

(1) 有關衍生性金融商品的法律風險，銀行交易契約內容的各項條件中，應包含契約到期時間。目前國際上最普遍使用衍生性金融商品的契約為「ISDA主契約」（ISDA Master Agreement）。

(2) 法律風險的控制與信用風險一樣應更注重事前的審核工作。衍生性金融商品結算方式中的雙邊淨額清算（Bilateral Netting）適用於店頭市場的交易雙方，而非適用於集中市場的交易雙方。選項(D)有誤。

9 (D)。

(1) 當投資者購買了此新臺幣計價，6個月期，100%保本，產品參與率為50%之連結台灣加權股價指數的結構型商品後，代表在交易日後投資者承擔了C金融機構的信用風險，故C金

融機構亦無須透過放空台指期貨來規避市場風險。選項(D)正確。選項(A)、(B)有誤。

(2) 雖然產品保本率為100%，但申購此產品投資人仍有承擔風險，例如市場風險、信用風險、外匯風險等。選項(C)有誤。

10 (C)。

(1) 作業風險是指所有因內部作業、人員及系統之不當與失誤，或其他外部作業與相關事件，所造成損失之風險，其中包括「法律風險」，但排除策略風險及聲譽風險。

(2) 暴險金額係屬交易風險，故嚴密監控交易員的暴險金額係屬欲降低交易風險的措施，對降低作業風險沒有幫助。

11 (B)。 殖利率曲線形狀改變係殖利率改變的風險歸屬於殖利率曲線風險。

12 (C)。 交割風險係指交易雙方無法同步進行無時差的資金收付，因而產生的風險。

13 (B)。 (A)停損限額屬於量的控制。(C)風險評估資訊品質與限額設定有關。(D)複雜交易策略須進行限額管理。選項(B)正確。

14 (A)。 殖利率平行移動所造成的風險歸屬於期間結構風險。

15 (C)。

(1) 市場風險：市場風險係指金融資產價值在某段期間因市場價格不確定變動，例如：利率、

匯率、權益證券和衍生性商品價格變動，可能引致資產負債表內和表外項目發生虧損的風險。本公司市場風險控管以名目本金、風險值及停損值作為控管指標，配合各項市場風險限額進行監控與管理。

(2) 信用風險：本公司信用風險管理，對於不同信用程度之交易對手及客戶，訂定信用限額並分級管理，並定期及不定期檢視交易對手及客戶之信用狀況。

(3) 流動性風險：流動性風險管理涵蓋資金流動性風險及市場流動性風險，無法將資產變現或取得資金，以致不能履行到期責任的風險，稱為資金流動性風險，以及由於市場深度不足或失序，處理或抵銷所持部位時，面臨市價顯著變動風險，稱為市場流動性風險。為降低因成交量不足時造成處分部位困難及虧損擴大，本公司針對不同業務及不同有價證券訂有相關規範，管理整體部位之市場流動性風險。資金調度流動性方面，除每日掌握公司資金概況，並綜合考量各部門資金需求之淨現金流量及時程，以有效管理本公司之資金流動性風險。

(4) 作業風險：由於內部作業、人員及系統之不當或失誤，或因外部事件所造成直接或間接損失之風險。本公司除依內部控制制度所規定之作業程序及控制重點進

行控管外，對於業務及交易流程中之作業風險，亦訂定控管之程序與流程。故本題金融機構員工未經授權進行結構型商品交易是屬於作業風險。

16 (D)。對所持有的部位設立限額係屬信用風險管理工作項目。

17 (D)。

(1) 流動性風險是指因市場成交量不足或缺乏願意交易的對手，導致未能在理想的時點完成買賣的風險。第一，流動性極度不足。流動性的極度不足會導致銀行破產，因此流動性風險是一種致命性的風險。但這種極端情況往往是其他風險導致的結果。例如，某大客戶的違約給銀行造成的重大損失可能會引發流動性問題和人們對該銀行前途的疑慮，這足以觸發大規模的資金抽離，或導致其他金融機構和企業為預防該銀行可能出現違約而對其信用額度實行封凍。兩種情況均可引發銀行嚴重的流動性危機，甚至破產。第二，短期資產價值不足以應付短期負債的支付或未預料到的資金外流。從這個角度看，流動性是在困難條件下幫助爭取時間和緩和危機衝擊的「安全墊」。第三，籌資困難。從這一角度看，流動性指的是以合理的代價籌集資金的能力。流動性的代價會因市場上短暫的流動性短缺而上

升，而市場流動性對所有市場參與者的資金成本均產生影響。市場流動性指標包括交易量、利率水平及波動性、尋找交易對手的難易程度等。籌集資金的難易程度還取決於銀行的內部特徵，即在一定時期內的資金需求及其穩定性、債務發行的安排、自身財務狀況、償付能力、市場對該銀行看法、信用評級等。在這些內部因素中，有的與銀行信用等級有關，有的則與其籌資政策有關。若市場對其信用情況的看法惡化，籌資活動將會更為昂貴。若銀行的籌資力度突然加大，或次數突然增多，或出現意想不到的變化，那麼市場看法就可能轉變為負面。因此，銀行籌資的能力實際上是市場流動性和銀行流動性兩方面因素的共同作用的結果。

(2)在各個市場中均存在流動性風險，比如證券，基金，貨幣等等。

18 (B)。支付結算、貨銀兩訖及同步交收，這些都是設立用以管理結算風險的工具，這些工具讓用戶可以在付錢的同時收到他們所買的東西。

19 (C)。信用風險是銀行貸款或投資債券中發生的一種風險，也即為借款者違約的風險，借款人因各種原因未能及時、足額償還債務或銀行貸款而違約的可能性。

20 (B)。資金備償並非交易流程作業

程序中的一環。

21 (D)。金管會已發函要求銀行必須徹底落實瞭解客戶作業，並強化客戶風險屬性與產品風險等級的配適度。而中央銀行亦正式行文各銀行，均得要求進行雙元貨幣投資的每位客戶，無論投資的資金部位多寡，都必須在交易契約的風險告知欄上親自簽署「本人已充分瞭解本商品，並同意承擔其風險」字樣。

22 (A)。避險者或不想承擔風險的投資人，可藉由衍生性商品把風險移轉給願意承擔風險的投機者，因此衍生性商品可作為風險管理之用。

23 (D)。對稱式市場風險可分為利率、匯率、股價（指數）及商品價格四種風險，潛在違約風險不屬於對稱式市場風險。

24 (B)。基差風險：不同市場間利差關係改變而形成之風險。期間結構風險：殖利率曲線平行移動形成的風險。殖利率曲線風險：殖利率曲線形狀改變形成的風險。

25 (D)。根據風險型態，信用風險可以再分為結算前風險與結算風險。

26 (D)。丘型殖利率曲線代表中期公債殖利率最高，而長短期公債殖利率較低。

27 (D)。投資人投資美金1萬元於非變量架構下之匯率連結商品，投資人除需承擔匯率風險外，尚須承擔信用風險、流動性風險。

28 (D)。信用風險區分為結算前風險
（Pre-Settlement Risk）與結算風
險（Settlement Risk），結算前風
險指交易對手於契約存續期間不履
行義務而產生之損失，或稱之為重
置成本；結算風險則發生於契約到
期交易對手未履約的風險。為有效
管理信用風險暴露金額，金融機構
應訂定信用風險承受額度，限制貸
放的損失。

29 (A)。
(1)風險量化指量化指標、風控系
統。量化分析：當有足夠之作
業風險歷史資料，並且有能力
將作業風險發生可能性及影響
程度利用數字表達時，宜使用
量化之作業風險衡量方式。
(2)市場結構性因素為「量」的控
制項目。

30 (A)。信用風險係指借款人、發行
人或交易對手因財務狀況惡化或其
他因素，導致不履行其契約義務而
產生損失之風險。信用風險＝當期
暴險額＋未來暴險額，故當當期暴
險額（current exposure）為0並非
表示沒有違約風險，因為還有未來
暴險額所可能發生的違約風險。

31 (B)。信用風險（Credit risk）是
指交易對手未能履行約定契約中
的義務而造成經濟損失的風險。
信用風險又可分為結算前風險及
結算風險。

32 (A)。已過的時間（passage of
time）對選擇權價值的影響稱為

Theta（θ），而距到期期間變動所
引發選擇權價值變動的風險即是指
θ（Theta）風險。

33 (C)。一般衡量市場風險的因素
有：敏感度、波動度、風險值，選
擇權風險的衡量方法Delta法、敏
感度分析法、模擬法。共變異數法
不屬於選擇權風險的衡量方法。

34 (C)。Delta值（δ），又稱對沖
值：是衡量標的資產價格變動時，
期權價格的變化幅度。用公式表
示：Delta＝期權價格變化／期貨
價格變化。若權證Delta值為0.5，
代表標的股價變動1元，權證會上
漲0.5元；若某一個選擇權的Delta
值為-0.5，代表標的股價變動1
元，權證會下跌0.5元。

35 (C)。一般金融機構所採行的限額
控制方式約可分為盈餘或資本暴
險限額、停損限額（Loss Control
Limit）、缺口限額（Gap Limit）、
交易量限額（Volume Limit）及選
擇權限額（Option Limit）等五種。

36 (B)。在國際金融市場上，衍生性
商品交易最常使用ISDA所訂定的
契約。

37 (D)。因內部制度設計不良而引起
損失之風險稱為「作業風險」。

38 (D)。
(1)風險值係以一金額數字來表達
金融商品或投資組合在特定持
有期間及特定信賴水準下之最
大可能損失。

(2)風險值的原始目的係用來描述複雜投資組合的風險暴露程度，同時整合風險發生機率與損失金額之概念。

(3)風險值除可用來表達不同交易活動及投資活動所隱含的風險大小外，亦可用來作為與外部溝通、或進行跨資產比較的風險衡量工具。

(1)(2)(3)均正確。

39 (C)。衍生性商品在契約期間內需追繳保證金，卻沒有足夠的現金履行義務導致損失的風險，係歸屬於「現金流量風險」。

40 (D)。信用風險一般指交易對手因違約事件的發生，造成無法履行契約而引發的損失，一般違約事件包含付息日無法支付所承諾之款項、破產導致之違約或是信用評等的調降等。可透過了解交易對手使用額度的情形以降低信用風險。

41 (D)。期間結構風險係指因商品殖利率曲線平行移動形成的風險。

42 (D)。利率風險是指因利率變化而引起衍生性商品部位的市場變化的風險。股票無法即時賣出所造成的價格損失不屬於利率風險。

第二部分 衍生性商品之會計處理

第一章 衍生性商品會計處理之相關法令及會計準則

頻出度C 依據出題頻率分為：A頻率高 B頻率中 C頻率低

> 本章節是新納入課綱的考試範圍，縱觀從改課綱至今的考題，因考生並非會計系的學生居多，所以考試的方向只希望考生對衍生性商品會計處理之相關法令及會計準則有基本的瞭解即可。

重點1 衍生性商品會計處理相關法令及處理原則

一、我國衍生性商品會計處理相關法令及處理原則

歐盟規定自2005年起所有上市公司須採用國際會計準則（IFRS）編製財務報表；美國近年來除積極參與國際會計準則委員會外，並致力於與國際會計準則（IFRS）之調和，各種跡象顯示國際會計準則已然成為世界各先進國家會計準則之主流。

當前，世界各國積極推動金融自由化與全球化，「金融創新」的風潮就在日益進步的資訊科技及金融業務管制逐漸解除下，各種新金融產品不斷湧現。鑑於依「歷史成本原則」或「成本原則」所編製的財務報表已經無法即時表達金融產品的公允價值，且報表閱讀者往往無法看出具有高度財務槓桿變化的衍生性金融商品所隱藏的風險。因此國際會計準則發展出一套國際金融市場得以遵行之公允價值會計，將傳統的財務報表帶入「公允價值」的概念。

我國會計準則之制定以往係參照美國財務會計準則委員會（FASB）之準則公報再配合國內環境修改後完成，九十年度經濟發展諮詢委員會已達成我國會計準則與國際調和之共識意見，並於財政部「健全企業會計制度推動改革小組」會議決議，檢討我國會計準則與國際會計準則之差異，針對差異重大且我國尚無完整會計處理規範部份，訂定會計公報，而目前存在我國與國際間會計準則最大差異即為金融商品公平價值會計之採用及衍生性商品之會計處理，為與國際接軌，我國必須訂定一套放諸舉世皆然的金融商品會計處理準則。

財團法人中華民國會計研究發展基金會爰參照國際會計準則公報第三十九號，於2003年12月25日公布財務會計準則公報第三十四號「金融商品之會計處理準則」，公允價值會計係財團法人中華民國會計研究發展基金會參酌國際會計準則第三十九號公報於2003年12月25日訂定公布第三十四號公報「金融商品之會計處理準則」，明訂會計年度結束日在2006年12月31日（含）以後之財務報表適用之，不得提前適用。未來**公司持有衍生性金融商品均須入帳並按公平價值評價，所評價之損失及利益均可認列**；非衍生性金融商品原則上亦須按公平價值評價，評價損失及利益亦均可認列，但若無客觀明確公平價值者，則按成本評價；公報規範企業對其金融資產（包括衍生性商品），如購買或出售非金融項目之合約，若得以現金或其他金融商品淨額交割者，視為金融商品，適用本公報之規定。但若合約之訂定係因應企業預期購買、出售或使用之需求，其目的在於收取或交付非金融項目者，則不適用本公報。適用本公報之規定之衍生性商品，其續後評價應以公平價值衡量；金融負債除了指定為交易目的者需以公平價值衡量，或衍生性商品負債連動公平價值無法可靠衡量之權益商品，並以該等權益商品交割者，應以成本衡量外，其續後評價應以攤銷後成本衡量。但金融負債若指定為被避險項目，其衡量則依避險會計之規定處理。
下列金融商品不適用三十四號公報：

(一)採權益法評價之長期股權投資（依照財務會計準則公報第五號「長期股權投資會計處理準則」、第七號「合併財務報表」及第三十一號「合資投資之會計處理準則」處理）。

> **知識補給**
>
> 採權益法評價之長期股權投資、銀行業之放款與應收款及保險業之保險合約則不適用第三十四號公報規定。

(二)租賃產生之權利及義務（依照財務會計準則公報第二號「租賃會計處理準則」處理）。但嵌入於租賃之衍生性商品，應適用本公報之規定。
企業在退休辦法下之權利及義務（依照財務會計準則公報第十八號「退休金會計處理準則」處理）。

(三)保險合約產生之權利及義務。但嵌入於保險合約之衍生性商品，應適用本公報之規定。

(四)企業發行之權益商品，包含被分類為該企業業主權益之選擇權、認股權及其他金融商品。但持有者對此類商品之處理仍適用本公報之規定。

(五)保證人於債務人無法償還債務時，必須代為清償之財務保證合約（包含信用狀）（依照財務會計準則公報第九號「或有事項及期後事項之處理準則」處理）。

(六)企業合併所產生之或有價金。

(七)根據氣候、地質或其他實體變數而付款之合約。但嵌入於此類合約之其他類型衍生性商品亦適用本公報之規定。

(八)原始產生之放款及應收款。

財團法人中華民國會計研究發展基金會爰參照國際會計準則公報公布財務會計準則公報第三十六號「金融商品之表達與揭露」，凡以後衍生性金融商品的表達與揭露均適用第三十六號公報規定。

二、國際衍生性商品會計處理相關法令及處理原則

國際會計準則公報第三十九號及國際會計準則公報第三十二號均為有關衍生性商品之會計準則，前者是規範衍生性商品的「認列與衡量」，後者規範衍生性商品的「表達」。此二公報規定，當公司成為衍生性商品合約之一方時，應於資產負債表認列金融資產或金融負債。因此，公司應將衍生性商品之所有合約權利或合約義務於資產負債表認列為資產或負債。惟應注意者，衍生性商品之合約權利或義務，係指其淨公允價值者。在訂約時之原始認列，以遠期合約為例，其淨公允價值通常為零，故不必作認列之處理。而選擇權合約依其淨公允價值，通常有權利金之收付，故應按權利金的公允價值評價；另採權益法評價之採權益法評價之長期股權投資、租賃產生之權利及義務、企業在退休辦法下之權利及義務、保險合約（包括含裁量參與特性者）產生之權利及義務、放款承諾等則不適用上述國際會計準則公報第三十九號及國際會計準則公報第三十二號規定。

重點 **2** 衍生性商品適用之基本會計原則

一、我國財務準則公報規定

(一)**衍生性金融商品主要處理原則**：公平價值會計係財團法人中華民國會計研究發展基金會參酌國際會計準則第三十九號公報於2003年12月25日訂定公布第三十四號公報「金融商品之會計處理準則」，明訂會計年度結束日在2006年12月31日（含）以後之財務報表適用之，不得提前適用。公報規範企業對其金融資產（包括衍生性商品）除了第78段所列之例外情況，其續後評價應以公平價值衡量；金融負債除了指定為交易目的者需

以公平價值衡量，或衍生性商品負債連動公平價值無法可靠衡量之權益商品，並以該等權益商品交割者，應以成本衡量外，其續後評價應以攤銷後成本衡量。但金融負債若指定為被避險項目，其衡量則依避險會計之規定處理。

(二) **衍生性金融商品內容**：企業因金融產品投資所產生的金融資產或金融負債，應先依公報精神作分類，金融資產及負債除了公報中所列排除適用公報規定之金融商品外，其餘金融資產就其持有目的及性質分類如下：

1. **放款及應收款**：係指無活絡市場之公開報價，且具固定或可決定收取金額之非衍生性金融資產，但不包含：
   (1) 原意圖立即或於短期出售而應分類為交易目的者。
   (2) 於原始認列時指定為公平價值變動列入損益者。
   (3) 於原始認列時指定為備供出售者。
   (4) 因債務人信用惡化以外之因素，致持有人可能無法收回幾乎所有之原始投資者。此類金融資產不得列為放款及應收款或持有至到期日之投資。

2. 以公平價值衡量且公允價值變動認列為損益之金融資產或金融負債：係指具下列條件之一者：
   (1) 企業分類為交易目的之金融資產或交易目的之金融負債。下列金融商品應分類為交易目的之金融資產或交易目的之金融負債：
      A. 其取得或發生之主要目的為短期內出售或再買回。
      B. 其屬合併管理之一組可辨認金融商品投資之部分，且有證據顯示近期該組實際上為短期獲利之操作模式。
      C. 其屬衍生性商品（屬財務保證合約及被指定且為有效避險工具之衍生性商品除外）。
   (2) 企業依公報之規定，於原始認列時指定為公允價值變動列入損益之金融資產或金融負債。

3. **持有至到期日之投資**：係指具有固定或可決定之收取金額及固定到期日，且企業有積極意圖及能力持有至到期日之非衍生性金融資產。但屬放款及應收款、指定為備供出售及企業原始認列時指定為公平價值變動列入損益者，不得歸類為持有至到期日之投資。

4. **備供出售之金融資產**：係指指定為備供出售，或非屬持有至到期日之投資、以公允價值衡量且公允價值變動認列為損益之金融資產或放款及應收款等類別之非衍生性金融資產。

5. **財務保證合約**：係指保證人（合約發行人）於特定債務人到期無法償還債
   務時，必須依合約支付，以彌補保證合約受益人損失之合約。

   公報的資產分類有別於傳統的長短期投資，以往的長短期投資互轉時只需
   認列當時公平市價與帳面價值間之差額並以新市價做為新成本，公報則新
   增限制性條款：企業若於當年度或前二年度內，曾在到期日前出售或重分
   類「持有至到期日投資」，而且金額並非很小者，不得將任何金融資產歸
   類為「持有至到期日投資」；若帳上仍有剩餘「持有至到期日之投資」，
   應全數重分類為「備供出售金融資產」（若符合公報中第94段所述之例外
   情況，則不在此限），並以採公平價值再衡量並認列其與帳面價值間之差
   異數於股東權益調整項。

   另外，金融負債係指企業負有交付現金、其他金融產品或按潛在不利於己
   之條件與另一方交換其他金融產品之合約義務。

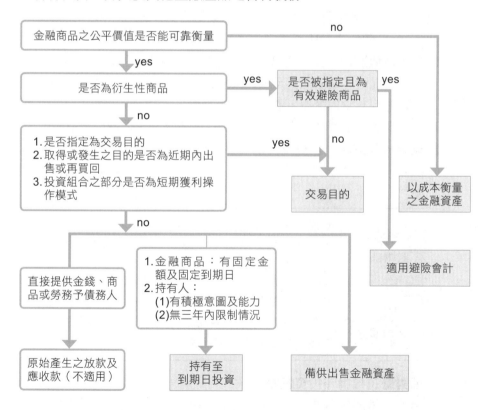

(三) 避險會計

1. 適用避險會計之條件：

(1) 避險開始的正式書面文件（有關避險關係、策略、風險管理目標等）。應載明避險工具、被避險項目及如何評估二者間之公平價值變動。

(2) 預期能達高度有效避險且與原風險管理策略一致。

(3) 以預期交易之現金流量而言，該預期交易須高度很有可能發生且其現金流量之變動將影響損益。

(4) 避險有效性能可靠衡量。

(5) 避險有效性需持續評估，且財務報表期間需為高度有效避險。

企業在避險期間，若避險工具與被避險項目間之公平價值或現金流量之變動能幾乎完全抵銷，且實際抵銷結果在80%至125%之間，則視該避險為高度有效。

2. 避險類型及會計處理：避險會計係以互抵方式，認列避險工具與被避險項目間之公平價值變動所產生之損益影響數：

(1) **公平價值避險**：係規避已認列資產或負債及未認列之確定承諾之公平價值變動風險。避險工具及被避險項目均應以公平價值衡量，且其變動影響數應列為當期損益，並調整帳面價值。不論原被避險項目公平價值變動影響數為帳列業主權益調項或係以成本衡量，均適用本項規定。

(2) **現金流量避險**：係規避預期交易或已認列資產或負債的未來現金流量風險。避險工具應按公平價值衡量，並調整帳面金額，損益影響數分為二部分：

有效 避險部分	遞延入業主權益調整項，認列於其他綜合損益。被避險之預期交易實際發生且影響損益時，等比例轉入當期損益。被避險項目於有效避險期間不列帳。
無效 避險部分	避險工具若為衍生性金融商品，應列入當期損益；若非衍生性金融商品，屬交易目的者，列入當期損益。屬備供出售者則列入業主權益。

(3) **國外營運機構淨投資避險**：係指規避國外營運機構淨投資的匯率變動風險。避險工具應以即期匯率（公平價值）衡量，損益影響數則分為二部分：

A. 有效避險部分其變動影響數列業主權益，並於實際處分時轉列當期損益。

B. 無效避險部分應列入當期損益。換其他金融產品之合約義務。

(4) **嵌入式衍生性金融商品**：依據財務會計準則第三十四號公報，該契約為一混合商品，包含非衍生性金融商品之主契約及嵌入式衍生性商品，嵌入式衍生性商品在財務報表上是否應與主契約分別認列，應依該公報相關原則判斷之。

　　A. **嵌入式衍生性商品與主契約分別認列**：衍生性商品本金價值係固定收益商品之現值，依攤銷後成本法衡量之，於契約期間內，應依交易時之有效利率攤提隱含利息。嵌入式衍生性商品應依公平價值衡量，公平價值之變動認列為當期損益。

　　B. **嵌入式衍生性商品與主契約不須分別認列**：應將衍生性商品認列為「指定公平價值衡量之金融負債」，契約存續期間依公平價值衡量，公平價值之變動認列為當期損益。

二、國際財務準則公報規定

(一)**衍生性金融商品主要處理原則**：國際會計準則委員會於1995年發布國際會計處理準則（IAS）第三十二號公報「金融商品：揭露與表達」；1998年發布第三十九號公報「金融商品：認列與衡量」；2003年則重新修訂第三十二號及第三十九號公報（規定2005年1月1日起適用，得提前適用）。英國為採用國際會計準則之國家，金融監管局（FSA）亦規定於2005年1月1日起（得提前適用），所有企業應依IAS 三十二號及三十九號公報規定處理及揭露衍生性金融商品。該等公報有關衍生性金融商品主要處理原則為：

1. 衍生性金融商品均應按公允價值評價，並於資產負債表上認列為資產或負債。

2. 未指定避險或不符合避險條件均列為交易目的，公允價值變動均需當期認列。

3. 經指定為避險用途且符合避險條件之衍生性金融商品，才適用特殊之避險會計處理。

4. 須揭露金融商品條件、會計政策、各項風險及公允價值等。

(二)**衍生性金融商品內容**：IAS 三十九號及IAS 十二號公報主要規定內容，依獨立式（Stand-alone）及嵌入式（Hybrid）衍生性金融商品介紹如下：

　　獨立式之衍生性金融商品：獨立性衍生性金融商品，係指衍生性金融

商品為一單獨契約，如遠期合約（Forward）、交換（Swap）、選擇權（Option）及期貨（Future）等，未連結於其他商品。其會計處理因避險性與非避險性交易而不同，其中避險性交易又分為三類，公允價值避險、現金流量避險及國外淨投資避險等。有關衍生性金融商品交易分類（如下圖）及會計處理原則如下：

1. **非避險性**：係指未被指定為避險工具之衍生性金融商品，其公允價值變動所致之損益應於當期認列。

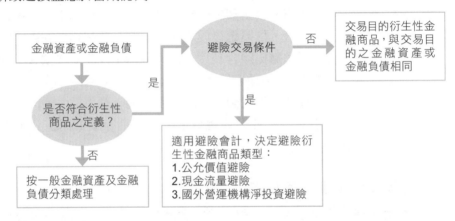

2. **避險性**：經指定為避險用途且合乎避險條件之衍生性金融商品，才適用特殊避險會計處理，避險條件包括：
    (1) 於避險開始時，應有避險關係、企業之風險管理目標及避險策略等之正式書面文件。
    (2) 避險有效性能可靠衡量，所謂「避險有效性」係指避險工具抵銷被規避風險所導致之公允價值或現金流量變動之程度。
    (3) 避險能高度有效抵銷被規避風險所造成之公平價值或現金流量變動，所謂「高度有效」係指實際避險有效性測試結果介於80%~125%。
    (4) 應持續評估避險有效性等。一般而言，除發行選擇權不宜被指定為避險工具外，與企業個體外部交易之衍生性商品若符合前述之避險條件，皆可被指定為避險工具。

(三) **避險會計**：所謂避險會計係指以互抵方式，認列避險工具及被避險項目之公允價值所產生之損益影響數。依避險交易：公允價值避險、現金流量避險及國外營運機構淨投資避險，說明如下：
    1. **公允價值避險**：公允價值避險係指規避已認列資產或負債、未認列確實承諾，或前揭項目經指定之一部分之公允價值變動風險，該價值變動應可

歸因於某特定風險且將影響損益，確定承諾係屬公允價值避險。其中衍生性金融商品公允價值變動損益須於當期認列，而被避險項目亦按公允價值評價，其公允價值變動之損益亦於當期認列，若避險完全有效，則其損益可互相抵銷，避險無效部分之損益則列為當期損益。

2. **現金流量避險**：現金流量避險係指規避現金流量變動之風險，該變動係因已認列資產或負債或預期交易之特定風險所引起，且該變動將影響損益。有關衍生性金融商品公允價值變動損益認列於股東權益項下，而於預期交易影響損益年度轉列為當期損益（通常作為預期交易價格之調整）。

(1) 避險工具之利益或損失屬有效避險部分，應直接認列為業主權益調整項目。其認列金額為下列二者之絕對金額較低者：

　　A. 避險工具自避險開始後之累積利益或損失。

　　B. 被避險項目自避險開始後之預期未來現金流量公允價值累積變動數。

(2) 避險工具之利益或損失屬避險無效部分，應認列為當期損益。

3. **國外淨投資避險**：國外淨投資避險係指規避國外營運機構淨投資之匯率變動風險。此類衍生性金融商品公允價值變動損益以換算調整數列為其他綜合損益，其產生損益與外幣財務報表換算為本國貨幣時產生之換算調整數應可大部分可抵銷。

(1) 避險工具之利益或損失屬避險有效部分，應直接認列為業主權益調整項目。

(2) 避險工具之利益或損失屬避險無效部分，列入當期損益。

(3) 認列為業主權益調整項目之累積利益或損失，應於國外營運機構處分時轉列當期損益。

4. **嵌入式衍生性金融商品**：嵌入式衍生性金融商品，則係指衍生性金融商品為混合商品（含主契約及衍生性金融商品）一部分，造成混合商品之部分現金流量與獨立之衍生性金融商品相似，如：可轉換公司債為債券與轉換選擇權所構成之混合商品，其中債券為主契約，轉換選擇權為嵌入式衍生性金融商品。

嵌入式衍生性金融商品會計處理，依其與主契約關聯程度而不同，若嵌入式衍生性金融商品同時符合：

(1) 嵌入式衍生性商品之經濟特性及風險與主契約之經濟特性及風險並非緊密關聯。

(2) 與嵌入式衍生性商品相同條件之個別商品符合衍生性商品之定義。

(3) 混合商品非屬交易目的者。

則嵌入式衍生性金融商品應與主契約分別認列，並依獨立之衍生性金融商品處理之，有關主契約部分則依其屬金融商品或非金融商品之性質，採用相關公報之規定處理。若嵌入式衍生性金融商品未符合上述條件，則可與主契約共同認列處理之。

經典範題

(　) **1** 企業在避險期間，若避險工具與被避險項目間之公平價值或現金流量之變動能幾乎完全抵銷，且實際抵銷結果在多少之間，則視該避險為高度有效？　(A)80%至125%　(B)70%至120%　(C)70%至100%　(D)80%至100%。

(　) **2** 下列何者不屬於財務會計準則第34號公報規定之避險型態？(A)公平價值避險　(B)企業併購避險　(C)現金流量避險　(D)國外營運機構淨投資避險。

(　) **3** 某公司擬對下列項目進行避險。請問下列項目何者不適用公允價值避險之會計處理？　(A)預期採購之原料　(B)已簽訂合約之確定承諾　(C)該公司持有至到期日之公司債　(D)已入庫之製成品存貨。

解答與解析

1 (A)。企業在避險期間，若避險工具與被避險項目間之公平價值或現金流量之變動能幾乎完全抵銷，且實際抵銷結果在80%至125%之間，則視該避險為高度有效。

2 (B)。財務會計準則第34號公報規定之避險型態有：公平價值避險、現金流量避險、國外營運機構淨投資避險。

3 (A)。(1) 適用避險會計之條件：

　　A. 避險開始的正式書面文件(有關避險關係、策略、風險管理目標等)。應載明避險工具、被避險項目及如何評估二者間之公平價值變動。

　　B. 預期能達高度有效避險且與原風險管理策略一致。

　　C. 以預期交易之現金流量而言，該預期交易須高度很有可能發生且其現金流量之變動將影響損益。

　　D. 避險有效性能可靠衡量。

　　E. 避險有效性需持續評估，且財務報表期間需為高度有效避險。

(2) 預期採購之原料不符合適用避險會計之條件，不適用公允價值避險之會計處理。

第二章 | 衍生性商品之表達與揭露及會計分錄

頻出度C 依據出題頻率分為：**A**頻率高 **B**頻率中 **C**頻率低

> 本章節是新納入課綱的考試範圍，縱觀從改課綱至今的考題，因考生並非會計系的學生居多，所以考試的方向只希望考生對衍生性商品之表達與揭露及會計分錄有基本的瞭解即可，而無須完全瞭解衍生性商品整個交易過程的分錄。

重點 1　衍生性商品之表達與揭露

一、我國衍生性商品之表達與揭露

(一)**衍生性商品之表達**：第三十四號公報針對衍生性金融商品之規範，多著墨在認列與衡量部份，為補足金融商品揭露規範不足之處，遂增訂並公佈財務會計準則公報第三十六號公報，此號公報係整合第二十七號公報及第三十四號公報之內容，使金融商品表達與揭露之規範更為完整一致。企業若同時符合下列條件時，應將金融資產及金融負債互抵，以淨額表達：

1. 現時抵銷權利具備法律上之執行效率。

2. 意圖以淨額交割，或同時變現（實現）資產及清償負債，亦及同時交割。若金融資產已移轉但未除列，則企業不得將該資產與相關負債互抵。

(二)**衍生性商品之揭露**

1. **財務風險資訊之揭露**：企業應提供下列財務風險資訊以協助財務報表使用者評估金融商品之相關風險：

   (1) 市場風險。　　　　　　(2) 信用風險。

   (3) 流動性風險。　　　　　(4) 利率變動之現金流量風險。

2. **風險管理政策及避險活動之揭露**：

   (1) **企業應揭露財務風險管理目標及政策**：包括對採用避險會計之各主要類型高度很有可能發生預期交易之避險政策。

   (2) **企業應分別對公平價值避險、現金流量避險及國外營運機構淨投資避險揭露下列資訊**：

  A. 避險之敘述。

  B. 指定為避險工具之金融商品之敘述及其於資產負債日之公平價值。

  C. 被規避風險之性質。

  D. 屬現金流量避險者，有關現金流量預期產生之期間、相關利益或損失預期於損益表認列之期間，及原適用避險會計，但嗣後預期將不會發生而無法適用避險會計之預期交易之敘述。

3. **避險工具產生損益之相關揭露**：當現金流量避險之避險工具所產生之利益或損失，已於業主權益變動表中認列為業主權益調整項目，企業應揭露下列資訊：

(1) 當期認列為業主權益調整項目之金額。

(2) 當期由業主權益調整項目轉列為當期損益之金額。

(3) 於高度很有可能發生之被避險預期交易中，當期由業主權益調整項目轉列至非金融資產或非金融負債帳面價值之金額。

4. **合約條款、合約條件及會計政策之揭露**：企業應就各類金融資產、金融負債及權益商品揭露下列資訊：

(1) 金融商品之範圍及性質，包含影響未來現金流量之金額、時點及不確定性之重大合約條款及合約條件。

(2) 企業所採用之會計政策及方法，包含所採用之認列標準及衡量基礎。

(3) 企業於揭露會計政策時，應揭露各類金融資產之購買或出售，係採用交易日會計或交割日會計。

5. **金融商品相關重要會計政策之揭露**

(1) 決定何時認列與除列金融資產及金融負債之條件。

(2) 金融資產與金融負債原始認列及續後評價之衡量基礎。

(3) 金融資產與金融負債之認列及衡量所產生之收益與費損之認列基礎。

6. **利率風險之揭露**：企業應就各類金融資產及金融負債揭露下列利率風險資訊：

(1) 合約之重訂價日或到期日二者較早之日期。

(2) 有效利率。

7. **信用風險之揭露**：企業應就各類金融資產及其他信用風險之暴險，揭露下列信用風險暴險資訊：

(1) 當交易對方或他方無法履行金融商品之義務時，在不扣除擔保品之公允價值下，所估算之最能代表在資產負債表日之最大信用風險金額。

(2) 信用風險顯著集中。

8. **公平價值之揭露：**

(1) 除公平價值無法可靠衡量之金融商品外，企業揭露金融資產及金融負債公平價值時之分類，應與其資產負債表上相對應帳面價值之分類一致。

(2) 除公平價值無法可靠衡量之金融商品外，當企業在資產負債表上非以公平價值衡量金融資產或金融負債時，應揭露公平價值資訊。

(3) 企業揭露金融商品之公平價值時，應將金融資產及金融負債分開並分類列示，僅限資產負債表上其相關帳面價值應互抵者，始能揭露其互抵後之公平價值。

9. **企業應揭露下列有關公平價值之事項：**

(1) 決定重要類別之金融資產及金融負債公平價值之方法及重大假設。

(2) 金融資產或金融負債之公平價值是否全部或部分以活絡市場之公開報價直接決定，或以評價方法估計之。

(3) 財務報表是否包括以評價方法衡量其公平價值之金融商品，且於衡量時係全部或部分採用無法由可觀察之市場價格或利率（費率）佐證之假設。企業對此等金融商品，若改採另一合理可能之替代假設將產生重大不同之公平價值時，應敘述該事實及合理可能之替代假設對公平價值之影響範圍。企業應依其損益及總資產或總負債判斷重大性。

(4) 以評價方法估計公平價值變動時，因公平價值變動而認列為當期損益之金額。

二、國際衍生商品之表達與揭露

(一) **衍生工具之表達**：國際會計準則公報第三十二號規定，企業若同時符合下列條件時，應將金融資產及金融負債互抵，以淨額列示：

1. **基本原則：**

(1) 現時抵銷權利具備法律上之執行效力。

(2) 意圖以淨額交割，或同時變現（實現）資產及清償負債，亦即同時交割。若金融資產已移轉但未除列，則企業不得將該資產與相關負債互抵。

2. **三方協議抵銷權**：有時，債務人、債權人及第三人間之協議，使債務人明確具有抵銷權，則債務人有權將其對第三人之債權與其對債權人之債務互抵。

3. **不符互抵條件：**

(1) 結合數種不同金融商品以模仿單一金融商品之特質（合成商品）。

(2) 金融商品所產生之金融資產及金融負債具有相同之主要風險（例如遠期合約或其他衍生性商品投資組合中之資產及負債），但該風險涉及不同之交易對方。

(3) 將金融資產或其他資產質押或抵押為無追索權金融負債之擔保品。

(4) 債務人為解除債務將金融資產交付信託，且該金融資產尚未經債權人同意用以清償義務（例如償債基金之協議）。

(5) 產生損失之事項所發生之義務，預期可憑保險合約向第三人請求保險給付。

(二) 衍生性商品之揭露

　1. **金融資產及金融負債種類之揭露**

　(1) **公允價值變動列入損益之金融資產，應揭露下列項目：**

　　　A. 該放款或應收款（或一組放款或應收款）於報導期間結束日之信用風險最大暴險金額。

　　　B. 運用任何相關信用衍生性工具或類似工具以減少最大信用暴險之金額。

　　　C. 歸因於信用風險變動之放款或應收款（或一組放款或應收款）當期公允價值變動數及累積公允價值變動數。企業可能以下列兩種方式之一決定公允價值變動數：

　　　　(A)非因市場情況變動之市場風險造成之公允價值變動數。

　　　　(B) 企業認為更能忠實表達歸因於該資產信用風險變動造成之公允價值變動數的其他方法。

　　　　產生市場風險之市場情況變動包含觀察到的（基準）利率、商品價格、外幣 匯率、價格指數或費率指數之變動。

　　　D. 自放款或應收款被指定後，相關信用衍生性工具或類似工具之當期公允價值變動數及累積公允價值變動數。

　(2) **公允價值變動列入損益之金融負債，應揭露下列項目：**

　　　A. 歸因於信用風險變動之金融負債當期公允價值變動數及累積公允價值變動數。企業可能以下列兩種方式之一決定公允價值變動數：

　　　　(A)非因市場情況變動之市場風險造成之公允價值變動數。

　　　　(B) 企業認為更能忠實表達歸因於該負債信用風險變動造成之公允價值變動數的其他方法。

　　　　造成市場風險之市場情況變動包含基準利率、其他企業之金融工具價格、商品價格、外幣匯率、價格指數或費率指數之變動。具基金連結特性之合約，其市場情況之變動包含內部或外部投資基金績效之變動。

　　　B. 金融負債帳面金額與到期依合約應支付債權人金額間之差額。

2. **風險管理政策及避險活動之揭露**
   (1) **企業應揭露財務風險管理目標及政策**：包括對採用避險會計之各主要類型高度很有可能發生預期交易之避險政策。
   (2) **企業應分別對公允價值避險、現金流量避險及國外營運機構淨投資避險揭露下列資訊**：
       A. 避險之敘述。
       B. 指定為避險工具之金融商品之敘述及其於資產負債日之公允價值。
       C. 被規避風險之性質。
       D. 屬現金流量避險者，有關現金流量預期產生之期間、相關利益或損失預期於損益表認列之期間，及原適用避險會計，但嗣後預期將不會發生而無法適用避險會計之預期交易之敘述。
3. **重分類至其他金融資產種類金額與理由之揭露。**
4. **金融資產除列之揭露**：企業可能移轉金融資產之方式，使部分或全部金融資產無法符合除列規定，針對前揭金融資產企業應依各金融資產類別揭露下列項目：
   (1) 資產之性質。
   (2) 企業仍保有所有權之風險及報酬性質。
   (3) 當企業繼續認列所有資產時，資產與其相關負債之帳面金額。
   (4) 當企業繼續認列持續參與之部分資產時，其原始資產之總帳面金額、繼續認列為資產之金額及其相關負債之帳面金額。
5. **金融資產擔保品之揭露**：原則上應揭露因負債或或有負債而提供作為質押擔保品之金融資產帳面金額，包括重分類之金額及質押之條款與條件。
   當企業持有擔保品且於擔保品所有權人未違約之情況下，得出售該擔保品或將擔保品再質押時，企業應揭露下列項目：
   (1) 持有擔保品之公允價值。
   (2) 已出售或已再質押之擔保品公允價值，及企業是否負有歸還擔保品之義務。
   (3) 企業使用擔保品之相關條款與條件。
6. **信用損失之備抵帳戶之揭露**：當金融資產因信用損失造成減損係以單獨帳戶記錄減損，而非直接減少資產帳面金額時，企業應依各金融資產類別揭露備抵帳戶當期變動之調節。

7. **嵌入多項衍生性工具之複合金融工具之揭露**：若企業發行一項包含負債及權益組成部分之金融工具，且該金融工具包含價值相互關聯之多項嵌入式衍生性工具（例如：可贖回且可轉換債券工具），應揭露嵌入式衍生性工具相互關聯之特性。

8. **違約及未履約之揭露**：有關報導期間結束日已認列之應付借款，企業應揭露下列項目：
   (1) 當期任何違約應付借款之本金、利息、償債基金或贖回條款之詳細內容。
   (2) 報導期間結束日違約應付借款之帳面金額。
   (3) 核准發布財務報表前，違約是否已進行補救，或應付借款已重新協商之條件。

9. **淨利益或淨損失項目之揭露**
   (1) 公允價值變動列入損益之金融資產或金融負債，依國際會計準則第39號之規範，於原始認列時即指定為公允價值變動列入損益之金融資產或金融負債與分類為持有供交易之金融資產或金融負債應分別揭露。
   (2) 備供出售之金融資產，當期列入其他綜合損益之損益金額及由權益重分類至損益之金額應分別揭露。
   (3) 持有至到期日投資。
   (4) 放款及應收款。
   (5) 以攤銷後成本衡量之金融負債。

10. **下列項目產生之收費收益及費用（列入有效利率估算之金額除外）之揭露**
    (1) 非以公允價值變動列入損益之金融資產或金融負債。
    (2) 代表個人、信託、退休給付計畫及其他機構之信託及其他受託活動持有或投資之資產；依國際會計準則第39號規定，已減損金融資產之估列利息收益。
    (3) 各金融資產類別之減損損失金額。

11. **會計政策之揭露**：企業應於重大會計政策之彙總說明中，揭露編製財務報表所使用之衡量基礎，及與瞭解財務報表相關之其他會計政策。

12. **避險會計之相關揭露**
    (1) **各類避險（即公允價值避險、現金流量避險及國外營運機構淨投資避險）分別揭露下列項目：**
       A. 各類避險之敘述。
       B. 指定為避險工具之金融工具之敘述及其於報導期間結束日之公允價值。
       C. 被規避風險之性質。

(2) **企業應對現金流量避險揭露下列項目：**

A. 現金流量預期產生之期間及預期影響損益之期間。

B. 原適用避險會計，但嗣後預期將不會發生而無法適用避險會計之預期交易之敘述。

C. 當期認列於其他綜合損益之金額。

D. 當期綜合損益表中各單行項目列示由權益重分類至損益之金額。

E. 當期由權益轉列至非金融資產或非金融負債之原始成本或其他帳面金額之金額，該非金融資產或非金融負債的取得或發生係來自高度很有可能發生之被避險預期交易。

(3) **公允價值避險損益：**

A. 避險工具產生之利益或損失。

B. 被避險項目因所規避之風險而產生之利益或損失。

(4) **現金流量避險屬避險無效而認列為損益之部分。**

(5) **國外營運機構淨投資避險屬避險無效而認列為損益之部分。**

13. **公允價值之揭露**

(1) 企業應依各金融資產及金融負債類別揭露公允價值，俾與帳面金額比較。

(2) 揭露金融工具之公允價值時，企業應將金融資產及金融負債分類，且惟有財務狀況表中金融資產及金融負債之帳面金額應互抵者，始應揭露其公允價值互抵後之金額。

(3) 企業應依各金融工具類別，揭露金融資產或金融負債決定公允價值之方法，及評價方法衡量公允價值所採用之假設。例如，企業應揭露有關提前還款率、估計信用損失率及利率或折現率之假設。若企業變更所使用之評價方法，應揭露此項變更及變更之理由。

(4) 整體公允價值衡量所應歸類公允價值層級之等級。

(5) 公允價值層級中第一級與第二級間之重大移轉及其移轉之理由。各等級間之轉入及轉出應分別予以揭露與敘述。為達此目的，應依對損益及總資產或總負債判斷其重大性。

(6) 公允價值衡量歸類為公允價值層級第三級之期初至期末餘額調節表，分別揭露當期歸屬於下列項目之變動：

A. 認列於當期損益之總利益或損失，及其於綜合損益表或單獨損益表表達位置之敘述。

B. 認列於其他綜合損益之總利益或損失。

　　C. 購買、出售、發行及交割（各項變動應分別揭露）。

　　D. 轉入或轉出第三級（例如歸因於市場資訊可觀察性之變動）及其移轉之理由。

　　E. 對於第三級之重大轉入及轉出應分別予以揭露與敘述。

14. **財務風險資訊之揭露**：企業應提供下列財務風險資訊，以協助財務報表使用者評估金融商品之相關風險：

(1) 流動性風險。

(2) 信用風險。

(3) 市場風險。

(4) 利率變動之現金流量風險。

重點**2**　衍生性商品之會計分錄

一、金融資產的衡量

(一)**我國財會公報第三十四號之規定：**

1. **我國財會公報第三十四號對金融資產之分類：**

(1) **持有至到期日金融資產**：指有固定或可決定之收取金額及固定到期日，且企業有積極意圖及能力持有至到期日之債權證券投資；而大部分股權證券投資因無到期日或可收取金額非可決定，不能歸類為持有至到期日金融資產。

(2) **交易目的金融資產或指定公平價值變動列入損益之金融資產**：指買賣活動頻繁且以短期內再出售以賺取價差的證券投資。

(3) **備供出售之金融資產**：凡不屬於交易目的或持有至到期日之金融資產，均歸類為備供出售證券投資。債券或股票皆有可能歸於此類。

2. **金融資產的衡量與損益認列：**

(1) **持有至到期日金融資產：**

種類	資產負債表上評價	未實現持有損益	折溢價攤銷	出售時之評價調整處理
債券	攤銷後成本	無	要	無

(2) 交易目的金融資產：

種類	資產負債表上評價	未實現持有損益	折溢價攤銷	出售時之評價調整處理
債券	市價	列入當期	不用	無
股票	市價	列入當期	不用	無

(3) 指定公平價值變動列入損益之金融資產：

種類	資產負債表上評價	未實現持有損益	折溢價攤銷	出售時之評價調整處理
債券	市價	列入當期	不用	無
股票	市價	列入當期	不用	無

(4) 備供出售金融資產：

種類	資產負債表上評價	未實現持有損益	折溢價攤銷	出售時之評價調整處理
債券	市價	股東權益變動表	要	一併沖銷
股票	市價	股東權益變動表	不用	一併沖銷

3. 分錄：

項目	持有至到期日金融資產	交易目的金融資產或指定公平價值變動列入損益之金融資產	備供出售之金融資產
購入證券：	持有至到期日金融資產 xxx 　現金　　　　xxx ※手續費:成本	指定公平價值變動列入損益之金融資產　　　　xxx （交易目的金融資產） 　現金　　　　xxx ※交易目的金融資產的手續費:成本或當期費用。	備供出售金融資產　　xxx 　現金　　　　xxx ※手續費:成本
收到股息： 1.當年度 2.以後年度	無 無	現金　　　　xxx 　股利收入　　xxx 現金　　　　xxx 　股利收入　　xxx	現金　　　　xxx 　備供出售金融資產　xxx 現金　　　　xxx 　股利收入　　xxx

項目	持有至到期日金融資產	交易目的金融資產或指定公平價值變動列入損益之金融資產	備供出售之金融資產
收到債息	現金　　　　　　xxx 　　利息收入　　　　xxx	現金　　　　　　xxx 　　利息收入　　　　xxx	現金　　　　　　xxx 　　利息收入　　　　xxx
折溢價攤銷： 1.折價 2.溢價	持有至到期日金融資產 xxx 　　利息收入　　　　xxx 利息收入　　　　xxx 　　持有至到期日金融資產xxx	無 無	備供出售金融資產　　xxx 　　利息收入　　　　xxx 利息收入　　　　xxx 　　備供出售金融資產　xxx
年底評價： 1.市價>帳面金額 2.市價<帳面金額	無 無	指定公平價值變動列入損益之金融資產　　　　　　xxx （交易目的金融資產） 　　金融資產評價利益　xxx 金融資產評價利益　　xxx 指定公平價值變動列入損益之金融資產　　　　　　　xxx （交易目的金融資產）	備供出售金融資產　　xxx 　金融資產未實現損益 xxx 金融資產未實現損益 xxx 　備供出售金融資產　xxx
發生減損： 1.未實現利益轉銷 2.未實現損失轉銷	 減損損失　　　　xxx 　持有至到期日金融資產xxx	無 無 無	金融資產未實現損益　xxx 　備供出售金融資產　xxx 備供出售金融資產　　xxx 　金融資產未實現損益 xxx 減損損失　　　　xxx 　備供出售金融資產　xxx ※備供出售金融資產之減損損失＝（取得成本－成本之收回＋調整攤銷額）－公平價值或可回收金額
減損迴轉： 1.公司債 2.股票	持有至到期日金融資產 xxx 　減損迴轉利益　　xxx 無分錄 ※持有至到期日金融資產減損迴轉利益之認列，不應使「認列後帳面金額」大於「未認列減損前之應有攤銷成本」。	無 無	備供出售金融資產　　xxx 　減損迴轉利益　　　xxx 備供出售金融資產　　xxx 　金融資產未實現損益 xxx

項目	持有至到期日金融資產	交易目的金融資產或指定公平價值變動列入損益之金融資產	備供出售之金融資產
出售證券： 1.售價>帳面金額	現金　　　　　　　xxx 　　持有至到期日金融資產xxx 　　出售投資利益　　xxx	現金　　　　　　　xxx 　　指定公平價值變動列入損 　　益之金融資產　　　xxx 　　（交易目的金融資產） 　　　出售投資利益　　xxx	現金　　　　　　　　xxx 金融資產未實現損益　xxx 　備供出售金融資產　　xxx 　出售投資利益　　　　xxx
2.售價<帳面金額	現金　　　　　　xxx 出售投資損失　　xxx 　　持有至到期日金融資產xxx	現金　　　　　　　xxx 出售投資損失　　　xxx 　指定公平價值 　變動列入損益之 　金融資產　　　　xxx （交易目的金融資產）	現金　　　　　　　　xxx 出售投資損失　　　　xxx 金融資產未實現損益　xxx 　　備供出售金融資產　　xxx

範例

大山公司於X8年7月1日以$106,000購入中原公司發行之面額$100,000之公司債作為長期投資，此公司債票面利率9%，有效利率為8%，每年6月30日及12月31日付息，X10年12月31日到期，X8年底此公司債之公平價值為$102,000。

試作：

(1) 假設大山公司將此公司債歸類為持有至到期日證券，作X8年相關之分錄。

(2) 假設大山公司將此公司債歸類為備供出售證券，作X8年相關之分錄。

解析

(1) X8／7／1

　　持有至到期日債券投資－公司債　　106,000

　　　　現金　　　　　　　　　　　　　　　　106,000

　　X8／12／31

　　現金　　　　　　　　　　　　4,500

　　　　持有至到期日債券投資－公司債　　　　260

　　　　利息收入　　　　　　　　　　　　　4,240

$$100,000 \times 9\% \times \frac{6}{12} = 4,500$$

$$106,000 \times 8\% \times \frac{6}{12} = 4,240$$

(2) X8／7／1

備供出售證券投資－公司債	106,000	
現金		106,000

X8／12／31

現金	4,500	
備供出售證券投資－公司債		260
利息收入		4,240
金融資產未實現損益	3,740	
備供出售證券投資－公司債		3,740

投資成本＝106,000－260＝105,740

金融資產未實現損益

　＝105,740－102,000＝3,740

> **知識補給**
>
> 非屬避險性質的認購權證只能認列為交易目的金融資產，不可以認列為其他類別的金融資產。

(二)IFRS 9之規定：

1. **IFRS 9對金融資產之分類**：由於IFRS 9將全面取代舊的IAS 39號，是本書有關金融資產的分類與衡量，完全按照IFRS 9的規定，首先IFRS 9在金融資產的分類上不若以前IAS 39號的複雜，IFRS 9規定企業的金融資產於原始認列時，應按其後續的衡量基礎分類為「以攤銷後成本衡量的金融資產」及「以公允價值衡量的金融資產」，分述如下：

   (1) **以攤銷後成本衡量的金融資產：**

   當下列二條件均符合時，金融資產應按攤銷後成本衡量：

   A. 該資產是在一種經營模式下所持有，該經營模式的目的是持有資產以收取合約現金流量。

   B. 該金融資產的合約條款規定在各特定日期產生純屬償還本金及支付按照流通本金的金額所計算的利息的現金流量。

   > **知識補給**
   >
   > 金融資產之分類：
   >
   > | 金融資產 | 適用IFRS 9之金融資產 | 避險性 |
   > |---|---|---|
   > | | | 投資性 |
   > | | | 營業性 |
   > | | 不適用IFRS 9之金融資產→長期股權投資。 | |

   (2) **以公允價值衡量的金融資產：**

   A. 凡不符合以攤後成本衡量之條件的金融資產均應按公允價值衡量，包括所有權益工具（無合約現金流量），獨於存在的衍生工具（其

現金流量有槓桿作用)、可轉換公司債(合約現金流量非純屬還本付息)及所有非以按期收取合約現金流量為目的的債務工具等。又可分為「按公允價值衡量且公允價值變動計入其他綜合損益的金融資產」及「按公允價值衡量且公允價值變動計入損益的金融資產」兩種金融資產。

B. 又所有為交易目的而持有的金融資產均應按公允價值衡量,且公允價值變動計入損益。所謂交易目的的金融資產,包括:

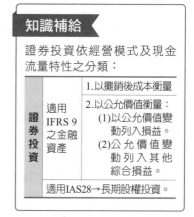

(A) 取得的主要目的是在短期內再出售。

(B) 該金融資產屬合併管理的一組可辨認金融工具投資組合的一部分,且有證據顯示近期該組合實際上為短期獲利的操作模式。

(C) 未被指定為有效避險工具的所有衍生工具。

2. **金融資產的衡量與損益認列:**

(1) **以攤銷後成本衡量的金融資產:**

種類	原始認列	資產負債表上評價	折溢價攤銷
債務證券	公允價值+交易成本	攤銷後成本-減損損失	要

(2) **按公允價值衡量且公允價值變動計入其他綜合損益的金融資產:**

種類	原始認列	資產負債表上評價	折溢價攤銷
權益證券	公允價值+交易成本	公允價值	要

(3) **按公允價值衡量且公允價值變動計入損益的金融資產:**

種類	原始認列	資產負債表上評價	折溢價攤銷
債務證券	公允價值 (交易成本列為當期費用)	公允價值	均可
權益證券	公允價值 (交易成本列為當期費用)	公允價值	不要

3. 分錄：

時點	以攤銷後成本衡量的金融資產	按公允價值衡量且公允價值變動計入其他綜合損益的金融資產	按公允價值衡量且公允價值變動計入損益的金融資產
購入證券：	金融資產－ 按攤銷後成本衡量　xxx 　現金　　　　　　xxx ※手續費：成本	金融資產－按公允價值衡量 （其他綜合損益）　　xxx 　現金　　　　　　xxx ※手續費：成本	金融資產－ 按公允價值衡量　xxx 　現金　　　　　　xxx ※手續費：當期費用
收到股息： 1.當年度 2.以後年度	無 無	現金　　　　　　xxx 　金融資產－ 　按公允價值衡量 　（其他綜合損益）　xxx 現金　　　　　　xxx 　股利收入　　　　xxx	現金　　　　　　xxx 　股利收入　　　　xxx 現金　　　　　　xxx 　股利收入　　　　xxx
收到債息	現金　　　　　　xxx 　利息收入　　　　xxx	無	現金　　　　　　xxx 　利息收入　　　　xxx
折溢價攤銷： 1.折價 2.溢價	金融資產－ 按攤銷後成本衡量　xxx 　利息收入　　　　xxx 利息收入　　　　xxx 　金融資產－ 　按攤銷後成本衡量　xxx	無 無	金融資產－ 按公允價值衡量　xxx 　利息收入　　　　xxx 利息收入　　　xxx 　金融資產－ 　按公允價值衡量　　xxx ※為方便處理，可不必攤銷折、溢價。
年底評價： 1.市價＞帳面金額 2.市價＜帳面金額	無 無	金融資產－按公允價值衡量 （其他綜合損益）　　xxx 　其他綜合損益－ 　金融資產公允價值變動　xxx 其他綜合損益－ 金融資產公允價值變動　xxx 　金融資產－ 　按公允價值衡量 　（其他綜合損益）　　xxx	金融資產－ 按公允價值衡量　xxx 　金融資產 　公允價值變動損益　xxx 金融資產 公允價值變動損益　xxx 　金融資產－ 　按公允價值衡量　　xxx
發生減損	減損損失　　　　xxx 　金融資產－ 　按攤銷後成本衡量　xxx		

知識補給

證券投資之評價損益及減損認列：

證券投資類別			評價損益認列	減損認列
債券	公允價值衡量		當期損益	不認列
	以攤銷後成本		不認列	應認列
股票	不具重大影響力	交易目的	當期損益	不認列
		非交易目的	其他綜合損益	不認列
	具重大影響力		不認列	不認列
	具控制力（需編合併報表）			

4. 金融資產除列

(1) **意義**：金融資產處分時，或到期清償時，應金融資產除列。

(2) **金融資產除列分錄**：

A. 以攤銷後成本衡量的金融資產相關出售分錄茲整理如下表：

時點	以攤銷後成本衡量的金融資產
提前出售： 1.售價＞帳面價值 （以溢價為例）	應收利息　　　　　　　　　　　　xxx 　　金融資產－按攤銷後成本衡量　　　　　　xxx 　　利息收入　　　　　　　　　　　　　　　xxx 現金　　　　　　　　　　　　　　xxx 　　金融資產－按攤銷後成本衡量　　　　　　xxx 　　應收利息　　　　　　　　　　　　　　　xxx 　　處分投資利益　　　　　　　　　　　　　xxx
2.售價＜帳面價值 （以溢價為例）	應收利息　　　　　　　　　　　　xxx 　　金融資產－按攤銷後成本衡量　　　　　　xxx 　　利息收入　　　　　　　　　　　　　　　xxx 現金xxx 處分投資損失　　　　　　　　　　xxx 　　金融資產－按攤銷後成本衡量　　　　　　xxx （按攤銷後成本衡量遊融資產提前出售時，應先認列至出售日的應計利息，並將溢、折價攤銷至出售日，以出售日攤銷後成本與淨售價比較，計算損益）
到期清償	現金　　　　　　　　　　　　　　xxx 　　金融資產－按攤銷後成本衡量　　　　　　xxx （金融資產－按攤銷後成本衡量持有至到期日清償，因帳面金額已攤銷至債券面值，故只需將金融資產科目轉銷即可）

B. 按公允價值衡量且公允價值變動計入損益的金融資產出售相關分錄茲整理如下表：

時點	股票	債券
出售： 1.市價比上次衡量日下跌	金融資產公允價值變動損益　　　　xxx 　　金融資產－按公允價值衡量（股票）　　xxx （先認列金融資產市價下跌損失） 應收款項　　　　　　　　　　　xxx 處分金融資產損失　　　　　　　xxx 　　金融資產－按公允價值衡量（股票）　xxx ※應收款項＝出售日每股市價×股數－交易成本	應收利息　　　　　　　　　　　xxx 　　利息收入　　　　　　　　　　　xxx （認列上次付息日至出售日利息收入） 金融資產－按公允價值衡量（債券）　xxx 　　金融資產公允價值變動損益　　　xxx （認列金融資產市價下跌損失） 應收款項　　　　　　　　　　　xxx 處分金融資產損失　　　　　　　　xxx 　　應收利息　　　　　　　　　　　xxx 　　金融資產－按公允價值衡量（債券）　xxx ※應收款項＝售價－交易成本
2.市價比上次衡量日上漲	金融資產－按公允價值衡量（股票）　xxx 　　金融資產公允價值變動損益　　　xxx （先認列金融資產市價上漲利益） 應收款項　　　　　　　　　　　xxx 處分金融資產損失　　　　　　　xxx 　　金融資產－按公允價值衡量（股票）　xxx ※應收款項＝出售日每股市價×股數－交易成本	應收利息　　　　　　　　　　　xxx 　　利息收入　　　　　　　　　　　xxx （認列上次付息日至出售日利息收入） 金融資產－按公允價值衡量（債券）　xxx 　　金融資產公允價值變動損益　　　xxx （認列金融資產市價上漲利益） 應收款項　　　　　　　　　　　xxx 處分金融資產損失　　　　　　　xxx 　　應收利息　　　　　　　　　　　xxx 　　金融資產－按公允價值衡量（債券）　xxx ※應收款項＝售價－交易成本

範例 1

設申達公司於X1年4月1日購入百柏公司發行的公司債，面額$100,000，票面利率8%，有效利率9%，每年12月31日付息，於X3年12月31日到期，按$97,470價格加計應計利息購入，另支付手續費$139，申達公司對於該公司債的經營模式是採按期收取合約現金流量，該債券的現金流量亦純屬還本付息。請作X1年的相關分錄。

解析

X1／4／1

金融資產－按攤銷後成本衡量	97,609	
應收利息	2,000	
現金		99,609

購入成本＝97,470＋139＝97,609

X1／12／31

現金	8,000	
金融資產－按攤銷後成本衡量		589
應收利息		2,000
利息收入		6,589

$$97,609 \times 9\% \times \frac{9}{12} = 6,589$$

範例2

設欣象公司於X1年6月30日買入一張面額$100,000，附息6%，每年6月30日及12月31日付息，X4年12月31日到期的公司債作為按攤銷後成本衡量的金融資產，至X2年12月31日該公司帳面值為$101,881。此時發行公司因經營虧損嚴重而發生財務困難，欣象公司評估未來現金流量折現值為80,835，請幫欣象公司作減損分錄。

解析

X2／12／31

減損損失	21,046	
金融資產－按攤銷後成本衡量		21,046

$101,881 - 80,835 = 21,046$

範例3

設粲園公司於X1年10月1日以$98,572買入一張面額$100,000，票面利率4%，每年4月1日及10月1日付息，X3年4月1日到期的公司債，有效利率為5%，另付0.1%手續費。該債券投資不符合按攤銷後成本衡量的條件，應按公允價值衡量，且公允價值變動計入損益。X1年12月31日該債券市價為$98,900。請作X1年的相關分錄。

解析

本題解答採不攤銷折價

X1／10／1

金融資產－按公允價值衡量（債券）	98,572	
手續費	99	
現金		98,671

X1／12／31

應收利息	1,000	
利息收入		1,000

$$100,000 \times 4\% \times \frac{3}{12} = 1,000$$

X1／12／31

金融資產－按公允價值衡量（債券）	328	
金融資產公允價值變動損益		328

98,900－98,572＝328

範例 4

桔子公司於X1年4月1日以每股$45買入宏準公司股票，並支付手續費1,000。該股票分類為按公允價值衡量且公允價值變動計入損益的金融資產。桔子公司於X1年8月1日收到宏準公司現金股利每股$2，X1年12月31日宏準公司股票每股市價$50。請作X1年的相關分錄。

解析

X1／4／1

金融資產－按公允價值衡量（股票）	450,000	
手續費	1,000	
現金		451,000

X1／8／1

現金	20,000	
股利收入		20,000

X1／12／31

金融資產－按公允價值衡量（股票）	50,000	
金融資產公允價值變動損益		50,000

（50－45）×10,000＝50,000

二、非避險會計及避險會計

(一) 非避險會計

範例

甲公司於X4年10月2日簽訂美金$500,000 之90天遠期外匯購入合約,該合約並無相對之避險項目。有關匯率資料如下:

	X4年10月2日	X4年12月31日	X5年1月30日
即期匯率	$32.81	$32.43	$32.20
遠期匯率			
30天	32.95	32.50	32.30
60天	32.97	32.52	32.31
90天	32.80	32.53	32.32

解析

X4年10月2日簽約日

應收遠匯款—外幣	16,400,000	
應付購入遠匯款		16,400,000

(90天遠期匯率$32.80×500,000)

X4年12月31日結帳日

兌換損益	150,000	
應收遠匯款—外幣		150,000

($32.80－30天遠期匯率$32.50)×500,000

經此調整後應收外幣遠匯款之餘額＝$32.50×500,000＝$16,250,000

X5年1月30日結清日

(支付新台幣)

應付購入遠匯款	16,400,000	
現金		16,400,000

(收到美金)

現金—外幣	16,100,000	
兌換損益	150,000	
應收遠匯款—外幣		16,250,000

(外幣現金按即期匯率$32.20評價)

遠匯合約操作之結果：

(1) 甲公司於X5年1月30日支付新台幣$16,400,000，取得美金$500,000
（當日可換得新台幣16,100,000）。

(2) 120天遠匯之買入共損失新台幣$300,000。

(二) 避險會計

1. 規避外幣債權債務風險：

範例

甲公司於X4年12月1日出售商品一批予香港A公司，價款為港幣$300,000，雙
方約定付款期限為60天，為規避此外幣債權之匯兌風險，甲公司於12月1日
簽訂60天期遠期外匯出售合約，金額為港幣$300,000，有關匯率資料如下：

	X4年12月1日	X4年12月31日	X5年1月30日
即期匯率	$4.20	$4.05	$4.18
遠期匯率			
30天	4.14	4.05	4.16
60天	4.15	4.00	4.14

解析

X4年12月1日交易發生日

應收帳款－外幣	1,260,000	
銷貨		1,260,000

（即期匯率$4.20×300,000）

應收出售遠匯款	1,245,000	
應付遠匯款－外幣		1,245,000

（60天遠期匯率$4.15×300,000）

X4年12月31日結帳日

兌換損益	45,000	
應收帳款－外幣		45,000

（$4.20－$4.05即期匯率）×300,000

| 應付遠匯款－外幣 | 30,000 | |
| 　兌換損益 | | 30,000 |

（$4.15－$4.05 30天遠期匯率）×300,000

X5年1月30日結清日

現金－外幣	1,254,000	
應收帳款－外幣		1,215,000
兌換損益		39,000

（$4.05－$4.18即期匯率）×300,000

應付遠匯款－外幣	1,215,000	
兌換損益	39,000	
現金－外幣		1,254,000

（$4.05－$4.18即期匯率）×300,000

| 現金 | 1,245,000 | |
| 　應收出售遠匯款 | | 1,245,000 |

遠匯合約操作之結果：

(1) 產生銷貨收入$1,260,000，收到台幣$1,245,000。

(2) 無論銷貨日與收款日間匯率如何變動，二法透過遠匯避險發生之成本均為$15,000。

2. 規避確定承諾風險：

範例

丙公司於X4年12月1日與美國公司簽訂美金$500,000之進貨合約，雙方約定於X5年1月30日交貨並於當日付款。丙公司為規避該外幣進貨合約匯率變動風險，於X4年12月1日簽訂美金$500,000，60天期之遠期外匯購入合約，相關之匯率資料如下：

	X4年12月1日	X4年12月31日	X5年1月30日
即期匯率	$32.71	$32.75	$32.69
遠期匯率			
30天	32.72	32.76	32.70
60天	32.71	32.79	32.70

解析

X4年12月1日簽約日

應收遠匯款—外幣	16,355,000	
應付購入遠匯款		16,355,000

（60天遠期匯率$32.71×500,000）

X4年12月31日結帳日

應收遠匯款—外幣	25,000	
兌換損益		25,000

兌換損益	25,000	
外幣確定承諾評價調整		25,000

（$32.71→30天遠期匯率$32.76）

X5年1月30日進貨日、遠匯結清日

應付購入遠匯款	16,355,000	
現金		16,355,000

現金—外幣	16,345,000	
兌換損益	35,000	
應收遠匯款—外幣		16,380,000

（$32.76→即期匯率$32.69）

外幣確定承諾評價調整	35,000	
兌換損益		35,000

（$32.76：即期匯率$32.69）

進貨	16,345,000	
應付帳款—外幣		16,345,000

（即期匯率$32.69）

| 進貨 | 25,000 | |
| 　　外幣確定承諾評價調整 | | 25,000 |

| 應付帳款—外幣 | 16,345,000 | |
| 　　現金—外幣 | | 16,345,000 |

遠匯合約操作之結果：

(1) 進貨成本與支付之新台幣均為$16,355,000。

(2) X4年與X5年均未認列任何兌換損益。

3. **規避預期交易現金流量風險：**

範例

叮噹公司為規避3月底預期銷售A產品100,000單位之現金流量波動風險，而於3月初簽訂X衍生性商品合約，簽約日X之公平價值為0（叮噹公司未收到或付出任何現金），A商品100,000單位之售價為$1,100,000。假設3月底X之公平價值為$30,000，且100,000單位A之售價為$1,080,000，叮噹公司出售A且結清X。

解析

記錄X衍生性商品公平價值之增加

| 衍生性商品X | 30,000 | |
| 　　其他綜合損益—衍生性商品公平價值變動調整數 | | 30,000 |

記錄銷貨

| 現金 | 1,080,000 | |
| 　　銷貨收入 | | 1,080,000 |

結清衍生性商品X

| 現金 | 30,000 | |
| 　　衍生性商品X | | 30,000 |

綜合損益重分類

| 其他綜合損益—衍生性商品公平價值變動調整數 | 30,000 | |
| 　　銷貨收入 | | 30,000 |

預期交易現金流量避險之結果：

(1) 銷貨及結清衍生性商品X共收現$1,100,000，現金流量狀況與3月初之預期相同。

(2) 衍生性商品公平價值變動調整數於銷貨發生年度重分類作為銷貨價格之調整，亦使銷貨收入與3月初之預期相同。

4. 規避國外淨投資風險：

範例

羅台公司於X4年1月2日支付美金$500,000取得美國S公司30%普通股權，S公司X4年淨利為美金$200,000。為規避國外投資匯率變動風險，羅台於X4年4月1日簽訂180天期出售美金$500,000之遠匯合約，並於結清日10月1日另訂180天期出售美金$500,000之遠匯合約。有關匯率資料如下：

	X4年4月1日	X4年10月1日	X4年12月31	X5年3月31日
即期匯率	$32.30	$32.08	$31.48	$31.60
遠期匯率				
90天	32.20	32.05	31.50	31.65
180天	32.10	32.04	31.30	31.59

解析

X4年4月1日簽約日

應收出售遠匯款	16,050,000	
應付遠匯款－外幣		16,050,000

（180天遠期匯率$32.10）

X4年10月1日結清日

現金	16,050,000	
應收出售遠匯款		16,050,000

（按合約約定收取新台幣）

應付遠匯款－外幣	16,050,000	
換算調整數		10,000
現金		16,040,000

（按即期匯率$32.08支付新台幣買美金並償還美金應付遠匯款）

X4年10月1日續訂出售遠匯合約

應收出售遠匯款 16,020,000

  應付遠匯款－外幣 16,020,000

（180天遠期匯率\$32.04）

X4年12月31日結帳日

應付遠匯款－外幣 270,000

  換算調整數 270,000

（90天遠期匯率\$31.50）

X5年3月1日結清日

現金 16,020,000

  應收出售遠匯款 16,020,000

（按合約約定收取新台幣）

應付遠匯款－外幣 15,750,000

  換算調整數 50,000

  現金－外幣 15,800,000

（按即期匯率\$31.60付新台幣買美金並償還美金應付遠匯款）

國外淨投資避險之結果：

(1) 第一個出售遠匯合約均產生貸餘之換算調整數\$10,000，第二個出售遠匯合約均產生貸餘之換算調整數\$220,000。

(2) 因匯率下降，故國外投資外幣報表換算為本國幣時可能會產生之換算調整數，應可與出售遠匯所產生之換算調整數大部分抵銷。

經典範例

( ) **1** 企業進行非屬避險之匯率遠期交易，公允價值於第1年底為1,000元、第2年底負1,200元，第3年底1,000元，請問此一交易對企業第3年本期損益之影響為何？ (A)增加800元 (B)增加2,200元 (C)減少200元 (D)減少400元。

(　) **2** 國外淨投資避險利益或損失屬避險無效部分，其會計處理應：(A)不必處理　(B)計入損益　(C)計入其他權益　(D)計入其他綜合損益。

解答與解析

1 (B)。非避險衍生工具之公允價值變動數，其會計處理應直接計入損益。故此一交易對企業第3年本期損益之影響為：1,000－（－1,200）＝2,200（增加）。

2 (B)。避險工具之利益或損失屬避險無效部分，列入當期損益。

精選試題

(　) **1** 在國外營運機構淨投資之避險會計下，當處分國外營運機構時，帳上認列為權益調整項目之累積利益或損失應如何處理？　(A)自其他綜合損益重分類為損益，作重分類調整　(B)仍舊放在其他綜合損益項目項下　(C)作為國外營運機構淨投資帳面價值之調整　(D)重分類至保留盈餘。　　　　　　　【第1期衍生性金融商品銷售人員】

(　) **2** 避險會計要求實際有效性係指避險工具及被避險項目，公允價值或現金流量變動之互抵效果應介於哪個區間內？
(A)80%至125%間
(B)70%至143%間
(C)60%至167%間
(D)50%至200%間。　　　　　　　【第1期衍生性金融商品銷售人員】

(　) **3** 非避險衍生工具之公允價值變動數，其會計處理應：
(A)不必處理
(B)計入損益
(C)計入其他權益
(D)計入其他綜合損益。　　　　　　　【第1期衍生性金融商品銷售人員】

(　) **4** 企業進行非屬避險之匯率遠期交易，公允價值於第1年底為1,000元、第2年底負1,200元，第3年底800元，請問此一交易對企業第3年本期損益之影響為何？　(A)增加800元　(B)增加2,000元　(C)減少200元　(D)減少400元。　【第1期衍生性金融商品銷售人員】

(　) **5** 有關現金流量避險交易避險工具損益之認列，下列敘述何者正確？　(A)屬有效避險部分及非屬有效避險者均認列於損益　(B)屬有效避險部分及非屬有效避險者均認列於其他綜合損益　(C)屬有效避險部分應認列於其他綜合損益，非屬有效避險者應認列於損益　(D)屬有效避險部分應認列於損益，非屬有效避險者應認列於其他綜合損益。　【第1期衍生性金融商品銷售人員】

(　) **6** 某公司為避免價格變動而對公司績效有不利影響，擬對下列項目進行避險。請問下列項目何者不適用公允價值避險之會計處理？　(A)預期採購之原料　(B)已簽訂合約購買原料之確定承諾　(C)該公司持有至到期日之政府公債　(D)已入庫之製成品存貨。　【第1期衍生性金融商品銷售人員】

(　) **7** 銀行出售結構型商品予客戶，該商品為本金連結個股選擇權，則當銀行收到本金時，會計上應分類為下列何者？　(A)股票投資　(B)債券投資　(C)備供出售金融資產　(D)其他金融負債。　【第1期衍生性金融商品銷售人員】

(　) **8** 有關避險關係之指定，下列何者正確？　(A)針對以選擇權作為避險工具，可以指定選擇權之內含價值變動作為避險工具　(B)針對非金融資產或非金融負債進行避險，僅能指定其中一部分為被避險項目　(C)具類似到期日之所有固定利率資產及固定利率負債之淨額，可作為被避險項目　(D)金融資產或負債均可作為被避險項目。　【第1期衍生性金融商品銷售人員】

(　) **9** 下列何者不屬於IAS39公報規定之避險型態？　(A)公允價值避險　(B)企業併購避險　(C)現金流量避險　(D)國外營運機構淨投資避險。　【第2期衍生性金融商品銷售人員】

（　　）**10** 企業購買金融資產之目的若在收取此金融資產定期支付的利息和到期的本金，則此類金融資產應歸屬於下列那一項？　(A)放款及應收款　(B)按攤銷後成本衡量之金融資產　(C)透過損益按公允價值衡量之金融資產　(D)透過其他綜合損益按公允價值衡量之金融資產。

（　　）**11** 甲公司於某年12月初以$10,000購入乙上市公司股票之買權，此買權持有人可於未來一年以每股$60買進乙公司股票20,000股，甲公司並未指定此衍生性商品作為避險工具，該年底乙公司股票之市價為每股$62。假設此買權年底之時間價值為$5,000。甲公司當年度應認列之金融資產評價損益為何？　(A)$0　(B)利益$35,000　(C)利益$40,000　(D)利益$45,000。

（　　）**12** 大智公司於99年7月1日以$97,463購買永興公司發行之公司債，面額$100,000，利率9%，102年7月1日到期，每年1月1日及7月1日付息，有效利率10%，大智公司持有該投資的經營模式為按期收取合約現金流量，99年12月31日公司債的公平市價為$102,226。若自100年1月1日起，公司管理金融資產之經營模式改為賺取價差，100年1月1日市場利率為8%，則大智公司100年初關於該債券投資重分類之敘述何者正確？　(A)無須認列金融資產公允價值變動損益　(B)認列金融資產公允價值變動損失$4,390　(C)重分類後之金融資產應按$97,836衡量　(D)重分類後之金融資產應按$102,226衡量。

（　　）**13** 下列5項敘述，可同時適用於備供出售債券投資與持有至到期日債券投資者共有幾項？　(1)通常不另設折溢價科目　(2)持有期間不需攤銷折溢價　(3)購入手續費得列為投資成本，亦得列為當期費用　(4)期末須採用公平價值評價，但均不影響當期淨利　(5)出售時所發生之證券交易稅及手續費為處分所得之減少　(A)2項　(B)3項　(C)4項　(D)5項。

（　　）**14** 甲公司X5年8月1日支付$15,000購買乙公司普通股認股權證，此權證持有人可於X6年4月1日以每股$60買入乙公司普通股3,000股。若甲公司並未指定此衍生性商品為避險工具，且X5年12月31日乙公司普通股認股權證之公允價值為$13,000，則有關甲公司X5年財務報表表達，下列何者正確？　(A)備供出售金融資產$15,000　(B)交易目的金融資產$15,000　(C)金融資產評價損失$2,000　(D)金融資產未實現損失$2,000。

( ) **15** 豐原公司於105年9月1日發行其本身普通股20,000股的歐式買權給后里公司，履約價格為每股$50，到期日為106年5月31日。雙方約定以淨額交割。其餘相關資料如下：

日期	豐原公司普通股每股市價	買權公允價值
105／9／1	$48	$75,000
105／12／31	49	66,000
106／5／31	54	80,000

試問豐原公司105年12月31日應認列之金融工具價值變動之（損）益為何？ (A)$（9,000） (B)$（20,000） (C)$9,000 (D)$20,000。

( ) **16** 小熊公司於X1年11月1日以$10,000購入大熊公司上市股票之賣權，小熊公司並未指定此衍生性工具作為避險工具，此賣權持有人可於X2年11月1日以每股$50賣出大熊公司股票40,000股，X1年11月1日大熊公司股票之市價為$50，X1年12月31日大熊公司股票之市價為$49。假設此賣權於X1年12月31日之價值為$45,000。小熊公司X1年底應認列之持有交易目的－金融資產之損益為何？ (A)利益$35,000 (B)$0 (C)損失$5,000 (D)損失$45,000。

解答與解析

1 (A)。當處分國外營運機構時，多少金額應自權益重分類至損益作為重分類調整：
(1)當處分被避險之國外營運機構時，帳列母公司有關避險工具與國外營運機構之外幣換算準備，有多少金額應從母公司合併財務報表之權益重分類至損益。
(2)合併方法是否會影響決定自權益重分類至損益的金額。

2 (A)。避險會計要求實際有效性係指避險工具及被避險項目，公允價值或現金流量變動之互抵效果應介於80%至125%區間內。

3 (B)。外匯合約之外幣交易分為避險性質及非避險性質兩種。其中非避險衍生工具之公允價值變動數，其會計處理應直接計入損益。

4 (B)。非避險衍生工具之公允價值變動數，其會計處理應直接計入損益。故此一交易對企業第3年本期損益之影響為：800－（－1,200）＝2,000（增加）。

5 (C)。現金流量避險：係規避預期交易或已認列資產或負債的未來現金流量風險。避險工具應按公平價值衡量，並調整帳面金額，損益影響數分為二部分：

(1) 有效避險部分，遞延轉入業主權益調整項，認列於其他綜合損益。被避險之預期交易實際發生且影響損益時，等比例轉入當期損益。被避險項目於有效避險期間不列帳。

(2) 無效避險部分，避險工具若為衍生性金融商品，應列入當期損益；若非衍生性金融商品，屬交易目的者，列入當期損益。屬備供出售者則列入業主權益。

6 (A)。

(1) 適用避險會計之條件：

A. 避險開始的正式書面文件（有關避險關係、策略、風險管理目標等）。應載明避險工具、被避險項目及如何評估二者間之公允價值變動。

B. 預期能達高度有效避險且與原風險管理策略一致。

C. 以預期交易之現金流量而言，該預期交易須高度很有可能發生且其現金流量之變動將影響損益。

D. 避險有效性能可靠衡量。

E. 避險有效性需持續評估，且財務報表期間需為高度有效避險。

(2) 預期採購之原料不符合適用避險會計之條件，不適用公允價值避險之會計處理。

7 (D)。銀行出售結構型商品予客戶，該商品為本金連結個股選擇權，則當銀行出售結構型商品予客戶時，則對銀行而言是產生了一項未來必須償還的負債，銀行會計上應分類為「其他金融負債」。

8 (A)。避險工具通常以避險工具整體之單一公平價值衡量，且因導致公平價值變動之因素互有關聯，故企業宜針對避險工具整體之公平價值變動指定避險關係。

下列各項為例外情形：

(1) 將選擇權之內含價值及時間價值分開，僅指定選擇權內含價值之改變作為避險工具，而選擇權之時間價值則排除在避險有效性評估之外。

(2) 將遠期合約之即期價格及利息部分分開。選項(A)正確。

9 (B)。IAS39公報規定之避險型態有：公允價值避險、現金流量避險、國外營運機構淨投資避險。

10 (B)。以攤銷後成本衡量的金融資產：當下列二條件均符合時，金融資產應按攤銷後成本衡量：

(1) 該資產是在一種經營模式下所持有，該經營模式的目的是持有資產以收取合約現金流量。

(2) 該金融資產的合約條款規定在各特定日期企業購買金融資產之目的。

本題持有目的係在收取此金融資產定期支付的利息和到期的本金，則此類金融資產應歸屬於「按攤銷後成本衡量之金融資產」。

11 (B)。(62-60)×20,000-(10,000-5,000)=35,000(利益)

12 (D)。重分類前大智公司持有該投資的經營模式為按期收取合約現金流量,重分類後大智公司管理金融資產之經營模式改為賺取價差,是重分類後之金融資產應按重分類當日公平價值衡量(即102,226),並認列融資產公允價值變動損益。

13 (A)。本題僅(1)通常不另設折溢價科目、(5)出售時所發生之證券交易稅及手續費為處分所得之減少2項,可同時適用於備供出售債券投資與持有至到期日債券投資。

14 (C)。15,000-13,000=2,000(金融資產評價損失)

15 (C)。豐原公司發行買權給后里公司,也就是豐原公司是作空的,故本題買權價值下跌,豐原公司獲利=75,000-66,000=9,000。

16 (A)。
(1) 買入賣權為看空性質,如果股票價格下跌,賣權的價格也會上漲。
(2) 小熊公司於X1年11月1日以$10,000購入大熊公司上市股票之賣權,此賣權於X1年12月31日之價值為$45,000。小熊公司X1年底應認列之持有交易目的-金融資產之損益=45,000-10,000=35,000(利益)。

第一章 銀行辦理衍生性金融商品業務內部作業控制及程序

頻出度A 依據出題頻率分為：**A**頻率高 **B**頻率中 **C**頻率低

本章是有關衍生性金融商品業務內部作業控制及程序法令的介紹，本章是重點章節，每年出題比例均達1／3以上，配分之重，考生不得不慎，本章的出題方向皆是以法條記憶為主，故本章是只要熟讀法條，分數自可手到擒來，讀者務必掌握。

重點 1 銀行辦理衍生性金融商品業務內部作業控制及程序管理辦法

一、金融商品定義（第2條）

(一)**衍生性金融商品**：所稱衍生性金融商品係指其價值由利率、匯率、股權、指數、商品、信用事件或其他利益及其組合等所衍生之交易契約及第二項所稱之結構型商品，不含資產證券化商品、結構型債券、可轉（交）換公司債等具有衍生性金融商品性質之國內外有價證券及「境外結構型商品管理規則」所稱之境外結構型商品。

(二)**結構型商品**：所稱結構型商品，係指銀行以交易相對人身分與客戶承作之結合固定收益商品或黃金與衍生性金融商品之組合式交易。

(三)**複雜性高風險商品**：本辦法所稱複雜性高風險商品，係指具有結算或比價期數超過三期且隱含賣出選擇權特性之衍生性金融商品，但不包括：

1. 前項所稱結構型商品。
2. 交換契約（Swap）。
3. 多筆交易一次簽約，客戶可隨時就其中之特定筆數交易辦理解約之一系列陽春型選擇權（Plain vanilla option）或遠期外匯。
4. 其他經主管機關核定之商品類型。

二、客戶種類

(一) **專業客戶**（第3條）

本辦法所稱專業客戶，係指法人與自然人符合下列條件之一者：

1. **專業機構投資人**：專業機構投資人：係指銀行、保險公司、票券金融公司、證券商、基金管理公司、政府投資機構、政府基金、退休基金、共同基金、單位信託、證券投資信託公司、證券投資顧問公司、信託業、期貨商、期貨服務事業、全國農業金庫、辦理儲金匯兌之郵政機構及其他經金融監督管理委員會（以下簡稱本會）。

2. **同時符合下列條件之法人，或由該法人持股百分之百且提供保證之子公司，或同時符合列條件之外國法人之在臺分公司，並以書面向銀行申請為高淨值投資法人：**

   (1) **最近一期經會計師查核或核閱之財務報告淨資產超過新臺幣二百億元者。**

   (2) **設有投資專責單位負責該法人或其持股百分之百之子公司或其在臺分公司之衍生性金融商品交易決策，並配置適任專業人員，且該單位主管具備下列資格條件之一：**

      A. 曾於金融、證券、期貨或保險機構從事金融商品投資業務工作經驗三年以上。

      B. 金融商品投資相關工作經驗四年以上。

      C. 有其他學經歷足資證明其具備金融商品投資專業知識及管理經驗，可健全有效管理投資部門業務者。

   (3) **最近一期經會計師查核或核閱之財務報告持有有價證券部位或衍生性金融商品投資組合達新臺幣十億元以上。**

   (4) **內部控制制度具有合適投資程序及風險管理措施。**

3. **同時符合下列條件，並以書面向銀行申請為專業客戶之法人或基金：**

   (1) 最近一期經會計師查核或核閱之財務報告總資產超過新臺幣一億元。

   (2) 經客戶授權辦理交易之人，具備充分之金融商品專業知識、交易經驗。

   (3) 客戶充分了解銀行與專業客戶進行衍生性金融商品交易得免除之責任後，同意簽署為專業客戶。

4. **同時符下列條件，並以書面向銀行申請為專業客戶之自然人：**

   (1) 提供新臺幣三千萬元以上之財力證明；或單筆交易金額逾新臺幣三百萬元，且於該銀行之存款及投資往來總資產逾新臺幣一千五百萬元，並提供總資產超過新臺幣三千萬元以上之財力聲明書。

(2) 客戶具備充分之金融商品專業知識或交易經驗。

(3) 客戶充分了解銀行與專業客戶進行衍生性金融商品交易得免除之責任，同意簽署為專業客戶。

5. **簽訂信託契約之信託業，其委託人符合前三款之一規定。**

前項各款有關專業客戶應符合之資格條件，應由銀行盡合理調查之責任，並向客戶取得合理可信之佐證依據，並應至少每年辦理一次覆審，檢視客戶續符合專業客戶之資格條件。但對屬上市上櫃公司之客戶，得免向客戶取得投資專責單位主管或經授權辦理交易之人具備資格條件之佐證依據。

銀行針對非屬專業機構投資人之專業客戶具備充分金融商品專業知識、管理或交易經驗之評估方式，應納入瞭解客戶程序，並報經董（理）事會通過。

(二) **一般客戶**（第4條）

所稱一般客戶，係指非屬專業客戶者。專業客戶除專業機構投資人外，得以書面向銀行要求變更為一般客戶。

三、銀行首次辦理衍生性金融商品申請

(一) **事前申請核准制**（第5、10、11、12條）

1. 銀行辦理衍生性金融商品業務，應檢具金融監督管理委員會規定之申請書件，向本會申請核准，並符合下列規定：

(1) 銀行自有資本與風險性資產比率符合本法規定標準。

(2) 無備抵呆帳提列不足情事。

(3) 申請日上一季底逾放比率為百分之三以下。

(4) 申請日上一年度無因違反銀行法令而遭罰鍰處分情事，或其違法情事已具體改善，經本會認可。

2. 銀行經本會核准辦理衍生性金融商品業務，應於本會銀行局網際網路申報系統營業項目中登錄後，始得開辦。

3. 銀行辦理衍生性金融商品業務，得視業務需要，檢具本會規定之申請書件向本會申請由總行授權其外匯指定分行辦理衍生性金融商品推介業務；嗣後推介產品、授權推介分行及人員有異動，由總行維護控管相關資料名冊。

4. 經核准**辦理衍生性金融商品業務之銀行，有下列事項之一者，其辦理之衍生性金融商品以避險為限：**

(1) **最近一季底逾期放款比率高於百分之三。**

(2) **本國銀行自有資本與風險性資產比率低於本法規定標準。**

(3) **備抵呆帳提列不足。**

(二)訂定經營策略及作業準則（第6條）

1. 銀行辦理衍生性金融商品業務，應訂定經營策略及作業準則，報經董（理）事會核准，修改時亦同，其內容如下：

   (1) 辦理衍生性金融商品業務之經營策略。

   (2) 作業準則內容，應包括下列事項：

A. 業務原則與方針。	B. 業務流程。
C. 內部控制制度。	D. 定期評估方式。
E. 會計處理方式。	F. 內部稽核制度。
G. 風險管理措施。	H. 客戶權益保障措施。

2. 董（理）事會應視商品及市場改變等情況，適時檢討前項之經營策略及作業準則，並應評估績效是否符合既定之經營策略，所承擔之風險是否在銀行容許承受之範圍，每年至少檢討一次。但外國銀行在臺分行依總行規定定期辦理檢討者，不在此限。

四、銀行開辦衍生性金融商品採事後核准制（第7~9條）

(一)銀行已取得辦理衍生性金融商品業務之核准者（其中屬辦理期貨商業務者，並應依期貨交易法之規定取得許可），得開辦各種衍生性金融商品及其商品之組合，並於**開辦後十五日內檢附商品特性說明書、法規遵循聲明書及風險預告書報本會備查**。但下列商品應依下列(二)至(五)及本辦法第八條規定辦理：

> 知識補給
>
> 銀行開辦衍生性金融商品採事後核准制。

1. 除臺股股權衍生性金融商品外之其他涉及從事衍生自國內股價及期貨交易所有關之現貨商品及指數等契約。

2. 新種臺股股權衍生性金融商品。

3. 向專業機構投資人及高淨值投資法人以外客戶提供尚未開放或開放未滿半年且未涉及外匯之複雜性高風險商品。

4. 涉及應向中央銀行申請許可或函報備查之外匯衍生性金融商品。

(二)第(一)項所提到之商品，本會於核准第一家銀行辦理後，其他銀行於申請書件送達本會之次日起十日內，本會未表示反對意見者，即可逕行辦理。但銀行不得於該十日期間內，辦理所申請之業務。

(三)新種臺股股權衍生性金融商品，本會於核准第一家銀行辦理後，其他銀行於開辦後十五日內檢附書件報本會備查。

> 知識補給
>
> 銀行開辦衍生性金融商品屬涉及外匯之複雜性高風險商品，並應副知金融監督管理委員會。

(四)向專業機構投資人及高淨值投資法人以外客戶提供尚未開放或開放未滿半年且未涉及外匯之複雜性高風險商品，本會於核准第一家銀行辦理且開放已滿半年後，其他銀行於開辦首筆交易後七日內檢附書件報本會備查，並應俟收到本會同意備查函後，始得繼續辦理次筆交易。

(五)涉及應向中央銀行申請許可或函報備查之外匯衍生性金融商品，銀行逕向中央銀行申請許可或函報備查，屬涉及外匯之複雜性高風險商品，並應副知金融監督管理委員會。

(六)銀行申請辦理(一)1~3項之衍生性金融商品者，應檢送申請書連同下列文件，向金融監督管理委員會申請核准後辦理。銀行依第規定申報本會備查時，如書件不完備或未依限補正者，本會得令於補正前暫停辦理：

1. 法規遵循聲明書。
2. 董（理）事會或常務董（理）事會決議辦理之議事錄，或適當人員授權之證明文件。
3. 負責本業務人員相關從業經驗或專業訓練之證明文件。
4. 營業計畫書：應包括商品介紹、商品特性說明書及風險預告書。

五、銀行辦理衍生性金融商品之風險管理制度（第11條）

(一)**銀行辦理衍生性金融商品業務，應建立風險管理制度**，對於風險之辨識、衡量、監控及報告等程序落實管理，並應遵循下列規定辦理：

1. 銀行辦理衍生性金融商品，應經適當程序檢核，並由高階管理階層及相關業務主管共同參考訂定風險管理制度。對風險容忍度及業務承作限額，應定期檢討提報董（理）事會審定。
2. 辦理衍生性金融商品業務之交易及交割人員不得互相兼任，銀行應設立獨立於交易部門以外之風險管理單位，執行風險辨識、衡量及監控等作業，並定期向高階管理階層報告部位風險及評價損益。
3. 關於衍生性金融商品部位之評價頻率，銀行應依照部位性質分別訂定；其為交易部位者，應以即時或每日市價評估為原則；其為銀行本身業務需要辦理之避險性交易者，至少每月評估一次。
4. 銀行須訂定新種衍生性金融商品之內部審查作業規範，包括各相關部門之權責，並應由財務會計、法令遵循、風險控管、產品或業務單位等主管人員組成商品審查小組，於辦理新種衍生性金融商品前，商品審查小組應依

上開規範審查之。新種複雜性高風險商品，應經商品審查小組審定後提報董（理）事會或常務董（理）事會通過。銀行內部商品審查作業規範之內容至少應包含以下各項：

(1) 商品性質之審查。

(2) 經營策略與業務方針之審查。

(3) 風險管理之審查。

(4) 內部控制之審查。

(5) 會計方法之審查。

(6) 客戶權益保障事項之審查。

(7) 相關法規遵循及所須法律文件之審查。

5. 銀行應訂定衍生性金融商品業務人員之酬金制度及考核原則，應避免直接與特定金融商品銷售業績連結，並應納入非財務指標，包括是否有違反相關法令、自律規範或作業規定、稽核缺失、客戶紛爭及確實執行認識客戶作業（KYC）等項目，且應經董（理）事會通過。

6. 銀行應考量衍生性金融商品部位評價、風險成本及營運成本等因素，訂定衍生性金融商品定價政策，並應建立內部作業程序，審慎檢核與客戶承作衍生性金融商品價格之合理性。

7. 銀行應建立及維持有效之衍生性金融商品評價及控管機制，審慎檢核商品交易報價及市價評估損益之合理性。

(二)外國銀行在臺分行得依總行規定執行風險管理制度，惟仍應遵循前項規定辦理。

六、銀行辦理衍生性金融商品應注意事項（第13~22條）

(一)**依據國際財務報導準則規定辦理**：銀行辦理衍生性金融商品，應依據國際財務報導準則（IFRS）、國際會計準則（IAS）、解釋、解釋公告及相關法規辦理。各項業務對交易雙方之各相關限制或規定，不得因組合而有放寬或忽略之情形。

(二)**依外匯收支或交易申報辦法之規定辦理**：銀行辦理衍生性金融商品有涉及新臺幣及外幣之轉換部分，應依外匯收支或交易申報辦法之規定辦理。

(三)**應防範利益衝突及內線交易**：銀行辦理衍生性金融商品，應依相關法規及內部規定防範利益衝突及內線交易行為。

(四)**不得粉飾或操縱財務報表**：銀行不得利用衍生性金融商品遞延、隱藏損失或虛報、提前認列收入或幫助客戶遞延、隱藏損失或虛報、提前認列收入等粉飾或操縱財務報表之行為。選擇權交易應注意避免利用權利金（尤其是期限長或極短期之選擇權）美化財務報表，進而引發弊端。

(五)**不得利用交易進行併購或不法交易之情形**：銀行辦理股權相關衍生性金融商品交易不得有為自身或配合客戶利用本項交易進行併購或不法交易之情形。

(六)**交易條件不得優於其他同類對象**：銀行辦理信用衍生性金融商品交易，如為信用風險承擔者，且合約信用實體為銀行之利害關係人，其交易條件不得優於其他同類對象，並應依下列規定辦理：

1. 本國銀行應經董事會三分之二以上董事出席及出席董事四分之三以上決議；其已研擬內部作業規範，經董事會三分之二以上董事出席及出席董事四分之三以上決議概括授權經理部門依該作業規範辦理者，視同符合規定（外國銀行在臺分行所研擬內部作業規範應報經總行或區域中心核准）。

2. 銀行應依據信用風險預估之潛在損失額度部分，徵提十足擔保，並比照利害關係人授信，列入授信額度控管；擔保品條件應配合交易契約存續期間及合約信用資產（Reference Asset）之流動性，且以現金、公債、中央銀行可轉讓定期存單、中央銀行儲蓄券、國庫券及銀行定期存單等為限。

(七)**辦理衍生性金融商品業務之人員應具備專業能力**

1. 銀行辦理衍生性金融商品業務之人員應具備專業能力，並應訂定專業資格條件、訓練及考評制度。

2. 銀行辦理衍生性金融商品業務之經辦及相關管理人員，應具備下列資格條件之一：

   (1) 參加國內金融訓練機構舉辦之衍生性金融商品及風險管理課程時數達六十小時以上且取得合格證書，課程內容須包括衍生性金融商品交易理論與實務、相關法規、會計處理及風險管理。

   (2) 在國內外金融機構相關衍生性金融商品業務實習一年。

   (3) 曾在國內外金融機構有半年以上衍生性金融商品業務之實際經驗。

3. 辦理衍生性金融商品推介工作之經辦及相關管理人員，應具備下列資格條件之一：

   (1) 具備前項資格條件之一。

   (2) 通過國內金融訓練機構舉辦之結構型商品銷售人員資格測驗並取得合格證書。

(3) 通過國內金融訓練機構舉辦之衍生性金融商品銷售人員資格測驗並取得合格證書。

4. 銀行辦理衍生性金融商品業務之交易、交割、推介、風險管理之經辦及相關管理人員，每年應參加國內金融訓練機構所舉辦或銀行自行舉辦之衍生性金融商品教育訓練課程時數達十二小時以上；其中參加國內金融訓練機構所舉辦之衍生性金融商品教育訓練課程，不得低於應達訓練時數之二分之一。

5. 所稱相關管理人員，係指總行辦理衍生性金融商品業務或分行推介工作人員之所屬單位之直屬主管及副主管。

6. 推介人員應向銀行公會辦理登錄，非經登錄，不得執行推介業務。推介人員之任職登錄、資料變更登錄、註銷登錄及其他應遵循事項，由銀行公會訂定，並報本會備查。

(八) 應申報交易資訊

1. 銀行辦理衍生性金融商品，應向金融監督管理委員會及金融監督管理委員會指定之機構申報交易資訊。

2. 銀行應依財團法人金融聯合徵信中心（以下稱聯徵中心）規定之作業規範向該中心報送客戶衍生性金融商品交易額度等相關資訊。

   (1) 銀行核給或展延非屬專業機構投資人之客戶衍生性金融商品額度時，應請客戶提供與其他金融機構承作衍生性金融商品之額度或透過聯徵中心查詢。

   (2) 銀行應參酌前項資訊，審慎衡酌客戶風險承擔能力、承擔意願及與其他金融機構交易額度後，覈實核給客戶交易額度，以避免客戶整體暴險情形超過其風險承擔能力。銀行核給客戶交易額度之控管機制，由主管機關另定之。

   (3) 銀行向專業機構投資人及高淨值投資法人以外客戶提供非屬結構型商品之衍生性金融商品交易服務，應訂定徵提期初保證金機制及追繳保證金機制。徵提期初保證金之最低標準，由主管機關另定之。

(九) 應充分揭露

1. 銀行與交易相對人簽訂之衍生性金融商品交易合約得訂定交易提前終止時，結算應付款數額之方式，且應反應並計算交易之當時市場價值，包括被終止交易原本在提前終止日後到期之給付之價值。

> **知識補給**
>
> 銀行辦理衍生性金融商品業務應充分揭露。

2. 交易提前終止之條件、結算應付款數額之方式等內容應於相關契約文件內載明或以其他方式向交易相對人充分揭露。

(十) **應本誠實信用原則**：銀行向客戶提供衍生性金融商品交易服務，應以善良管理人之注意義務及忠實義務，本誠實信用原則為之。

七、銀行辦理衍生性金融商品交易控制（第23~26條）

(一) 提供對象為專業機構投資人及高淨值投資法人

1. **簽訂契約**

   (1) 銀行向專業機構投資人及高淨值投資法人提供衍生性金融商品交易服務，應與交易相對人簽訂ISDA主契約（ISDA Master Agreement），或依其他標準契約及市場慣例辦理。

   (2) 銀行與專業機構投資人及高淨值投資法人以外客戶簽訂衍生性金融商品契約及提供之交易文件，包括總約定書（或簽訂ISDA主契約）、產品說明書、風險預告書及交易確認書等，如為英文者，應提供中文譯本。

2. **建立內部作業程序**：對專業機構投資人及高淨值投資法人以外客戶，銀行應就商品適合度、商品風險之告知及揭露、交易紛爭處理等客戶權益保障事宜建立內部作業程序，並依相關作業程序辦理。商品適合度、商品風險之告知及揭露應遵循事項，由銀行公會訂定，並報本會備查。

(二) 提供對象為非屬專業機構投資人之客戶

1. **建立商品適合度制度**：銀行向專業機構投資人及高淨值投資法人以外客戶提供衍生性金融商品交易服務，應建立商品適合度制度，其內容至少應包括衍生性金融商品屬性評估、瞭解客戶程序、客戶屬性評估及客戶分級與商品分級依據，以確實瞭解客戶之投資經驗、財產狀況、交易目的、商品理解等特性及交易該項衍生性金融商品之適當性。銀行依前項商品適合度制度對客戶所作成之客戶屬性評估及分級結果，應由適當之單位或人員進行覆核，並至少每年重新檢視一次，且須經客戶以簽名、蓋用原留印鑑或其他雙方同意之方式確認；修正時，亦同。

2. **不得提供非其適合等級之商品**：銀行不得向一般客戶提供超過其適合等級之衍生性金融商品交易服務或限專業客戶交易之衍生性金融商品。但一般客戶基於避險目的，與銀行進行非屬結構型商品之衍生性金融商品交易，不在此限。

3. **不得提供令人誤導之文宣**：銀行向專業機構投資人及高淨值投資法人以外客戶提供衍生性金融商品交易服務之推廣文宣資料，應清楚、公正及不誤導客戶，對商品之可能報酬與風險之揭露，應以衡平且顯著方式表達，且不得藉主管機關對衍生性金融商品業務之核准、核備或備查，而使客戶認為政府已對該衍生性金融商品提供保證。

4. **不得勸誘客戶以融資方式取得商品**：銀行向專業機構投資人及高淨值投資法人以外客戶提供衍生性金融商品交易服務，不得勸誘客戶以融資方式取得資金以辦理衍生性金融商品交易，或違反客戶意願核予衍生性金融商品交易額度，並約定應搭配授信額度動用之情形。

5. **應充分告知商品資訊**：銀行向專業機構投資人及高淨值投資法人以外客戶提供複雜性高風險商品，應充分告知該金融商品、服務及契約之重要內容，包括交易條件重要內容及揭露相關風險，上該說明及揭露，除以非臨櫃之自動化通路交易或客戶不予同意之情形外，應以錄音或錄影方式保留紀錄。銀行告知內容範圍及錄音或錄影方式，由銀行公會訂定，並報金融監督管理委員會備查。

6. **原則上不得辦理辦理複雜性高風險商品**
   (1) **原則：銀行不得與下列客戶辦理複雜性高風險商品：**
       A. **自然人客戶。**
       B. **非避險目的交易且屬法人之一般客戶。**
   (2) **例外**：銀行向專業機構投資人及高淨值投資法人以外客戶提供複雜性高風險商品交易，應遵循下列事項：
       A. 屬匯率類之複雜性高風險商品：
           (A) 契約期限不得超過一年。
           (B) 契約比價或結算期數不得超過十二期。
           (C) 非避險目的交易之個別交易損失上限，不得超過平均單期名目本金之三點六倍。
       B. 前款商品以外之複雜性高風險商品：
           (A) 非避險目的之交易契約，其比價或結算期數十二期以下（含）者，個別交易損失上限不得超過平均單期名目本金之六倍。
           (B) 非避險目的之交易契約，其比價或結算期數超過十二期者，個別交易損失上限不得超過平均單期名目本金之九點六倍。
       C. 前二款所稱平均單期名目本金為不計槓桿之總名目本金除以期數之金額。

(三)提供對象為一般客戶

1. 應提供產品說明書及風險預告書

(1) 銀行向屬自然人之一般客戶提供衍生性金融商品交易服務，在完成交易前，至少應提供產品說明書及風險預告書，銀行並應派專人解說並請客戶確認。

(2) 銀行向屬法人之一般客戶提供衍生性金融商品交易服務，應訂定向客戶交付產品說明書及風險預告書之內部作業程序，並依該作業程序辦理。銀行與一般客戶完成衍生性金融商品交易後，應提供交易確認書（應包含交易確認書編號）予客戶。

(3) 所稱風險預告書應充分揭露各種風險，並應將最大風險或損失以粗黑字體標示。

2. 交易糾紛之處理

(1) 銀行向一般客戶提供衍生性金融商品交易服務，除應於交易文件與網站中載明交易糾紛之申訴管道外，於實際發生交易糾紛情事時，應即依照銀行內部申訴處理程序辦理。

(2) 銀行與一般客戶之交易糾紛，無法依照銀行內部申訴處理程序完成和解者，該客戶得向財團法人金融消費評議中心申請評議。

八、銀行辦理結構型商品應注意事項（第28~34條）

(一)不得以存款之名義為之：銀行向客戶提供結構型商品交易服務時，不得以存款之名義為之。

(二)應進行相關評估：銀行向專業機構投資人及高淨值投資法人以外客戶提供結構型商品交易服務，應進行下列評估：

1. 銀行應進行客戶屬性評估，確認客戶屬專業客戶或一般客戶；並就一般客戶之年齡、知識、投資經驗、財產狀況、交易目的及商品理解等要素，綜合評估其風險承受程度，且至少區分為三個等級。

2. 銀行應進行商品屬性評估並留存書面資料以供查證，相關評估至少應包含以下事項：

(1) 評估及確認該結構型商品之合法性、投資假設及其風險報酬之合理性、交易之適當性及有無利益衝突之情事。

(2) 就結構型商品特性、本金虧損之風險與機率、流動性、商品結構複雜度、商品年期等要素，綜合評估及確認該金融商品之商品風險程度，且至少區分為三個等級。

(3) 評估及確認提供予客戶之商品資訊及行銷文件，揭露之正確性及充分性。

(4) 確認該結構型商品是否限由專業客戶投資。

3. 銀行依前項第一款規定對客戶所辦理之客戶屬性評估作業，辦理評估之人員與向客戶推介結構型商品之人員不得為同一人。對於自然人客戶辦理之首次客戶屬性評估作業，應以錄音或錄影方式保留紀錄或以電子設備留存相關作業過程之軌跡。

(三) **應建立交易控管機制**：銀行向一般客戶提供結構型商品交易服務，應建立交易控管機制，至少應包含下列事項：

1. 銀行向客戶推介結構型商品，應事先取得客戶同意書，且不得併入其他約據之方式辦理。客戶並得隨時終止該推介行為。

2. 對於最近一年內辦理衍生性金融商品交易筆數低於五筆、年齡為七十歲以上、教育程度為國中畢業以下或有全民健康保險重大傷病證明之客戶，銀行不得以當面洽談、電話或電子郵件聯繫、寄發商品說明書等方式進行商品推介。

3. 銀行與符合前款所列條件之客戶進行結構型商品交易前，應由適當之單位或主管人員進行覆審，確認客戶辦理商品交易之適當性後，始得承作。

(四) **應進行行銷過程控制**：銀行向專業機構投資人及高淨值投資法人以外客戶提供結構型商品交易服務，應進行下列行銷過程控制：

1. 銀行應依第二十九條第一項第二款之商品屬性評估結果，於結構型商品客戶須知及產品說明書上以顯著之字體，標示該商品之商品風險程度。

2. 銀行向客戶提供結構型商品交易服務，應盡告知義務；對於交易條件標準化且存續期限超過六個月之商品，應提供一般客戶不低於七日之審閱期間審閱結構型商品相關契約，其屬專業客戶者，除專業客戶明確表示已充分審閱並簽名者外，其審閱期間不得低於三日；對於無須提供審閱期之商品，應於產品說明書上明確標示該商品並無契約審閱期間。

3. 銀行向客戶提供結構型商品交易服務，應向客戶宣讀或以電子設備說明該結構型商品之客戶須知之重要內容，並以錄音方式保留紀錄或以電子設備留存相關作業過程之軌跡。但對專業客戶得以交付書面或影音媒體方式取代之。

4. 銀行向自然人客戶提供首次結構型商品交易服務，應派專人解說，所提供商品如屬不保本型商品，銀行應就專人解說程序以錄音或錄影方式保留紀錄；嗣後銀行以電子設備提供同類型之結構型商品交易，得免指派專人解說。

5. 銀行與屬法人之客戶進行結構型商品交易後，嗣後銀行與該客戶進行同類型之結構型商品交易，得經客戶逐次簽署書面同意，免依第三款規定辦理。

6. 前二款所稱同類型之結構型商品係指商品結構、幣別、連結標的等性質完全一致之商品。

　前項客戶須知、產品說明書之應記載事項及錄音、錄影或以電子設備辦理之方式，由銀行公會訂定，並報本會備查。

(五)**應向客戶說明事項**

1. 銀行向客戶提供結構型商品交易服務前，應向客戶說明下列事項：
　(1) 該結構型商品因利率、匯率、有價證券市價或其他指標之變動，有直接導致本金損失或超過當初本金損失之虞者。
　(2) 該結構型商品因銀行或他人之業務或財產狀況之變化，有直接導致本金損失或超過當初本金損失之虞者。
　(3) 該結構型商品因其他經本會規定足以影響投資人判斷之重要事項，有直接導致本金損失或超過當初本金損失之虞者。

2. 銀行就前項結構型商品之交易服務，涉有契約權利行使期間、解除期間及效力之限制者，亦應向客戶說明之。

3. 銀行就第一項結構型商品之交易服務，應向客戶充分揭露並明確告知各項費用與其收取方式、交易架構，及可能涉及之風險等相關資訊，其中風險應包含最大損失金額。

(六)**不得有令人誤解之行為**：銀行從事結構型商品之推介或提供相關資訊及行銷文件，不得有下列情形：

1. 藉主管機關對金融商品之核准、核備或備查，作為證實申請事項或保證結構型商品價值之陳述或推介。

2. 使人誤信能保證本金之安全或保證獲利。

3. 結構型商品使用可能誤導客戶之名稱。

4. 提供贈品或以其他利益勸誘他人購買結構型商品。

5. 誇大過去之業績或為攻訐同業之陳述。

6. 為虛偽、欺罔、或其他顯著有違事實或故意使他人誤信之行為。

7. 內容違反法令、契約、產品說明書內容。

8. 為結構型商品績效之臆測。

9. 違反銀行公會訂定廣告及促銷活動之自律規範。

10. 其他影響投資人權益之事項。

(七)**不得為一般性廣告或公開勸誘之行為**：結構型商品限於專業客戶交易者，不得為一般性廣告或公開勸誘之行為。

(八)**應提供客戶市價評估資訊**：銀行向客戶提供結構型商品交易服務，客戶得就其交易請銀行提供市價評估及提前解約之報價資訊；如該結構型商品係提供予屬自然人之一般客戶，銀行應提供客戶市價評估資訊。

九、銀行辦理衍生性金額商品應配合之行政作業（第35~39條）

1. **銀行公會需訂定可辦理之種類**：銀行得向屬自然人之一般客戶提供衍生性金融商品交易服務之種類，及得向屬法人之一般客戶提供結構型商品交易服務之種類，由銀行公會訂定，並報本會備查。

2. **辦理臺股股權衍生性金融商品之申報**：銀行辦理臺股股權衍生性金融商品業務，其得連結之標的範圍，應與證券商從事臺股股權衍生性金融商品及臺股股權結構型商品業務交易得連結之標的相同。銀行辦理臺股股權衍生性金融商品應向財團法人中華民國證券櫃檯買賣中心申報相關資料。

3. **設立避險專戶之作業**

   (1) 銀行辦理臺股股權衍生性金融商品業務有關履約給付方式、交易相對人集中保管帳戶之確認開立、避險專戶有價證券質押之禁止、基於避險需要之借券或融券賣出標的證券相關規定、交易相對人為境外華僑及外國人之確認登記、契約存續期間、集中度管理、利害關係人交易之限制規定、轉（交）換公司債資產交換選擇權業務應遵循事項，應依「財團法人中華民國證券櫃檯買賣中心證券商營業處所經營衍生性金融商品交易業務規則」規定辦理。

   (2) 銀行為辦理臺股股權衍生性金融商品業務之避險需要買賣國內上市櫃股票者，應設立避險專戶，其開立、履約給付及資訊申報作業，應依財團法人中華民國證券櫃檯買賣中心相關規定辦理。

   (3) 銀行為提供客戶臺股股權衍生性金融商品交易服務之需要買賣轉（交）換公司債者，應取得證券商自行買賣業務許可，並依證券商自行買賣轉（交）換公司債相關規定辦理。

4. **外國銀行董（理）事會義務**：外國銀行在臺分行辦理衍生性金融商品業務，本辦法規定之董（理）事會義務得由其總行授權人員負責。

5. **應確實遵循銀行公會訂定之自律規範**：銀行辦理衍生性金融商品業務應確實遵循銀行公會訂定之自律規範。

經典範題

( )　**1** 銀行辦理信用衍生性金融商品交易，如為什麼條件下，且合約信用實體為銀行之利害關係人，其交易條件不得優於其他同類對象？　(A)信用風險承擔者　(B)利率風險承擔者　(C)匯率風險承擔者　(D)市場風險承擔者。

( )　**2** 銀行與一般客戶之交易糾紛，無法依照銀行內部申訴處理程序完成和解者，該客戶得向下列哪一個單位之金融消費爭議案件評議委員會要求進行評議或調解？　(A)銀行局　(B)證期局　(C)財團法人金融消費評議中心　(D)消基會。

( )　**3** 依銀行辦理衍生性金融商品業務內部作業控制及程序管理辦法規定，銀行向一般客戶提供結構型商品交易服務，應進行商品屬性之評估，下列相關評估之敘述何者錯誤？　(A)評估及確認該結構型商品之合法性、投資假設及其風險報酬之合理性、交易之適當性及有無利益衝突之情事　(B)應綜合評估及確認該金融商品之商品風險程度，且至少區分為四個等級　(C)評估及確認提供予客戶之商品資訊及行銷文件，揭露之正確性及充分性　(D)確認該結構型商品是否限由專業客戶投資。

( )　**4** 依銀行辦理衍生性金融商品業務內部作業控制及程序管理辦法規定，銀行向一般客戶提供結構型商品交易服務，對於交易條件標準化且存續期限超過多久之商品，應提供一般客戶審閱期審閱結構型商品相關契約？　(A)三個月　(B)六個月　(C)九個月　(D)一年。

( )　**5** 依銀行辦理衍生性金融商品業務內部作業控制及程序管理辦法規定，下列敘述何者錯誤？　(A)所稱一般客戶，係指非屬專業客戶者。　(B)中華民國境內之專業客戶皆不得以書面向銀行要求變更為一般客戶　(C)銀行辦理衍生性金融商品有涉及新臺幣及外幣之轉換部分，應依外匯收支或交易申報辦法之規定辦理。　(D)銀行辦理衍生性金融商品，應依相關法規及內部規定防範利益衝突及內線交易行為。

解答與解析

1 **(A)**。銀行辦理信用衍生性金融商品交易,如為信用風險承擔者,且合約信用實體為銀行之利害關係人,其交易條件不得優於其他同類對象。

2 **(C)**。銀行與一般客戶之交易糾紛,無法依照銀行內部申訴處理程序完成和解者,該客戶得向財團法人金融消費評議中心申請評議。

3 **(B)**。銀行向一般客戶提供結構型商品交易服務,應進行商品屬性評估並留存書面資料以供查證,相關評估至少應包含下列事項:

    (1) 評估及確認該結構型商品之合法性、投資假設及其風險報酬之合理性、交易之適當性及有無利益衝突之情事。

    (2) 就結構型商品特性、本金虧損之風險與機率、流動性、商品結構複雜度、商品年期等要素,綜合評估及確認該金融商品之商品風險程度,且至少區分為三個等級。

    (3) 評估及確認提供予客戶之商品資訊及行銷文件,揭露之正確性及充分性。

    (4) 確認該結構型商品是否限由專業客戶投資。

4 **(B)**。銀行向一般客戶提供結構型商品交易服務,應盡告知義務;對於交易條件標準化且存續期限超過六個月之商品,應提供一般客戶不低於七日之審閱期間審閱結構型商品相關契約;對於無須提供審閱期之商品,應於產品說明書上明確標示該商品並無契約審閱期間。

5 **(B)**。專業客戶除專業機構投資人外,得以書面向銀行要求變更為一般客戶。

重點 **2** 銀行辦理衍生性金融商品自律規範

一、適用範圍（第2-1條）

(一) **原則適用**:國際金融業務分行辦理衍生性金融商品業務原則上適用本自律規範之範圍。

(二) **例外規定**:銀行國際金融業務分行辦理衍生性金融商品業務,除不適用第二章及第三章規定外,應依本自律規範辦理。（※國際金融業務分行得不適用「銀行辦理衍生性金融商品業務內部作業制度及程序管理辦法」第30條第2項及第35條規定（本自律規範第二章及第三章之法源）。據此,銀行國際金融業務分行辦理衍生性金融商品業務得不適用本自律規範第二章及第三章。）

二、銀行辦理結構型商品應注意事項（第3~20條）

應進行行銷過程控制（第3條）

1. 銀行向專業機構投資人及高淨值投資法人以外客戶提供結構型商品交易服務，應進行下列行銷過程控制：

   (1) 提供產品說明書。

   (2) 提供客戶須知。

   (3) 向客戶宣讀或以電子設備說明客戶須知之重要內容，並以錄音方式保留紀錄或以電子設備留存相關作業之軌跡。但對專業客戶得以交付書面（紙本或電子郵件等）或影音媒體方式取代之。

   (4) 向屬自然人之客戶**提供首次結構型商品交易服務**，應派專人解說。

   (5) 向專業客戶提供結構型商品交易服務，應向客戶說明「專業客戶不受金融消費者保護法保障」。

2. 所稱產品說明書編製之基本原則如下：

   (1) 所記載之內容，應明確易懂，不得有虛偽、隱匿、欠缺或其他足致他人誤信之情事。

   (2) 所記載之內容，應具有時效性。刊印前，發生足以影響客戶判斷之交易或其他事件，均應一併揭露。

   (3) 相關風險之揭露應以淺顯易懂之方式表達。

3. 產品說明書應記載下列事項：

   (1) **重要事項摘要。**所稱重要事項摘要如下：

   　　A. 商品中文名稱（不得有保本字樣；名稱應適當表達其商品特性與風險，且應避免使用可能誤導客戶之名稱），若有原文名稱應加註。

   　　B. 以顯著字體標示本商品風險等級。

   　　C. 該商品對一般客戶銷售之商品風險等級，以及是否僅限專業客戶投資。

   　　D. 商品審閱期間或對無須提供審閱期之商品加註說明。

   　　E. 客戶應詳閱產品說明書之內容，並應注意商品之風險事項。

   (2) **商品或交易條件，及最大可能損失與情境說明。**所稱商品或交易條件，及最大可能損失與情境說明，應記載下列事項：

   　　A. 計價幣別、交易日／生效日／到期日，及其他依個別商品性質而定之日期等。

   　　B. 計價幣別到期本金保本率，並加註「於未發生提前終止之情形，且到期時本行未發生違約情事，到期結算稅前金額為_____%原計

價幣別本金。本產品之保本率為計價幣別到期本金保本率,計價幣別可能與原始資金來源幣別不同,以外幣計價之結構型商品,如原始資金來源為新臺幣,非以新臺幣計算保本率」。

C. 連結標的類別或資產(例如:匯率、利率、指數或個股名稱等),若涉及一籃子連結標的者,應說明連結標的及相關資訊、投資績效之關連情形、標的資產之相對權重或連結標的調整之條件及方法等。

D. 投資收益計算給付及其計算方式,應包含到期結算幣別或標的、金額之計算。

E. 以情境分析解說可能獲利之年化報酬率或平均年化報酬率,及最大可能損失,另應加註情境分析結果不保證未來績效。情境分析宜以表格舉例或文字說明產品交易條件於不同比價結果所得出之報酬率或收益/損失金額。若產品無需比價,則應說明收益支付日或到期日可能獲得之報酬率或收益金額,惟應避免以連結標的之歷史倒流測試解說可能獲利,以取代前述情境分析。

F. 交易條件如有提前到期約定,應載明提前到期之條件或說明銀行得提前到期之權利、結算應付款數額之金額或計算方式。

銀行向自然人客戶提供結構型商品交易服務應要求客戶於前項第二款保本率商品說明處簽名、蓋用原留印鑑或其他雙方同意之方式確認。

(3) **各項費用及交易處理程序說明,應記載下列事項:**

A. 對交易條件標準化之商品應說明商品開始受理投資、提前到期結算及客戶申請提前終止日期。

B. 銀行提供結構型商品服務應說明商品最低投資金額及投資金額給付方式,惟給付方式如另有約定則從其約定。若有交易不成立之情形,亦應說明,交易前預先收取投資金額者,並應說明返還投資金額之方式及日期。

C. 銀行應說明客戶應負擔的各項費用(如有適用)與其收取方式,例如:申請投資或提前終止之手續費或處理費用、及其他費用等。

D. 若客戶得提前終止交易,銀行應說明終止交易時得領取金額之計算方式及給付方式。

E. 載明交易糾紛申訴管道。

F. 其他依主管機關規定應說明或認為對客戶權益有重大影響，而應於產品說明書記載之事項。

本自律規範所稱交易條件標準化之商品，係指銀行對不特定多數人提供交易條件（如存續時間、利率、匯率、轉換條件、連結標的等）固定之商品。

(4) 銀行應向專業機構投資人及高淨值投資法人以外客戶告知可能涉及之風險，應說明下列事項：

A. 該結構型商品因利率、匯率、有價證券市價或其他指標之變動，有直接導致本金損失或超過當初本金損失之虞者。

B. 該結構型商品因銀行或他人之業務或財產狀況之變化，有直接導致本金損失或超過當初本金損失之虞者。

C. 該結構型商品因其他足以影響投資人判斷之重要事項，有直接導致本金損失或超過當初本金損失之虞者。

D. 該結構型商品之最大損失金額。

向一般客戶及屬自然人之專業客戶提供結構型商品交易服務，應提供**風險預告書**，其內容應包括**投資風險警語**及**商品風險說明**。如屬法人之專業客戶，應揭露資訊及交付程序得依銀行內部作業程序辦理。

向一般客戶提供不保本型結構型商品交易服務，且其金額占往來資金比率較高者，宜主動提醒客戶相關商品之風險，避免客戶因投資部位過度集中而蒙受重大損失。

(5) 前述所稱風險預告書之投資風險警語，應記載下列文字：

A. 本商品係複雜金融商品，必須經過專人解說後再進行投資。客戶如果無法充分理解本商品，請勿投資。

B. 本商品並非存款，而係一項投資，投資不受存款保險之保障。

C. 客戶投資前應詳閱產品說明書及風險預告書，並應自行了解判斷並自負盈虧。

D. 本商品係投資型商品，投資人應自行負擔本商品之市場風險及銀行之信用風險。

E. 客戶未清楚瞭解產品說明書、契約條款及所有文件內容前，請勿於相關文件簽名或蓋章。

F. 客戶提前終止可能導致可領回金額低於投資本金。

G.最大可能損失為全部投資本金。

(6) 前列所稱商品風險說明，應記載包括但不限於下列事項：

A. 連結標的風險：如標的資產的市場價格風險等項目。

B. 其他風險：如交易提前終止風險、利率風險、流動性風險、信用風險、匯兌風險、國家風險、賦稅風險、法律風險及再投資風險等項目。

交易提前終止風險應特別記載交易提前終止風險提示：「本商品到期前如申請提前終止，將導致您可領回金額低於原始投資金額（在最壞情形下，領回金額甚至可能為零），或者根本無法進行提前終止。」

除應遵守前項各類風險說明外，銀行應於交易文件中提醒客戶承作本商品之重要注意事項如下：

A. 結構型商品依商品設計或條件不同，客戶所暴露之風險程度可能不同，如為現金交割，可能發生部分或全部利息、本金減損或其他損失之風險；如為非現金交割，則可能發生本金將依約定轉換成標的資產之情事，可能必須承擔銀行及標的資產發行人之信用風險。

B. 影響衍生性金融商品價格變動之因素極為複雜，銀行所揭露之風險預告事項係列舉大端，對於交易風險與影響市場行情的因素或許無法詳盡描述，因此應提醒客戶於交易前仍應充分瞭解結構型商品之性質，及相關之財務、會計、稅制或法律等事宜，自行審度本身財務狀況及風險承受度，始決定是否進行投資。

4. **銀行向一般客戶提供結構型商品服務應編製不超過四頁且內文至少不得小於12字體之中文客戶須知**，並提供客戶。所稱客戶須知應記載下列事項：

(1) 商品內容摘要。　　　　　(2) 投資風險說明。

(3) 市價評估說明。　　　　　(4) 交易糾紛申訴管道。

5. **客戶須知應載明結構型商品之名稱以及下列警語，置於「客戶須知」明顯易見之處，並以粗黑或紅色字體刊印：**

(1) 本商品風險程度為_____，銷售對象之風險等級為_____。

(2) 本商品係複雜金融商品，必須經過專人解說後再進行投資。貴客戶如果無法充分理解本商品，請勿投資。

(3) 本商品並非存款，而係一項投資，投資不受存款保險之保障。

(4) 貴客戶申請投資前應詳閱產品說明書及風險預告書，並應自行了解判斷並自負盈虧。

(5) 貴客戶應自行負擔本商品之市場風險及銀行之信用風險，最大可能損失為全部投資本金。

(6) 貴客戶未清楚瞭解產品說明書、契約條款及所有文件內容前,請勿於相關文件簽名或蓋章。

(7) 貴客戶提前終止可能導致可領回金額低於投資本金。

(8) 應說明該商品之審閱期或對無須提供審閱期之商品加註說明。

6. **客戶須知應載明結構型商品事項如下:**

(1) 商品簡介:商品中文名稱、計價幣別、計價幣別到期本金保本率、交易日/生效日/到期日等。

(2) 連結標的類別或資產。

(3) 客戶應負擔的各項費用(如有適用)與其收取方式,例如:申請投資或提前終止之手續費或處理費用、及其他費用等。

(4) 投資收益給付及其計算方式。

(5) 說明交易如有提前到期約定時之條件、結算應付款數額之金額或計算方式。

(6) 對於交易條件標準化之商品,應說明後續受理提前終止交易的時間,最低投資金額、最低增加投資金額、各項費用的表列(若有)、及交易不成立之情形。

7. **客戶須知揭露結構型商品各類投資風險之說明,應包含下列內容:**

(1) **連結標的風險**:如標的資產的市場價格風險等項目。

(2) **其他風險**:以列舉方式告知各類次要風險項目,如交易提前終止風險、利率風險、流動性風險、信用風險、匯兌風險、國家風險、賦稅風險、法律風險及再投資風險等項目。

交易提前終止風險應特別記載交易提前終止風險提示:「本商品到期前如申請提前終止,將導致您可領回金額低於原始投資金額(在最壞情形下,領回金額甚至可能為零),或者根本無法進行提前終止。」除交易提前終止風險說明內容外,如有其他對客戶有重大影響之事項,應揭露相關投資風險。

8. 客戶須知應載明銀行將提供交易確認書、對帳單或其他證明文件予客戶,並說明提供予客戶之市價評估資訊僅提供客戶參考,客戶若欲提前終止交易,得領取之金額應依產品說明書或其他相關交易文件所載交易提前終止之計算方式為準。

9. 客戶須知應載明協助投資人權益之保護方式,包含下列項目:

(1) 糾紛之申訴管道。

(2) 與銀行發生爭議、訴訟之處理方式。

(3) 客戶與銀行發生爭議時得以下列方式尋求協助：

　　A. 銀行與一般客戶之交易糾紛，無法依照銀行內部申訴處理程序完成和解者，該客戶得向財團法人金融消費評議中心申請評議或調解。

　　B. 向金融監督管理委員會申訴。

10. 向一般客戶宣讀客戶須知之重要內容，並以錄音方式保留紀錄，應依以下原則辦理：

(1) 銀行向屬自然人之一般客戶提供結構型商品交易服務，應向其宣讀或以電子設備說明客戶須知之重要內容，至少應含本自律規範第十四條、第十五條第一款與第二款及第十六條。

(2) 銀行向屬法人之一般客戶提供結構型商品交易服務後，得經客戶逐次簽署書面同意未來就與該交易具有相同之商品架構、幣別、連結標的等之商品，得免依前項規定向客戶宣讀須知之重要內容及以錄音方式保留紀錄。

(3) 本條所稱以電子設備說明係指銀行透過網路銀行及行動網路銀行等方式，以顯著頁面揭露客戶須知重要內容，供客戶閱覽並勾選以示充分瞭解後，始得進入後續程序。

　　第三條第四款向自然人客戶**提供首次結構型商品交易服務專人解說**，應依以下原則辦理：

　　A. 解說內容應至少包含客戶須知重要內容，亦得以語音輔助方式辦理。惟銀行應就專人解說程序以錄音或錄影方式保留紀錄者，得與客戶須知合併留存紀錄。

　　B. 解說內容應包含投資收益計算。

　　C. 客戶如對解說內容有疑義時，專人應協助進行說明，並提醒客戶未清楚瞭解前勿進行投資。客戶如不願意聽取解說內容，應婉拒客戶投資。

　　前項所提供商品如屬不保本型商品，銀行應就專人解說程序以錄音或錄影方式保留紀錄。嗣後銀行以電子設備提供同類型結構型商品交易，得免指派專人解說。

11. 銀行於提供產品說明書或客戶須知前，應先確定內容無不當、不實陳述及違反相關法令之情事。

三、向一般客戶提供交易服務種類（即前述銀行對屬自然人之一般客戶提供交易服務種類）（第21～24條）

(一) 單項衍生性金融商品的種類

1. 銀行對屬自然人之一般客戶提供單項衍生性金融商品（非屬結構型商品之衍生性金融商品）交易服務以外匯保證金交易、陽春型遠期外匯、買入陽春型外幣匯率選擇權及買入轉換／交換公司債資產交換選擇權為限。銀行並應制定及執行適用以自然人為交易對手之信用風險評估政策及作業流程，若涉及外匯商品，同時依中央銀行相關外匯規定辦理。

2. 前項辦理外匯保證金交易之槓桿倍數由各銀行於評估風險後自行訂定。若涉及陽春型遠期外匯，銀行應查核其相關實際外匯收支需要之交易文件。

3. 第一項所稱單項衍生性金融商品如涉及大陸地區商品或契約，以外匯保證金交易（但不得涉及新臺幣匯率）、陽春型遠期外匯及買入陽春型匯率選擇權為限。

(二) 結構型商品種類

1. 銀行向一般客戶提供結構型商品交易服務應區分保本型及不保本型。結構型商品於到期或依合約條件提前到期時，客戶若可取回原計價幣別本金100％者屬保本型結構型商品。

2. 銀行向一般客戶銷售結構型商品，其銷售對象應有衍生性金融商品或結構型商品交易經驗或曾從事金融、證券、保險等相關行業之經歷。
   前項所稱之交易經驗係指客戶或經屬法人之客戶授權辦理交易之人，曾承作或投資單項或組合之衍生性金融商品、期貨、保證金交易、認購（售）權證、可轉（交）換公司債、附認股權有價證券、認股權憑證、結構型商品、境外結構型商品、具有衍生性金融商品性質之國內外有價證券及投資型保單等交易之經驗。
   3. 銷售對象應具備之交易經驗或經歷之認定，得以客戶聲明或依銀行內部作業程序辦理，惟針對客戶辦理不保本型結構型商品交易經驗或經歷之認定，不得以客戶聲明辦理，應取得合理可信之佐證依據。

(三) 提供保本型結構商品業務原則：銀行向一般客戶提供保本型結構型商品業務應符合下列原則：

1. 計價幣別以銀行可受理之幣別為限。

2. 不得連結下列標的：
   (1) 新臺幣匯率指標。
   (2) 本國企業於國外發行之有價證券。

(3) 國內證券投資信託事業於國外發行之受益憑證。

(4) 國內外機構編製之臺股指數及其相關金融商品。但如該指數係由臺灣證券交易所或證券櫃檯買賣中心公布之各類指數及該指數係由臺灣證券交易所或證券櫃檯買賣中心與國外機構合作編製非以臺股為主要成分股之指數，不在此限。

(5) 未經金融監督管理委員會核准或申報生效得募集及銷售之境外基金。

(6) 國外私募之有價證券。

(7) 股權、利率、匯率、基金、商品、上述相關指數及指數型基金以外之衍生性金融商品。但指數股票型基金，以金融監督管理委員會核定之證券市場掛牌交易之以投資股票、債券為主且不具槓桿或放空效果者為限。

3. 產品說明書及推廣文宣資料中之商品中文名稱應依本自律規範第六條第一款原則訂定，並應於商品中文名稱主標題後以括弧或於下方以副標題方式說明「不受存款保險保障之（連結標的名稱）（選擇權或其他衍生性金融商品名稱）投資商品」。

(四) **提供不保本型結構型商品業務原則**：銀行向屬自然人之一般客戶提供不保本型結構型商品業務應符合下列原則：

1. 計價幣別以銀行可受理之幣別為限。

2. 結構型商品到期結算金額或依合約條件提前到期結算金額應達原計價幣別本金（或其等值）70%以上。

3. 可連結標的之範圍限單一資產類別，並以下列四至六款產品為限。

4. 本金連結外幣匯率選擇權之結構型商品，產品期限不超過3個月，承作時之交易門檻為等值1萬美元以上（含），產品說明書及推廣文宣資料中之商品中文名稱應依本自律規範第六條第一款原則訂定，並應於商品中文名稱主標題後以括弧或於下方以副標題方式說明「不受存款保險保障，且交易損失可能達原始投資金額_____%之外幣匯率選擇權投資商品」。辦理本項商品若涉及人民幣，仍應符合中央銀行買賣人民幣額度控管規定。

5. 本金連結黃金選擇權之結構型商品：產品期限不超過6個月，承作時之交易門檻為等值1萬美元以上（含），產品說明書及推廣文宣資料中之商品中文名稱應依本自律規範第六條第一款原則訂定，並應於商品中文名稱主標題後以括弧或於下方以副標題方式說明「不受存款保險保障，且交易損失可能達原始投資金額_____%之黃金選擇權投資商品」。於中央銀行

開放外匯指定銀行辦理涉及人民幣之本金連結黃金選擇權結構型商品後始得辦理涉及人民幣之本項商品。

6. 本金連結股權或指數股票型基金選擇權之結構型商品：產品期限不超過12個月，承作時之交易門檻為等值1萬美元以上（含），產品說明書及推廣文宣資料中之商品中文名稱應依本自律規範第六條第一款原則訂定，並應於商品中文名稱主標題後以括弧或於下方以副標題方式說明「不受存款保險保障，且交易損失可能達原始投資金額＿＿＿＿＿＿％之股權或指數股票型基金選擇權投資商品」。涉及臺股股權者，其得連結之標的範圍，應與證券商從事臺股股權衍生性金融商品及臺股股權結構型商品業務交易得連結之標的相同。

(五) **向法人客戶提供不保本型結構型商品業務**

銀行向屬法人之一般客戶提供不保本型結構型商品業務應符合下列原則：

1. 計價幣別以銀行可受理之幣別為限，且不得連結新臺幣匯率指標及信用事件。

2. 連結標的涉及臺股股權者，其得連結之標的範圍，應與證券商從事臺股股權衍生性金融商品及臺股股權結構型商品業務交易得連結之標的相同。

3. 產品期限超過二年者，其到期結算金額或依合約條件提前到期結算金額應達原計價幣別本金（或其等值）70％以上。產品說明書及推廣文宣資料中之商品中文名稱應依本自律規範第六條第一款原則訂定。

四、商品適合度及商品風險之告知及揭露（第25～26條）

(一) **建立內部作業程序**

銀行向專業機構投資人及高淨值投資法人以外客戶提供非屬結構型商品之衍生性金融商品交易服務，銀行就商品適合度建立之內部作業程序，至少應包含客戶屬性與交易目的評估、客戶分級與商品分級依據、商品風險分類及風險集中度控管機制。前項內部作業程序應依下列原則辦理：

1. 建立商品風險分級制度，且分級方式應考量多重風險因子，例如波動幅度、連結標的資產類別及產品天期等。如屬複雜性高風險商品及其他經主管機關核定之商品類型，應核予該商品最高風險評級。銀行與客戶辦理衍生性金融商品交易前，應使客戶充分瞭解其於銀行內部之客戶分類及配適之商品風險等級。

2. 核給客戶衍生性金融商品額度或進行額度展延時，銀行應透過聯徵中心查詢或請客戶提供與其他金融機構承作衍生性金融商品之額度。

3. 應考量客戶之營業收入、淨值、與其他銀行交易額度等因素，審慎衡酌客戶需求及承受風險能力，核給客戶交易額度，並針對擔保品徵提及追繳機制訂定相關規範。

4. 提供予客戶之交易文件應以文字或情境分析說明交易損益之可能變動情形。除賣出選擇權、複雜性高風險商品及其他經主管機關核定之商品類型須逐筆提供文字或情境分析外，其他商品得以一次性之說明分析交易損益之可能變動情形。

5. 銀行應合理控管客戶整體信用風險，避免客戶整體曝險情形超過其風險承受能力，並應每日按市價評估，確實執行徵提保證金或擔保品機制。

6. 銀行應定期（至少每月一次）提供客戶交易部位之市價評估資訊。

7. 銀行與客戶之衍生性金融商品交易合約得訂定交易提前終止時，結算應付款數額之方式，且應反映並計算交易之當時市場價值，包括被終止交易原本在提前終止日後到期應給付之價值。前述交易提前終止之條件、結算應付款數額之方式等內容應於相關契約文件內載明或以其他方式向客戶充分揭露。如有額外收取提前終止費用，亦應予以揭露。

(二)**辦理複雜性高風險商品業務原則**

1. 銀行與專業機構投資人及高淨值投資法人以外之客戶辦理複雜性高風險商品業務應符合下列原則：

(1) 客戶應具備承作複雜性高風險商品之交易經驗，或應至少同時具備下列交易經驗條件：

　A. 承作衍生性金融商品交易經驗達一年以上。

　B. 最近一年內曾辦理隱含賣出選擇權之非屬結構型商品之衍生性金融商品交易。

(2) 銀行應向客戶取得合理可信之交易經驗佐證依據。

(3) 銀行與客戶辦理非避險目的之複雜性高風險衍生性金融商品交易前，應提供客戶其他風險等級較低或複雜度較低之商品供其選擇，並留存書面或錄音等紀錄以佐證客戶確認其適合投資該商品。

(4) 銀行應就非以避險為目的承作之複雜性高風險商品建立客戶風險集中度控管機制，明確訂定客戶投資複雜性高風險商品所使用之未來潛在曝險額（MLIV）加計曝險額（MTM）之總和占其衍生性商品曝險額度之最高比重及逾限控管機制。

(5) 銀行與客戶承作複雜性高風險商品交易應告知交易條件重要內容及相關風險，除以非臨櫃之自動化通路交易或客戶不予同意之情形外，應以錄音或錄影方式保留紀錄。

(6) 銀行應落實執行認識客戶及商品適合度制度，與非避險客戶辦理複雜性高風險商品時，所訂定之個別契約最大損失上限應有合理考量基礎。

(7) 提供予客戶之交易文件應載明並揭露該筆交易契約之客戶最大損失金額及客戶提前終止交易之應支付金額計算方式等交易條件，並要求客戶於該最大損失金額處及交易條件處簽名或蓋用原留印鑑之方式確認，以提高客戶風險意識，並應提供客戶交易糾紛申訴管道。

(8) 銀行與客戶承作複雜性高風險衍生性金融商品，如以背對背拋補交易方式進行，應於該筆交易文件揭露銷售利潤率上限。前揭銷售利潤率得以銷售利潤佔總名目本金（應加計槓桿倍數與比價期數）百分率或等值金額方式向客戶揭露之。

2. **所稱之交易條件重要內容及相關風險係指下列事項：**

交易條件及重要內容	1. 計價幣別。 2. 交易日／生效日／到期日及其他依個別商品性質而定之日期。 3. 連結標的類別或資產。 4. 收益計算給付及其計算方式。 5. 說明交易如有提前到期約定時之條件、結算應付款數額之金額或計算方式。

3. 所須告知之交易相關風險至少應含本自律規範第二十六條第一款至第六款。

4. 所稱以錄音或錄影方式保留紀錄，其保存期限應不得少於該商品存續期間加計三個月之期間，如未滿五年應至少保存五年以上。惟遇有爭議之交易時，應保留至爭議終結為止。

(三) **風險之告知及揭露**：銀行向專業機構投資人及高淨值投資法人以外之專業客戶及一般客戶提供非屬結構型商品之衍生性金融商品交易服務，銀行就商品風險之告知及揭露至少應包含下列事項，並應妥善保存紀錄證明已告知客戶相關風險：

1. 衍生性金融商品如屬非以避險為目的者，其最大可能損失金額。如為具有乘數條款之組合式交易，當市場價格不利於客戶交易時，交易損失將因具有乘數效果而擴大。

2. 衍生性金融商品之市價評估（mark-to-market）損益係受連結標的市場價格等因素影響而變動。當市場價格不利於客戶之交易時，該交易市價評估損失，有可能遠大於預期。

3. 客戶於契約到期前提前終止交易，如市場價格不利於客戶交易時，客戶有可能承受鉅額交易損失。

4. 天期較長之衍生性金融商品將承受較高之風險。於市場價格不利於客戶交易時，客戶將承受較高之提前終止交易損失。

5. 客戶如負有依市價評估結果計算應提供擔保品義務，當市場價格不利於客戶交易，致產生市價評估損失時，客戶應履行提供擔保品之義務。客戶應提供擔保品數額遠大於預期時，可能產生資金調度之流動性風險。如客戶未能履行提供擔保品義務，致銀行提前終止交易，客戶將可能承受鉅額損失。

6. 以避險目的承作之衍生性金融商品，如契約金額大於實質需求，超額部分將承受無實質部位覆蓋之風險。

(四) 留存紀錄之提供

1. 本自律規範第十九條及第二十五之一條之錄音或錄影之個人資料當事人得於保存期限內，向銀行申請調閱依本自律規範所留存之紀錄。

2. 除該資料之提供有妨害銀行或第三人之重大利益外，銀行應配合提供前項紀錄，並得向當事人收取必要成本費用。

五、推介業務規範（第27～28條）

(一)總行得授權外匯指定分行辦理衍生性金融商品推介業務。經授權推介衍生性金融商品業務之分行得接受國際金融業務分行委託代為辦理推介業務。授權分行得辦理之推介業務包含以下項目：

1. 推廣介紹及銷售對客戶提供之衍生性金融商品。

2. 對客戶解說商品內容、揭露可能涉及之風險。

3. 依據總行就產品條件所提供之報價，確認客戶同意交易條件。推介業務以結構型商品、陽春型遠期外匯（不含無本金交割遠匯）及換匯交易為限。

(二)銀行總行授權其外匯指定分行辦理衍生性金融商品推介業務應依以下原則：

1. 推介人員應依規定取得必要資格並完成登錄。

2. 授權分行推介人員辦理推介作業時，應依總行所建立之衍生性金融商品及結構型商品適合度制度、行銷過程控制等內部作業及程序辦理。

3. 推介人員辦理推介作業應瞭解客戶屬性及商品屬性，以確認客戶辦理衍生性金融商品之適當性。

4. 推介人員如透過電話設備辦理前條第二項第三款結構型商品推介業務，應以錄音方式保留紀錄，並於交易前確認客戶身分及商品風險屬性適配性後，方得進行交易。透過電話辦理推介業務應依本自律規範第二章、第三章、第四章及第八章規定辦理。

5. 推介人員提供客戶之相關資訊及文件應建立審核控管機制，向非屬專業機構投資人之客戶提供之推廣文宣資料，應由總行製作或經總行審閱後始得提供。

6. 總行應訂定授權準則並經董事會（或外國銀行總行或總行授權在臺負責人）同意，其內容至少應包含：

   (1) 總行及經授權得辦理之單位，及分別應負責之管理與推介工作。

   (2) 總行授權指定分行辦理之推介商品、授權分行及授權分行推介人員清單或名冊之核決程序及增減維護。

六、以電子設備提供結構型商品交易方式（第29～30條）

銀行向專業機構投資人以外客戶提供結構型商品交易服務如透過電子設備辦理，應依下列原則辦理：

(一)本條所稱電子設備係指銀行透過網路銀行或行動網路銀行等電子設備方式提供或受理客戶辦理結構型商品交易。

(二)使用電子設備提供結構型商品交易服務前，銀行應以書面與客戶約定使用電子設備之相關事宜。

(三)銀行應於客戶透過電子設備辦理交易之始，確認客戶身分，並逐筆檢核確認商品風險屬性適配之妥適性後，方得進行交易。

(四)銀行向自然人客戶提供首次結構型商品交易前，應派專人解說，嗣後同類型交易始得透過電子設備辦理。

(五)銀行應於頁面揭露本自律規範規定應揭露事項及內容。如需向客戶宣讀、說明，或請客戶簽名確認者，應以顯著方式於網路銀行或行動網路銀行頁面揭露供客戶閱覽，勾選以示充分瞭解後，始得進入後續交易程序，並應以電子設備留存相關作業過程之軌跡。

(六)銀行應交付客戶之交易文件，得於客戶確認後自電子設備下載，以代交付。

(七)交易安全控管機制及相關消費者保護措施，應依本會「金融機構辦理電子銀行業務安全控管作業基準」辦理，並準用「財富管理業務消費者保護措施及增補條款範本」相關規定。

七、風險管理措施（第31～32條）

(一)銀行辦理衍生性金融商品業務遵循金融監督管理委員會訂頒「銀行辦理衍生性金融商品業務內部作業制度及程序管理辦法」建立風險管理制度，應至少包含市場、信用、作業及流動性等風險，以落實風險之辨識、衡量、監控及報告等程序，並依以下原則辦理：

1. 風險之辨識風險之辨識至少應包含市場風險、信用風險、作業風險、流動性風險等項目，並應就影響各該類風險之風險因子指認歸類，俾得進行系統化管理。

2. 風險之衡量銀行辨識不同商品所含之風險因子後，宜訂定適當之衡量方法，包括風險之分析與評估，俾作為風險管理之依據。衍生性金融商品之風險管理，應按不同類型之風險訂定量化或其他可行之質化方法予以衡量。

3. 風險之監控銀行應訂定完整之監控作業流程。此種作業宜於例行營運活動中持續進行，或（並）於事後作離線之觀察與瞭解。監控作業中所發現之缺失均應依規定呈報，例如限額之使用情形、超限情況之呈報處理及回應措施之操作等。

4. 風險之報告銀行應訂定編製及呈報各種交易報告與風險管理報告之作業規範，並由負責風險管理之單位或其他適當單位，依照上開規範，就權責部分，定期呈報銀行所承擔之風險部位狀況，以為管理依據。

(二)為避免銀行因從事非屬結構型商品之衍生性金融商品交易服務而承受過高交易對手信用風險，防止交易糾紛發生，銀行應依下列原則訂定相關風險管理及內部作業控制程序：

1. 客戶承作衍生性金融商品交易發生評價損失時，銀行應依其內部規範定期監控交易評價損失及信用風險額度使用情形，客戶並得就其交易請銀行提供市價評估資訊。

2. 銀行與客戶辦理衍生性金融商品交易，包含承作、展期、提前終止、反向平倉或買回等交易，應檢核交易條件是否明顯偏離合理價值。合理價值之檢核應就交易條件整體為之，不應僅就單一條件判斷之，例如該交易屬價

內（In-the-Money）或價外（Out-the-Money）交易，或僅評估交換交易之利率指標差異等。

3. 客戶因承作衍生性金融商品交易發生評價損失，於交易到期或提前終止時與銀行承作新交易，並以新交易取得之期初款沖抵原到期或終止交易應支付之款項（paymentnetting）時，銀行應依其內部規範執行評核程序，並應於交易文件上載明沖抵之情形，避免產生協助客戶遞延或隱藏交易損失以有粉飾或操縱財務報表之虞。

4. 客戶承作衍生性金融商品交易有前款情形時，銀行應經其信用風險管理機制予以評估其信用及損失狀況，且於確認客戶仍有足夠信用風險額度，或整體信用風險無虞後，方得承作新交易，以避免銀行承受過高信用風險。

(三)為強化銀行與客戶承作結構型商品交易之交易控管，銀行應針對結構型商品不同幣別、年限及連結標的訂定風險集中度控管機制，並至少每季就該商品市價、收益率及損益等項目，定期製作分析報告，提報董（理）事會或授權之高階管理階層通過。

八、其他（第33-1、34～35條）

(一)銀行依本自律規範應以錄音或錄影方式保留紀錄，其保存期限應不得少於該商品存續期間加計三個月之期間，如未滿五年應至少保存五年以上。惟遇有爭議之交易時，應保留至爭議終結為止。

銀行以電子設備留存相關作業過程之軌跡，得以影音媒體或電子文件方式保存，其保存期限應不得少於該商品存續期間加計三個月之期間，如未滿五年應至少保存五年以上。惟遇有爭議之交易時，應保留至爭議終結為止。

(二)錄音、錄影或以電子設備留存之個人資料，當事人得於保存期限內，向銀行申請調閱依本自律規範所留存之紀錄。除該資料之提供有妨害銀行或第三人之重大利益外，銀行應配合提供前項紀錄，並得向當事人收取必要成本費用。

(三)銀行辦理客戶屬性評估作業之人員對於衍生性金融商品應有一定程度之了解，其資格條件原則上不得低於辦理衍生性金融商品推介人員資格條件，並比照衍生性金融商品推介人員應每年參加在職訓練課程。以標準化之表單文件進行自然人客戶風險等級評分且無涉及人為判斷，對於個別客戶辦

理客戶屬性評估之人員及進行覆核之人員，該二人員至少其中一人應符合前項所述衍生性金融商品推介人員資格條件。

(四)銀行應管理衍生性金融商品銷售與推介人員之行為，依誠信、審慎之原則執行職務，並訂定行為與操守準則，應至少包含下列事項：

1. 不得違背職務、損害銀行利益或不法圖利自己或第三人。

2. 不得與客戶約定投資收益分享或損失分攤之承諾。

3. 因職務之關係知悉客戶未公開之訊息，不應擅自為自己或相關人員進行交易以謀取不法利益。

4. 不得對客戶運用不實的宣傳方式謀取自身利益。

5. 規範禁止收受或提供不當報酬或饋贈。

經典範題

( ) **1** 受託或銷售機構對於結構型商品之行銷過程控制，下列何者錯誤？

(A)提供產品說明書

(B)客戶須知應載明協助投資人權益之保護方式

(C)銀行向一般客戶提供結構型商品服務應編製不超過十頁且內文至少不得小於12字體之中文客戶須知，並提供客戶

(D)提供客戶須知。

( ) **2** 衍生性商品交易對手應簽署的文件，下列何者不包括在內？

(A)交易確認函 (B)開戶約定文件 (C)ISDA主契約 (D)會計師函證通知。

解答與解析

1 (C)。銀行向一般客戶提供結構型商品服務應編製不超過四頁且內文至少不得小於12字體之中文客戶須知，並提供客戶。選項(C)有誤。

2 (D)。衍生性商品交易對手應簽署的文件，不包括會計師函證通知。

重點 3　銀行辦理衍生性金融商品業務 風險管理自律規範（104.7.8）

一、訂定風險管理制度（第1~2、9條）

(一)**訂定及本規範之單位**：<u>中華民國銀行商業同業公會全國聯合會</u>為強化銀行辦理衍生性金融商品業務風險管理之自律，訂定本自律規範。

(二)**風險管理制度**：銀行辦理衍生性金融商品業務，應遵循金融監督管理委員會訂頒「銀行辦理衍生性金融商品業務內部作業制度及程序管理辦法」規定，並應依本風險管理自律規範訂定市場、信用、作業及流動性等風險管理制度，以落實風險之辨識、衡量、監控及報告等程序。對風險容忍度及業務承作限額，應定期檢討提報董（理）事會審定。

　1.**風險之辨識**：風險之辨識至少應包含市場風險、信用風險、作業風險、流動性風險等項目，並應就影響各該類風險之風險因子指認歸類，俾得進行系統化管理。

　2.**風險之衡量**：銀行辨識不同商品所含之風險因子後，宜訂定適當之衡量方法，包括風險之分析與評估，俾作為風險管理之依據。衍生性金融商品之風險管理，應按不同類型之風險訂定量化或其他可行之質化方法予以衡量。

　3.**風險之監控**：銀行應訂定完整之監控作業流程。此種作業宜於例行營運活動中持續進行，或（並）於事後作離線之觀察與瞭解。監控作業中所發現之缺失均應依規定呈報，例如限額之使用情形、超限情況之呈報處理及回應措施之操作等。

　4.**風險之報告**：銀行應訂定編製及呈報各種交易報告與風險管理報告之作業規範，並由負責風險管理之單位或其他適當單位，依照上開規範，就權責部分，定期呈報銀行所承擔之風險部位狀況，以為管理依據。

二、執行風險管理制度（第3~8條）

(一)**應設立獨立的風險管理單位**：<u>辦理衍生性金融商品業務之交易及交割人員不得互相兼任</u>，銀行應設立獨立於交易部門以外之風險管理單位，執行風險辨識、衡量及監控等作業，並定期呈報部位風險及評價損益。

(二)建立並維持一有效之評價及控管機制：

1. 銀行辦理衍生性金融商品業務須建立並維持一有效之評價及控管機制，俾以反映衍生性金融商品之價值，以利對損益和風險關聯性因子進行評估分析。

2. 銀行交易部門使用之金融商品定價模型與評價系統應由負責風險管理之單位檢核後，方得使用。

3. 銀行應就風險管理系統進行整合，以及對異常狀況或特別重大事件進行各種壓力測試，並應明訂各類測試之程序、方法及期間，以利遵循。

4. 平倉交易部分，銀行得經風險管理單位評估核准後，採取其他風險管理措施。

(三)衍生性金融商品部位之評價頻率：關於衍生性金融商品部位之評價頻率，銀行應依照部位性質分別訂定；其為交易部位者，應以即時或每日市價評估為原則；其為銀行本身業務需要辦理之避險性交易者，至少每月評估一次。

(四)訂定新種衍生性金融商品之內部審查作業規範：銀行須訂定新種衍生性金融商品之內部審查作業規範，包括各相關部門之權責，以及審查之內容、程序及核決層級。

(五)進行定期評估：銀行負責風險管理之單位或其他適當單位應對風險管理制度進行定期評估。

(六)訂定相關風險管理及內部控制規範：銀行不得利用衍生性金融商品，幫助客戶粉飾或操縱財務報表。同時為避免銀行承受過高信用風險，防止交易糾紛發生，銀行應依下述原則訂定相關風險管理及內部控制規範相關交易：

1. 銀行應切實依據客戶經營或財務狀況等因素，評估其財務能力，並依銀行內部規範提供合理之衍生性金融商品信用風險額度。

2. 客戶承作衍生性金融商品交易發生評價損失時，銀行應依其內部規範定期監控交易評價損失及信用風險額度使用情形，客戶並得就其交易請銀行提供市價評估資訊。

3. 銀行與客戶從事衍生性金融商品交易，包含承作、展期、提前終止、反向平倉或買回等交易，應檢核交易條件是否明顯偏離合理價值。合理價值之檢核應就交易條件整體為之，不應僅就單一條件判斷之，例如該交易屬價內（In-the-Money）或價外（Out-the-Money）交易，或僅評估交換交易之利率指標差異等。

4. 客戶因承作衍生性金融商品交易發生評價損失,於交易到期或提前終止時承作新交易,並以新交易取得之期初款項沖抵原到期或終止交易應支付之款項(payment netting)時,銀行應依其內部規範執行評核程序,並應於交易文件上載明沖抵之情形,避免產生協助客戶遞延或隱藏交易損失以有粉飾或操縱財務報表之虞。

5. 客戶承作衍生性金融商品交易有前項情形時,銀行應經其信用風險管理機制予以評估其信用及損失狀況,且於確認客戶仍有足夠信用風險額度,或整體信用風險無虞後,方得承作新交易,以避免銀行承受過高信用風險。

經典範題

( ) **1** 銀行辦理衍生性金融商品業務風險管理自律規範是由哪一個單位訂定? (A)銀行局 (B)證期局 (C)中華民國銀行商業同業公會全國聯合會 (D)消基會。

( ) **2** 關於衍生性金融商品部位之評價頻率,其為銀行本身業務需要辦理之避險性交易者,至少多久評估一次? (A)每日 (B)十日 (C)十五日 (D)每月。

解答與解析

1 (C)。中華民國銀行商業同業公會全國聯合會為強化銀行辦理衍生性金融商品業務風險管理之自律,訂定銀行辦理衍生性金融商品業務風險管理自律規範。本風險管理自律規範經中華民國銀行商業同業公會全國聯合會理事會議通過,並報請主管機關核備後施行;修正時,亦同。

2 (D)。關於衍生性金融商品部位之評價頻率,其為銀行本身業務需要辦理之避險性交易者,至少每月評估一次。

精選試題

(　　) **1** 依「銀行辦理衍生性金融商品業務內部作業控制及程序管理辦法」
規定，下列敘述何者錯誤？　(A)銀行不得利用衍生性金融商品遞
延、隱藏損失或虛報、提前認列收入　(B)銀行不得利用衍生性金
融商品幫助客戶遞延、隱藏損失或虛報、提前認列收入等粉飾或操
縱財務報表之行為　(C)銀行辦理股權相關衍生性金融商品交易不
得有為自身或配合客戶利用本項交易進行併購或不法交易之情形
(D)銀行得利用選擇權交易（尤其是期限長或極短期之選擇權）美
化財務報表。

(　　) **2** 依「銀行辦理衍生性金融商品業務內部作業控制及程序管理辦法」
所稱之自然人專業客戶，除客戶具備充分之金融商品專業知識或交
易經驗及充分了解銀行與專業客戶進行衍生性金融商品交易得免除
之責任，同意簽署為專業客戶並以書面向銀行申請為專業客戶外，
尚應符合下列哪些條件？　(1)提供新臺幣一千萬元以上之財力證
明　(2)提供新臺幣二千萬元以上之財力證明　(3)單筆交易金額逾
新臺幣三百萬元，且於該銀行之存款及投資往來總資產逾新臺幣
一千五百萬元　(4)單筆交易金額逾新臺幣二百萬元，且於該銀行
之存款及投資往來總資產逾新臺幣一千萬元　(5)並提供總資產超
過新臺幣三千萬元以上之財力聲明書　(A)(1)(4)　(B)(2)(5)　(C)
(1)(3)　(D)(3)(5)。　　　　　　　　　　【第11期結構型商品銷售人員】

(　　) **3** 依「銀行辦理衍生性金融商品業務內部作業控制及程序管理辦法」
規定，銀行向下列何種客戶進行結構型商品交易後，嗣後銀行與該
客戶進行同類型之結構型商品交易，得經客戶逐次簽署書面同意，
免向客戶宣讀客戶須知之重要內容及以錄音方式保留紀錄？　(A)交
易額在一千萬元以下之專業機構投資人　(B)交易額在一百萬元以下
之自然人客戶　(C)屬自然人之一般客戶　(D)屬法人之一般客戶。

(　　) **4** 銀行向客戶提供結構型商品交易服務前，應向客戶充分揭露並明確
告知各項費用與其收取方式、交易架構，及可能涉及之風險等相關
資訊，其中風險應包含下列何者？　(A)最小損失金額　(B)期初損
失金額　(C)適度損失金額　(D)最大損失金額。

(   ) **5** 依「銀行辦理衍生性金融商品業務內部作業控制及程序管理辦法」
規定，銀行向一般客戶提供交易條件標準化且存續期間超過一定期
限之結構型商品交易服務，應提供一般客戶不低於多久之審閱期審
閱相關契約？ (A)五日 (B)七日 (C)十日 (D)十五日。

(   ) **6** 依「銀行辦理衍生性金融商品業務內部作業控制及程序管理辦法」
規定，銀行向一般客戶提供結構型商品交易服務，應進行之行銷過
程控制，下列敘述何錯誤？ (A)銀行不得向一般客戶提供超過其
適合等級之衍生性金融商品交易服務或限專業客戶交易之衍生性金
融商品 (B)對於無須提供審閱期之商品，應於產品說明書上明確
標示該商品並無契約審閱期間 (C)銀行應向客戶宣讀該結構型商
品之客戶須知之重要內容，並以客戶簽名方式保留紀錄 (D)銀行
應依商品屬性評估結果，於結構型商品客戶須知及產品說明書上以
顯著之字體，標示該商品之商品風險程度。

(   ) **7** 銀行向一般客戶提供衍生性金融商品交易服務，下列敘述何者錯
誤？ (A)銀行向屬自然人之一般客戶提供衍生性金融商品交易服
務，在完成交易前，至少應提供產品說明書及風險預告書，銀行並
應派專人解說並請客戶確認 (B)銀行向屬法人之一般客戶提供衍
生性金融商品交易服務，毋須交付產品說明書及風險預告書 (C)
銀行向一般客戶提供衍生性金融商品交易服務，除應於交易文件與
網站中載明交易糾紛之申訴管道外，於實際發生交易糾紛情事時，
應即依照銀行內部申訴處理程序辦理 (D)對商品之可能報酬與風
險之揭露，應以衡平且顯著方式表達。

(   ) **8** 銀行向主管機關申請辦理衍生性金融商品業務，依規定其申請日
上一季底逾放比率應為： (A)1%以下 (B)2%以下 (C)3%以下
(D)4%以下。

(   ) **9** 有關銀行從事結構型商品之推介或提供相關資訊及行銷文件，下列
敘述何者錯誤？ (A)不得提供贈品或以其他利益勸誘他人購買結
構型商品 (B)結構型商品限於專業客戶交易者，不得為一般性廣
告或公開勸誘之行為 (C)得為結構型商品績效之臆測 (D)不得有
誇大過去之業績或為攻訐同業之陳述。

( ) **10** 指定機構辦理代客操作業務，應以下列何者之注意義務及忠實義務為之？　(A)輔佐人　(B)代理人　(C)公正第三人　(D)善良管理人。

( ) **11** 依銀行辦理衍生性金融商品業務內部作業控制及程序管理辦法規定，下列何者非屬所稱之專業客戶？　(A)中華民國境內之銀行　(B)最近一期經會計師查核或核閱之財務報告淨資產超過新臺幣二百億元者　(C)中華民國境內之政府投資機構　(D)中華民國境外之政府基金。

( ) **12** 銀行經金管會核准辦理衍生性金融商品業務，應於金管會的哪個單位網際網路申報統營業項目中登錄後，始得開辦？　(A)銀行局　(B)證期局　(C)保險局　(D)檢查局。

( ) **13** 「銀行辦理衍生性金融商品業務內部作業控制及程序管理辦法」中所稱結構型商品，係指銀行以何身分與客戶承作之結合固定收益商品與衍生性金融商品之組合式交易？　(A)代理人　(B)公正第三人　(C)經紀人　(D)交易相對人。

( ) **14** 依「銀行辦理衍生性金融商品業務內部作業控制及程序管理辦法」規定，須同時符合三項條件之自然人，始得以書面向銀行申請為專業客戶，以下何者不屬於此三項條件之一？　(A)提供新台幣一千五百萬元以上之財力證明　(B)單筆交易金額逾新台幣三百萬元，且於該銀行之存款及投資往來總資產逾新台幣一千五百萬元，並提供總資產超過新台幣三千萬元以上之財力聲明書　(C)客戶具備充分之金融商品專業知識或交易經驗　(D)客戶充分了解銀行與專業客戶進行衍生性金融商品交易得免除之責任，同意簽署為專業客戶。

( ) **15** 下列何者非為「銀行辦理衍生性金融商品業務內部作業控制及程序管理辦法」所稱之專業投資人？　(A)保險公司　(B)證券商　(C)信用合作社　(D)退休基金。

( ) **16** 依銀行辦理衍生性金融商品業務內部作業控制及程序管理辦法規定，下列何者屬於所稱之衍生性金融商品？　(A)資產證券化商品　(B)可轉（交）換公司債　(C)結構型債券　(D)銀行以交易相對人身分與客戶承作之雙元組合式商品（Dual Currency Deposit）。

(　　) **17** 銀行之董（理）事會應適時檢討銀行辦理衍生性金融商品業務之經
營策略及作業準則，並應評估績效及風險，且除外國銀行在臺分行
依總行規定定期辦理檢討者外，應至少多久檢討一次？
(A)每月　　　　　　　　　　(B)每季
(C)每半年　　　　　　　　　(D)每年。

(　　) **18** 依銀行辦理衍生性金融商品業務內部作業控制及程序管理辦法規
定，下列何者非為自然人向銀行申請為專業客戶之條件？
(A)同意簽署為專業客戶
(B)提供新台幣三千萬元以上之財力證明
(C)具備充分之金融商品專業知識或交易經驗
(D)於該銀行之存款及投資往來總資產至少逾新台幣三千萬元。

(　　) **19** 銀行已取得辦理衍生性金融商品業務之核准者，除應經核准後始得辦
理之商品者外，得開辦各種衍生性金融商品，並於開辦後多久期限
內檢附相關資料報金管會？　(A)3日　(B)7日　(C)15日　(D)30日。

(　　) **20** 依銀行辦理衍生性金融商品業務內部作業控制及程序管理辦法規
定，銀行向一般客戶提供衍生性金融商品交易服務，下列敘述何者
錯誤？　(A)應建立商品適合度制度　(B)推度文宣資料，應清楚、
公正及不誤導客戶　(C)風險預告書應充分揭露各種風險，並應將
最大收益以粗黑字體標示　(D)銀行與一般客戶完成衍生性金融商
品交易後，應提供交易確認書（應包含交易確認書編號）予客戶。

(　　) **21** 依銀行辦理衍生性金融商品業務內部作業控制及程序管理辦法規
定，所稱專業客戶，下列敘述何者錯誤？
(A)包含專業機構投資人，例如銀行、保險公司、票券金融公司、
證券商及基金管理公司等
(B)包含最近一期經會計師查核或核閱之財務報告總資產超過新台
幣五千萬元之法人
(C)包含自然人提供新台幣一千五百萬元以上之財力證明，且以書
面向銀行申請為專業客戶者
(D)包含最近一期經會計師查核或核閱之財務報告總資產超過新台
幣五千萬元之基金。

( ) **22** 依銀行辦理衍生性金融商品業務內部作業控制及程序管理辦法規定，對一般客戶之敘述，下列何者正確？ (A)係指中華民國境內之法人與自然人，且非屬專業機構投資人者 (B)係指中華民國境內之法人與自然人，且非屬專業客戶者 (C)中華民國境內之專業機構投資人，得以書面向銀行要求變更為一般客戶 (D)中華民國境內之專業客戶除自然人外，得以書面向銀行要求變更為一般客戶。

( ) **23** 依銀行辦理衍生性金融商品業務內部作業控制及程序管理辦法規定，銀行從事結構型商品之推介或提供相關資訊及行銷文件，下列敘述何者錯誤？
(A)結構型商品不得使用可能誤導客戶之名稱
(B)不得提供贈品或其他利益勸誘他人購買結構型商品
(C)不得有誇大過去之業績或為攻訐同業之陳述
(D)得藉主管機關對金融商品之核准、核備或備查，作為證實申請事項或保證結構型商品價值之陳述或推介。

( ) **24** 依銀行辦理衍生性金融商品業務內部作業控制及程序管理辦法規定，銀行向客戶提供結構型商品交易服務，應提供客戶審閱期審閱結構型商品相關契約，下列敘述何者正確？ (A)交易條件非標準化，且存續期限超過六個月之商品，須提供契約審閱期間 (B)對屬法人之一般客戶，得不提供契約審閱期間 (C)提供一般客戶之契約審閱期間應不低於七日 (D)提供專業客戶之契約審閱期間應不低於三日。

( ) **25** 衍生性商品交易對手應簽署的文件，下列何者不包括在內？ (A)交易確認函 (B)開戶約定文件 (C)ISDA主契約 (D)會計師函證通知。

( ) **26** 有關行政院金融監督管理委員會對於銀行辦理結合存款與衍生性金融商品之結構型商品業務之規定，下列敘述何者錯誤？ (A)銀行不得以客戶不願接受客戶風險屬性分析為由，免除辦理KYC程序 (B)銀行應避免與高齡、教育水準較低等弱勢族群客戶承作結構型商品交易，以減少交易糾紛 (C)銀行辦理結合存款與衍生性金融商品之結構型商品，其存款成分均有100%保障 (D)相關銷售文件應以粗顯字體明確標示該衍生性商品成分之風險，以及對商品整體報酬之影響及最大損失。

(   ) **27** 下列何者非為指定銀行辦理衍生性外匯商品業務時，須事先向央行申請許可者？　(A)已開放滿一年之金融商品　(B)尚未開放、開放未滿半年及與其連結之新金融商品　(C)涉及或連結新台幣匯率之衍生性金融商品　(D)外幣計價而標的風險涉及國內者。

(   ) **28** 依主管機關規定，銀行辦理結合存款與衍生性金融商品之結構型商品業務時，下列敘述何者錯誤？　(A)應確實辦理認識客戶（KYC）程序　(B)應完成客戶風險屬性分析　(C)客戶如不願接受風險屬性分析，得免除辦理KYC程序　(D)銀行辦理本項業務，不得以存款名義銷售。　　　　　　　　　【第7期結構型商品銷售人員】

(   ) **29** 銀行向一般客戶提供結構型商品交易服務，對於交易條件標準化且存續期間超過六個月之商品，應提供審閱期間不低於幾日之審閱期間？　(A)三日　(B)五日　(C)七日　(D)十日。

(   ) **30** 關於銀行辦理衍生性金融商品業務，下列敘述何者錯誤？　(A)交易及交割人員不得互兼　(B)於交易部門設立風險管理單位　(C)交易部位應以及時或每日市價評估為原則　(D)不得為自身或配合客戶利用本項交易進行併購。

(   ) **31** 有關結構型商品交易，下列敘述何者錯誤？　(A)銀行向客戶提供結構型商品交易服務時，得以存款之名義為之　(B)銀行向一般客戶提供結構型商品交易服務，對於交易條件標準化且存續期限超過六個月之商品，應提供一般客戶不低於七日之審閱期間審閱結構型商品相關契約　(C)銀行與一般客戶完成衍生性金融商品交易後，應提供交易確認書（應包含交易確認書編號）予客戶　(D)銀行向客戶提供結構型商品交易服務，客戶得就其交易請銀行提供市價評估及提前解約之報價資訊。

(   ) **32** 依「銀行辦理衍生性金融商品自律規範」規定，有關銀行對屬自然人之一般客戶提供不保本型結構型商品業務，其應符合之原則，下列敘述何者錯誤？　(A)計價幣別以銀行可受理之幣別（包含人民幣）為限　(B)結構型商品到期結算金額應達原計價幣別本金60%以上　(C)本金連結外幣匯率選擇權之結構型產品期限不得超過3個月　(D)本金連結黃金選擇權之結構型產品期限不得超過6個月。

( ) **33** 依「銀行辦理衍生性金融商品自律規範」規定,有關客戶須知應載明投資人權益之保護方式,下列敘述何者錯誤? (A)糾紛之申訴管道 (B)與銀行發生爭議訴訟之處理方式 (C)向金融監督管理委員會申訴尋求協助 (D)向消費者保護中心申訴尋求處理。

( ) **34** 依「銀行辦理衍生性金融商品自律規範」規定,有關銀行對屬自然人之一般客戶提供單項衍生性金融商品如涉及大陸地區,其得交易服務之項目,下列何者非屬之? (A)外匯保證金交易(但不得涉及新台幣匯率) (B)陽春型遠期外匯 (C)買入陽春型匯率選擇權 (D)買入轉換公司債資產交換選擇權。

( ) **35** 銀行與一般客戶之交易糾紛,無法依照銀行內部申訴處理程序完成和解者,客戶得向下列何者申請評議? (A)財團法人金融消費評議中心 (B)金管會銀行局 (C)財團法人保險事業發展中心 (D)財團法人證券投資人及期貨交易人保護中心。 【第1期衍生性金融商品銷售人員】

( ) **36** 銀行辦理衍生性金融商品業務,應建立風險管理制度,下列敘述何者錯誤? (A)關於衍生性金融商品部位之評價頻率,其為交易部位者,至少每月評估一次 (B)風險容忍度及業務承作限額,應定期檢討提報董(理)事會審定 (C)辦理衍生性金融商品業務之交易及交割人員不得互相兼任 (D)應設立獨立於交易部門以外之風險管理單位。 【第1期衍生性金融商品銷售人員】

( ) **37** 本國銀行辦理信用衍生性金融商品交易,如為信用風險承擔者,且合約信用實體為銀行之利害關係人,其應經之特殊決議程序為: (A)董事會二分之一以上董事出席及出席董事二分之一以上決議 (B)董事會二分之一以上董事出席及出席董事三分之二以上決議 (C)董事會三分之二以上董事出席及出席董事二分之一以上決議 (D)董事會三分之二以上董事出席及出席董事四分之三以上決議。 【第1期衍生性金融商品銷售人員】

( ) **38** 依「銀行辦理衍生性金融商品自律規範」規定,結構型商品於到期或依合約條件提前到期時,客戶若可取回原計價幣別本金之多少比率,係屬保本型結構型商品? (A)70% (B)80% (C)90% (D)100%。 【第1期衍生性金融商品銷售人員】

(　　) **39** 依「銀行辦理衍生性金融商品業務內部作業制度及程序管理辦法」規定，銀行向客戶提供結構型商品交易服務時，不得以下列何者名義為之？　(A)附條件美元優利投資組合　(B)黃金外幣組合　(C)雙元貨幣組合　(D)結構型優利存款。　【第1期衍生性金融商品銷售人員】

(　　) **40** 依「銀行辦理衍生性金融商品業務內部作業制度及程序管理辦法」規定，銀行向一般客戶提供結構型商品交易服務，應進行客戶屬性評估，綜合評估其風險承受程度，應評估之客戶因素不包括下列何者？
(A)知識　　　　　　(B)年齡
(C)學歷　　　　　　(D)交易目的。　　【第1期衍生性金融商品銷售人員】

(　　) **41** 依「銀行辦理衍生性金融商品自律規範」規定，產品說明書「重要事項摘要」所包含之事項，下列何者非屬之？
(A)商品中文名稱應適當表達其商品特性及風險
(B)該商品對一般客戶銷售之商品風險等級
(C)商品最大可能損失
(D)商品審閱期間。　　　　　　　【第1期衍生性金融商品銷售人員】

(　　) **42** 「銀行辦理衍生性金融商品業務內部作業制度及程序管理辦法」明定銀行應有客戶分級管理制度，最近一期經會計師查核或核閱之財務報告淨資產超過新臺幣多少元者，並符合其他法定條件後，得以書面向銀行申請為高淨值投資法人？　(A)一億元　(B)十億元　(C)一百億元　(D)二百億元。　　【第1期衍生性金融商品銷售人員】

(　　) **43** 有關銀行已取得辦理衍生性金融商品業務之核准者，擬開辦各種衍生性金融商品及其商品之組合，其申請程序，下列敘述何者錯誤？
(A)原則採事後備查制度
(B)例外以負面表列方式明定應事前核准之商品項目
(C)非新種臺股股權衍生性金融商品於申請書件送達金管會之次日起十日內，金管會未表示反對意見者，即可逕行辦理
(D)涉及須經中央銀行許可之外匯商品，則逕向中央銀行申請。
【第1期衍生性金融商品銷售人員】

(　) **44** 銀行向一般客戶提供結構型商品交易服務，應向客戶宣讀或以電子設備說明該結構型商品之客戶須知之重要內容，並以錄音方式保留紀錄或以電子設備留存相關作業過程之軌跡。其以錄音方式保留之保存期限，應不得少於該商品存續期間加計多久之期間？
(A)一個月　　　　　(B)三個月
(C)六個月　　　　　(D)十二個月。　　【第1期衍生性金融商品銷售人員】

(　) **45** 依「銀行辦理衍生性金融商品業務內部作業制度及程序管理辦法」規定，複雜性高風險商品係指具有結算或比價期數超過幾期且隱含賣出選擇權特性之衍生性金融商品？
(A)二期　　　　　(B)三期
(C)四期　　　　　(D)五期。　　【第1期衍生性金融商品銷售人員】

(　) **46** 依「銀行辦理衍生性金融商品業務內部作業制度及程序管理辦法」規定，銀行辦理衍生性金融商品業務之交易、交割、推介、風險管理之經辦及相關管理人員，每年應參加國內金融訓練機構所舉辦或銀行自行舉辦之衍生性金融商品教育訓練課程時數達多少小時以上？
(A)六小時　　　　　(B)十小時
(C)十二小時　　　　(D)二十小時。　　【第1期衍生性金融商品銷售人員】

(　) **47** 金管會依據金融消費者保護法之規定，公告銀行等金融服務業對於評議委員會所作其應向金融消費者給付一定額度以下金額之評議決定，應予接受，所稱之一定額度。在衍生性金融商品方面，其一定額度為新臺幣多少元？
(A)10萬元　　　　　(B)50萬元
(C)100萬元　　　　 (D)300萬元。　　【第1期衍生性金融商品銷售人員】

(　) **48** 銀行擬開辦衍生性金融商品業務，應符合之資格條件，下列何者錯誤？
(A)銀行自有資本與風險性資產比率符合銀行法規定標準
(B)無備抵呆帳提列不足情事
(C)申請日上一季底逾放比率為百分之五以下
(D)申請日上一年度無因違反銀行法令而遭罰鍰處分情事。
　　　　　　　　　　　　　　　　【第1期衍生性金融商品銷售人員】

( ) **49** 依「銀行辦理衍生性金融商品自律規範」規定，結構型商品產品說明書應記載之各項費用及交易處理程序說明之應記載事項，下列敘述何者錯誤？ (A)銀行提供結構型商品服務應說明商品最低投資金額及投資金額給付方式，惟給付方式如另有約定則從其約定 (B)客戶應負擔的各項費用（如有適用）與其收取方式 (C)對交易條件標準化之商品應說明商品開始受理投資、提前到期結算及客戶申請延後終止日期 (D)交易糾紛申訴管道。 【第1期衍生性金融商品銷售人員】

( ) **50** 依「銀行辦理衍生性金融商品業務內部作業制度及程序管理辦法」及「銀行辦理衍生性金融商品自律規範」規定，銀行與專業機構投資人及高淨值投資法人以外之客戶承作複雜性高風險商品交易，下列何者僅適用於非避險目的之複雜性高風險商品交易？ (A)應核予最高風險評級 (B)個別交易設有客戶最大損失上限 (C)應每日按市價評估，確實執行徵提保證金或擔保品機制 (D)應告知交易條件重要內容及相關風險，臨櫃交易者應以錄音或錄影方式保留紀錄。 【第1期衍生性金融商品銷售人員】

( ) **51** 銀行對屬自然人之一般客戶提供不保本型本金連結外幣匯率選擇權之結構型商品業務，承作時之交易門檻應等值多少美元以上？
(A)1萬美元　　　　(B)2萬美元
(C)3萬美元　　　　(D)4萬美元。 　　【第1期衍生性金融商品銷售人員】

( ) **52** 經核准辦理衍生性金融商品業務之銀行，有下列哪一情形時，其辦理之衍生性金融商品以避險為限？ (A)最近一季底逾期放款比率為百分之六 (B)備抵呆帳提列充足 (C)資本適足率為百分之十 (D)長期信用評等達Standard & Poor's Rating Service BBB＋級。 　　【第2期衍生性金融商品銷售人員】

( ) **53** 依主管機關規定，本國金融機構於委託國外金融機構從事組合式商品避險交易時，應於相關合約中明確要求交易對手在避險操作上應避免之事項，下列何者非屬之？
(A)避免利益衝突
(B)避免損及客戶權益
(C)避免交易期限太長
(D)避免影響市場行情。 　　【第2期衍生性金融商品銷售人員】

( ) **54** 依「銀行辦理衍生性金融商品自律規範」規定，有關客戶須知應載
明投資人權益之保護方式，未包括下列何者？
(A)糾紛之申訴管道
(B)與銀行發生爭議訴訟之處理方式
(C)向金融監督管理委員會申訴尋求協助
(D)向消費者保護中心申訴尋求處理。【第2期衍生性金融商品銷售人員】

( ) **55** 依「銀行辦理衍生性金融商品自律規範」規定，銀行向一般客戶提
供結構型商品交易服務之行銷過程控制，下列敘述何者錯誤？
(A)應向一般客戶宣讀客戶須知之重要內容並以錄音方式保留紀錄
(B)應充分揭露並明確告知各項費用、收取方式及可能涉及風險等
(C)對一般及專業客戶（含自然人、法人）均應提供產品說明書
(D)對專業機構投資人銀行得依其內部程序辦理。

【第2期衍生性金融商品銷售人員】

( ) **56** 依「銀行辦理衍生性金融商品自律規範」規定，有關「結構型商品
有直接導致本金損失或超過當初本金損失之虞」的情況，下列敘述
何者錯誤？ (A)因利率匯率有價證券市價或其他指標之變動 (B)
因銀行或他人之業務或財產狀況之變化 (C)因主管機關規定足以
影響投資人判斷之重要事項 (D)因投資人對產品認知及瞭解產生
之變化。 【第2期衍生性金融商品銷售人員】

( ) **57** 關於綜合評估非專業投資人之風險承受程度要素，下列何者錯誤？
(A)年齡 (B)知識
(C)商品理解 (D)宗教信仰。 【第2期衍生性金融商品銷售人員】

( ) **58** 下列何者得以書面向受託或銷售機構申請變更為非專業投資人？
(A)退休基金 (B)期貨商 (C)總資產超過新臺幣五千萬元外國法
人 (D)政府投資機構。 【第2期衍生性金融商品銷售人員】

( ) **59** 關於專業投資人，下列敘述何者正確？
(A)非專業投資人得申請變更為專業投資人
(B)應至少區分四個等級，評估非專業投資人風險承受程度
(C)專業投資人之審閱期間不得低於五日
(D)境外結構型商品限於專業投資人投資者，不得為一般性廣告。

【第2期衍生性金融商品銷售人員】

（　　）**60** 有關銀行向行政院金融監督管理委員會申請核准辦理衍生性金融商
品業務時所需符合之規定，下列敘述何者錯誤？　(A)銀行自有資
本與風險性資產比率符合銀行法規定標準　(B)備抵呆帳提列不足
之比率低於應提列總額百分之三　(C)申請日上一季底逾放比率為
百分之三以下　(D)申請日上一年度無因違反銀行法令而遭罰鍰處
分情事，或其違法情事已具體改善，經金管會認可。
【第2期衍生性金融商品銷售人員】

（　　）**61** 外匯衍生性商品業務之金融監理機構為何？　(A)財政部　(B)僅中
央銀行　(C)僅金融監督管理委員會　(D)金融監督管理委員會與中
央銀行共同監督與管理。　　　　【第2期衍生性金融商品銷售人員】

（　　）**62** 關於衍生性金融商品部位之評價頻率，其為銀行本身業務需要辦理
之避險性交易者，應：
(A)至少每週評估一次
(B)至少每月評估一次
(C)應即時評估
(D)應每日以市價評估。　　　　　【第2期衍生性金融商品銷售人員】

（　　）**63** 銀行向專業機構投資人及高淨值投資法人以外之客戶，提供非屬結
構型商品之衍生性金融商品交易服務時，銀行向客戶收取期初保證
金，不得以下列何種方式為之？　(A)現金　(B)銀行存款　(C)不
動產　(D)流動性高之有價證券。　　【第2期衍生性金融商品銷售人員】

（　　）**64** 依「銀行辦理衍生性金融商品業務內部作業控制及程序管理辦法」
規定，為避免銀行對非專業機構投資人誤售情形，明定銀行向該
等客戶提供衍生性金融商品交易服務，應落實下列何者？　(A)誠
實信用原則　(B)建立商品適合度制度　(C)結構型商品告知義務
(D)交易提前終止時結算應付款數額之方式及揭露。
【第2期衍生性金融商品銷售人員】

（　）**65** 依「銀行辦理衍生性金融商品業務內部作業制度及程序管理辦法」所稱之專業客戶，包括最近一期經會計師查核或核閱之財務報告總資產超過新臺幣多少元以上並以書面向銀行申請為專業客戶之法人或基金？
(A)一千萬元　　　(B)三千萬元
(C)五千萬元　　　(D)一億元。　　　【第2期衍生性金融商品銷售人員】

（　）**66** 依「銀行辦理衍生性金融商品業務內部作業制度及程序管理辦法」規定，銀行辦理衍生性金融商品業務之經辦及相關管理人員應具備之資格條件，包括參加國內金融訓練機構舉辦之衍生性金融商品及風險管理課程時數達多少小時以上且取得合格證書？
(A)三十小時　　　(B)四十小時
(C)五十小時　　　(D)六十小時。　　　【第2期衍生性金融商品銷售人員】

（　）**67** 依「銀行辦理衍生性金融商品業務內部作業制度及程序管理辦法」規定，銀行與下列何類客戶完成衍生性金融商品交易後，應提供交易確認書予客戶？　(A)一般客戶　(B)屬自然人之專業客戶　(C)專業客戶　(D)屬法人之一般客戶。　　　【第2期衍生性金融商品銷售人員】

（　）**68** 銀行已取得辦理衍生性金融商品業務之核准者，擬開辦下列何種衍生性金融商品及其商品之組合，於申請書件送達金管會之次日起十日內，金管會未表示反對意見者，即可逕行辦理？　(A)新種臺股股權衍生性金融商品　(B)非新種臺股股權衍生性金融商品(C)第一家銀行申請臺股股權衍生性金融商品外之其他涉及從事衍生自國內股價及期貨交易所有關之現貨商品及指數等契約　(D)第一家銀行核准辦理後，其他銀行申請臺股股權衍生性金融商品外之其他涉及從事衍生自國內股價及期貨交易所有關之現貨商品及指數等契約。　　　【第2期衍生性金融商品銷售人員】

（　）**69** 依「銀行辦理衍生性金融商品自律規範」規定，銀行向一般客戶提供結構型商品服務應編製不超過多少頁之中文客戶須知，並提供客戶？
(A)5頁　　　(B)4頁
(C)3頁　　　(D)2頁。　　　【第2期衍生性金融商品銷售人員】

(　　) **70** 依「銀行辦理衍生性金融商品自律規範」規定，有關銀行對屬自然人之一般客戶提供單項衍生性金融商品，其得交易服務之項目，下列何者非屬之？
(A)買入轉換／交換公司債資產交換選擇權
(B)賣出陽春型外幣匯率選擇權
(C)陽春型遠期外匯
(D)外匯保證金交易。　　　　　　　【第2期衍生性金融商品銷售人員】

(　　) **71** 「銀行辦理衍生性金融商品業務內部作業控制及程序管理辦法」所適用之衍生性金融商品，不包括下列何者？
(A)匯率選擇權
(B)商品交換
(C)遠期外匯
(D)境外結構型商品。　　　　　　　【第2期衍生性金融商品銷售人員】

(　　) **72** 銀行對屬自然人之一般客戶提供不保本型結構型商品業務，到期結算金額或依合約條件提前到期結算金額應達原計價幣別本金之多少比率以上？
(A)90%　　　　　　(B)80%
(C)70%　　　　　　(D)60%。　　　【第2期衍生性金融商品銷售人員】

(　　) **73** 依「銀行辦理衍生性金融商品自律規範」規定，有關銀行對屬自然人之一般客戶提供不保本型結構型商品業務，本金連結黃金選擇權之結構型商品，承作時之交易門檻為等值多少美元以上（含）？
(A)二萬美元　　　(B)三萬美元
(C)四萬美元　　　(D)五萬美元。　　【第2期衍生性金融商品銷售人員】

(　　) **74** 銀行與客戶承作衍生性金融商品及結構型商品，依金融消費者保護法第29條第3項，評議委員會所作銀行應向金融消費者賠償多少金額以內之評議決定，銀行應予接受？
(A)新臺幣10萬元　(B)新臺幣100萬元
(C)10萬美元　　　(D)100萬美元。　　【第2期衍生性金融商品銷售人員】

解答與解析

1 (D)。選擇權交易應注意避免利用權利金（尤其是期限長或極短期之選擇權）美化財務報表，進而引發弊端。

2 (D)。同時符合以下列條件，並以書面向銀行申請為專業客戶之自然人：
(1) 提供新臺幣三千萬元以上之財力證明；或單筆交易金額逾新臺幣三百萬元，且於該銀行之存款及投資往來總資產逾新臺幣一千五百萬元，並提供總資產超過新臺幣三千萬元以上之財力聲明書。
(2) 客戶具備充分之金融商品專業知識或交易經驗。
(3) 客戶充分了解銀行與專業客戶進行衍生性金融商品交易得免除之責任，同意簽署為專業客戶。

3 (D)。銀行與屬法人之一般客戶進行結構型商品交易後，嗣後銀行與該客戶進行同類型之結構型商品交易，得經客戶逐次簽署書面同意，免依前款規定向客戶宣讀或以電子設備說明客戶須知之重要內容及以錄音方式保留紀錄或以電子設備留存相關作業過程之軌跡。

4 (D)。銀行向客戶提供結構型商品之交易服務，應向客戶充分揭露並明確告知各項費用與其收取方式、交易架構，及可能涉及之風險等相關資訊，其中風險應包含最大損失金額。

5 (B)。銀行向一般客戶提供結構型商品交易服務，應盡告知義務；對於交易條件標準化且存續期限超過六個月之商品，應提供一般客戶不低於七日之審閱期間審閱結構型商品相關契約；……對於無須提供審閱期之商品，應於產品說明書上明確標示該商品並無契約審閱期間。

6 (C)。銀行向一般客戶提供結構型商品交易服務，應向客戶宣讀或以電子設備說明該結構型商品之客戶須知之重要內容，並以錄音方式保留紀錄或以電子設備留存相關作業過程之軌跡。

7 (B)。銀行向屬法人之一般客戶提供衍生性金融商品交易服務，應訂定向客戶交付產品說明書及風險預告書之內部作業程序，並依該作業程序辦理。銀行與一般客戶完成衍生性金融商品交易後，應提供交易確認書（應包含交易確認書編號）予客戶。選項(B)有誤。

8 (C)。銀行辦理衍生性金融商品業務，應檢具金融監督管理委員會規定之申請書件，向本會申請核准，並符合下列規定：
(1) 銀行自有資本與風險性資產比率符合本法規定標準。
(2) 無備抵呆帳提列不足情事。
(3) 申請日上一季底逾放比率為百分之三以下。

(4)申請日上一年度無因違反銀行法令而遭罰鍰處分情事,或其違法情事已具體改善,經本會認可。

9 (C)。銀行從事結構型商品之推介或提供相關資訊及行銷文件,不得有下列情形:

(1)藉主管機關對金融商品之核准、核備或備查,作為證實申請事項或保證結構型商品價值之陳述或推介。

(2)使人誤信能保證本金之安全或保證獲利。

(3)結構型商品使用可能誤導客戶之名稱。

(4)提供贈品或以其他利益勸誘他人購買結構型商品。

(5)誇大過去之業績或為攻訐同業之陳述。

(6)為虛偽、欺罔、或其他顯著有違事實或故意使他人誤信之行為。

(7)內容違反法令、契約、產品說明書內容。

(8)為結構型商品績效之臆測。

(9)違反銀行公會訂定廣告及促銷活動之自律規範。

(10)其他影響投資人權益之事項。

10 (D)。指定機構辦理代客操作業務應盡善良管理人之注意及忠實義務。

11 (D)。依銀行辦理衍生性金融商品業務內部作業控制及程序管理辦法規定,中華民國境外之政府基金非屬該注意事項所稱之專業客戶。

12 (A)。銀行經金管會核准辦理衍生性金融商品業務,應於本會銀行局網際網路申報系統營業項目中登錄後,始得開辦。

13 (D)。所稱結構型商品,係指銀行以交易相對人身分與客戶承作之結合固定收益商品或黃金與衍生性金融商品之組合式交易。

14 (A)。須同時符合下列三項條件之自然人,始得以書面向銀行申請為專業客戶:

(1)提供新臺幣三千萬元以上之財力證明;或單筆交易金額逾新臺幣三百萬元,且於該銀行之存款及投資往來總資產逾新臺幣一千五百萬元,並提供總資產超過新臺幣三千萬元以上之財力聲明書。

(2)客戶具備充分之金融商品專業知識或交易經驗。

(3)客戶充分了解銀行與專業客戶進行衍生性金融商品交易得免除之責任,同意簽署為專業客戶。

15 (C)。專業機構投資人係指銀行、保險公司、票券金融公司、證券商、基金管理公司、政府投資機構、政府基金、退休基金、共同基金、單位信託、證券投資信託公司、證券投資顧問公司、信託業、期貨商、期貨服務事業及其他經金融監督管理委員會核准之機構。

16 (D)。所稱衍生性金融商品係指其價值由利率、匯率、股權、指數、商品、信用事件或其他利益及其組

合等所衍生之交易契約及第二項所稱之結構型商品，不含資產證券化商品、結構型債券、可轉（交）換公司債等具有衍生性金融商品性質之國內外有價證券及「境外結構型商品管理規則」所稱之境外結構型商品。

17 (D)。董（理）事會應視商品及市場改變等情況，適時檢討前項之經營策略及作業準則，並應評估績效是否符合既定之經營策略，所承擔之風險是否在銀行容許承受之範圍，每年至少檢討一次。但外國銀行在臺分行依總行規定定期辦理檢討者，不在此限。

18 (D)。同時符合以下列條件，並以書面向銀行申請為專業客戶之自然人：
(1) 提供新臺幣三千萬元以上之財力證明；或單筆交易金額逾新臺幣三百萬元，且於該銀行之存款及投資往來總資產逾新臺幣一千五百萬元，並提供總資產超過新臺幣三千萬元以上之財力聲明書。
(2) 客戶具備充分之金融商品專業知識或交易經驗。
(3) 客戶充分了解銀行與專業客戶進行衍生性金融商品交易得免除之責任，同意簽署為專業客戶。

19 (C)。銀行已取得辦理衍生性金融商品業務之核准者（其中屬辦理期貨商業務者，並應依期貨交易法之規定取得許可），得開辦各種衍生性金融商品及其商品之組合，並於開辦後十五日內檢附商品特性說明書、法規遵循聲明書及風險預告書報本會備查。

20 (C)。銀行就提供結構型商品之交易服務，應向客戶充分揭露並明確告知各項費用與其收取方式、交易架構，及可能涉及之風險等相關資訊，其中風險應包含最大損失金額。

21 (C)。同時符合以下列條件，並以書面向銀行申請為專業客戶之自然人：
(1) 提供新臺幣三千萬元以上之財力證明；或單筆交易金額逾新臺幣三百萬元，且於該銀行之存款及投資往來總資產逾新臺幣一千五百萬元，並提供總資產超過新臺幣三千萬元以上之財力聲明書。
(2) 客戶具備充分之金融商品專業知識或交易經驗。
(3) 客戶充分了解銀行與專業客戶進行衍生性金融商品交易得免除之責任，同意簽署為專業客戶。

22 (B)。所稱一般客戶，係指非屬專業客戶者。

23 (D)。銀行從事結構型商品之推介或提供相關資訊及行銷文件，不得有下列情形：
(1) 藉主管機關對金融商品之核准、核備或備查，作為證實申請事項或保證結構型商品價值之陳述或推介。

(2)使人誤信能保證本金之安全或保證獲利。

(3)結構型商品使用可能誤導客戶之名稱。

(4)提供贈品或以其他利益勸誘他人購買結構型商品。

(5)誇大過去之業績或為攻訐同業之陳述。

(6)為虛偽、欺罔、或其他顯著有違事實或故意使他人誤信之行為。

(7)內容違反法令、契約、產品說明書內容。

(8)為結構型商品績效之臆測。

(9)違反銀行公會訂定廣告及促銷活動之自律規範。

(10)其他影響投資人權益之事項。

24 (C)。銀行向一般客戶提供結構型商品交易服務，應盡告知義務；對於交易條件標準化且存續期限超過六個月之商品，應提供一般客戶不低於七日之審閱期間審閱結構型商品相關契約；……對於無須提供審閱期之商品，應於產品說明書上明確標示該商品並無契約審閱期間。

25 (D)。衍生性商品交易對手應簽署的文件，不包括會計師函證通知。

26 (C)。行政院金融監督管理委員會98年6月2日金管銀外字第09850004190號函釋規定，銀行辦理結合存款與衍生性金融商品之結構型商品業務，此類商品存款成分，有可能非100%保障，基於此節係消費者承作重要考量之一，銀行負有義務衡平揭露各項成分之風險、法令限制及報償型態，避免消費者誤解。

27 (A)。銀行已取得辦理衍生性金融商品業務之核准者（其中屬辦理期貨商業務者，並應依期貨交易法之規定取得許可），得開辦各種衍生性金融商品及其商品之組合，並於開辦後十五日內檢附商品特性說明書、法規遵循聲明書及風險預告書報本會備查。但下列商品應依下列(二)至(五)及本辦法第八條規定辦理：

(1)除臺股股權衍生性金融商品外之其他涉及從事衍生自國內股價及期貨交易所有關之現貨商品及指數等契約。

(2)新種臺股股權衍生性金融商品。

(3)向專業機構投資人及高淨值投資法人以外客戶提供尚未開放或開放未滿半年且未涉及外匯之複雜性高風險商品。

(4)涉及應向中央銀行申請許可或函報備查之外匯衍生性金融商品。

28 (C)。銀行應訂定衍生性金融商品業務人員之酬金制度及考核原則，應避免直接與特定金融商品銷售業績連結，並應納入非財務指標，包括是否有違反相關法令、自律規範或作業規定、稽核缺失、客戶紛爭及確實執行認識客戶作業（KYC）等項目。本題選項(C)有誤。

29 (C)。銀行向一般客戶提供結構型商品交易服務，應盡告知義務；對於交易條件標準化且存續期限超過六個月之商品，應提供一般客戶不低於七日之審閱期間審閱結構型商品相關契約。

30 (B)。 辦理衍生性金融商品業務之交易及交割人員不得互相兼任，銀行應設立獨立於交易部門以外之風險管理單位，執行風險辨識、衡量及監控等作業，並定期呈報部位風險及評價損益。故本題選項(B)有誤。

31 (A)。 銀行向客戶提供結構型商品交易服務時，不得以存款之名義為之。故選項(A)有誤。

32 (B)。 銀行辦理衍生性金融商品自律規範規定，結構型商品到期結算金額或依合約條件提前到期結算金額應達原計價幣別本金（或其等值）70%以上。選項(B)錯誤。

33 (D)。 銀行辦理衍生性金融商品自律規範規定，向金融監督管理委員會申訴。選項(D)有誤。

34 (D)。 銀行辦理衍生性金融商品自律規範規定，所稱單項衍生性金融商品如涉及大陸地區商品或契約，以外匯保證金交易（但不得涉及新臺幣匯率）、陽春型遠期外匯及買入陽春型匯率選擇權為限。

35 (A)。 銀行辦理衍生性金融商品業務內部作業制度及程序管理辦法第27條規定：「銀行向一般客戶提供衍生性金融商品交易服務，除應於交易文件與網站中載明交易糾紛之申訴管道外，於實際發生交易糾紛情事時，應即依照銀行內部申訴處理程序辦理。銀行與一般客戶之交易糾紛，無法依照銀行內部申訴處理程

序完成和解者，該客戶得向財團法人金融消費評議中心申請評議。」

36 (A)。 銀行辦理衍生性金融商品業務內部作業制度及程序管理辦法第11條規定：「銀行辦理衍生性金融商品業務，應建立風險管理制度，對於風險之辨識、衡量、監控及報告等程序落實管理，並應遵循下列規定辦理：……三、關於衍生性金融商品部位之評價頻率，銀行應依照部位性質分別訂定；其為交易部位者，應以即時或每日市價評估為原則；其為銀行本身業務需要辦理之避險性交易者，至少每月評估一次。」關於衍生性金融商品部位之評價頻率，其為交易部位者，應以即時或每日市價評估為原則，非為至少每月評估一次。選項(A)有誤。

37 (D)。
(1) 銀行辦理衍生性金融商品業務內部作業制度及程序管理辦法第18條規定：「銀行辦理信用衍生性金融商品交易，如為信用風險承擔者，且合約信用實體為銀行之利害關係人，其交易條件不得優於其他同類對象，並應依下列規定辦理：一、本國銀行應經董事會三分之二以上董事出席及出席董事四分之三以上決議；其已研擬內部作業規範，經董事會三分之二以上董事出席及出席董事四分之三以上決議概括授權經理部門依該作業規範辦理者，視同符合規定（外國銀行在臺分行所研

擬內部作業規範應報經總行或區域中心核准）。……」

(2)本國銀行辦理信用衍生性金融商品交易，如為信用風險承擔者，且合約信用實體為銀行之利害關係人，其應經之特殊決議程序為董事會三分之二以上董事出席及出席董事四分之三以上決議。

38 (D)。銀行辦理衍生性金融商品自律規範第21、22條規定，銀行對屬自然人之一般客戶提供結構型商品交易服務應區分保本型及不保本型。結構型商品於到期或依合約條件提前到期時，客戶若可取回原計價幣別本金100%者屬保本型結構型商品。

39 (D)。
(1)銀行辦理衍生性金融商品業務內部作業制度及程序管理辦法第28條規定：「銀行向客戶提供結構型商品交易服務時，不得以存款之名義為之。」
(2)故本題應選(D)，銀行向客戶提供結構型商品交易服務時，不得以優利存款之名義為之。

40 (C)。
(1)銀行辦理衍生性金融商品業務內部作業制度及程序管理辦法第29條規定：「銀行向一般客戶提供結構型商品交易服務，應進行以下評估：一、銀行應進行客戶屬性評估，確認客戶屬專業客戶或一般客戶；並就一般客戶之年齡、知識、投資經驗、財產狀

況、交易目的及商品理解等要素，綜合評估其風險承受程度，且至少區分為三個等級，並請一般客戶以簽名、蓋用原留印鑑或其他雙方同意之方式確認；修正時，亦同。……」
(2)依前揭規定，銀行向一般客戶提供結構型商品交易服務，應進行客戶屬性評估，綜合評估其風險承受程度，應評估之客戶因素不包括「學歷」。

41 (C)。銀行辦理衍生性金融商品自律規範第6條規定：「前條第一款所稱重要事項摘要如下：一、商品中文名稱（不得有保本字樣；名稱應適當表達其商品特性與風險，且應避免使用可能誤導客戶之名稱），若有原文名稱應加註。二、以顯著字體標示本商品風險等級。三、該商品對一般客戶銷售之商品風險等級，以及是否僅限專業客戶投資。四、商品審閱期間或對無須提供審閱期之商品加註說明。五、客戶應詳閱產品說明書之內容，並應注意商品之風險事項。」

42 (D)。銀行辦理衍生性金融商品業務內部作業制度及程序管理辦法第3條規定：「……二、同時符合下列條件，並以書面向銀行申請為高淨值投資法人：(一)最近一期經會計師查核或核閱之財務報告淨資產超過新臺幣二百億元者。……」

43 (C)。
(1)銀行辦理衍生性金融商品業務內部作業制度及程序管理辦法

第7條規定：「銀行已取得辦理衍生性金融商品業務之核准者（其中屬辦理期貨商業務者，並應依期貨交易法之規定取得許可），得開辦各種衍生性金融商品及其商品之組合，並於開辦後十五日內檢附商品特性說明書、法規遵循聲明書及風險預告書報本會備查。但下列商品應依第二項至第五項及第八條規定辦理：

一、除臺股股權衍生性金融商品外之其他涉及從事衍生自國內股價及期貨交易所有關之現貨商品及指數等契約。

二、新種臺股股權衍生性金融商品。

三、向專業機構投資人及高淨值投資法人以外客戶提供尚未開放或開放未滿半年且未涉及外匯之複雜性高風險商品。

四、涉及應向中央銀行申請許可或函報備查之外匯衍生性金融商品。

前項第一款商品，本會於核准第一家銀行辦理後，其他銀行於申請書件送達本會之次日起十日內，本會未表示反對意見者，即可逕行辦理。但銀行不得於該十日期間內，辦理所申請之業務。

第一項第二款商品，本會於核准第一家銀行辦理後，其他銀行於開辦後十五日內檢附書件報本會備查。

第一項第三款商品，本會於核准第一家銀行辦理且開放已滿半年後，其他銀行於開辦首筆交易後七日內檢附書件報本會備查，並應俟收到本會同意備查函後，始得繼續辦理次筆交易。

第一項第四款商品，銀行逕向中央銀行申請許可或函報備查，屬涉及外匯之複雜性高風險商品，並應副知本會。

（註：中央銀行於94年1月3日就外匯指定銀行申辦衍生性外匯商品業務之程序，開放改採負面表列及原則事後備查之規範方式。）

(2) 非新種臺股股權衍生性金融商品於申請書件送達金管會之次日起15日內，金管會未表示反對意見者，即可逕行辦理。選項(C)有誤。

44 (B)。財團法人中華民國證券櫃檯買賣中心證券商辦理衍生性金融商品交易業務應注意事項第29條規定：「證券商依本注意事項應以錄音或錄影方式保留紀錄者，其保存期限應不得少於該商品存續期間加計三個月之期間，如未滿五年者應至少保存五年以上。惟遇有爭議之交易時，應保留至爭議終結為止。證券商依本注意事項應以電子設備留存相關作業過程之軌跡者，得以影音媒體或電子文件方式保存，其保存期限準用前項規定。

前二項錄音、錄影或以電子設備留存之個人資料，當事人得於保存期

解答與解析

限內，向證券商申請調閱依本注意事項所留存之紀錄。除該資料之提供有妨害證券商或第三人之重大利益外，證券商應配合提供，並得向當事人收取必要成本費用。」

45 (B)。

(1) 銀行辦理衍生性金融商品業務內部作業制度及程序管理辦法第2條規定：「……本辦法所稱複雜性高風險商品，係指具有結算或比價期數超過三期且隱含賣出選擇權特性之衍生性金融商品，但不包括：一、前項所稱結構型商品。二、交換契約（Swap）。三、多筆交易一次簽約，客戶可隨時就其中之特定筆數交易辦理解約之一系列陽春型選擇權（Plain vanilla option）或遠期外匯。四、其他經主管機關核定之商品類型。……」

(2) 依前揭規定，複雜性高風險商品係指具有結算或比價期數超過3期且隱含賣出選擇權特性之衍生性金融商品。

46 (C)。 銀行辦理衍生性金融商品業務內部作業制度及程序管理辦法第19條規定：「……銀行辦理衍生性金融商品業務之交易、交割、推介、風險管理之經辦及相關管理人員，每年應參加國內金融訓練機構所舉辦或銀行自行舉辦之衍生性金融商品教育訓練課程時數達十二小時以上；其中參加國內金融訓練機構所舉辦之衍生性金融商品教育訓

練課程，不得低於應達訓練時數之二分之一。……」

47 (C)。

(1) 金融消費者保護法第29條規定，金融服務業於事前以書面同意或於其商品、服務契約或其他文件中表明願意適用本法之爭議處理程序者，對於評議委員會所作其應向金融消費者給付每一筆金額或財產價值在一定額度以下之評議決定，應予接受；評議決定超過一定額度，而金融消費者表明願意縮減該金額或財產價值至一定額度者，亦同。前項一定額度，由爭議處理機構擬訂，報請主管機關核定後公告之。

(2) 所稱之一定額度。在衍生性金融商品方面，其一定額度為新臺幣100萬元。

48 (C)。 銀行辦理衍生性金融商品業務內部作業制度及程序管理辦法第5條：「銀行辦理衍生性金融商品業務，應檢具本會規定之申請書件，向本會申請核准，並符合下列規定：

一、銀行自有資本與風險性資產比率符合本法規定標準。

二、無備抵呆帳提列不足情事。

三、申請日上一季底逾放比率為百分之三以下。

四、申請日上一年度無因違反銀行法令而遭罰鍰處分情事，或其違法情事已具體改善，經本會認可。

銀行經本會核准辦理衍生性金融商品業務，應於本會銀行局網際網路申報系統營業項目中登錄後，始得開辦。」

(C)錯誤，應是申請日上一季底逾放比率為百分之「三」以下。

49 (C)。銀行辦理衍生性金融商品自律規範第8條規定：「第五條第三款所稱各項費用及交易處理程序說明，應記載下列事項：一、對交易條件標準化之商品應說明商品開始受理投資、提前到期結算及客戶申請提前終止日期。二、銀行提供結構型商品服務應說明商品最低投資金額及投資金額給付方式，惟給付方式如另有約定則從其約定。若有交易不成立之情形，亦應說明，交易前預先收取投資金額者，並應說明返還投資金額之方式及日期。三、銀行應說明客戶應負擔的各項費用（如有適用）與其收取方式，例如：申請投資或提前終止之手續費或處理費用、及其他費用等。四、若客戶得提前終止交易，銀行應說明終止交易時得領取金額之計算方式及給付方式。五、載明交易糾紛申訴管道。六、其他依主管機關規定應說明或認為對客戶權益有重大影響，而應於產品說明書記載之事項。」選項(C)有誤。

50 (B)。
(1) 銀行辦理衍生性金融商品自律規範第26條規定：「銀行向專業機構投資人及高淨值投資法人以外客戶提供非屬結構型

商品之衍生性金融商品交易服務，銀行就商品風險之告知及揭露至少應包含下列事項，並應妥善保存紀錄證明已告知客戶相關風險：一、衍生性金融商品如屬非以避險為目的者，其最大可能損失金額。如為具有乘數條款之組合式交易，當市場價格不利於客戶交易時，交易損失將因具有乘數效果而擴大。……」
(2) 綜上，銀行與專業機構投資人及高淨值投資法人以外之客戶承作複雜性高風險商品交易，個別交易設有客戶最大損失上限，僅適用於非避險目的之複雜性高風險商品交易。

51 (A)。銀行辦理衍生性金融商品自律規範第24條第4項規定：「銀行向屬自然人之一般客戶提供不保本型結構型商品業務應符合下列原則：……四、本金連結外幣匯率選擇權之結構型商品，產品期限不超過3個月，承作時之交易門檻為等值1萬美元以上（含），產品說明書及推廣文宣資料中之商品中文名稱應依本自律規範第六條第一款原則訂定，……。」（請注意：銀行辦理衍生性金融商品自律規範於107年8月3日修正全文，官方公告本題答案為(B)與現行法規不符，應修正為(A)1萬美元。）

52 (A)。《銀行辦理衍生性金融商品業務內部作業制度及程序管理辦法》第12條：「經核准辦理衍生性金融

商品業務之銀行，有下列事項之一者，其辦理之衍生性金融商品以避險為限：一、最近一季底逾期放款比率高於百分之三。二、本國銀行自有資本與風險性資產比率低於本法規定標準。三、備抵呆帳提列不足。」

53 (C)。本國金融機構於委託國外金融機構從事組合式商品避險交易時，應於相關合約中明確要求交易對手在避險操作上應避免損及客戶權益、避免利益衝突或影響市場之情事，若未能符合者，應暫不考慮與其進行交易。

54 (D)。客戶須知應載明協助投資人權益之保護方式，包含下列項目：
(1) 糾紛之申訴管道。
(2) 與銀行發生爭議、訴訟之處理方式。
(3) 客戶與銀行發生爭議時得以下列方式尋求協助：
　　A. 銀行與一般客戶之交易糾紛，無法依照銀行內部申訴處理程序完成和解者，該客戶得向財團法人金融消費評議中心申請評議或調解。
　　B. 向金融監督管理委員會申訴。

55 (C)。對一般客戶及屬自然人之專業客戶銀行應提供產品說明書，並依自律規範第四條至第八條規定於產品說明書中載明。

56 (D)。所稱之向客戶告知可能涉及之風險，係指應向客戶說明下列事項：

(1) 該結構型商品因利率、匯率、有價證券市價或其他指標之變動，有直接導致本金損失或超過當初本金損失之虞者。
(2) 該結構型商品因銀行或他人之業務或財產狀況之變化，有直接導致本金損失或超過當初本金損失之虞者。
(3) 該結構型商品因其他經主管機關規定足以影響投資人判斷之重要事項，有直接導致本金損失或超過當初本金損失之虞者。
(4) 該結構型商品之最大損失金額。

57 (D)。銀行應進行客戶屬性評估，確認客戶屬專業客戶或一般客戶；並就一般客戶之年齡、知識、投資經驗、財產狀況、交易目的及商品理解等要素，綜合評估其風險承受程度。

58 (C)。專業機構投資人係指銀行、保險公司、票券金融公司、證券商、基金管理公司、政府投資機構、政府基金、退休基金、共同基金、單位信託、證券投資信託公司、證券投資顧問公司、信託業、期貨商、期貨服務事業及其他經金融監督管理委員會核准之機構。

59 (D)。銀行辦理衍生性金融商品業務內部作業控制及程序管理辦法規定，結構型商品限於專業客戶交易者，不得為一般性廣告或公開勸誘之行為。

60 (B)。銀行辦理衍生性金融商品業務內部作業控制及程序管理辦法規

定，銀行辦理衍生性金融商品業務，應檢具金融監督管理委員會規定之申請書件，向本會申請核准，並符合下列規定：
(1) 銀行自有資本與風險性資產比率符合本法規定標準。
(2) 無備抵呆帳提列不足情事。
(3) 申請日上一季底逾放比率為百分之三以下。
(4) 申請日上一年度無因違反銀行法令而遭罰鍰處分情事，或其違法情事已具體改善，經本會認可。

61 (D)。銀行辦理衍生性金融商品業務內部作業控制及程序管理辦法規定，涉及應向中央銀行申請許可或函報備查之外匯衍生性金融商品，銀行逕向中央銀行申請許可或函報備查，屬涉及外匯之複雜性高風險商品，並應副知金融監督管理委員會。外匯衍生性商品業務之金融監理機構為金融監督管理委員會與中央銀行共同監督與管理。

62 (B)。銀行辦理衍生性金融商品業務內部作業控制及程序管理辦法規定，關於衍生性金融商品部位之評價頻率，銀行應依照部位性質分別訂定；其為交易部位者，應以即時或每日市價評估為原則；其為銀行本身業務需要辦理之避險性交易者，至少每月評估一次。

63 (C)。銀行向專業機構投資人及高淨值投資法人以外之客戶，提供非屬結構型商品之衍生性金融商品交

易服務時，銀行向客戶收取期初保證金，不得不動產方式為之。

64 (B)。依銀行辦理衍生性金融商品業務內部作業控制及程序管理辦法規定，為避免銀行對非專業機構投資人誤售情形，明定銀行向該等客戶提供衍生性金融商品交易服務，應落實建立商品適合度制度。

65 (D)。依銀行辦理衍生性金融商品業務內部作業制度及程序管理辦法所稱之專業客戶，包括最近一期經會計師查核或核閱之財務報告總資產超過新臺幣一億元以上並以書面向銀行申請為專業客戶之法人或基金。

66 (D)。銀行辦理衍生性金融商品業務之經辦及相關管理人員，應具備下列資格條件之一：
(1) 參加國內金融訓練機構舉辦之衍生性金融商品及風險管理課程時數達六十小時以上且取得合格證書，課程內容須包括衍生性金融商品交易理論與實務、相關法規、會計處理及風險管理。
(2) 在國內外金融機構相關衍生性金融商品業務實習一年。
(3) 曾在國內外金融機構有半年以上衍生性金融商品業務之實際經驗。

67 (A)。銀行辦理衍生性金融商品業務內部作業控制及程序管理辦法規定，銀行與一般客戶完成衍生性金融商品交易後，應提供交易確認書（應包含交易確認書編號）予客戶。

解答與解析

68 (D)。銀行辦理衍生性金融商品業
務內部作業控制及程序管理辦法規
定,除臺股股權衍生性金融商品外
之其他涉及從事衍生自國內股價
及期貨交易所有關之現貨商品及指
數等契約,於核准第一家銀行辦理
後,其他銀行於申請書件送達本會
之次日起十日內,本會未表示反對
意見者,即可逕行辦理。但銀行不
得於該十日期間內,辦理所申請之
業務。

69 (B)。依銀行辦理衍生性金融商品
自律規範規定,銀行向一般客戶提
供結構型商品服務應編製不超過四
頁且內文至少不得小於12字體之中
文客戶須知,並提供客戶。

70 (B)。依銀行辦理衍生性金融商品
自律規範規定,銀行對屬自然人之
一般客戶提供單項衍生性金融商品
(非屬結構型商品之衍生性金融商
品)交易服務以外匯保證金交易、
陽春型遠期外匯、買入陽春型外幣
匯率選擇權及買入轉換/交換公司
債資產交換選擇權為限。銀行並應
制定及執行適用以自然人為交易對
手之信用風險評估政策及作業流
程,若涉及外匯商品,同時依中央
銀行相關外匯規定辦理。

71 (D)。銀行辦理衍生性金融商品業
務內部作業控制及程序管理辦法所
稱衍生性金融商品係指其價值由利
率、匯率、股權、指數、商品、信
用事件或其他利益及其組合等所衍
生之交易契約及第二項所稱之結構

型商品,不含資產證券化商品、結
構型債券、可轉(交)換公司債等
具有衍生性金融商品性質之國內外
有價證券及「境外結構型商品管理
規則」所稱之境外結構型商品。

72 (C)。銀行對屬自然人之一般客戶
提供不保本型結構型商品業務,到
期結算金額或依合約條件提前到期
結算金額應達原計價幣別本金70%
以上。

73 (D)。依銀行辦理衍生性金融商品自
律規範規定,有關銀行對屬自然人
之一般客戶提供不保本型結構型商
品業務,本金連結黃金選擇權之結
構型商品:產品期限不超過6個月,
承作時之交易門檻為等值1萬美元以
上(含)。(請注意:銀行辦理衍
生性金融商品自律規範於107年8月3
日修正全文,官方公告本題答案為
(D)與現行法規不符,應將(D)修正為
1萬美元。)

74 (B)。銀行與客戶承作衍生性金融
商品及結構型商品,依金融消費
者保護法第29條第3項,評議委員
會所作銀行應向金融消費者賠償
金額新臺幣120萬元以內之評議決
定,銀行應予接受。(請注意:
110年9月17日發文之金管法字第
11001948991號公告修正金融消
費者保護法第29條第2項之一定額
度,並自即日生效。官方公告本題
答案為(B)與現行法規不符,應將
(B)修正為新臺幣120萬元。)

第二章 銀行業辦理外匯業務管理

頻出度B 依據出題頻率分為：**A**頻率高 **B**頻率中 **C**頻率低

此處是有關銀行業辦理外匯業務管理法令的介紹，同時也是重點章節，但出題比例比本篇第一章低很多，每年出題比例大約10%，此處的出題方向皆是以法條記憶為主，故只要熟讀法條，分數自可手到擒來，讀者務必掌握。

重點 **1** 銀行業辦理外匯業務管理辦法

一、基本規定（第2～5條）

(一)**銀行業辦理外匯業務管理之規定**：銀行業辦理外匯業務之管理，依本辦法之規定，本辦法未規定者，適用其他有關法令之規定。

(二)**名詞定義**：

1. **銀行業之定義**：本辦法所稱銀行業，係指中華民國境內之銀行、全國農業金庫股份有限公司（以下簡稱農業金庫）、信用合作社、農（漁）會信用部及中華郵政股份有限公司（以下簡稱中華郵政公司）。

2. **指定銀行之定義**：本辦法所稱指定銀行，係指經中央銀行許可辦理外匯業務，並發給指定證書之銀行或農業金庫。

3. **外匯業務之定義**：本辦法所稱外匯業務，包括下列各款：

   (1) 出口外匯業務。

   (2) 進口外匯業務。

   (3) 一般匯出及匯入匯款業務（含買賣外幣現鈔及旅行支票業務）。

   (4) 外匯存款業務。

   (5) 外幣貸款業務。

   (6) 外幣保證業務。

   (7) 外匯衍生性商品業務。

   (8) 其他外匯業務。

4. **外匯衍生性商品之定義**：本辦法所稱外匯衍生性商品，係指其價值由利率、匯率、股權、指數、商品、信用事件或其他利益及其組合等所衍生之交易契約及結構型商品，不含資產證券化商品、結構型債券、可轉（交）換公司債等具有衍生性金融商品性質之國內外有價證券及「境外結構型商品管理規則」所稱之境外結構型商品。

5. **結構型商品之定義**：本辦法所稱結構型商品，係指銀行以交易相對人身分與客戶承作之結合固定收益商品或黃金與衍生性金融商品之組合式交易。

6. **複雜性高風險外匯衍生性商品之定義**：本辦法所稱複雜性高風險商品，係指具有結算或比價期數超過三期且隱含賣出選擇權特性之衍生性金融商品，但不包括：

   (1) 前項所稱結構型商品。

   (2) 交換契約（Swap）。

   (3) 多筆交易一次簽約，客戶可隨時就其中之特定筆數交易辦理解約之一系列陽春型選擇權（Plain vanilla option）或遠期外匯。

   (4) 其他經主管機關核定之商品類型。

7. **外匯衍生性商品之定義**：本辦法所稱外匯金融債券，係指涉及外匯，且依銀行發行金融債券辦法發行之債券。

8. **涉及外匯之定義**：本辦法所稱涉及外匯，係指以外幣計價或交割，或連結國外風險標的者。

9. **專業客戶、專業機構投資人及高淨值投資法人之定義**：本辦法所稱專業客戶、專業機構投資人及高淨值投資法人之定義，分別準用內部作業制度及程序管理辦法第三條第一項、第三條第一項第一款及第二款規定。

(三)**顧客資料保密**：銀行業因辦理外匯業務所蒐集顧客之資料，除其他法律或主管機關另有規定者外，應保守秘密；如涉及個人資料者，並應依個人資料保護法第二十七條第一項規定採行適當之安全措施。

> **知識補給**
>
> ・稱外匯衍生性商品，係指下列契約：
> (1)涉及外匯，且其價值由利率、匯率、股權、指數、商品、信用事件或其他利益等所衍生之交易契約。
> (2)前款所涉交易契約之再組合契約。
> (3)涉及外匯之結構型商品。
> ・稱外匯衍生性商品，不含資產證券化商品、結構型債券、可轉（交）換公司債等具有衍生性金融商品性質之國內外有價證券及境外結構型商品管理規則所稱之境外結構型商品。
> ・所稱結構型商品不得以存款名義為之。
> ・銀行業因辦理外匯業務所蒐集顧客之資料，除其他法律或主管機關另有規定者外，應保守秘密。

二、外匯業務之申請（第6～8條）

(一)銀行業辦理外匯業務應事先申請：

1. 銀行業有關外匯業務之經營，除本辦法或本行另有規定者外，應向本行申請許可，並經發給指定證書或許可函後，始得辦理。

2. 依本辦法或其他本行規定屬銀行業函報備查即得辦理之外匯業務，於依規定完成函報備查之程序後，視同業經本行許可。

3. 除本辦法或本行另有規定者外，不得辦理非經本行許可或備查之外匯業務。

(二)各類銀行得申請辦理外匯業務之類型：

1. **銀行及農業金庫得申請許可辦理下列業務之全部或一部：**

   (1) 出口外匯業務。

   (2) 進口外匯業務。

   (3) 一般匯出及匯入匯款業務（含買賣外幣現鈔及旅行支票業務）。

   (4) 外匯存款業務。

   (5) 外幣貸款業務。

   (6) 外幣保證業務。

   (7) 外匯衍生性商品業務。

   (8) 其他外匯業務。

2. 中華郵政公司得申請許可辦理一般匯出及匯入匯款或買賣外幣現鈔及旅行支票業務。

3. 信用合作社及農（漁）會信用部，得申請許可辦理買賣外幣現鈔及旅行支票業務。

(三)銀行及農業金庫申請許可為指定銀行應符合規定： 銀行及農業金庫申請許可為指定銀行，除本辦法及其他法令另有規定者外，應符合下列各款規定：

> **知識補給**
>
> 中華郵政公司得申請許可辦理一般匯出及匯入匯款或買賣外幣現鈔及旅行支票業務。

(1) 自有資本與風險性資產比率符合主管機關之規定。

(2) 配置適格之外匯業務專業人員。

(3) 最近一年或主管機關核准設立之日起至申請日止，無違反金融相關法規，而受主管機關處分或糾正之情事，或有違反金融相關法規之情事，惟已具體改善，並經主管機關認可。

三、指定銀行之申請（第9～28條）

(一) 申請許可為指定銀行應檢附文件：

1. **銀行及農業金庫申請許可為指定銀行，應備文檢附下列各項相關文件：**

   (1) 主管機關核發之營業執照影本及核定得辦理之業務項目。

   (2) 申請辦理外匯業務之範圍。

   (3) 國外往來銀行之名稱及其所在地。

   (4) 在中華民國境內辦理外匯業務之負責人姓名及營業地址。

   (5) 在中華民國境內之資本或營運資金及其外匯資金來源種類及金額。

   (6) 符合前條規定之相關證明文件。

   (7) 營業計畫書。

   (8) 其他本行規定之資料或文件。

   指定銀行嗣後擴增辦理外匯業務範圍，應備文檢附主管機關核准文件影本及配置適格外匯業務人員資料向本行申請許可並換發指定證書。

2. **分行申請許可應檢附文件**：指定銀行之分行申請許可辦理第四條第一項第一款至第六款各項外匯業務【即出口外匯業務、進口外匯業務、一般匯出及匯入匯款業務（含買賣外幣現鈔及旅行支票業務）、外匯存款業務、外幣貸款業務、外幣保證業務】，本國銀行及農業金庫應由其總行、外國銀行在臺分行（以下簡稱外國銀行）應由臺北分行備文敘明擬辦理業務範圍，並檢附該分行營業執照影本及經辦與覆核人員資歷。

(二) **業務從業人員應具備執照或資格**：指定銀行辦理第四條第一項第一款至第六款各項外匯業務【即出口外匯業務、進口外匯業務、一般匯出及匯入匯款業務（含買賣外幣現鈔及旅行支票業務）、外匯存款業務、外幣貸款業務、外幣保證業務】之經辦及覆核人員，應有外匯業務執照或具備下列資格：

1. 經辦人員須有三個月以上相關外匯業務經歷。

2. 覆核人員須有六個月以上相關外匯業務經歷。

   （註：指定銀行之分行經許可僅辦理買賣外幣現鈔及旅行支票業務者，其經辦及覆核人員，應有五個營業日以上之相關外匯業務經歷。）

> **知識補給**
>
> 指定銀行辦理外匯業務，之經辦及覆核人員，應有外匯業務執照或具備下列資格：
> (1) 經辦人員須有三個月以上相關外匯業務經歷。
> (2) 覆核人員須有六個月以上相關外匯業務經歷。

(三)**指定銀行經本行許可辦理外匯衍生性商品業務後，得不經申請逕行辦理下列外匯衍生性商品：**

1. 遠期外匯交易（不含無本金交割新臺幣遠期外匯交易）。
2. 換匯交易。
3. 依規定已得辦理未涉及新臺幣匯率之外匯衍生性商品，連結同一風險標的，透過相同交易契約之再行組合，但不含對專業機構投資人及高淨值投資法人以外之客戶辦理涉及外匯之複雜性高風險商品。
4. 國內指定銀行間及其與國外銀行間辦理未涉及新臺幣匯率之外匯衍生性商品。
5. 以期貨交易人身分辦理未涉及新臺幣匯率之國內外期貨交易契約。

(四)**指定銀行須經申請始得辦理外匯衍生性商品業務**：指定銀行經本行許可辦理外匯衍生性商品業務後，辦理下列外匯衍生性商品，應依下列類別，向本行申請許可或函報備查：

1. **開辦前申請許可類**：
   (1) 尚未開放或開放未滿半年及與其連結之外匯衍生性商品。
   (2) 無本金交割新臺幣遠期外匯交易。
   (3) 涉及新臺幣匯率之外匯衍生性商品。
   (4) 代客操作外幣保證金交易。
2. **開辦前函報備查類**：指定銀行總行授權其指定分行辦理推介外匯衍生性商品。
3. **開辦後函報備查類**：以經許可辦理任一項外匯衍生性商品業務之指定銀行為限：
   (1) 開放已滿半年且未涉及新臺幣匯率之外匯衍生性商品業務。
   (2) 對專業機構投資人及高淨值投資法人辦理尚未開放或開放未滿半年，且未涉及新臺幣匯率之外匯衍生性商品業務，並符合其主管機關相關規定。
   (3) 經主管機關核准辦理提供境外衍生性金融商品之資訊及諮詢服務業務，其連結標的不得涉及國內利率、匯率、股權、指數、商品、信用事件、固定收益或其他利益。
4. 如因經營受託買賣、簽訂信託契約、全權委託契約、投資型保單或私募基金等，並以專業機構投資人名義進行前項(2)對專業機構投資人及高淨值投資法人辦理尚未開放或開放未滿半年，且未涉及新臺幣匯率之外匯衍生性

商品業務，並符合其主管機關相關規定。(3)經主管機關核准辦理提供境外衍生性金融商品之資訊及諮詢服務業務，其連結標的不得涉及國內利率、匯率、股權、指數、商品、信用事件、固定收益或其他利益交易者，其委託人、要保人或應募人亦應為專業機構投資人或高淨值投資法人。

(五) **指定銀行申請辦理外匯衍生性商品業務應檢附下列書件：**

1. **指定銀行向本行申請許可辦理前條開辦前申請許可類商品，應檢附下列書件：**

   (1) 法規遵循聲明書。

   (2) 本國銀行及農業金庫董事會決議辦理本項商品議事錄或外國銀行總行（或區域總部）授權書。

   (3) 經辦及相關管理人員資歷表。

   (4) 風險預告書。

   (5) 商品簡介。

   (6) 作業準則。

   (7) 風險管理相關文件。

2. **指定銀行向本行函報備查辦理提供(四)之2開辦前函報備查類服務，應檢附下列書件，並俟收到本行同意備查函後，始得辦理：**

   (1) 主管機關核准函影本。

   (2) 本國銀行及農業金庫董事會決議辦理提供本項服務議事錄或外國銀行總行（或區域總部）授權書。

   (3) 依相關規定訂定之授權準則。

3. 指定銀行向本行函報備查辦理前條(1)開放已滿半年且未涉及新臺幣匯率之外匯衍生性商品業務。(2)對專業機構投資人及高淨值投資法人辦理尚未開放或開放未滿半年，且未涉及新臺幣匯率之外匯衍生性商品業務，並符合其主管機關相關規定之業務，應於辦理首筆交易後一週內，檢附產品說明書（須為已實際交易者，列有交易日、交割日、到期日、名目本金、執行價或其他相關指標、參數等）及1.之(1)～(5)至第五款規定之文件，並應俟收到本行同意備查函後，始得繼續辦理該項商品。

4. 指定銀行向本行函報備查辦理提供(四)之3(3)經主管機關核准辦理提供境外衍生性金融商品之資訊及諮詢服務業務，其連結標的不得涉及國內利率、匯率、股權、指數、商品、信用事件、固定收益或其他利益之服務，應於開辦該項服務後一週內為之，並應檢附主管機關核准函及1.之(1)～(3)文件。

(六)**指定銀行申請辦理外匯衍生性商品業務從業人員應具備資格：**

1. 指定銀行辦理外匯衍生性商品業務之經辦及相關管理人員，應具備下列資格條件之一：
   (1) 參加國內金融訓練機構舉辦之衍生性商品及風險管理課程時數達六十小時以上且取得合格證書，課程內容須包括外匯衍生性商品交易理論與實務、相關法規、會計處理及風險管理。
   (2) 在國內外金融機構相關外匯衍生性商品業務實習一年。
   (3) 曾在國內外金融機構有半年以上外匯衍生性商品業務之實際經驗。

2. 辦理外匯衍生性商品推介工作之經辦及相關管理人員，須具備下列資格條件之一：
   (1) 具備前項資格條件之一。
   (2) 通過國內金融訓練機構舉辦之結構型商品銷售人員資格測驗並取得合格證書。
   (3) 通過國內金融訓練機構舉辦之衍生性金融商品銷售人員資格測驗並取得合格證書。

3. 辦理外匯衍生性商品業務之交易、行銷業務、風險管理、交割、會計之經辦及相關管理人員、法令遵循人員、稽核人員，及外匯衍生性商品推介之經辦及相關管理人員，每年應參加衍生性商品教育訓練課程時數達六小時以上；其中參加國內金融訓練機構舉辦之衍生性商品相關法規或缺失案例課程，不得低於應達訓練時數之二分之一。

4. 指定銀行辦理外匯衍生性商品業務之人員應具專業能力，並應訂定專業資格條件及訓練制度。

(七)**外幣清算銀行之申請：**

1. 指定銀行經由國內結算機構辦理外幣清算業務，應向本行申請許可為外幣清算銀行。
2. 指定銀行為前項之申請時，應於本行所定期限內，檢附下列證明文件及說明，由本行審酌後，擇優許可一家銀行辦理：
   (1) 辦理外幣清算業務之營業計畫書。
   (2) 會計師最近一期查核簽證之財務報告。
   (3) 其他有利於辦理外幣清算業務之說明。
3. 前項期限，由本行另行通告。
4. 經本行許可之外幣清算銀行，其辦理外幣清算業務得具有自該業務開辦日起五年之專營期。

(八) **指定銀行兼營信託業辦理投資外幣有價證券業務之申請：**指定銀行兼營信
託業辦理新臺幣或外幣特定金錢信託投資外幣有價證券業務者，應檢附下
列文件向本行申請許可：

1. 主管機關核准文件。

2. 本國銀行及農業金庫董事會決議辦理本項業務議事錄或外國銀行總行（或
區域總部）授權書。

3. 法規遵循聲明書。

4. 款項收付幣別及結匯流程說明。

5. 其他本行要求之文件。

(九) **指定銀行兼營信託業辦理外幣計價之信託資金集合管理運用之申請：**

1. 指定銀行兼營信託業辦理外幣計價之信託資金集合管理運用帳戶業務或於
境內募集發行外幣計價之共同信託基金業務者，應於首次設置或募集發行
前檢附下列文件向本行申請許可：

(1) 主管機關核准文件，但設置外幣計價信託資金集合管理運用帳戶且限
境外結構型商品管理規則所稱之專業投資人委託投資（應於申請函文
敘明）或募集發行外幣計價共同信託基金者免附。

(2) 首次設置外幣計價集合管理運用帳戶之管理及運用計畫或首檔共同信
託基金募集發行計畫書。

(3) 本國銀行及農業金庫董事會決議辦理本項業務議事錄或外國銀行總行
（或區域總部）授權書。

(4) 法規遵循聲明書。

(5) 其他本行要求之文件。

2. 指定銀行辦理前項業務經本行許可後，嗣後無須再逐案向本行申請許可。

(十) **指定銀行兼營信託業辦理(八)及(九)以外之外幣信託業務申請：**
**指定銀行兼營信託業辦理(八)及(九)以外之外幣信託業務，應檢附下列文
件向本行申請許可：**

1. 主管機關核准文件或符合信託業營運範圍受益權轉讓限制風險揭露及行銷
訂約管理辦法第五條規定之相關證明文件。

2. 作業說明（申請辦理各種類之外幣金錢信託及外幣有價證券信託者免
附），內容應包括下列各目：

(1) 業務名稱（依信託業法第十六條及信託業法施行細則第六條至第八條
標明業務項目及分類）。

  (2) 業務簡介。

  (3) 作業流程。

  (4) 款項收付說明。

 3. 本國銀行及農業金庫董事會決議辦理本項業務議事錄或外國銀行總行（或區域總部）授權書。

 4. 法規遵循聲明書。

 5. 其他本行要求之文件。

(十一) **指定銀行設置自動化服務設備之申請：**

 1. 指定銀行設置自動化服務設備受理顧客辦理外匯業務，應符合主管機關所定有關自動化服務設備得提供之服務項目，以及相關作業安全控管規範，並於提供各項外匯服務項目前檢附作業說明及敘明自動化服務設備所隸屬之單位名稱及設置地點，函報本行備查。

 2. 嗣後作業說明若有涉及匯率適用原則及揭露方式、外匯申報方式之變動，或縮減提供之外匯服務項目者，應於變動前函報本行備查。

 3. 指定銀行嗣後增設或裁撤自動化服務設備辦理外匯業務，僅須備文敘明自動化服務設備所隸屬之單位名稱及設置或裁撤地點，於設置或裁撤後一週內函知本行。

(十二) **指定銀行及中華郵政公司辦理涉及外匯之電子化交易業務之申請：**

 1. 指定銀行及中華郵政公司受理顧客透過電子或通訊設備辦理外匯業務，應符合金融監督管理委員會（以下簡稱金管會）所定有關銀行得辦理之電子銀行業務範圍，並向本行申請許可。但其受理範圍符合本行規定者，得逕行辦理或函報本行備查。

 2. 指定銀行及中華郵政公司依前項規定向本行申請許可時，應檢附下列書件：

  (1) 作業說明。

  (2) 匯款性質分類項目。

  (3) 總機構法令遵循主管、總稽核及資訊部門最高主管聲明書。

  (4) 防範顧客以化整為零方式規避法規義務之管控措施。但未涉及新臺幣結匯者，免附。

 3. 指定銀行依第一項規定向本行函報備查時，應檢附前項書件及銀行系統辦理外匯業務作業流程自行模擬測試報告。

4. 指定銀行及中華郵政公司辦理第一項業務，應遵循下列規定：

(1) 其系統應具備檢核匯款分類之功能，以及控管人民幣兌換或匯款至大陸地區規定之機制。

(2) 提供顧客依外匯收支或交易申報辦法（以下簡稱申報辦法）第十條第一項規定利用網際網路辦理新臺幣結匯申報者，其系統應於向本行申請許可或函報備查前通過本行外匯資料處理系統連結測試。

(3) 其他本行為妥善管理第一項業務所為之規定。

5. 純網路銀行受理顧客透過電子或通訊設備辦理新臺幣結匯金額達等值新臺幣五十萬元以上之交易，應提供申報義務人依申報辦法第十條第一項規定利用網際網路辦理新臺幣結匯申報。

6. 第一項得向本行函報備查或逕行辦理之規定及第四項第三款之其他規定，由本行另定之。

(十三) 指定銀行於非共同營業時間辦理外匯業務之申請：

1. 指定銀行於非共同營業時間辦理外匯業務，應檢附相關作業說明（含劃分相關交易列報營業當日或次營業日「交易日報」及「外匯部位日報表」等報表之時點）向本行申請許可；業務項目若有變動時，亦同。

2. 指定銀行經本行為前項許可後，所屬指定分行依其作業說明辦理前項外匯業務者，無須再逐案申請許可。

(十四) 指定銀行以國內自設外匯作業中心處理相關外匯作業之申請

指定銀行以國內自設外匯作業中心處理相關外匯作業時，應於開辦後一週內檢附相關作業說明、作業流程及經辦與覆核人員資歷，函報本行備查；以其他方式委託代為處理外匯相關後勤作業，應檢附委外作業計畫書向本行申請，於申請書件送達本行之次日起十五日內，本行無不同意之表示者，即可逕行辦理。

(十五) 指定銀行於境內發行外幣金融債券之申請

指定銀行發行外匯金融債券，應於發行後一週內檢附主管機關之核准（備）文件及相關說明（含發行日期、金額、發行條件、發行地區或國家及資金運用計畫等），函報本行備查。但依發行人募集與發行海外有價證券處理準則規定，於境外發行外幣轉換金融債券、外幣交換金融債券或其他涉及股權之外匯金融債券者，其申請程序應依該準則規定辦理。

(十六) **非指定銀行之銀行業，辦理買賣外幣現鈔及旅行支票業務之申請：**

1. **非指定銀行之銀行業，申請許可辦理買賣外幣現鈔及旅行支票業務，應依下列規定辦理：**

    (1) 本國銀行及其分行應由總行、外國銀行應由臺北分行備文，並檢附營業執照影本（或主管機關核准設立許可函影本）及經辦與覆核人員資歷。

    (2) 信用合作社（總社或其分社）應由其總社備文，並檢附信用合作社營業執照影本、經辦與覆核人員資歷、前一會計年度決算後之資產負債表與綜合損益表及最近一年內有無違反金融法規受處分情形之相關文件。

    (3) 農（漁）會信用部及其分部，應由農（漁）會備文，並檢附許可證影本及經辦與覆核人員資歷，經行政院農業委員會審查核可後，函轉本行許可。

    (4) 中華郵政公司及其所屬郵局，應由總公司備文，檢附金管會核准函影本（九十二年一月一日以後成立者）及經辦與覆核人員資歷。

2. 前項業務之經辦及覆核人員資格，準用第十一條第二項規定。

3. 中華郵政公司及其所屬郵局辦理一般匯出及匯入匯款業務之許可程序，準用第一項第四款規定；其經辦及覆核人員之資格，準用第十一條用第一項之規定。

(十七) **遷址或更名之申請：**

1. 依第九條、第十條、第二十三條第一項及第三項規定，經許可辦理外匯業務之銀行業，其地址或名稱有變動時，應分別於實行日前後二週內，檢附下列文件向本行申請換發指定證書 或函報備查：

    (1) 中華郵政公司及其所屬郵局：金管會核准 函或總公司核准函影本；其為地址變動者，並應檢附經辦及覆核人員資歷。

    (2) 前款以外之銀行業：主管機關核准文件、 換發之營業執照或許可證影本；其為地址變動者，並應檢附經辦及覆核人員資歷。

2. 經許可辦理外匯業務之銀行業裁撤、終止辦理部分或全部外匯業務時，應於裁撤或終止後一週內向本行繳回或換發指定證書或函報備查。

(十八) 無須申請許可事項：

1. 非指定銀行之銀行業於非共同營業時間辦理經本行許可之買賣外幣現鈔及旅行支票業務，無須向本行申請許可。

2. 第二十條之規定，於中華郵政公司在非共同營業時間辦理經本行許可之一般匯出及匯入匯款業務，準用之。

(十九) 限期補正及駁回申請：

1. 銀行業申請許可或函報備查辦理外匯業務時，所送各項書件不完備或應記載事項不完整，經通知限期補正，仍未補正者，本行得退回其申請或函報案件。

2. 銀行業申請許可辦理外匯業務，經審查有下列情形之一者，本行得駁回其申請：

   (1) 申請資格不符規定或檢附不實之文件。

   (2) 未依規定輔導申報義務人填報外匯收支或交易申報書。

   (3) 所掣發相關單據及報表填報錯誤率偏高。

   (4) 最近一年曾有違反本辦法或相關規定，且情節重大；或經本行限期改正，屆期仍未改正。

   (5) 其他事實足認有礙業務健全經營或未能符合金融政策要求之虞。

3. 銀行業函報備查辦理外匯業務時，若檢附不實之文件，或該業務依規定非屬得函報備查者，本行除不予同意備查外，並得按情節輕重，為警告、命其改善、停止一定期間辦理特定外匯業務，或令其不得以函報備查方式開辦依本辦法規定得函報備查之外匯業務。

(二十) 停辦、廢止或撤銷許可：

1. 銀行業辦理外匯業務，有下列情事之一者，本行得按情節輕重，命其於一定期間內停辦、廢止或撤銷許可內容之一部或全部，或停止其於一定期間內申請新種外匯業務或新增分支機構辦理外匯業務：

   (1) 發給指定證書或許可函後六個月內未開辦。但有正當理由申請延期，經本行同意，得延長三個月，並以一次為限。

   (2) 違反本辦法規定且情節重大；或經本行限期改正，屆期仍未改正。

   (3) 經本行許可辦理各項外匯業務後，經發覺原檢附書件內容有虛偽不實情事，且情節重大。

   (4) 有停業、解散或破產情事。

   (5) 其他事實足認有礙業務健全經營或未能符合金融政策要求之虞。

2. 銀行業經依前項規定廢止或撤銷許可者,應於接獲處分之日起七日內繳回指定證書或許可函;逾期未繳回者,由本行註銷之。

3. 銀行業經本行或相關主管機關命其於一定期間內停辦或停止申辦外匯業務,於停止期間尚未屆滿或未提報適當之具體改善措施,或提報之改善措施未獲主管機關認可前,不得以函報備查方式開辦依本辦法規定得函報備查之外匯業務。

四、外匯業務經營之基本規定（第29～38條）

(一) 確認顧客身分:

1. 銀行業辦理各項外匯業務,應先確認顧客身分或基本登記資料及憑辦文件符合規定後,方得受理。

2. 銀行業辦理外匯業務涉及之確認顧客身分、紀錄保存、一定金額以上通貨交易申報及疑似洗錢或資恐交易申報,應依洗錢防制法及相關規定辦理;對經資恐防制法指定對象之財物或財產上利益及其所在地之通報,應依資恐防制法及相關規定辦理。

> **知識補給**
>
> 銀行業辦理各項外匯業務,應先確認顧客身分或基本登記資料後,方得受理。

(二) 受託代為處理國際金融業務分行業務:
指定銀行得於其經本行許可之外匯業務範圍內,接受同一銀行國際金融業務分行委託代為處理國際金融業務分行業務;其受託處理業務應依國際金融業務條例、國際金融業務條例施行細則及其他有關規定辦理。

(三) 涉及新臺幣匯率之外匯衍生性商品業務之規定:
指定銀行辦理涉及新臺幣匯率之外匯衍生性商品業務,應依下列規定辦理:

1. **新臺幣與外幣間遠期外匯交易（DF）:**
   (1) 以有實際外匯收支需要者為限,同筆外匯收支需要不得重複簽約。
   (2) 與顧客訂約及交割時,均應查核其相關實際外匯收支需要之交易文件,或主管機關核准文件。
   (3) 期限:依實際外匯收支需要訂定。
   (4) 展期時應依當時市場匯率重訂價格,不得依原價格展期。

2. **新臺幣與外幣間換匯交易（FX SWAP）:**
   (1) 換匯交易係指同時辦理兩筆相等金額、不同方向及不同到期日之外匯交易。

(2) 承作對象及文件：國內法人無須檢附文件；對國外法人及自然人應查驗主管機關核准文件。

(3) 換匯交易結匯時，應查驗顧客是否依申報辦法填報申報書，其「外匯收支或交易性質」是否依照實際匯款性質填寫及註明「換匯交易」，並於外匯水單上註明本行外匯局訂定之「匯款分類及編號」，連同申報書填報「交易日報」。

(4) 本項交易得不計入申報辦法第四條第一項第三款所訂之當年累積結匯金額。

(5) 展期時應依當時市場匯率重訂價格，不得依原價格展期。

3. **無本金交割新臺幣遠期外匯交易（NDF）：**

(1) 承作對象以國內指定銀行及指定銀行本身之海外分行、總（母）行及其分行為限。

(2) 契約形式、內容及帳務處理應與遠期外匯業務（DF）有所區隔。

(3) 承作本項交易不得展期、不得提前解約。

(4) 到期結清時，一律採現金差價交割。

(5) 不得以保證金交易（Margin Trading）槓桿方式為之。

(6) 非經本行許可，不得與其他衍生性商品、新臺幣或外幣本金或其他業務、產品組合。

(7) 無本金交割新臺幣遠期外匯交易，每筆金額達五百萬美元以上者，應立即電告本行外匯局。

4. **新臺幣匯率選擇權交易：**

(1) 承作對象以國內外法人為限。

(2) 到期履約時得以差額或總額交割，且應於契約中訂明。

(3) 權利金及履約交割之幣別，得以所承作交易之外幣或新臺幣為之，且應於契約中訂明。

(4) 僅得辦理陽春型（Plain Vanilla）選擇權。且非經本行許可，不得就本項商品自行組合或與其他衍生性商品、新臺幣或外幣本金或其他業務、產品組合。

知識補給
- 無本金交割新臺幣遠期外匯交易，每筆金額達五百萬美元以上者，應立即電告外匯局。
- 新臺幣匯率選擇權業務承作對象以國內外法人為限。

5. **新臺幣與外幣間換匯換利交易（CCS）：**

(1) 承作對象以國內外法人為限。

(2) 辦理期初及期末皆交換本金之新臺幣與外幣間換匯換利交易，國內法人無須檢附交易文件，其本金及利息於交割時得不計入申報辦法第四條第一項第三款所訂之當年累積結匯金額。

(3) 其他類型之新臺幣與外幣間換匯換利交易，承作時須要求顧客檢附實需證明文件，且交割金額應計入申報辦法第四條第一項第三款所訂之當年累積結匯金額，但其外匯收支或交易性質為出、進口貨款、提供服務或經有關主管機關核准者，得不計入上述當年累積結匯金額。

(4) 辦理本款交易，於顧客結匯時應查驗是否依申報辦法填報申報書，其「外匯收支或交易性質」是否依照實際匯款性質填寫，及註明「換匯換利交易」。並於外匯水單上註明本行外匯局訂定之「匯款分類及編號」，連同申報書填報「交易日報」。

(5) 未來各期所交換之本金或利息視為遠期外匯，訂約時應填報遠期外匯日報表。

(四) 指定銀行辦理未涉及新臺幣匯率之外匯衍生性商品，應依下列規定辦理：

1. **外幣保證金交易業務：**

(1) 不得以外幣貸款為之。

(2) 非經本行許可不得代客操作或以「聯名帳戶」方式辦理本款交易。相關代客操作管理規範由本行另訂之。

(3) 不得收受以非本人所有之定存或其他擔保品設定質權作為外幣保證金。

> **知識補給**
>
> 外幣保證金交易業務不得以外幣貸款為之。

2. 辦理外幣間遠期外匯及換匯交易，展期時應依當時市場匯率重訂展期價格，不得依原價格展期。

3. 辦理外幣間換匯交易及換匯換利交易，交割時應於其他交易憑證上註明適當之「匯款分類及編號」填報「交易日報」。

4. 外匯信用違約交換交易（Credit Default Swap）及外匯信用違約選擇權（Credit Default Option）交易：

(1) 承作對象以屬法人之專業客戶為限。

(2) 對象如為國內顧客者，除其主管機關規定得承作信用衍生性商品且為信用風險承擔者外，僅得承作顧客為信用風險買方之外匯信用衍生性商品。

(3) 國內顧客如為信用風險承擔者，合約信用實體應符合其主管機關所訂規範，且不得為大陸地區之政府、公司及其直接或間接持有股權達百分之三十以上之公司。

(4) 指定銀行本身如為信用風險承擔者，且合約信用實體為利害關係人，其交易條件不得優於其他同類對象，並應依相關銀行法令規定辦理。

(5) 本款商品組合為結構型商品辦理者，承作對象以屬專業機構投資人及國外法人之專業客戶為限。

5. 辦理外匯衍生性商品組合式契約或結構型商品，應符合各單項商品及連結標的之相關限制及規定。

6. 原屬自行辦理之外匯衍生性商品，不得改以提供境外衍生性金融商品之資訊及諮詢服務方式辦理。

7. 指定銀行辦理未涉及新臺幣匯率之外匯衍生性商品，除本行另有規定者外，不得連結下列標的：

(1) 資產證券化相關之證券或商品。

(2) 未公開上市之大陸地區個股、股價指數或指數股票型基金。

(3) 國內外私募之有價證券。

(4) 國內證券投資信託事業於海外發行且未於證券市場掛牌交易之受益憑證。

(5) 國內外機構編製之臺股指數及其相關金融商品。但由證券櫃檯買賣中心或證券交易所編製或合作編製者，不在此限。

(五)辦理尚未開放之外匯衍生性商品業務之規定：

1. 本行對指定銀行辦理尚未開放之外匯衍生性商品，於必要時得於許可函中另行訂定辦理該項商品應遵循事項，或授權財團法人臺北外匯市場發展基金會（以下簡稱基金會）洽商中華民國銀行商業同業公會全國聯合會（以下簡稱銀行公會）後，就該項商品承作條件、範圍及其他有關業務之處理事項訂定規範，並報本行核定；修正時，亦同。

2. 指定銀行辦理外匯衍生性商品業務，除依本辦法規定外，並應依其他相關規定及前項規範辦理。

(六)**外匯存款業務之規定：**

1. 指定銀行辦理外匯存款業務，應參照國際慣例自行訂定並公告最低存款利率。未公告存款天期之利率，指定銀行得參酌相近天期之公告利率與顧客議定。採議定利率者應於公告中告知。

2. 前項公告應於營業廳揭示，並於公開之網站或其他足使公眾知悉之方式揭露。

(七)**設置自動化服務設備之規定：**指定銀行設置自動化服務設備，應限制每帳戶每日累積提領外幣金額，以等值一萬美元為限。

(八)**發行外幣可轉讓定期存單之規定：**指定銀行發行外幣可轉讓定期存單，應以無實體方式為之，相關應遵循事項、辦理方式及報送報表，由本行另定之。

> **知識補給**
>
> ・指定銀行設置自動化服務設備，應限制每帳戶每日累積提領外幣金額，以等值一萬美元為限。
> ・指定銀行發行外幣可轉讓定期存單，應以無實體方式為之。

(九)**外匯交易買賣匯率之規定：**

1. 銀行業與顧客之外匯交易買賣匯率，由各銀行業自行訂定。

2. 每筆交易金額在一萬美元以下涉及新臺幣之匯率，應於每營業日上午九時三十分以前，在營業場所揭示。

(十)**收兌外幣現鈔之規定：**辦理買賣外幣現鈔之銀行業，應依牌告價格收兌外幣現鈔，並加強偽鈔辨識能力，若發現偽造外國幣券，應確實依偽造變造外國幣券處理辦法辦理。

五、外匯業務經營之進階規定（第39～41條）

(一)**外幣清算銀行辦理外幣清算業務之規定：**經本行許可之外幣清算銀行辦理外幣清算業務，應遵循下列規定：

1. 營運期間非經本行許可，不得擅自停止辦理；如無法正常運作，或有暫停、終止外幣清算系統之參加單位參與之情事，應立即函報本行。

2. 應隨時提供本行所需之有關資訊，並定期將統計報表報送本行。

3. 如對所提供之外幣清算服務收取費用，應訂定收費標準，報本行備查；變更時，亦同。

4. 與參加單位間之約定事項，應訂定作業要點，報本行備查。對於參加單位因違反與其訂定之契約，致妨害外幣清算系統之順暢運作者，除依契約處置外，並應視其違約情節函報本行。

5. 於本行對其業務情形進行檢查、調閱有關資料時，不得拒絕。

6. 依參加單位所設質之本行定期存單、中央政府公債或其他擔保品，提供日間透支額度者，應訂定相關作業程序，報本行備查。

7. 應與結算機構及參加單位約定支付指令經外幣清算系統完成清算後，不得撤銷。

(二) **指定銀行兼營信託業辦理外幣計價之信託資金集合管理運用帳戶業務之規定：**
指定銀行兼營信託業辦理第十七條及第十七條之一業務，除本行另有規定或經本行另予核准外，應遵循下列事項：

1. 信託財產交付、返還及其他相關款項收付，均應以外幣或外幣計價財產為之。

2. 受託人相關款項收付，應透過其於指定銀行開立之外幣信託財產專戶為之。

3. 信託財產之運用，應符合主管機關規定並以外幣計價商品為限，且不得涉及或連結新臺幣利率或匯率指標。

4. 應依本行規定格式報送報表。

(三) **指定銀行於境內發行外匯金融債券之規定：**

1. 指定銀行發行外匯金融債券，其所募資金應以外幣保留。如需兌換為新臺幣使用，應以換匯交易或換匯換利交易方式辦理；並應依本行規定格式報送報表。

2. 除本行另有規定者外，經本行許可辦理外匯衍生性商品業務之指定銀行，於境內發行外匯金融債券，得連結衍生性商品或為結構型債券。但連結之衍生性商品範圍以第十二條已開放辦理者為限，且不得連結新臺幣匯率、信用事件及第三十二條第二項第一款至第五款之標的。

3. 指定銀行於境外發行外匯轉換金融債券、外匯交換金融債券及其他涉及股權之外匯金融債券，應依銀行發行金融債券辦法、發行人募集與發行海外有價證券處理準則及本行其他規定辦理，不適用第一項規定。

4. 指定銀行於境外發行外匯轉換金融債券、外匯交換金融債券及其他涉及股權之外匯金融債券，應依銀行發行金融債券辦法、發行人募集與發行海外有價證券處理準則及本行其他規定辦理，不適用第一項規定。

六、指定銀行之內部控制（第42~49條）

(一)指定銀行於非共同營業時間辦理外匯業務之規定：

1. **指定銀行於非共同營業時間辦理外匯業務，應依下列規定辦理：**

   (1) 每筆結匯金額以未達新臺幣五十萬元或等值外幣者為限。

   (2) 非共同營業時間辦理之外匯交易，應依其檢送之作業說明或本行之規定，列報於營業當日或次營業日之「交易日報」及「外匯部位日報表」。

2. 前項第一款規定，於非指定銀行之銀行業在非共同營業時間辦理買賣外幣現鈔及旅行支票業務，及中華郵政公司在非共同營業時間辦理一般匯出及匯入匯款業務時，準用之。

3. 非指定銀行之銀行業於非共同營業時間辦理前項業務所為之交易，應列報於營業當日或次營業日之「交易日報」。

(二)指定銀行向外匯市場或本行買賣外匯之規定：

1. 指定銀行得向外匯市場或本行買入或賣出外匯，亦得在自行訂定額度內持有買超或賣超部位。

2. 指定銀行參與銀行間外匯市場，應遵循基金會洽商銀行公會後，依國際慣例所定並報經本行備查之交易規範。

(三)指定銀行應自行訂定各項部位限額：指定銀行應自行訂定「各幣別交易部位」、「交易員隔夜部位」等各項部位限額，責成各單位確實遵行，並定期辦理稽核。

(四)指定銀行應自行訂定新臺幣與外幣間交易總部位限額：

1. 指定銀行應自行訂定新臺幣與外幣間交易總部位限額，並檢附董事會同意文件（外國銀行則為總行或區域總部核定之相關文件），報本行外匯局同意後實施。

2. 前項總部位限額中，無本金交割新臺幣遠期外匯及新臺幣匯率選擇權二者合計之部位限額，不得逾總部位限額五分之一。

(五)指定銀行應將涉及新臺幣之外匯交易按日填報「外匯部位日報表」：

1. 指定銀行應將涉及新臺幣之外匯交易按日填報「外匯部位日報表」，於次營業日報送本行外匯局。指定銀行填報之外匯部位，應與其內部帳載之外匯部位相符。

2. 指定銀行應將營業當日外匯部位預估數字，於營業結束後電話通報本行外匯局。

(六) 指定銀行臨櫃受理大額結匯之規定：

1. 指定銀行受理顧客新臺幣與外幣間即期外匯、遠期外匯、換匯交易或換匯換利交易及中華郵政公司受理顧客新臺幣與外幣間即期外匯交易達下列金額時，應依第三十一條及申報辦法第五條規定確認交易相關證明文件無誤後，依下列規定將資料傳送至本行外匯資料處理系統：

   (1) 受理公司、有限合夥、行號結購、結售等值一百萬美元以上（不含跟單方式進、出口貨品結匯），或個人、團體等值五十萬美元以上即期外匯交易，於訂約日立即傳送。

   (2) 受理顧客結購、結售等值一百萬美元以上之新臺幣與外幣間遠期外匯交易，於訂約日之次營業日中午十二時前傳送。

2. 本國指定銀行就其海外分行經主管機關核准受理境內外法人、境外金融機構及本國指定銀行海外分行之無本金交割新臺幣遠期外匯交易達等值一百萬美元以上時，應於訂約日之次營業日中午十二時前傳送至本行外匯資料處理系統。

(七) 指定銀行使用中央銀行外匯資料處理系統之規定： 銀行業應依下列方式擇一與本行外匯資料處理系統辦理連結，並遵循金融機構使用中央銀行外匯資料處理系統應注意事項：

1. 自行開發主機對主機系統者，依據外匯資料處理系統之連線作業跨行規格辦理。

2. 使用本行外匯資料申報系統者，應依據外匯資料申報系統軟體使用者手冊辦理，並遵循金融機構使用中央銀行外匯資料申報系統應注意事項。

(八) 指定銀行報送各種報表之規定：

1. 銀行業報送本辦法規定各種報表時，應檢附相關單證及附件。

2. 本行外匯局於必要時，得要求銀行業填送其他相關報表。

3. 銀行業應報送本行外匯局相關報表時間：

   (1) 指定銀行及中華郵政公司：

   　A. 報表：次營業日中午十二時前。

   　B. 月報表：每月營業終了後十日內。

   (2) 非指定銀行、信用合作社及農（漁）會信用部：買賣外幣現鈔及旅行支票業務交易日報表，於次營業日中午十二時前。

4. 前三項報表之格式、內容、填表說明、報表及檢附資料報送方式，依本行另訂之銀行業辦理外匯業務作業規範及其他有關規定辦理。

(九) **派員查閱帳冊之規定**：為審核銀行業所送報表，必要時得派員查閱其有關帳冊文卷，或要求於期限內據實提出財務報告或其他有關資料。

七、人民幣業務之管理（第50～52條）

(一) **指定銀行向本行申請許可為臺灣地區人民幣清算銀行之條件**：指定銀行向本行申請許可為臺灣地區人民幣清算銀行，辦理臺灣地區人民幣結算及清算業務，應取得大陸地區主管機關認可得辦理人民幣之結算及清算，並檢附下列文件：

1. 上述認可之相關證明文件。
2. 辦理人民幣清算業務之項目、內容及相關風險管理機制（應包括於發生流動性及清償性危機時，其總行承諾妥予協助處理、承擔全部清償性責任及流動性支援）之文件。

(二) **人民幣清算行辦理人民幣清算業務應遵循規定**：人民幣清算行辦理人民幣清算業務，應遵循下列規定，並準用第三十九條規定：

1. 訂定與金融機構簽署人民幣清算協議之範本，並事先報本行同意。
2. 依前款經同意之協議範本內容，提供有關人民幣之結算及清算服務，並充分供應及妥善回收人民幣現鈔。
3. 依本行規定提供簽署人民幣清算協議之金融機構名單及清算業務相關統計資料。
4. 於本行參酌(一)第一款認可文件所載授權期限所給予之專營期內，辦理人民幣清算業務。

(三) **可簽署人民幣清算協議之金融機構**：

1. 國內、外金融機構，原則上均得與人民幣清算行簽署人民幣清算協議。
2. 屬國內金融機構者，應以經本行許可得辦理外匯或人民幣業務之銀行業為限。

(四) **銀行業辦理人民幣業務管理應遵循規定**：銀行業辦理人民幣業務之管理，除應遵循下列規定外，準用本辦法及其他有關外匯業務之規定：

1. 除本行另有規定外，應於人民幣清算行開立人民幣清算帳戶，始得辦理人民幣業務；於大陸地區代理銀行（以下簡稱代理行）開立人民幣同業往來帳戶，並將其簽訂之清算協議報本行同意備查者，亦同。

2. 承作與跨境貿易相關之人民幣業務，涉及資金進出大陸地區者，應透過人民幣清算行或代理行進行結算及清算。

3. 業經本行許可得辦理人民幣現鈔買賣業務者，得逕依本辦法規定辦理人民幣現鈔買賣業務。

4. 承作自然人買賣人民幣業務，每人每次買賣現鈔及每日透過帳戶買賣之金額，均不得逾人民幣二萬元。

5. 承作於外幣提款機提領人民幣現鈔業務，每人每次提領之金額，不得逾人民幣二萬元。

6. 承作自然人匯款人民幣至大陸地區業務，其對象應以領有中華民國國民身分證之個人為限，並應透過人民幣清算行或代理行為之；匯款性質應屬經常項目，且每人每日匯款之金額，不得逾人民幣八萬元。

7. 其他本行為妥善管理人民幣業務所為之規定。

八、附則（第53~55條）

(一) **在臺灣地區設立之大陸銀行分行準用規定**：本辦法有關外國銀行之規定，於經金管會核准在臺灣地區設立之大陸銀行分行準用之。

(二) **銀行業未遵守本守之處理**：銀行業未依本辦法之規定辦理時，本行得依行政執行法之有關規定執行。

(三) 本辦法自發布日施行。

經典範題

( )　**1** 銀行業辦理外匯業務管理辦法所稱外匯衍生性商品不含那一項？
　　　(A)可轉（交）換公司債
　　　(B)涉及外匯之結構型商品
　　　(C)涉及外匯，且其價值由利率、匯率、股權、指數、商品、信用事件或其他利益等所衍生之交易契約
　　　(D)涉及外匯，且其價值由利率、匯率、股權、指數、商品、信用事件或其他利益等所衍生之交易契約之再組合契約。

( )　**2** 本國銀行及農業金庫申請許可為指定銀行應符合規定，不包含下列那一項？
(A)自有資本與風險性資產比率符合主管機關之規定
(B)最近一年無違反金融相關法規
(C)最近五年財務狀況健全
(D)合辦外匯業務量累積達四億美元或筆數達七千件。

( )　**3** 指定銀行辦理外匯業務之經辦人員，應有外匯業務多久的經歷？　(A)二個月　(B)三個月　(C)半年　(D)一年。

解答與解析

1 (A)。所稱外匯衍生性商品，係指下列契約。但不含資產證券化商品、結構型債券、可轉（交）換公司債等具有衍生性金融商品性質之國內外有價證券及境外結構型商品管理規則所稱之境外結構型商品：
(1) 涉及外匯，且其價值由利率、匯率、股權、指數、商品、信用事件或其他利益等所衍生之交易契約。
(2) 前款所涉交易契約之再組合契約。
(3) 涉及外匯之結構型商品。
2 (C)。本國銀行及農業金庫申請許可為指定銀行應符合下列規定：
(1) 自有資本與風險性資產比率符合主管機關之規定。
(2) 配置足敷外匯業務需要之熟練人員。
(3) 合辦外匯業務量累積達四億美元或筆數達七千件。
(4) 最近三年財務狀況健全。
(5) 最近一年無違反金融相關法規，而受主管機關處分或糾正之情事，或有違反金融相關法規之情事，惟已具體改善，並經主管機關認可。
3 (B)。經辦人員須有三個月以上相關外匯業務經歷。

重點 2　指定銀行辦理外幣保證金交易代客操作業務管理辦法

一、外匯指定銀行辦理外幣保證金交易代客操作業務之基本規定（第2～4條）

(一)**外匯指定銀行辦理外幣保證金交易代客操作業務之法令適用**：經中央銀行許可辦理外匯業務之銀行辦理外幣保證金交易代客操作業務，依本辦法之規定；本辦法未規定者，適用其他有關法令之規定。

(二)**代客操作之定義**：

　1. **本辦法所稱代客操作業務，係指經許可辦理代客操作業務之指定銀行，接受顧客之委任，基於其投資判斷，於委任人所開立之外幣保證金交易帳戶餘額內，為委任人之利益，全權代委任人從事外幣保證金交易之業務。**

　2. 前項所稱交易帳戶，係指委任人於接受委任之指定機構或其他指定銀行所開立，專供代客操作業務收付、結算之存款帳戶；交易帳戶之開立，應以委任人與帳戶行簽訂之外幣保證金交易契約書為之，同一交易帳戶不得同時作為不同委任操作契約或其他交易收付結算之用。

　3. 本辦法所稱帳戶行，係指接受開立交易帳戶之銀行。

(三)**指定銀行辦理代客操作業務應符合之條件**：指定銀行辦理代客操作業務應符合下列條件，並依第五條規定申請許可：

　1. 經本行許可辦理外幣保證金交易業務。

　2. 應於其自有資金管理部門及信託業務專責部門之外，另設代客操作專責單位辦理。

二、指定銀行辦理外幣保證金交易代客操作業務之申請許可及撤銷（第5～8條）

(一)**外匯指定銀行辦理外幣保證金交易代客操作業務申請**：

　1. 指定銀行申請辦理代客操作業務，應檢具下列書件，向本行申請許可：

　　(1) 營業計畫書。

　　(2) 本國銀行董事會決議辦理本項業務之議事錄或外國銀行總行（或區域總部）授權書。

　　(3) 法規遵循聲明書。

　　(4) 風險預告書。

(5) 專責單位主管與交易經理人之資歷表。

(6) 其他本行規定之文件。

2. 前項第一款之營業計畫書，應載明辦理代客操作業務經營原則、風險管理、作業程序、專責單位與帳戶行間之權責劃分、防火牆機制等內部控制制度，以及營業糾紛之處理方式。

3. 指定銀行依前條申請許可所檢送之各款書件不完備，經通知限期補正，仍未補正者，本行得退回其申請。

4. 指定銀行有下列情形之一者，本行得駁回其申請：

(1) 不符合第四條所規定之條件者。

(2) 依第五條檢送之各款書件，所載內容不符規定或不確實者。

(3) 違反辦理外幣保證金交易或其他外匯業務之規定，其情節重大，經本行糾正，屆期仍未改善者。

(4) 其他有事實顯示有礙業務健全經營之虞，或未能符合金融政策之要求者。

(二) **外匯指定銀行辦理外幣保證金交易代客操作業務許可撤銷**：經許可辦理代客操作業務之指定機構有下列情事之一者，本行得廢止或撤銷其許可：

1. 違反本辦法規定，經本行限期改正，仍未改正，其情節重大者。

2. 本行於許可後，經發覺原申請事項有虛偽情事，其情節重大者。

3. 有停業、解散或破產情事者。

三、指定銀行辦理外幣保證金交易代客操作業務之限制及內控（第9～8條）

(一) **外匯指定銀行辦理外幣保證金交易代客操作業務之限制**：指定機構辦理代客操作業務，限於承作由個別委任人委任操作，在指定銀行之營業處所經營之外幣間即期外匯買賣、遠期外匯買賣及其他經本行許可之交易，並以交易帳戶餘額為履約之擔保。

(二) **外匯指定銀行辦理外幣保證金交易代客操作業務之內控**：

1. **應符合業務規範**：

(1) 指定機構辦理代客操作業務涉及簽約、開戶、買賣、交割、結算、帳務處理、通知義務、操作報酬與費用、專責單位主管與交易經理人之資格條件、利益衝突之防制、指定機構與帳戶行及委任人間之權利義務關係及其他事項之業務規範，由財團法人台北外匯市場發展基金會洽商中華民國銀行商業同業公會全國聯合會擬訂，報經本行核定後施行；修正時，亦同。

(2) 指定機構辦理代客操作業務，應依前項業務規範為之。

(3) 指定機構、帳戶行與其委任人間因代客操作業務或其收付、結算等事項所生糾紛，得於契約中約定向銀行公會申訴或請求調處。

2. **應取得相關文件之聲明書：**

(1) 指定機構辦理代客操作業務前，應與委任人先行簽訂委任操作契約書、風險預告書。指定機構並應取得委任人簽署確認該機構已指派專人詳細說明，以及委任人已有七日以上之期間審閱前段相關文件之聲明書。

(2) 前項所定之委任操作契約書、風險預告書及依本辦法簽訂之外幣保證金交易契約書等各項書類範本，由基金會洽商銀行公會擬訂後函報本行核定，修正時，亦同。

3. **應盡善良管理人之注意及忠實義務：** 指定機構辦理代客操作業務應盡善良管理人之注意及忠實義務，並應向委任人重申交易帳戶之存款不受存款保險之保障，以及其操作虧損之風險由委任人承擔等事項。

4. **得得訂定接受委任之最低限額：** 指定機構辦理代客操作業務，得訂定接受委任之最低限額。

5. **應避免利益衝突：**

(1) 指定機構、指定機構之董事、監察人及專責單位之經理人、相關業務人員、其他受僱人，辦理代客操作業務應避免利益衝突之發生，除應遵守相關法令規定外，不得有下列行為：

A. 為與委任人有利益衝突之第三人從事外幣保證金交易或代客操作業務，以及從事足以損害委任人權益之交易。

B. 因故意或重大過失，將受委任之資金與其自有資金或其他委任人交付之資金，為相對委託之交易，或自行與委任人對作，或違反契約、內部作業規範、內部控制等行為。

C. 利用委任人之交易帳戶，為自己或委任人以外之第三人從事外幣保證金交易。

D. 將委任操作契約之全部或部分之權利，複委任他人或轉讓他人。

E. 無正當理由，將已成交之買賣委託，由委任人名義改為自己、帳戶行或委任人以外之其他第三人。反之，亦同。

F. 其他經本行禁止從事之行為。

(2) 除前項各款之規定外，專責單位之經理人、相關業務人員、其他受僱人均不得為自己從事外幣保證金交易或代客操作業務。

6. **應負賠償責任**：指定機構從事代客操作業務有違反法令或契約致委任人遭受損失時，應負賠償責任。

7. **不得有誇大不實之廣告**：指定機構辦理代客操作業務之宣傳及廣告等相關事宜，應受銀行公會會員自律公約之規範，其有明顯欺騙與誇大不實之情形，銀行公會並得函報本行處理。

經典範題

(   ) **1** 下列何者是指定銀行得辦理代客操作業務應符合之條件？
      (A)經本行許可辦理外幣保證金交易業務
      (B)經本行許可辦理外幣結算交易業務
      (C)經本行許可辦理外幣收付交易業務
      (D)經本行許可辦理外幣匯款交易業務。

(   ) **2** 指定機構辦理代客操作業務前，應與委任人簽定的契約不包括下列那一項？
      (A)操作契約書   (B)風險預告書
      (C)聲明書   (D)使用說明書。

解答與解析

1 (A)。指定銀行辦理代客操作業務應符合下列條件，並依第五條規定申請許可：
    (1) 經本行許可辦理外幣保證金交易業務。
    (2) 應於其自有資金管理部門及信託業務專責部門之外，另設代客操作專責單位辦理。

2 (D)。指定機構辦理代客操作業務前，應與委任人先行簽訂委任操作契約書、風險預告書。指定機構並應取得委任人簽署確認該機構已指派專人詳細說明，以及委任人已有七日以上之期間審閱前段相關文件之聲明書。

精選試題

(　) **1** 下列結構型商品之定義，何者正確？　(A)係指固定收益商品或黃金與衍生性商品之組合契約，且不得以存款名義為之　(B)係指變動收益商品或黃金與衍生性商品之組合契約，且不得以存款名義為之　(C)係指固定收益商品或黃金與衍生性商品之組合契約，且得以存款名義為之　(D)係指變動收益商品或黃金與衍生性商品之組合契約，且得以存款名義為之。

(　) **2** 下列那一項是外匯衍生性商品？　(A)結構型債券　(B)資產證券化商品　(C)可轉（交）換公司債　(D)涉及外匯之結構型商品。

(　) **3** 指定銀行辦理外匯業務之覆核人員，應有外匯業務多久的經歷？(A)二個月　(B)三個月　(C)六個月　(D)一年。

(　) **4** 中華郵政公司得申請許可辦理的外匯業務不包含下列那一項？(A)一般匯出　(B)買賣外幣現鈔　(C)買賣旅行支票　(D)外幣保證業務。

(　) **5** 信用合作社及農（漁）會信用部得申請許可辦理的外匯業務為？(A)旅行支票業務　(B)外幣保證業務　(C)一般匯出　(D)外匯存款業務。

(　) **6** 指定銀行得不經申請逕行辦理下列那一項外匯衍生性商品業務？(A)外匯之結構型商品　(B)外匯交易契約之再組合契約　(C)外匯股權所衍生之交易契約　(D)遠期外匯交易（不含無本金交割新臺幣遠期外匯交易）。

(　) **7** 指定銀行申請辦理外匯衍生性商品業務之經辦及相關管理人員應具備資格，不含下列那一項？　(A)參加國內金融訓練機構舉辦之衍生性商品及風險管理課程時數達六十小時以上且取得合格證書(B)在國內外金融機構相關外匯衍生性商品業務實習一年　(C)在國內外金融機構相關外匯衍生性商品業務實習半年　(D)曾在國內外金融機構有半年以上外匯衍生性商品業務之實際經驗。

(　) **8** 經許可之外幣清算銀行，其辦理外幣清算業務得具有自該業務開辦日起幾年之專營期　(A)三年　(B)五年　(C)十年　(D)二十年。

( ) **9** 指定銀行設置外幣提款機，應檢附相關作業說明，並敘明外幣提款機所隸屬之單位名稱及設置地點，於設置後多久內函報中央銀行備查？ (A)五日 (B)一週 (C)10日 (D)一個月。

( ) **10** 純網路銀行受理顧客透過電子或通訊設備辦理新臺幣結匯金額達等值新臺幣 _____ 元之交易，應提供申報義務人依申報辦法第規定利用網際網路辦理新臺幣結匯申報。 (A)五十萬元 (B)六十萬元 (C)八十萬元 (D)一百萬元。

( ) **11** 指定銀行以其他方式委託代為處理外匯相關後勤作業，應檢附委外作業計畫書向本行申請，於申請書件送達中央銀行之次日起幾日內，本行無不同意之表示者，即可逕行辦理？ (A)7日 (B)10日 (C)15日 (D)30日。

( ) **12** 銀行業經規定廢止或撤銷許可者，應於接獲處分之日起幾日內繳回指定證書或許可函？ (A)7日 (B)10日 (C)15日 (D)30日。

( ) **13** 銀行業辦理外匯業務，本行得按情節輕重，命其於一定期間內停辦、廢止或撤銷許可內容之一部或全部，或停止其於一定期間內申請新種外匯業務或新增分支機構辦理外匯業務之情況，不含下列那一項？ (A)經發覺原申請書件內容有虛偽不實情事，且情節重大 (B)有停業、解散或破產情事 (C)其他事實足認有礙業務健全經營或未能符合金融政策要求之虞 (D)發給指定證書或許可函後三個月內未開辦。

( ) **14** 有關涉及新臺幣匯率之外匯衍生性商品業務之規定，下列何者有誤？ (A)新臺幣與外幣間遠期外匯業務以有實際外匯收支需要者為限，同筆外匯收支需要不得重複簽約 (B)新臺幣與外幣間換匯交易業務展期時應依當時市場匯率重訂價格，不得依原價格展期 (C)無本金交割新臺幣遠期外匯業務得展期 (D)無本金交割新臺幣遠期外匯交易，每筆金額達五百萬美元以上者，應立即電告本行外匯局。

( ) **15** 無本金交割新臺幣遠期外匯交易，每筆金額達多少元以上者，應立即電告外匯局？ (A)五百萬美元 (B)五百萬台幣 (C)六百萬美元 (D)六百萬台幣。

( ) **16** 指定銀行設置外幣提款機，應限制每帳戶每日累積提領外幣金額，以等值多少元為限？ (A)一萬美元 (B)二萬美元 (C)五萬美元 (D)十萬美元。

(　　) **17** 指定銀行及中華郵政公司受理公司、行號等值多少美元以上（不含跟單方式進、出口貨品結匯），應於確認交易相關證明文件無誤後，於訂約日利用「民間匯出入款當年累積結匯金額查詢電腦連線作業系統」項下之「新臺幣與外幣間大額結匯款資料、大額遠期外匯資料、大額換匯換利（CCS）資料、大額無本金交割遠期外匯（NDF）資料電腦連線作業系統」，將相關資料傳送外匯局？　(A)五十萬美元　(B)一百萬美元　(C)一百五十萬美元　(D)二百萬美元。

(　　) **18** 銀行承作自然人買賣人民幣業務，每人每次買賣現鈔及每日透過帳戶買賣之金額，均不得逾人民幣多少元？　(A)一萬　(B)二萬　(C)五萬　(D)十萬。

(　　) **19** 指定機構辦理代客操作業務前，應與委任人先行簽訂委任操作契約書、風險預告書。指定機構並應取得委任人簽署確認該機構已指派專人詳細說明，以及委任人已有幾日以上之期間審閱前段相關文件之聲明書？　(A)三日　(B)五日　(C)七日　(D)十日。

(　　) **20** 關於新臺幣與外幣間換匯換利交易（CCS），下列敘述何者錯誤？　(A)辦理期初及期末皆交換本金之新臺幣與外幣間換匯換利交易，國內法人無須檢附交易文件　(B)辦理非「期初及期末皆交換本金」型之新臺幣與外幣間換匯換利交易，承作時須要求顧客檢附實需證明文件　(C)新臺幣與外幣間換匯換利交易，承作對象限為國內法人　(D)本項交易未來各期所交換之本金或利息視為遠期外匯，應於訂約時填報遠期外匯日報表。　　　　　【第1期衍生性金融商品銷售人員】

(　　) **21** 指定銀行臨櫃受理顧客辦理新臺幣與外幣間匯率之大額業務，下列何者錯誤？　(A)指定銀行受理公司、行號等值一百萬美元以上結購、結售外匯，應於確認交易相關證明文件無誤後，於訂約日立即傳送　(B)指定銀行受理公司、行號等值一百萬美元以上之新臺幣與外幣間遠期外匯交易、換匯換利交易（CCS），應於確認交易相關證明文件無誤後，於訂約日之次營業日中午十二時前傳送　(C)本國指定銀行就其海外分行受理境內外法人、境外金融機構及本國指定銀行海外分行等值一千萬美元以上之無本金交割新臺幣遠期外匯交易（NDF），應於訂約日立即傳送　(D)指定銀行受理個人、團體等值五十萬美元以上結購、結售外匯，應於確認交易相關證明文件無誤後，於訂約日立即傳送。　　【第1期衍生性金融商品銷售人員】

(　　) **22** 銀行辦理無本金交割新臺幣遠期外匯業務（NDF）之承作對象以下
列何者為限？　(A)限國內指定銀行間　(B)限本國銀行（指定銀
行）與其海外分行　(C)限外國銀行在臺分行與該行總行及其分行
(D)國內指定銀行間、本國銀行（指定銀行）與其海外分行間、外
國銀行在臺分行與該行總行及其分行、外國銀行在臺子行與該行母
行及其分行皆可。　　　　　　　　　　【第1期衍生性金融商品銷售人員】

(　　) **23** 下列何者不屬於指定銀行開辦前申請許可類？　(A)首次申請辦理外匯
衍生性商品業務　(B)尚未開放或開放未滿半年及與其連結之外匯衍
生性商品業務　(C)經金管會核准辦理對專業機構投資人提供境外衍
生性金融商品之資訊及諮詢服務業務　(D)涉及新臺幣匯率之外匯衍
生性商品，及其自行組合、與其他衍生性商品、新臺幣或外幣本金或
其他業務、產品之再行組合業務。　　　【第1期衍生性金融商品銷售人員】

(　　) **24** 下列何者為外匯業務之行政主管機關？　(A)金融監督管理委員會
(B)中央銀行　(C)財政部　(D)經濟部。　【第2期衍生性金融商品銷售人員】

(　　) **25** 銀行業申請辦理外匯業務，經發給指定證書或許可函後多久內仍未
開辦，中央銀行得按情節輕重，命其於一定期間內停辦、廢止或撤
銷許可內容之一部或全部？
(A)二個月　　　　　(B)三個月
(C)六個月　　　　　(D)一年。　　　【第2期衍生性金融商品銷售人員】

(　　) **26** 指定銀行於非共同營業時間辦理外匯業務，每筆結匯金額以多少為
限？　(A)未達新臺幣十萬元或等值外幣　(B)未達新臺幣三十萬元
或等值外幣　(C)未達新臺幣五十萬元或等值外幣　(D)未達新臺幣
一百萬元或等值外幣。　　　　　　　　【第2期衍生性金融商品銷售人員】

(　　) **27** 銀行業辦理外匯業務管理辦法所稱之外匯指定銀行，下列何者不得
申辦？
(A)農漁會、信合社
(B)本國銀行
(C)農業金庫
(D)外國銀行在台分行。　　　　　　　【第2期衍生性金融商品銷售人員】

（　　）**28** 有關指定銀行辦理新臺幣與外幣間換匯交易業務（FX SWAP）應遵循事項，下列敘述何者錯誤？　(A)國內法人無須檢附文件　(B)國外法人及自然人應查驗主管機關核准文件　(C)須計入外匯收支或交易申報辦法所訂之當年累積結匯金額　(D)換匯交易結匯時，應查驗顧客是否依外匯收支或交易申報辦法填報申報書，其「外匯收支或交易性質」是否依照實際匯款性質填寫及註明「換匯交易」。　　　　　　　　　　　　　　【第2期衍生性金融商品銷售人員】

（　　）**29** 指定銀行針對自然人辦理人民幣衍生性商品及人民幣兌換者，應符合自然人每人每日透過帳戶買賣之金額為何？　(A)不得逾人民幣二萬元規定　(B)不得逾人民幣三萬元規定　(C)不得逾人民幣四萬元規定　(D)不得逾人民幣八萬元規定。　　　　　【第2期衍生性金融商品銷售人員】

（　　）**30** 外匯指定銀行擬辦理換匯交易之申辦程序為何？　(A)開辦前申請許可　(B)開辦前函報備查　(C)開辦後函報備查　(D)得不經申請逕行辦理。　　　　　　　　　　　　　【第2期衍生性金融商品銷售人員】

解答與解析

1 (A)。所稱結構型商品，係指固定收益商品或黃金與衍生性商品之組合契約，且不得以存款名義為之。

2 (D)。所稱外匯衍生性商品，係指下列契約。但不含資產證券化商品、結構型債券、可轉（交）換公司債等具有衍生性金融商品性質之國內外有價證券及境外結構型商品管理規則所稱之境外結構型商品：
(1) 涉及外匯，且其價值由利率、匯率、股權、指數、商品、信用事件或其他利益等所衍生之交易契約。
(2) 前款所涉交易契約之再組合契約。
(3) 涉及外匯之結構型商品。

3 (C)。覆核人員須有六個月以上相關外匯業務經歷。

4 (D)。中華郵政公司得申請許可辦理一般匯出及匯入匯款或買賣外幣現鈔及旅行支票業務。

5 (A)。信用合作社及農（漁）會信用部，得申請許可辦理買賣外幣現鈔及旅行支票業務。

6 (D)。指定銀行得不經申請逕行辦理下列外匯衍生性商品業務：
(1) 遠期外匯交易（不含無本金交割新臺幣遠期外匯交易）。
(2) 換匯交易。

(3) 業經本行許可或函報本行備查未涉及新臺幣匯率之外匯衍生性商品,連結同一風險標的,透過相同交易契約之再行組合,但不含對專業機構投資人及高淨值投資法人以外之客戶辦理之複雜性高風險外匯衍生性商品。

(4) 國內指定銀行間及其與國外銀行間辦理未涉及新臺幣匯率之外匯衍生性商品。

(5) 以期貨交易人身分辦理未涉及新臺幣匯率之國內外期貨交易契約。

7 (C)。 指定銀行辦理外匯衍生性商品業務之經辦及相關管理人員,應具備下列資格條件之一:

(1) 參加國內金融訓練機構舉辦之衍生性商品及風險管理課程時數達六十小時以上且取得合格證書,課程內容須包括外匯衍生性商品交易理論與實務、相關法規、會計處理及風險管理。

(2) 在國內外金融機構相關外匯衍生性商品業務實習一年。

(3) 曾在國內外金融機構有半年以上外匯衍生性商品業務之實際經驗。

8 (B)。 經許可之外幣清算銀行,其辦理外幣清算業務得具有自該業務開辦日起五年之專營期。

9 (B)。 《銀行業辦理外匯業務管理辦法》第19條第5項規定:「指定銀行設置自動化服務設備受理顧客辦理外匯業務,應符合主管機關所定有關自動化服務設備得提供之服務項目,以及相關作業安全控管規

範,並於提供各項外匯服務項目前檢附作業說明及敘明自動化服務設備所隸屬之單位名稱及設置地點,函報本行備查。

嗣後作業說明若有涉及匯率適用原則及揭露方式、外匯申報方式之變動,或縮減提供之外匯服務項目者,應於變動前函報本行備查。

指定銀行嗣後增設或裁撤自動化服務設備辦理外匯業務,僅須備文敘明自動化服務設備所隸屬之單位名稱及設置或裁撤地點,於設置或裁撤『後一週內』函知本行。」

10 (A)。 《銀行業辦理外匯業務管理辦法》第19條第5項規定:「純網路銀行受理顧客透過電子或通訊設備辦理新臺幣結匯金額達等值新臺幣五十萬元以上之交易,應提供申報義務人依申報辦法第十條第一項規定利用網際網路辦理新臺幣結匯申報。」

11 (C)。 指定銀行以國內自設外匯作業中心處理相關外匯作業時,應於開辦後一週內檢附相關作業說明、作業流程及經辦與覆核人員資歷,函報本行備查;以其他方式委託代為處理外匯相關後勤作業,應檢附委外作業計畫書向本行申請,於申請書件送達本行之次日起十五日內,本行無不同意之表示者,即可逕行辦理。

12 (A)。 銀行業經依前項規定廢止或撤銷許可者,應於接獲處分之日起七日內繳回指定證書或許可函;逾期未繳回者,由本行註銷之。

解答與解析

13 (D)。銀行業辦理外匯業務，有下列情事之一者，本行得按情節輕重，命其於一定期間內停辦、廢止或撤銷許可內容之一部或全部，或停止其於一定期間內申請新種外匯業務或新增分支機構辦理外匯業務：
(1) 發給指定證書或許可函後六個月內未開辦。但有正當理由申請延期，經本行同意，得延長三個月，並以一次為限。
(2) 違反本辦法規定且情節重大；或經本行限期改正，屆期仍未改正。
(3) 經本行許可辦理各項外匯業務後，經發覺原申請書件內容有虛偽不實情事，且情節重大。
(4) 有停業、解散或破產情事。
(5) 其他事實足認有礙業務健全經營或未能符合金融政策要求之虞。

14 (C)。無本金交割新臺幣遠期外匯業務（NDF）：
(1) 承作對象以國內指定銀行及指定銀行本身之海外分行、總（母）行及其分行為限。
(2) 契約形式、內容及帳務處理應與遠期外匯業務（DF）有所區隔。
(3) 承作本項交易不得展期、不得提前解約。
(4) 到期結清時，一律採現金差價交割。
(5) 不得以保證金交易（Margin Trading）槓桿方式為之。
(6) 非經本行許可，不得與其他衍生性商品、新臺幣或外幣本金或其他業務、產品組合。

(7) 無本金交割新臺幣遠期外匯交易，每筆金額達五百萬美元以上者，應立即電告本行外匯局。

15 (A)。無本金交割新臺幣遠期外匯交易，每筆金額達五百萬美元以上者，應立即電告本行外匯局。

16 (A)。指定銀行設置外幣提款機，應限制每帳戶每日累積提領外幣金額，以等值一萬美元為限。

17 (B)。指定銀行及中華郵政公司受理公司、行號等值一百萬美元以上（不含跟單方式進、出口貨品結匯），應於確認交易相關證明文件無誤後，於訂約日利用「民間匯出入款當年累積結匯金額查詢電腦連線作業系統」項下之「新臺幣與外幣間大額結匯款資料、大額遠期外匯資料、大額換匯換利（CCS）資料、大額無本金交割遠期外匯（NDF）資料電腦連線作業系統」，將相關資料傳送外匯局。

18 (B)。銀行承作自然人買賣人民幣業務，每人每次買賣現鈔及每日透過帳戶買賣之金額，均不得逾人民幣二萬元。

19 (C)。指定機構辦理代客操作業務前，應與委任人先行簽訂委任操作契約書、風險預告書。指定機構並應取得委任人簽署確認該機構已指派專人詳細說明，以及委任人已有七日以上之期間審閱前段相關文件之聲明書。

20 (C)。銀行業辦理外匯業務管理辦法第31條規定:「……五、「新臺幣與外幣間」換匯換利交易業務(一)承作對象以國內外法人為限。……」選項(C)有誤。

21 (C)。《銀行業辦理外匯業務管理辦法》第47條:「指定銀行受理顧客新臺幣與外幣間即期外匯、遠期外匯、換匯交易或換匯換利交易及中華郵政公司受理顧客新臺幣與外幣間即期外匯交易達下列金額時,應依第三十一條及申報辦法第五條規定確認交易相關證明文件無誤後,依下列規定將資料傳送至本行外匯資料處理系統:
一、受理公司、有限合夥、行號結購、結售等值一百萬美元以上(不含跟單方式進、出口貨品結匯),或個人、團體等值五十萬美元以上即期外匯交易,於訂約日立即傳送。
二、受理顧客結購、結售等值一百萬美元以上之新臺幣與外幣間遠期外匯交易,於訂約日之次營業日中午十二時前傳送。
本國指定銀行就其海外分行經主管機關核准受理境內外法人、境外金融機構及本國指定銀行海外分行之無本金交割新臺幣遠期外匯交易達等值一百萬美元以上時,應於訂約日之次營業日中午十二時前傳送至本行外匯資料處理系統。」
選項(C)有誤。

22 (D)。銀行業辦理外匯業務管理辦法第36條規定:「……三、無本金交割新臺幣遠期外匯業務(NDF)。(一)承作對象以國內指定銀行及指定銀行本身之海外分行或總行為限。……」

23 (C)。
(1)銀行業辦理外匯業務管理辦法第12條規定:「指定銀行得不經申請逕行辦理遠期外匯交易及換匯交易之衍生性外匯商品業務。但辦理其他衍生性外匯商品業務,應依業務種類,檢附下列文件,於開辦前向本行申請許可:一、涉及新臺幣匯率之衍生性外匯商品業務:……二、前款衍生性外匯商品業務與本行或其他相關主管機關已許可指定銀行辦理業務之再行組合:……三、外幣(未涉及新臺幣匯率)衍生性外匯商品業務:……四、本行已開放辦理之外幣衍生性外匯商品及其再行組合業務:……。」
(2)經金管會核准辦理對專業機構投資人提供境外衍生性金融商品之資訊及諮詢服務業務,不屬於指定銀行開辦前申請許可類。

24 (A)。外匯業務之行政主管機關為金融監督管理委員會。

25 (C)。銀行業辦理外匯業務管理辦法規定,銀行業辦理外匯業務,有下列情事之一者,本行得按情節輕重,命其於一定期間內停辦、廢止或撤銷許可內容之一部或全部,或停

止其於一定期間內申請新種外匯業務或新增分支機構辦理外匯業務：

(1) 發給指定證書或許可函後六個月內未開辦。但有正當理由申請延期，經本行同意，得延長三個月，並以一次為限。

(2) 違反本辦法規定且情節重大；或經本行限期改正，屆期仍未改正。

(3) 經本行許可辦理各項外匯業務後，經發覺原申請書件內容有虛偽不實情事，且情節重大。

(4) 有停業、解散或破產情事。

(5) 其他事實足認有礙業務健全經營或未能符合金融政策要求之虞。

26 **(C)**。銀行業辦理外匯業務管理辦法規定，指定銀行於非共同營業時間辦理外匯業務，應依下列規定辦理：

(1) 每筆結匯金額以未達新臺幣五十萬元或等值外幣者為限。

(2) 非共同營業時間辦理之外匯交易，應依其檢送之作業說明或本行之規定，列報於營業當日或次營業日之「交易日報」及「外匯部位日報表」。

27 **(A)**。銀行業辦理外匯業務管理辦法所稱銀行業，係指中華民國境內之銀行、全國農業金庫股份有限公司（以下簡稱農業金庫）、信用合作社、農（漁）會信用部及中華郵政股份有限公司（以下簡稱中華郵政公司）。本辦法所稱指定銀行，係指經中央銀行（以下簡稱本行）

許可辦理外匯業務，並發給指定證書之銀行或農業金庫。

28 **(C)**。換匯交易結匯時，應查驗顧客是否依申報辦法填報申報書，其「外匯收支或交易性質」是否依照實際匯款性質填寫及註明「換匯交易」，並於外匯水單上註明本行外匯局訂定之「匯款分類及編號」，連同申報書填報「交易日報」。

29 **(A)**。銀行業辦理外匯業務管理辦法規定，指定銀行承作自然人買賣人民幣業務，每人每次買賣現鈔及每日透過帳戶買賣之金額，均不得逾人民幣二萬元。

30 **(D)**。銀行業辦理外匯業務管理辦法規定，指定銀行得不經申請逕行辦理下列外匯衍生性商品業務：

(1) 遠期外匯交易（不含無本金交割新臺幣遠期外匯交易）。

(2) 換匯交易。

(3) 業經本行許可或函報本行備查未涉及新臺幣匯率之外匯衍生性商品，連結同一風險標的，透過相同交易契約之再行組合，但不含對專業機構投資人及高淨值投資法人以外之客戶辦理之複雜性高風險外匯衍生性商品。

(4) 國內指定銀行間及其與國外銀行間辦理未涉及新臺幣匯率之外匯衍生性商品。

(5) 以期貨交易人身分辦理未涉及新臺幣匯率之國內外期貨交易契約。

第四部分 相關法規彙編

第一章　銀行辦理衍生性金融商品業務內部作業制度及程序管理辦法

訂定日期：中華民國107年2月1日

第**1**條　本辦法依銀行法（以下簡稱本法）第四十五條之一第四項規定訂定之。

第**2**條　本辦法所稱衍生性金融商品係指其價值由利率、匯率、股權、指數、商品、信用事件或其他利益及其組合等所衍生之交易契約及第二項所稱之**結構型商品，不含資產證券化商品、結構型債券、可轉（交）換公司債等具有衍生性金融商品性質之國內外有價證券及「境外結構型商品管理規則」所稱之境外結構型商品。**

本辦法所稱結構型商品，係指銀行以交易相對人身分與客戶承作之結合固定收益商品或黃金與衍生性金融商品之組合式交易。

本辦法所稱**複雜性高風險商品**，係指具有結算或比價期數超過三期且隱含賣出選擇權特性之衍生性金融商品，但**不包括：**

一、前項所稱結構型商品。

二、交換契約（Swap）。

三、多筆交易一次簽約，客戶可隨時就其中之特定筆數交易辦理解約之一系列陽春型選擇權（Plain vanilla option）或遠期外匯。

四、其他經主管機關核定之商品類型。

本辦法所稱書面，依電子簽章法之規定，得以電子文件為之。

法規一點靈

銀行辦理衍生性金融商品業務內部作業制度及程序管理辦法

第**2-1**條本辦法第二十條第一項及第二項、第三十六條、第三十七條，於主管機關指定之本國銀行國外分行亦適用之。

第**3**條　本辦法所稱專業客戶，係指法人與自然人符合下列條件之一者：

一、專業機構投資人：係指銀行、保險公司、票券金融公司、證券商、基金管理公司、政府投資機構、政府基金、退休基金、共同基金、單位信託、證券投資信託公司、證券投資顧問公司、信託業、期貨商、期貨服務事業、全國農業金庫、辦理儲金匯兌之郵政機構及其他經金融監督管理委員會（以下簡稱本會）核准之機構。

二、同時符合下列條件之法人，或由該法人持股百分之百且提供保證之子公司，或同時符合下列條件之外國法人之在臺分公司，並**以書面向銀行申請為高淨值投資法人**：

　（一）**最近一期經會計師查核或核閱之財務報告淨資產超過新臺幣二百億元者。**

　（二）設有投資專責單位負責該法人或其持股百分之百之子公司或其在臺分公司之衍生性金融商品交易決策，並配置適任專業人員，且該單位主管具備下列資格條件之一：

　　　1. 曾於金融、證券、期貨或保險機構從事金融商品投資業務工作經驗三年以上。

　　　2. 金融商品投資相關工作經驗四年以上。

　　　3. 有其他學經歷足資證明其具備金融商品投資專業知識及管理經驗，可健全有效管理投資部門業務者。

　（三）**最近一期經會計師查核或核閱之財務報告持有有價證券部位或衍生性金融商品投資組合達新臺幣十億元以上。**

　（四）內部控制制度具有合適投資程序及風險管理措施。

三、同時符合下列條件，並以書面向銀行申請為專業客戶之法人或基金：

　（一）最近一期經會計師查核或核閱之財務報告總資產超過新臺幣一億元。

　（二）經客戶授權辦理交易之人，具備充分之金融商品專業知識、交易經驗。

　（三）客戶充分了解銀行與專業客戶進行衍生性金融商品交易得免除之責任後，同意簽署為專業客戶。

四、同時符合下列條件，並以書面向銀行申請為專業客戶之自然人：

　（一）提供新臺幣三千萬元以上之財力證明；或單筆交易金額逾新臺幣三百萬元，且於該銀行之存款及投資往來總資產逾新臺幣一千五百萬元，並提供總資產超過新臺幣三千萬元以上之財力聲明書。

　（二）客戶具備充分之金融商品專業知識、交易經驗。

　（三）客戶充分了解銀行與專業客戶進行衍生性金融商品交易得免除之責任，同意簽署為專業客戶。

五、簽訂信託契約之信託業，其委託人符合前三款之一規定。

前項各款有關專業客戶應符合之資格條件，應由銀行盡合理調查之責任，向客戶取得合理可信之佐證依

據，並應至少每年辦理一次覆審，檢視客戶續符合專業客戶之資格條件。但對屬上市上櫃公司之客戶，得免向客戶取得投資專責單位主管或經授權辦理交易之人具備資格條件之佐證依據。

銀行針對非屬專業機構投資人之專業客戶具備充分金融商品專業知識、管理或交易經驗之評估方式，應納入瞭解客戶程序，並報經董（理）事會通過。

第3-1條 銀行與符合本辦法中華民國一百零五年一月三十日修正前第三條第一項第三款，而總資產未逾新臺幣一億元之專業客戶，辦理之衍生性金融商品交易仍存續者，得依原條件繼續辦理至到期或予以平倉；該客戶為降低整體暴險，後續所辦理之交易，得繼續以專業客戶身分與銀行辦理，但契約天期不得逾原存續交易之剩餘天期。

第4條 本辦法所稱一般客戶，係指非屬專業客戶者。

專業客戶除專業機構投資人外，得以書面向銀行要求變更為一般客戶。

第5條 銀行辦理衍生性金融商品業務，應檢具本會規定之申請書件，向本會申請核准，並符合下列規定：

一、銀行自有資本與風險性資產比率符合本法規定標準。

二、無備抵呆帳提列不足情事。

三、申請日上一季底逾放比率為<u>百分之三</u>以下。

四、申請日上一年度無因違反銀行法令而遭罰鍰處分情事，或其違法情事已具體改善，經本會認可。

銀行經本會核准辦理衍生性金融商品業務，應於本會銀行局網際網路申報系統營業項目中登錄後，始得開辦。

第6條 銀行辦理衍生性金融商品業務，應訂定經營策略及作業準則，報經董（理）事會核准，修改時亦同，其內容如下：

一、辦理衍生性金融商品業務之經營策略。

二、作業準則內容，應包括下列事項：

　(一) 業務原則與方針。

　(二) 業務流程。

　(三) 內部控制制度。

　(四) 定期評估方式。

　(五) 會計處理方式。

　(六) 內部稽核制度。

　(七) 風險管理措施。

　(八) 客戶權益保障措施。

董（理）事會應視商品及市場改變等情況，適時檢討前項之經營策略及作業準則，並應評估績效是否符合既定之經營策略，所承擔之風險是否在銀行容許承受之範圍，每年至少檢討一次。但外國銀行在臺分行依總行規定定期辦理檢討者，不在此限。

第7條 銀行已取得辦理衍生性金融商品業務之核准者（其中屬辦理期

貨商業務者，並應依期貨交易法之規定取得許可），得開辦各種衍生性金融商品及其商品之組合，並於開辦後**十五日內**檢附商品特性說明書、法規遵循聲明書及風險預告書報本會備查。但下列商品應依第二項至第五項及第八條規定辦理：

一、**除臺股股權衍生性金融商品外之其他涉及從事衍生自國內股價及期交易所有關之現貨商品及指數等契約**。

二、新種臺股股權衍生性金融商品。

三、向專業機構投資人及高淨值投資法人以外客戶提供尚未開放或開放未滿半年且未涉及外匯之複雜性高風險商品。

四、涉及應向中央銀行申請許可或函報備查之外匯衍生性金融商品。

前項第一款商品，本會於核准第一家銀行辦理後，其他銀行於申請書件送達本會之次日起十日內，本會未表示反對意見者，即可逕行辦理。但銀行不得於該十日期間內，辦理所申請之業務。

第一項第二款商品，本會於核准第一家銀行辦理後，其他銀行於開辦後十五日內檢附書件報本會備查。

第一項第三款商品，本會於核准第一家銀行辦理且開放已滿半年後，其他銀行於開辦首筆交易後七日內檢附書件報本會備查，並應俟收到本會同意備查函後，始得繼續辦理次筆交易。

第一項第四款商品，銀行逕向中央銀行申請許可或函報備查，屬涉及外匯之複雜性高風險商品，並應副知本會。

第8條　銀行申請辦理前條第一項第一款至第三款之衍生性金融商品者，應檢送申請書連同下列文件，向本會申請核准後辦理：

一、法規遵循聲明書。

二、董（理）事會或常務董（理）事會決議辦理之議事錄，或適當人員授權之證明文件。

三、負責本業務人員相關從業經驗或專業訓練之證明文件。

四、營業計畫書：應包括商品介紹、商品特性說明書及風險預告書。

第9條　銀行依第七條第一項或第三項規定申報本會備查時，如書件不完備或未依限補正者，本會得令於補正前暫停辦理。

第10條　銀行辦理衍生性金融商品業務，得視業務需要，檢具本會規定之申請書件向本會申請由總行授權其外匯指定分行辦理衍生性金融商品推介業務；嗣後推介產品、授權推介分行及人員有異動，由總行維護控管相關資料名冊。

銀行總行授權其外匯指定分行辦理衍生性金融商品推介業務之相關規範，由中華民國銀行商業同業公會全國聯合會（以下簡稱銀行公會）訂定，並報本會備查。

第11條 銀行辦理衍生性金融商品業務，應建立風險管理制度，對於風險之辨識、衡量、監控及報告等程序落實管理，並應遵循下列規定辦理：

一、銀行辦理衍生性金融商品，應經適當程序檢核，並由高階管理階層及相關業務主管共同參考訂定風險管理制度。對風險容忍度及業務承作限額，應定期檢討提報董（理）事會審定。

二、辦理衍生性金融商品業務之交易及交割人員不得互相兼任，銀行應設立獨立於交易部門以外之風險管理單位，執行風險辨識、衡量及監控等作業，並定期向高階管理階層報告部位風險及評價損益。

三、關於**衍生性金融商品部位之評價頻率**，銀行應依照部位性質分別訂定；其為交易部位者，應以**即時或每日市價評估**為原則；其為**銀行本身業務需要辦理之避險性交易者**，至少**每月**評估一次。

四、銀行須訂定新種衍生性金融商品之內部審查作業規範，包括各相關部門之權責，並應由財務會計、法令遵循、風險控管、產品或業務單位等主管人員組成商品審查小組，於辦理新種衍生性金融商品前，商品審查小組應依上開規範審查之。**新種複雜性高風險商品，應經商品審查小組審定後提報董（理）事會或常務董（理）事會通過。** 銀行內部商品審查作業規範之內容至少應包含下列各項：

(一) 商品性質之審查。

(二) 經營策略與業務方針之審查。

(三) 風險管理之審查。

(四) 內部控制之審查。

(五) 會計方法之審查。

(六) 客戶權益保障事項之審查。

(七) 相關法規遵循及所須法律文件之審查。

五、銀行應訂定衍生性金融商品業務人員之酬金制度及考核原則，應避免直接與特定金融商品銷售業績連結，並應納入非財務指標，包括是否有違反相關法令、自律規範或作業規定、稽核缺失、客戶紛爭及確實執行認識客戶作業（KYC）等項目，且應經董（理）事會通過。

六、銀行應考量衍生性金融商品部位評價、風險成本及營運成本等因素，訂定衍生性金融商品定價政策，並應建立內部作業程序，審慎檢核與客戶承作衍生性金融商品價格之合理性。

七、銀行應建立及維持有效之衍生性金融商品評價及控管機制，審慎檢核商品交易報價及市價評估損益之合理性。

外國銀行在臺分行得依總行規定執行風險管理制度，惟仍應遵循前項規定辦理。

第**12**條　經核准辦理衍生性金融商品業務之銀行，有下列事項之一者，其辦理之衍生性金融商品以避險為限：
一、最近一季底逾期放款比率高於百分之三。
二、本國銀行自有資本與風險性資產比率低於本法規定標準。
三、備抵呆帳提列不足。

第**13**條　銀行辦理衍生性金融商品，應依據國際財務報導準則（IFRS）、國際會計準則（IAS）、解釋、解釋公告及相關法規辦理。各項業務對交易雙方之各相關限制或規定，不得因組合而有放寬或忽略之情形。

第**14**條　銀行辦理衍生性金融商品有涉及新臺幣及外幣之轉換部分，應依外匯收支或交易申報辦法之規定辦理。

第**15**條　銀行辦理衍生性金融商品，應依相關法規及內部規定防範利益衝突及內線交易行為。

第**16**條　銀行不得利用衍生性金融商品遞延、隱藏損失或虛報、提前認列收入或幫助客戶遞延、隱藏損失或虛報、提前認列收入等粉飾或操縱財務報表之行為。選擇權交易應注意避免利用權利金（尤其是期限長或極短期之選擇權）美化財務報表，進而引發弊端。

第**17**條　銀行辦理股權相關衍生性金融商品交易不得有為自身或配合客戶利用本項交易進行併購或不法交易之情形。

第**18**條　銀行辦理信用衍生性金融商品交易，如為信用風險承擔者，且合約信用實體為銀行之利害關係人，其交易條件不得優於其他同類對象，並應依下列規定辦理：
一、本國銀行應經董事會三分之二以上董事出席及出席董事四分之三以上決議；其已研擬內部作業規範，經董事會三分之二以上董事出席及出席董事四分之三以上決議概括授權經理部門依該作業規範辦理者，視同符合規定（外國銀行在臺分行所研擬內部作業規範應報經總行或區域中心核准）。
二、銀行應依據信用風險預估之潛在損失額度部分，徵提十足擔保，並比照利害關係人授信，列入授信額度控管；擔保品條件應配合交易契約存續期間及合約信用資產（Reference Asset）之流動性，且以現金、公債、中央銀行可轉讓定期存單、中央銀行儲蓄券、國庫券及銀行定期存單等為限。

第**19**條　銀行辦理衍生性金融商品業務之人員應具備專業能力，並應訂定專業資格條件、訓練及考評制度。銀行辦理**衍生性金融商品業務之經辦及相關管理人員**，應具備下列資格條件之一：

一、參加國內金融訓練機構舉辦之衍生性金融商品及風險管理課程時數達六十小時以上且取得合格證書，課程內容須包括衍生性金融商品交易理論與實務、相關法規、會計處理及風險管理。

二、在國內外金融機構相關衍生性金融商品業務實習一年。

三、曾在國內外金融機構有半年以上衍生性金融商品業務之實際經驗。

辦理衍生性金融商品**推介工作之經辦及相關管理人員**，應具備下列資格條件之一：

一、具備前項資格條件之一。

二、通過國內金融訓練機構舉辦之結構型商品銷售人員資格測驗並取得合格證書。

三、通過國內金融訓練機構舉辦之衍生性金融商品銷售人員資格測驗並取得合格證書。

銀行辦理衍生性金融商品業務之**交易、交割、推介、風險管理之經辦及相關管理人員**，每年應參加國內金融訓練機構所舉辦或銀行自行舉辦之衍生性金融商品教育訓練課程時數達**十二小時**以上；其中參加國內金融訓練機構所舉辦之衍生性金融商品教育訓練課程，不得低於應達訓練時數之二分之一。

前三項所稱相關管理人員，係指總行辦理衍生性金融商品業務或分行推介工作人員之所屬單位之直屬主管及副主管。

第三項推介人員應向銀行公會辦理登錄，非經登錄，不得執行推介業務。

推介人員之任職登錄、資料變更登錄、註銷登錄及其他應遵循事項，由銀行公會訂定，並報本會備查。

第20條　銀行辦理衍生性金融商品，應向本會及本會指定之機構申報交易資訊。

銀行應依財團法人金融聯合徵信中心（以下稱聯徵中心）規定之作業規範向該中心報送客戶衍生性金融商品交易額度等相關資訊。

銀行核給或展延非屬專業機構投資人之客戶衍生性金融商品額度時，應請客戶提供與其他金融機構承作衍生性金融商品之額度或透過聯徵中心查詢。

銀行應參酌前項資訊，審慎衡酌客戶風險承擔能力、承擔意願及與其他金融機構交易額度後，覈實核給客戶交易額度，以避免客戶整體暴險情形超過其風險承擔能力。銀行核給客戶交易額度之控管機制，由主管機關另定之。

銀行向專業機構投資人及高淨值投資法人以外客戶提供非屬結構型商品之衍生性金融商品交易服務，應訂定徵提期初保證金機制及追繳保證金機制。徵提期初保證金之最低標準，由主管機關另定之。

第21條　銀行與交易相對人簽訂之衍生性金融商品交易合約得訂定交易提前終止時，結算應付款數額之方式，

且應反應並計算交易之當時市場價值，包括被終止交易原本在提前終止日後到期之給付之價值。

前項交易提前終止之條件、結算應付款數額之方式等內容應於相關契約文件內載明或以其他方式向交易相對人充分揭露。

第22條 銀行向客戶提供衍生性金融商品交易服務，應以善良管理人之注意義務及忠實義務，本誠實信用原則為之。

第23條 銀行向專業機構投資人及高淨值投資法人提供衍生性金融商品交易服務，應與交易相對人簽訂ISDA主契約（ISDA Master Agreement），或依其他標準契約及市場慣例辦理。

銀行與專業機構投資人及高淨值投資法人以外客戶簽訂衍生性金融商品契約及提供之交易文件，包括總約定書（或簽訂ISDA主契約）、產品說明書、風險預告書及交易確認書等，如為英文者，應提供中文譯本。

對專業機構投資人及高淨值投資法人以外客戶，銀行應就商品適合度、商品風險之告知及揭露、交易紛爭處理等客戶權益保障事宜建立內部作業程序，並依相關作業程序辦理。

前項商品適合度、商品風險之告知及揭露應遵循事項，由銀行公會訂定，並報本會備查。

第24條 銀行向專業機構投資人及高淨值投資法人以外客戶提供衍生性金融商品交易服務，應建立商品適合度制度，其內容至少應包括衍生性金融商品屬性評估、瞭解客戶程序、客戶屬性評估及客戶分級與商品分級依據，以確實瞭解客戶之投資經驗、財產狀況、交易目的、商品理解等特性及交易該項衍生性金融商品之適當性。

銀行依前項商品適合度制度對客戶所作成之客戶屬性評估及分級結果，應由適當之單位或人員進行覆核，並至少每年重新檢視一次，且須經客戶以簽名、蓋用原留印鑑或其他雙方同意之方式確認；修正時，亦同。

銀行不得向一般客戶提供超過其適合等級之衍生性金融商品交易服務或限專業客戶交易之衍生性金融商品。但一般客戶基於避險目的，與銀行進行非屬結構型商品之衍生性金融商品交易，不在此限。

第25條 銀行向專業機構投資人及高淨值投資法人以外客戶提供衍生性金融商品交易服務之推廣文宣資料，應清楚、公正及不誤導客戶，對商品之可能報酬與風險之揭露，應以衡平且顯著方式表達，且不得藉主管機關對衍生性金融商品業務之核准、核備或備查，而使客戶認為政府已對該衍生性金融商品提供保證。

銀行向專業機構投資人及高淨值投資法人以外客戶提供衍生性金融商品交易服務，不得勸誘客戶以融資方式取得資金以辦理衍生性金融商品交易，或違反客戶意願核予衍生性金融商品交易額度，並約定應搭配授信額度動用之情形。

銀行向專業機構投資人及高淨值投資法人<u>以外</u>客戶提供複雜性高風險商品，<u>應</u>充分告知該金融商品、服務及契約之重要內容，包括交易條件重要內容及揭露相關風險，上該說明及揭露，除以非臨櫃之自動化通路交易或客戶不予同意之情形外，應以錄音或錄影方式保留紀錄。

前項銀行告知內容範圍及錄音或錄影方式，由銀行公會訂定，並報本會備查。

第25-1條 銀行不得與下列客戶辦理複雜性高風險商品：

一、自然人客戶。

二、非避險目的之交易且屬法人之一般客戶。

銀行向專業機構投資人及高淨值投資法人以外客戶提供複雜性高風險商品交易，應遵循下列事項：

一、屬匯率類之複雜性高風險商品：

　(一)**契約期限不得超過一年。**

　(二)契約比價或結算期數不得超過十二期。

　(三)非避險目的之交易之個別交易損失上限，不得超過平均單期名目本金之**三點六倍。**

二、前款商品以外之複雜性高風險商品：

　(一)非避險目的之交易契約，其比價或結算期數十二期以下（含）者，個別交易損失上限不得超過平均單期名目本金之六倍。

　(二)非避險目的之交易契約，其比價或結算**期數超過十二期**者，個別交易損失上限不得超過平均單期名目本金之**九點六倍。**

三、前二款所稱平均單期名目本金為不計槓桿之總名目本金除以期數之金額。

第26條 銀行向屬自然人之一般客戶提供衍生性金融商品交易服務，在完成交易前，至少應提供產品說明書及風險預告書，銀行並應派專人解說並請客戶確認。

銀行向屬法人之一般客戶提供衍生性金融商品交易服務，應訂定向客戶交付產品說明書及風險預告書之內部作業程序，並依該作業程序辦理。

銀行與一般客戶完成衍生性金融商品交易後，應提供交易確認書（應包含交易確認書編號）予客戶。

第一項及第二項所稱風險預告書應充分揭露各種風險，並應將最大風險或損失以粗黑字體標示。

第27條 銀行向一般客戶提供衍生性金融商品交易服務，除應於交易文件與網站中載明交易糾紛之申訴管道

外，於實際發生交易糾紛情事時，應即依照銀行內部申訴處理程序辦理。銀行與一般客戶之交易糾紛，無法依照銀行內部申訴處理程序完成和解者，該客戶得向財團法人金融消費評議中心申請評議。

第28條 銀行向客戶提供結構型商品交易服務時，不得以存款之名義為之。

第29條 銀行向專業機構投資人及高淨值投資法人以外客戶提供結構型商品交易服務，應進行下列評估：

一、**銀行應進行客戶屬性評估，確認客戶屬專業客戶或一般客戶；並就一般客戶之年齡、知識、投資經驗、財產狀況、交易目的及商品理解等要素，綜合評估其風險承受程度，且至少區分為三個等級。**

二、銀行應進行商品屬性評估並留存書面資料以供查證，相關評估至少應包含下列事項：

(一) 評估及確認該結構型商品之合法性、投資假設及其風險報酬之合理性、交易之適當性及有無利益衝突之情事。

(二) 就結構型商品特性、本金虧損之風險與機率、流動性、商品結構複雜度、商品年期等要素，綜合評估及確認該金融商品之商品風險程度，且至少區分為三個等級。

(三) 評估及確認提供予客戶之商品資訊及行銷文件，揭露之正確性及充分性。

(四) 確認該結構型商品是否限由專業客戶投資。

銀行依前項第一款規定對客戶所辦理之客戶屬性評估作業，辦理評估之人員與向客戶推介結構型商品之人員不得為同一人。對於自然人客戶辦理之首次客戶屬性評估作業，應以錄音或錄影方式保留紀錄或以電子設備留存相關作業過程之軌跡。

第29-1條 銀行向一般客戶提供結構型商品交易服務，應建立交易控管機制，至少應包含下列事項：

一、銀行向客戶推介結構型商品，應事先取得客戶同意書，且不得併入其他約據之方式辦理。客戶並得隨時終止該推介行為。

二、對於最近一年內辦理衍生性金融商品交易筆數低於五筆、年齡為七十歲以上、教育程度為國中畢業以下或有全民健康保險重大傷病證明之客戶，銀行不得以當面洽談、電話或電子郵件聯繫、寄發商品說明書等方式進行商品推介。

三、銀行與符合前款所列條件之客戶進行結構型商品交易前，應由適當之單位或主管人員進行覆審，確認客戶辦理商品交易之適當性後，始得承作。

第**30**條　銀行向專業機構投資人及高淨值投資法人以外客戶提供結構型商品交易服務，應進行下列行銷過程控制：

一、銀行應依第二十九條第一項第二款之商品屬性評估結果，於結構型商品客戶須知及產品說明書上以顯著之字體，標示該商品之商品風險程度。

二、銀行向客戶提供結構型商品交易服務，應盡告知義務；對於交易條件標準化且存續期限超過六個月之商品，應提供一般客戶不低於七日之審閱期間審閱結構型商品相關契約，其屬專業客戶者，除專業客戶明確表示已充分審閱並簽名者外，其審閱期間不得低於三日；對於無須提供審閱期之商品，應於產品說明書上明確標示該商品並無契約審閱期間。

三、銀行向客戶提供結構型商品交易服務，應向客戶宣讀或以電子設備說明該結構型商品之客戶須知之重要內容，並以錄音方式保留紀錄或以電子設備留存相關作業過程之軌跡。但對專業客戶得以交付書面或影音媒體方式取代之。

四、銀行向自然人客戶提供首次結構型商品交易服務，應派專人解說，所提供商品如屬不保本型商品，銀行應就專人解說程序以錄音或錄影方式保留紀錄；嗣後銀行以電子設備提供同類型之結構型商品交易，得免指派專人解說。

五、**銀行與屬法人之客戶進行結構型商品交易後，嗣後銀行與該客戶進行同類型之結構型商品交易，得經客戶逐次簽署書面同意，免依第三款規定辦理。**

六、前二款所稱同類型之結構型商品係指商品結構、幣別、連結標的等性質完全一致之商品。

前項客戶須知、產品說明書之應記載事項及錄音、錄影或以電子設備辦理之方式，由銀行公會訂定，並報本會備查。

第**31**條　銀行應將前二條之內容，納入內部控制及內部稽核項目並辦理查核。

第**32**條　銀行向客戶提供結構型商品交易服務前，應向客戶說明下列事項：

一、該結構型商品因利率、匯率、有價證券市價或其他指標之變動，有直接導致本金損失或超過當初本金損失之虞者。

二、該結構型商品因銀行或他人之業務或財產狀況之變化，有直接導致本金損失或超過當初本金損失之虞者。

三、該結構型商品因其他經本會規定足以影響投資人判斷之重要事項，有直接導致本金損失或超過當初本金損失之虞者。

銀行就前項結構型商品之交易服務，涉有契約權利行使期間、解除期間及效力之限制者，亦應向客戶說明之。

銀行就第一項結構型商品之交易服務，應向客戶充分揭露並明確告知各項費用與其收取方式、交易架構，及可能涉及之風險等相關資訊，其中風險應包含最大損失金額。

第33條　銀行從事結構型商品之推介或提供相關資訊及行銷文件，不得有下列情形：

一、藉主管機關對金融商品之核准、核備或備查，作為證實申請事項或保證結構型商品價值之陳述或推介。

二、使人誤信能保證本金之安全或保證獲利。

三、結構型商品使用可能誤導客戶之名稱。

四、提供贈品或以其他利益勸誘他人購買結構型商品。

五、誇大過去之業績或為攻訐同業之陳述。

六、為虛偽、欺罔、或其他顯著有違事實或故意使他人誤信之行為。

七、內容違反法令、契約、產品說明書內容。

八、為結構型商品績效之臆測。

九、違反銀行公會訂定廣告及促銷活動之自律規範。

十、其他影響投資人權益之事項。

結構型商品限於專業客戶交易者，不得為一般性廣告或公開勸誘之行為。

第34條　銀行向客戶提供結構型商品交易服務，客戶得就其交易請銀行提供市價評估及提前解約之報價資訊；如該結構型商品係提供予屬自然人之一般客戶，銀行應提供客戶市價評估資訊。

第35條　銀行得向屬自然人之一般客戶提供衍生性金融商品交易服務之種類，及得向屬法人之一般客戶提供結構型商品交易服務之種類，由銀行公會訂定，並報本會備查。

第36條　銀行辦理臺股股權衍生性金融商品業務，其得連結之標的範圍，應與證券商從事臺股股權衍生性金融商品及臺股股權結構型商品業務交易得連結之標的相同。

銀行辦理前項商品應向財團法人中華民國證券櫃檯買賣中心申報相關資料。

第37條　銀行辦理臺股股權衍生性金融商品業務有關履約給付方式、交易相對人集中保管帳戶之確認開立、避險專戶有價證券質押之禁止、基於避險需要之借券或融券賣出標的證券相關規定、交易相對人為境外華僑及外國人之確認登記、契約存續期間、集中度管理、利害關係人交易之限制規定、轉（交）換公司債資產交換選擇權業務應遵循事項，應依「財團法人中華民國證券櫃檯買賣中心證券商營

業處所經營衍生性金融商品交易業務規則」規定辦理。

銀行為辦理臺股股權衍生性金融商品業務之避險需要買賣國內上市櫃股票者，應設立避險專戶，其開立、履約給付及資訊申報作業，應依財團法人中華民國證券櫃檯買賣中心相關規定辦理。

銀行為提供客戶臺股股權衍生性金融商品交易服務之需要買賣轉（交）換公司債者，應取得證券商自行買賣業務許可，並依證券商自行買賣轉（交）換公司債相關規定辦理。

第38條 外國銀行在臺分行辦理衍生性金融商品業務，本辦法規定之董（理）事會義務得由其總行授權人員負責。

第38-1條 銀行辦理衍生性金融商品業務應確實遵循銀行公會訂定之自律規範。

第39條 本辦法自發布日施行。

本辦法修正條文，除中華民國一百零六年五月十六日修正之第三條、第二十四條規定於發布後六個月施行及一百零七年二月一日修正之第十一條、第二十四條、第二十九條、第二十九條之一、第三十條、第三十五條規定於發布後六個月施行外，自發布日施行。

第二章｜銀行辦理衍生性金融商品自律規範

修正日期：中華民國107年8月3日

第一章　總則

第1條　本自律規範依據金融監督管理委員會所頒布「銀行辦理衍生性金融商品業務內部作業制度及程序管理辦法」第十條第二項、第二十三條第四項、第二十五條第四項、第三十條第二項及第三十五條規定訂定。

第2條　銀行辦理衍生性金融商品業務，應遵守金融監督管理委員會相關法令規定。若涉及外匯商品業務並依中央銀行相關外匯規定辦理。

第2-1條　銀行國際金融業務分行辦理衍生性金融商品業務，除不適用第二章及第三章規定外，應依本自律規範辦理。

第二章　結構型商品客戶須知及產品說明書應記載事項

第3條　銀行向專業機構投資人及高淨值投資法人以外客戶提供結構型商品交易服務，應進行下列行銷過程控制：
一、提供產品說明書。
二、提供客戶須知。
三、向客戶宣讀或以電子設備說明客戶須知之重要內容，並以錄音方式保留紀錄或以電子設備留存相關作業之軌跡。
　　但對專業客戶得以交付書面（紙本或電子郵件等）或影音媒體方式取代之。
四、向屬自然人之客戶提供首次結構型商品交易服務，應派專人解說。
五、向專業客戶提供結構型商品交易服務，應向客戶說明「專業客戶不受金融消費者保護法保障」。

第4條　前條所稱產品說明書編製之基本原則如下：
一、所記載之內容，應明確易懂，不得有虛偽、隱匿、欠缺或其他足致他人誤信之情事。
二、所記載之內容，應具有時效性。刊印前，發生足以影響客戶判斷之交易或其他事件，均應一併揭露。

法規一點靈

銀行辦理衍生性金融商品自律規範

三、相關風險之揭露應以淺顯易懂之方式表達。

第5條　產品說明書應記載下列事項：
一、重要事項摘要。
二、商品或交易條件，及最大可能損失與情境說明。
三、各項費用及交易處理程序說明。

第6條　前條第一款所稱重要事項摘要如下：
一、**商品中文名稱**（不得有保本字樣；名稱應適當表達其商品特性與風險，且應避免使用可能誤導客戶之名稱），若有原文名稱應加註。
二、**以顯著字體標示本商品風險等級。**
三、**該商品對一般客戶銷售之商品風險等級，以及是否僅限專業客戶投資。**
四、**商品審閱期間或對無須提供審閱期之商品加註說明。**
五、**客戶應詳閱產品說明書之內容，並應注意商品之風險事項。**

第7條　第五條第二款所稱商品或交易條件，及最大可能損失與情境說明，應記載下列事項：
一、計價幣別、交易日／生效日／到期日，及其他依個別商品性質而定之日期等。
二、計價幣別到期本金保本率，並加註「於未發生提前終止之情形，且到期時本行未發生違約情事，到期結算稅前金額為

＿＿＿＿＿％原計價幣別本金。本產品之保本率為計價幣別到期本金保本率，計價幣別可能與原始資金來源幣別不同，以外幣計價之結構型商品，如原始資金來源為新臺幣，非以新臺幣計算保本率」。
三、連結標的類別或資產（例如：匯率、利率、指數或個股名稱等），若涉及一籃子連結標的者，應說明連結標的及相關資訊、投資績效之關連情形、標的資產之相對權重或連結標的調整之條件及方法等。
四、投資收益計算給付及其計算方式，應包含到期結算幣別或標的、金額之計算。
五、以情境分析解說可能獲利之年化報酬率或平均年化報酬率，及最大可能損失，另應加註情境分析結果不保證未來績效。情境分析宜以表格舉例或文字說明產品交易條件於不同比價結果所得出之報酬率或收益／損失金額。若產品無需比價，則應說明收益支付日或到期日可能獲得之報酬率或收益金額，惟應避免以連結標的之歷史倒流測試解說可能獲利，以取代前述情境分析。
六、交易條件如有提前到期約定，應載明提前到期之條件或說明銀行得提前到期之權利、結算應付款數額之金額或計算方式。

銀行向自然人客戶提供結構型商品交易服務應要求客戶於前項第二款保本率商品說明處簽名、蓋用原留印鑑或其他雙方同意之方式確認。

第8條　第五條第三款所稱各項費用及交易處理程序說明，應記載下列事項：

一、對交易條件標準化之商品應說明商品開始受理投資、提前到期結算及客戶申請提前終止日期。

二、銀行提供結構型商品服務應說明商品最低投資金額及投資金額給付方式，惟給付方式如另有約定則從其約定。若有交易不成立之情形，亦應說明，交易前預先收取投資金額者，並應說明返還投資金額之方式及日期。

三、銀行應說明客戶應負擔的各項費用（如有適用）與其收取方式，例如：申請投資或提前終止之手續費或處理費用、及其他費用等。

四、若客戶得提前終止交易，銀行應說明終止交易時得領取金額之計算方式及給付方式。

五、載明交易糾紛申訴管道。

六、其他依主管機關規定應說明或認為對客戶權益有重大影響，而應於產品說明書記載之事項。

本自律規範所稱交易條件標準化之商品，係指銀行對不特定多數人提供交易條件（如存續時間、利率、匯率、轉換條件、連結標的等）固定之商品。

第9條　銀行應向專業機構投資人及高淨值投資法人以外客戶告知可能涉及之風險，**應說明下列事項：**

一、該結構型商品因利率、匯率、有價證券市價或其他指標之變動，有直接導致本金損失或超過當初本金損失之虞者。

二、該結構型商品因銀行或他人之業務或財產狀況之變化，有直接導致本金損失或超過當初本金損失之虞者。

三、該結構型商品因其他足以影響投資人判斷之重要事項，有直接導致本金損失或超過當初本金損失之虞者。

四、該結構型商品之最大損失金額。

向一般客戶及屬自然人之專業客戶提供結構型商品交易服務，應提供風險預告書，其內容應包括投資風險警語及商品風險說明。如屬法人之專業客戶，應揭露資訊及交付程序得依銀行內部作業程序辦理。

向一般客戶提供不保本型結構型商品交易服務，且其金額占往來資金比率較高者，宜主動提醒客戶相關商品之風險，避免客戶因投資部位過度集中而蒙受重大損失。

第10條　前條第二項所稱風險預告書之投資風險警語，應記載下列文字：

一、本商品係複雜金融商品，必須經過專人解說後再進行投資。客戶如果無法充分理解本商品，請勿投資。

二、本商品並非存款，而係一項投資，投資不受存款保險之保障。

三、客戶投資前應詳閱產品說明書及風險預告書，並應自行了解判斷並自負盈虧。

四、本商品係投資型商品，投資人應自行負擔本商品之市場風險及銀行之信用風險。

五、客戶未清楚瞭解產品說明書、契約條款及所有文件內容前，請勿於相關文件簽名或蓋章。

六、客戶提前終止可能導致可領回金額低於投資本金。

七、最大可能損失為全部投資本金。

第11條　第九條第二項所稱商品風險說明，應記載包括但不限於下列事項：

一、連結標的風險：如標的資產的市場價格風險等項目。

二、其他風險：如交易提前終止風險、利率風險、流動性風險、信用風險、匯兌風險、國家風險、賦稅風險、法律風險及再投資風險等項目。

交易提前終止風險應特別記載交易提前終止風險提示：「本商品到期前如申請提前終止，將導致您可領回金額低於原始投資金額（在最壞情形下，領回金額甚至可能為零），或者根本無法進行提前終止。」

除應遵守前項各類風險說明外，銀行應於交易文件中提醒客戶承作本商品之重要注意事項如下：

一、結構型商品依商品設計或條件不同，客戶所暴露之風險程度可能不同，如為現金交割，可能發生部分或全部利息、本金減損或其他損失之風險；如為非現金交割，則可能發生本金將依約定轉換成標的資產之情事，可能必須承擔銀行及標的資產發行人之信用風險。

二、影響衍生性金融商品價格變動之因素極為複雜，銀行所揭露之風險預告事項係列舉大端，對於交易風險與影響市場行情的因素或許無法詳盡描述，因此應提醒客戶於交易前仍應充分瞭解結構型商品之性質，及相關之財務、會計、稅制或法律等事宜，自行審度本身財務狀況及風險承受度，始決定是否進行投資。

第12條　銀行向專業機構投資人及高淨值投資法人以外客戶提供結構型商品服務應編製不超過四頁且內文至少不得小於12字體之中文客戶須知，並提供客戶。

第13條　前條所稱客戶須知應記載下列事項：

一、商品內容摘要。

二、投資風險說明。

三、市價評估說明。

四、交易糾紛申訴管道。

第14條　客戶須知應載明結構型商品之名稱以及下列警語，置於「客戶須知」明顯易見之處，並以粗黑或紅色字體刊印：

一、本商品風險程度為＿＿＿＿，銷售對象之風險等級為＿＿＿＿。

二、本商品係複雜金融商品，必須經過專人解說後再進行投資。貴客戶如果無法充分理解本商品，請勿投資。

三、本商品並非存款，而係一項投資，投資不受存款保險之保障。

四、貴客戶申請投資前應詳閱產品說明書及風險預告書，並應自行了解判斷並自負盈虧。

五、貴客戶應自行負擔本商品之市場風險及銀行之信用風險，最大可能損失為全部投資本金。

六、貴客戶未清楚瞭解產品說明書、契約條款及所有文件內容前，請勿於相關文件簽名或蓋章。

七、貴客戶提前終止可能導致可領回金額低於投資本金。

八、應說明該商品之審閱期或對無須提供審閱期之商品加註說明。

第15條　客戶須知應載明結構型商品事項如下：

一、商品簡介：商品中文名稱、計價幣別、計價幣別到期本金保

本率、交易日／生效日／到期日等。

二、連結標的類別或資產。

三、客戶應負擔的各項費用（如有適用）與其收取方式，例如：申請投資或提前終止之手續費或處理費用、及其他費用等。

四、投資收益給付及其計算方式。

五、說明交易如有提前到期約定時之條件、結算應付款數額之金額或計算方式。

六、對於交易條件標準化之商品，應說明後續受理提前終止交易的時間，最低投資金額、最低增加投資金額、各項費用的表列（若有）、及交易不成立之情形。

第16條　客戶須知揭露結構型商品各類投資風險之說明，應包含下列內容：

一、連結標的風險：如標的資產的市場價格風險等項目。

二、其他風險：以列舉方式告知各類次要風險項目，如交易提前終止風險、利率風險、流動性風險、信用風險、匯兌風險、國家風險、賦稅風險、法律風險及再投資風險等項目。

交易提前終止風險應特別記載交易提前終止風險提示：「本商品到期前如申請提前終止，將導致您可領回金額低於原始投資金額（在最壞情形下，領回金額甚至可能為零），或者根本無法進行提前終止。」。

除前項風險說明內容外，如有其他對客戶有重大影響之事項，應揭露相關投資風險。

第17條 客戶須知應載明銀行將提供交易確認書、對帳單或其他證明文件予客戶，並說明提供予客戶之市價評估資訊僅提供客戶參考，客戶若欲提前終止交易，得領取之金額應依產品說明書或其他相關交易文件所載交易提前終止之計算方式為準。

第18條 客戶須知應載明協助投資人權益之保護方式，包含下列項目：
一、糾紛之申訴管道。
二、與銀行發生爭議、訴訟之處理方式。
三、客戶與銀行發生爭議時得以下列方式尋求協助：
(一) 銀行與一般客戶之交易糾紛，無法依照銀行內部申訴處理程序完成和解者，該客戶得向財團法人金融消費評議中心申請評議或調解。
(二) 向金融監督管理委員會申訴。

第19條 第三條第三款向客戶宣讀或以電子設備說明客戶須知之重要內容，至少應含本自律規範第十四條、第十五條第一款與第二款及第十六條。
銀行向專業機構投資人及高淨值法人以外之法人客戶提供結構型商品交易服務後，得經客戶逐次簽署書面同意未來提供同類型之結構型商品，得免依第三條第三款規定辦理。
本條第一項所稱以電子設備說明係指銀行透過網路銀行及行動網路銀行等方式，以顯著頁面揭露客戶須知重要內容，供客戶閱覽並勾選以示充分瞭解後，始得進入後續程序。

第19-1條 第三條第四款向自然人客戶提供首次結構型商品交易服務專人解說，應依以下原則辦理：
一、解說內容應至少包含客戶須知重要內容，亦得以語音輔助方式辦理。惟銀行應就專人解說程序以錄音或錄影方式保留紀錄者，得與客戶須知合併留存紀錄。
二、解說內容應包含投資收益計算。
三、客戶如對解說內容有疑義時，專人應協助進行說明，並提醒客戶未清楚瞭解前勿進行投資。客戶如不願意聽取解說內容，應婉拒客戶投資。
前項所提供商品如屬不保本型商品，銀行應就專人解說程序以錄音或錄影方式保留紀錄。嗣後銀行以電子設備提供同類型結構型商品交易，得免指派專人解說。

第20條 銀行於提供產品說明書或客戶須知前，應先確定內容無不當、不實陳述及違反相關法令之情事。

第三章 銀行向一般客戶提供交易服務種類

第21條 銀行**對屬自然人之一般客戶提供單項衍生性金融商品**（非屬結構型商品之衍生性金融商品交易服**務以外匯保證金交易、陽春型遠期外匯、買入陽春型外幣匯率選擇權及買入轉換／交換公司債資產交換選擇權為限**。銀行並應制定及執行適用以自然人為交易對手之信用風險評估政策及作業流程，若涉及外匯商品，同時依中央銀行相關外匯規定辦理。

前項辦理外匯保證金交易之槓桿倍數由各銀行於評估風險後自行訂定。若涉及陽春型遠期外匯，銀行應查核其相關實際外匯收支需要之交易文件。

第一項所稱單項衍生性金融商品如涉及大陸地區商品或契約，以外匯保證金交易（但不得涉及新臺幣匯率）、陽春型遠期外匯及買入陽春型匯率選擇權為限。

第22條 銀行向一般客戶提供結構型商品交易服務應區分保本型及不保本型。

結構型商品於到期或依合約條件提前到期時，客戶若可取回原計價幣別本金100%者屬保本型結構型商品。

銀行向一般客戶銷售結構型商品，其銷售對象應有衍生性金融商品或結構型商品交易經驗或曾從事金融、證券、保險等相關行業之經歷。

前項所稱之交易經驗係指客戶或經屬法人之客戶授權辦理交易之人，曾承作或投資單項或組合之衍生性金融商品、期貨、保證金交易、認購（售）權證、可轉（交）換公司債、附認股權有價證券、認股權憑證、結構型商品、境外結構型商品、具有衍生性金融商品性質之國內外有價證券及投資型保單等交易之經驗。

前項銷售對象應具備之交易經驗或經歷之認定，得以客戶聲明或依銀行內部作業程序辦理，惟針對客戶辦理不保本型結構型商品交易經驗或經歷之認定，不得以客戶聲明辦理，應取得合理可信之佐證依據。

第23條 銀行向一般客戶提供保本型結構型商品業務應符合下列原則：

一、計價幣別以銀行可受理之幣別為限。

二、不得連結下列標的：

　(一) 新臺幣匯率指標。

　(二) 本國企業於國外發行之有價證券。

　(三) 國內證券投資信託事業於國外發行之受益憑證。

　(四) 國內外機構編製之臺股指數及其相關金融商品。但如該指數係由臺灣證券交易所或證券櫃檯買賣中心公布之各類指數及該指數係由臺灣證券交易所或證券櫃檯買賣中心與國外機構合作編製非以臺股為主

要成分股之指數，不在此
限。

(五) 未經金融監督管理委員會
核准或申報生效得募集及
銷售之境外基金。

(六) 國外私募之有價證券。

(七) 股權、利率、匯率、基
金、商品、上述相關指數
及指數型基金以外之衍生
性金融商品。但指數股票
型基金，以金融監督管理
委員會核定之證券市場掛
牌交易之以投資股票、債
券為主且不具槓桿或放空
效果者為限。

三、產品說明書及推廣文宣資料中
之商品中文名稱應依本自律規
範第六條第一款原則訂定，並
應於商品中文名稱主標題後以
括弧或於下方以副標題方式說
明「不受存款保險保障之（連
結標的名稱）（選擇權或其他
衍生性金融商品名稱）投資商
品」。

第24條 銀行向屬自然人之一般客戶
提供不保本型結構型商品業務應符
合下列原則：

一、計價幣別以銀行可受理之幣別
為限。

二、結構型商品到期結算金額或依
合約條件提前到期結算金額應
達原計價幣別本金（或其等
值）70%以上。

三、可連結標的之範圍限單一資產
類別，並以下列四至六款產品
為限。

四、本金連結外幣匯率選擇權之結
構型商品，產品期限不超過3個
月，承作時之交易門檻為等值1
萬美元以上（含），產品說明
書及推廣文宣資料中之商品中
文名稱應依本自律規範第六條
第一款原則訂定，並應於商品
中文名稱主標題後以括弧或於
下方以副標題方式說明「不受
存款保險保障，且交易損失可
能達原始投資金額_____%之
外幣匯率選擇權投資商品」。
辦理本項商品若涉及人民幣，
仍應符合中央銀行買賣人民幣
額度控管規定。

五、本金連結黃金選擇權之結構
型商品：產品期限不超過6個
月，承作時之交易門檻為等值1
萬美元以上（含），產品說明
書及推廣文宣資料中之商品中
文名稱應依本自律規範第六條
第一款原則訂定，並應於商品
中文名稱主標題後以括弧或於
下方以副標題方式說明「不受
存款保險保障，且交易損失可
能達原始投資金額_____%之
黃金選擇權投資商品」。於中
央銀行開放外匯指定銀行辦理
涉及人民幣之本金連結黃金選
擇權結構型商品後始得辦理涉
及人民幣之本項商品。

六、本金連結股權或指數股票型基
金選擇權之結構型商品：產品
期限不超過12個月，承作時
之交易門檻為等值1萬美元以
上（含），產品說明書及推廣
文宣資料中之商品中文名稱應
依本自律規範第六條第一款原
則訂定，並應於商品中文名稱
主標題後以括弧或於下方以副
標題方式說明「不受存款保險
保障，且交易損失可能達原始
投資金額＿＿＿＿%之股權或
指數股票型基金選擇權投資商
品」。涉及臺股股權者，其得
連結之標的範圍，應與證券商
從事臺股股權衍生性金融商品
及臺股股權結構型商品業務交
易得連結之標的相同。

第24-1條 銀行向屬法人之一般客戶
提供不保本型結構型商品業務應符
合下列原則：

一、計價幣別以銀行可受理之幣別
為限，且不得連結新臺幣匯率
指標及信用事件。

二、連結標的涉及臺股股權者，其
得連結之標的範圍，應與證券
商從事臺股股權衍生性金融商
品及臺股股權結構型商品業務
交易得連結之標的相同。

三、產品期限超過二年者，其到期
結算金額或依合約條件提前到
期結算金額應達原計價幣別本
金（或其等值）70%以上。產

品說明書及推廣文宣資料中之
商品中文名稱應依本自律規範
第六條第一款原則訂定。

第四章　商品適合度及商品風險之告知及揭露

第25條 銀行向專業機構投資人及高
淨值投資法人以外客戶提供非屬結
構型商品之衍生性金融商品交易服
務，銀行就商品適合度建立之內部
作業程序，至少應包含客戶屬性與
交易目的評估、客戶分級與商品分
級依據、商品風險分類及風險集中
度控管機制。

前項內部作業程序應依下列原則
辦理：

一、建立商品風險分級制度，且分
級方式應考量多重風險因子，
例如波動幅度、連結標的資產
類別及產品天期等。如屬複雜
性高風險商品及其他經主管
機關核定之商品類型，應核予
該商品最高風險評級。銀行與
客戶辦理衍生性金融商品交易
前，應使客戶充分瞭解其於銀
行內部之客戶分類及配適之商
品風險等級。

二、核給客戶衍生性金融商品額度
或進行額度展延時，銀行應透
過聯徵中心查詢或請客戶提供
與其他金融機構承作衍生性金
融商品之額度。

三、應考量客戶之營業收入、淨值、與其他銀行交易額度等因素，審慎衡酌客戶需求及承受風險能力，核給客戶交易額度，並針對擔保品徵提及追繳機制訂定相關規範。

四、提供予客戶之交易文件應以文字或情境分析說明交易損益之可能變動情形。除賣出選擇權、複雜性高風險商品及其他經主管機關核定之商品類型須逐筆提供文字或情境分析外，其他商品得以一次性之說明分析交易損益之可能變動情形。

五、銀行應合理控管客戶整體信用風險，避免客戶整體暴險情形超過其風險承受能力，並應每日按市價評估，確實執行徵提保證金或擔保品機制。

六、銀行應定期（至少每月一次）提供客戶交易部位之市價評估資訊。

七、銀行與客戶之衍生性金融商品交易合約得訂定交易提前終止時，結算應付款數額之方式，且應反映並計算交易之當時市場價值，包括被終止交易原本在提前終止日後到期應給付之價值。前述交易提前終止之條件、結算應付款數額之方式等內容應於相關契約文件內載明或以其他方式向客戶充分揭露。如有額外收取提前終止費用，亦應予以揭露。

第25-1條 銀行與專業機構投資人及高淨值投資法人以外之客戶辦理複雜性高風險商品業務應符合下列原則：

一、客戶應具備承作複雜性高風險商品之交易經驗，或應至少同時具備下列交易經驗條件：

　(一) 承作衍生性金融商品交易經驗達一年以上。

　(二) 最近一年內曾辦理隱含賣出選擇權之非屬結構型商品之衍生性金融商品交易。

二、銀行應向客戶取得合理可信之交易經驗佐證依據。

三、銀行與客戶辦理非避險目的之複雜性高風險衍生性金融商品交易前，應提供客戶其他風險等級較低或複雜度較低之商品供其選擇，並留存書面或錄音等紀錄以佐證客戶確認其適合投資該商品。

四、**銀行應就非以避險為目的承作之複雜性高風險商品建立客戶風險集中度控管機制，明確訂定客戶投資複雜性高風險商品所使用之未來潛在暴險額（MLIV）加計暴險額（MTM）之總和占其衍生性商品暴險額度之最高比重及逾限控管機制。**

五、銀行與客戶承作同樣架構複雜性高風險商品之首次交易前，應向客戶詳細解說。解說內容至少包含商品架構、風險、及情境分析。與客戶承作複雜性高風險商品交易應告知交易條

件重要內容及相關風險。前述解說或告知程序，除以非臨櫃之自動化通路交易或客戶不予同意之情形外，應以錄音或錄影方式保留紀錄。

六、銀行應落實執行認識客戶及商品適合度制度，與非避險客戶辦理複雜性高風險商品時，所訂定之個別契約最大損失上限應有合理考量基礎。

七、提供予客戶之交易文件應載明並揭露該筆交易契約之客戶最大損失金額及客戶提前終止交易之應支付金額計算方式等交易條件，並要求客戶於該最大損失金額處及交易條件處簽名或蓋用原留印鑑之方式確認，以提高客戶風險意識，並應提供客戶交易糾紛申訴管道。

八、銀行與客戶承作複雜性高風險衍生性金融商品，如以背對背拋補交易方式進行，應於該筆交易文件揭露銷售利潤率上限。前揭銷售利潤率得以銷售利潤佔總名目本金（應加計槓桿倍數與比價期數）百分率或等值金額方式向客戶揭露之。

第一項第五款所稱之交易條件重要內容及相關風險係指下列事項：

一、交易條件及重要內容：

(一) 計價幣別。

(二) 交易日／生效日／到期日及其他依個別商品性質而定之日期。

(三) 連結標的類別或資產。

(四) 收益計算給付及其計算方式。

(五) 說明交易如有提前到期約定時之條件、結算應付款數額之金額或計算方式。

二、所須告知之交易相關風險至少應含本自律規範第二十六條第一款至第六款。

第26條 銀行向專業機構投資人及高淨值投資法人以外客戶提供非屬結構型商品之衍生性金融商品交易服務，銀行就商品風險之告知及揭露至少應包含下列事項，並應妥善保存紀錄證明已告知客戶相關風險：

一、衍生性金融商品如屬非以避險為目的者，其最大可能損失金額。如為具有乘數條款之組合式交易，當市場價格不利於客戶交易時，交易損失將因具有乘數效果而擴大。

二、衍生性金融商品之市價評估（mark-to-market）損益係受連結標的市場價格等因素影響而變動。當市場價格不利於客戶之交易時，該交易市價評估損失，有可能遠大於預期。

三、客戶於契約到期前提前終止交易，如市場價格不利於客戶交易時，客戶有可能承受鉅額交易損失。

四、天期較長之衍生性金融商品將承受較高之風險。於市場價格不利於客戶交易時，客戶將承受較高之提前終止交易損失。

五、客戶如負有依市價評估結果計
　算應提供擔保品義務，當市場
　價格不利於客戶交易，致產生
　市價評估損失時，客戶應履行
　提供擔保品之義務。客戶應提
　供擔保品數額遠大於預期時，
　可能產生資金調度之流動性風
　險。如客戶未能履行提供擔保
　品義務，致銀行提前終止交易，
　客戶將可能承受鉅額損失。

六、以避險目的承作之衍生性金融
　商品，如契約金額大於實質需
　求，超額部分將承受無實質部
　位覆蓋之風險。

第五章　推介業務規範

第27條 總行得授權外匯指定分行辦
理衍生性金融商品推介業務。經授
權推介衍生性金融商品業務之分行
得接受國際金融業務分行委託代為
辦理推介業務。授權分行得辦理之
推介業務包含以下項目：

一、推廣介紹及銷售對客戶提供之
　衍生性金融商品。

二、對客戶解說商品內容、揭露可
　能涉及之風險。

三、依據總行就產品條件所提供之
　報價，確認客戶同意交易條件。

推介業務以結構型商品、陽春型遠
期外匯（不含無本金交割遠匯）及
換匯交易為限。

銀行總行授權其外匯指定分行辦理
衍生性金融商品推介業務應依以下
原則：

一、推介人員應依規定取得必要資
　格並完成登錄。

二、授權分行推介人員辦理推介作
　業時，應依總行所建立之衍生
　性金融商品及結構型商品適合
　度制度、行銷過程控制等內部
　作業及程序辦理。

三、推介人員辦理推介作業應瞭解
　客戶屬性及商品屬性，以確認
　客戶辦理衍生性金融商品之適
　當性。

四、推介人員如透過電話設備辦理
　前條第二項第三款結構型商品
　推介業務，應以錄音方式保留
　紀錄，並於交易前確認客戶身
　分及商品風險屬性適配性後，
　方得進行交易。透過電話辦理
　推介業務應依本自律規範第二
　章、第三章、第四章及第八章
　規定辦理。

五、推介人員提供客戶之相關資訊
　及文件應建立審核控管機制，向
　非屬專業機構投資人之客戶提
　供之推廣文宣資料，應由總行製
　作或經總行審閱後始得提供。

六、總行應訂定授權準則並經董事
　會（或外國銀行總行或總行授
　權在臺負責人）同意，其內容
　至少應包含：

　(一)總行及經授權得辦理之單
　　位，及分別應負責之管理
　　與推介工作。

　(二)總行授權指定分行辦理之
　　推介商品、授權分行及授權

分行推介人員清單或名冊之核決程序及增減維護。

第六章　以電子設備提供結構型商品交易方式

第29條　銀行向專業機構投資人以外客戶提供結構型商品交易服務如透過電子設備辦理，應依下列原則辦理：

一、本條所稱電子設備係指銀行透過網路銀行或行動網路銀行等電子設備方式提供或受理客戶辦理結構型商品交易。

二、使用電子設備提供結構型商品交易服務前，銀行應以書面與客戶約定使用電子設備之相關事宜。

三、銀行應於客戶透過電子設備辦理交易之始，確認客戶身分，並逐筆檢核確認商品風險屬性適配之妥適性後，方得進行交易。

四、銀行向自然人客戶提供首次結構型商品交易前，應派專人解說，嗣後同類型交易始得透過電子設備辦理。

五、銀行應於頁面揭露本自律規範規定應揭露事項及內容。如需向客戶宣讀、說明，或請客戶簽名確認者，應以顯著方式於網路銀行或行動網路銀行頁面揭露供客戶閱覽，勾選以示充分瞭解後，始得進入後續交易程序，並應以電子設備留存相關作業過程之軌跡。

六、銀行應交付客戶之交易文件，得於客戶確認後自電子設備下載，以代交付。

七、交易安全控管機制及相關消費者保護措施，應依本會「金融機構辦理電子銀行業務安全控管作業基準」辦理，並準用「財富管理業務消費者保護措施及增補條款範本」相關規定。

第七章　風險管理措施

第30條　銀行辦理衍生性金融商品業務遵循金融監督管理委員會訂頒「銀行辦理衍生性金融商品業務內部作業制度及程序管理辦法」建立風險管理制度，應至少包含市場、信用、作業及流動性等風險，以落實風險之辨識、衡量、監控及報告等程序，並依以下原則辦理：

一、風險之辨識風險之辨識至少應包含市場風險、信用風險、作業風險、流動性風險等項目，並應就影響各該類風險之風險因子指認歸類，俾得進行系統化管理。

二、風險之衡量銀行辨識不同商品所含之風險因子後，宜訂定適當之衡量方法，包括風險之分析與評估，俾作為風險管理之依據。衍生性金融商品之風險管理，應按不同類型之風險訂定量化或其他可行之質化方法予以衡量。

三、風險之監控銀行應訂定完整之監控作業流程。此種作業宜於

例行營運活動中持續進行，或
（並）於事後作離線之觀察與
瞭解。監控作業中所發現之缺
失均應依規定呈報，例如限額
之使用情形、超限情況之呈報
處理及回應措施之操作等。

四、風險之報告銀行應訂定編製及
呈報各種交易報告與風險管理
報告之作業規範，並由負責風
險管理之單位或其他適當單
位，依照上開規範，就權責部
分，定期呈報銀行所承擔之風
險部位狀況，以為管理依據。

第31條 為避免銀行因從事非屬結構
型商品之衍生性金融商品交易服務
而承受過高交易對手信用風險，防
止交易糾紛發生，除依本自律規範
第二十五條規定外，銀行應依下列
原則訂定相關風險管理及內部作業
控制程序：

一、客戶承作衍生性金融商品交易
發生評價損失時，銀行應依其
內部規範定期監控交易評價損
失及信用風險額度使用情形，
客戶並得就其交易請銀行提供
市價評估資訊。

二、銀行與客戶辦理衍生性金融商
品交易，包含承作、展期、提前
終止、反向平倉或買回等交易，
應檢核交易條件是否明顯偏離
合理價值。合理價值之檢核應就
交易條件整體為之，不應僅就單
一條件判斷之，例如該交易屬價
內（In-the-Money）或價外（Out-
the-Money）交易，或僅評估交
換交易之利率指標差異等。

三、客戶因承作衍生性金融商品交
易發生評價損失，於交易到期
或提前終止時與銀行承作新交
易，並以新交易取得之期初款
沖抵原到期或終止交易應支付
之款項（paymentnetting）時，
銀行應依其內部規範執行評核
程序，並應於交易文件上載明
沖抵之情形，避免產生協助客
戶遞延或隱藏交易損失以有粉
飾或操縱財務報表之虞。

四、客戶承作衍生性金融商品交易有
前款情形時，銀行應經其信用風
險管理機制予以評估其信用及損
失狀況，且於確認客戶仍有足夠
信用風險額度，或整體信用風險
無虞後，方得承作新交易，以避
免銀行承受過高信用風險。

第32條 為強化銀行與客戶承作結構
型商品交易之交易控管，銀行應針
對結構型商品不同幣別、年限及連
結標的訂定風險集中度控管機制，
並至少每季就該商品市價、收益
率及損益等項目，定期製作分析報
告，提報董（理）事會或授權之高
階管理階層通過。

第八章　其他

第33條　銀行依本自律規範應以錄音或錄影方式保留紀錄，其保存期限應不得少於該商品存續期間加計三個月之期間，如未滿五年應至少保存五年以上。惟遇有爭議之交易時，應保留至爭議終結為止。

銀行依本自律規範以電子設備留存相關作業過程之軌跡，得以影音媒體或電子文件方式保存，其保存期限應不得少於該商品存續期間加計三個月之期間，如未滿五年應至少保存五年以上。惟遇有爭議之交易時，應保留至爭議終結為止。

第33-1條　本自律規範之錄音、錄影或以電子設備留存之個人資料，當事人得於保存期限內，向銀行申請調閱依本自律規範所留存之紀錄。除該資料之提供有妨害銀行或第三人之重大利益外，銀行應配合提供前項紀錄，並得向當事人收取必要成本費用。

第34條　銀行辦理客戶屬性評估作業之人員對於衍生性金融商品應有一定程度之了解，其資格條件原則上不得低於辦理衍生性金融商品推介人員資格條件，並比照衍生性金融商品推介人員應每年參加在職訓練課程。

以標準化之表單文件進行自然人客戶風險等級評分且無涉及人為判斷，對於個別客戶辦理客戶屬性評估之人員及進行覆核之人員，該二人員至少其中一人應符合前項所述衍生性金融商品推介人員資格條件。

第35條　銀行應管理衍生性金融商品銷售與推介人員之行為，依誠信、審慎之原則執行職務，並訂定行為與操守準則，應至少包含下列事項：

一、不得違背職務、損害銀行利益或不法圖利自己或第三人。

二、不得與客戶約定投資收益分享或損失分攤之承諾。

三、因職務之關係知悉客戶未公開之訊息，不應擅自為自己或相關人員進行交易以謀取不法利益。

四、不得對客戶運用不實的宣傳方式謀取自身利益。

五、規範禁止收受或提供不當報酬或饋贈。

第九章　附則

第36條　本自律規範經本會理事會議核議通過並報奉金融監督管理委員會備查後施行；修正時，亦同。

第三章　銀行辦理衍生性金融商品業務風險管理自律規範

修正日期：中華民國104年7月8日

第1條　中華民國銀行商業同業公會全國聯合會為強化銀行辦理衍生性金融商品業務風險管理之自律，訂定本自律規範。

第2條　銀行辦理衍生性金融商品業務，應遵循金融監督管理委員會訂頒「銀行辦理衍生性金融商品業務內部作業制度及程序管理辦法」規定，並應依本風險管理自律規範訂定市場、信用、作業及流動性等風險管理制度，以落實風險之辨識、衡量、監控及報告等程序。對風險容忍度及業務承作限額，應定期檢討提報董（理）事會審定。

（一）風險之辨識：風險之辨識至少應包含市場風險、信用風險、作業風險、流動性風險等項目，並應就影響各該類風險之風險因子指認歸類，俾得進行系統化管理。

（二）風險之衡量：銀行辨識不同商品所含之風險因子後，宜訂定適當之衡量方法，包括風險之分析與評估，俾作為風險管理之依據。衍生性金融商品之風險管理，應按不同類型之風險訂定量化或其他可行之質化方法予以衡量。

（三）風險之監控：銀行應訂定完整之監控作業流程。此種作業宜於例行營運活動中持續進行，或（並）於事後作離線之觀察與瞭解。監控作業中所發現之缺失均應依規定呈報，例如限額之使用情形、超限情況之呈報處理及回應措施之操作等。

法規一點靈

銀行辦理衍生性金融商品業務風險管理自律規範

（四）風險之報告：銀行應訂定編製及呈報各種交易報告與風險管理報告之作業規範，並由負責風險管理之單位或其他適當單位，依照上開規範，就權責部分，定期呈報銀行所承擔之風險部位狀況，以為管理依據。

第3條　辦理衍生性金融商品業務之交易及交割人員不得互相兼任，銀行應設立獨立於交易部門以外之風險管理單位，執行風險辨識、衡量及監控等作業，並定期呈報部位風險及評價損益。

第4條　銀行辦理衍生性金融商品業務須建立並維持一有效之評價及控管機制,俾以反映衍生性金融商品之價值,以利對損益和風險關聯性因子進行評估分析。

銀行交易部門使用之金融商品定價模型與評價系統應由負責風險管理之單位檢核後,方得使用。

銀行應就風險管理系統進行整合,以及對異常狀況或特別重大事件進行各種壓力測試,並應明訂各類測試之程序、方法及期間,以利遵循。

平倉交易部分,銀行得經風險管理單位評估核准後,採取其他風險管理措施。

第5條　關於衍生性金融商品部位之評價頻率,銀行應依照部位性質分別訂定;其為交易部位者,應以即時或每日市價評估為原則;其為銀行本身業務需要辦理之避險性交易者,至少每月評估一次。

第6條　銀行須訂定新種衍生性金融商品之內部審查作業規範,包括各相關部門之權責,以及審查之內容、程序及核決層級。

第7條　銀行負責風險管理之單位或其他適當單位應對風險管理制度進行定期評估。

第8條　銀行不得利用衍生性金融商品,幫助客戶粉飾或操縱財務報表。同時為避免銀行承受過高信用風險,防止交易糾紛發生,銀行應依下述原則訂定相關風險管理及內部控制規範相關交易:

(一) 銀行應切實依據客戶經營或財務狀況等因素,評估其財務能力,並依銀行內部規範提供合理之衍生性金融商品信用風險額度。

(二) 客戶承作衍生性金融商品交易發生評價損失時,銀行應依其內部規範定期監控交易評價損失及信用風險額度使用情形,客戶並得就其交易請銀行提供市價評估資訊。

(三) 銀行與客戶從事衍生性金融商品交易,包含承作、展期、提前終止、反向平倉或買回等交易,應檢核交易條件是否明顯偏離合理價值。合理價值之檢核應就交易條件整體為之,不應僅就單一條件判斷之,例如該交易屬價內(In-the-Money)或價外(Out-the-Money)交易,或僅評估交換交易之利率指標差異等。

(四) 客戶因承作衍生性金融商品交易發生評價損失,於交易到期或提前終止時承作新交易,並以新交易取得之期初款項沖抵原到期或終止交易應支付之款項(payment netting)時,銀行應依其內部規範執行評核程序,並應於交易文件上載明沖抵之情形,避免產生協助客戶遞延或隱藏交易損失以有粉飾或操縱財務報表之虞。

(五) 客戶承作衍生性金融商品交易有前項情形時，銀行應經其信用風險管理機制予以評估其信用及損失狀況，且於確認客戶仍有足夠信用風險額度，或整體信用風險無虞後，方得承作新交易，以避免銀行承受過高信用風險。

第9條 本風險管理自律規範經中華民國銀行商業同業公會全國聯合會理事會議通過，並報請主管機關核備後施行；修正時，亦同。

第四章｜銀行業辦理外匯業務管理辦法

修正日期：中華民國110年1月28日

第一章　總則

第1條　本辦法依中央銀行法第三十五條第二項規定訂定之。

第2條　銀行業辦理外匯業務之管理，依本辦法之規定，本辦法未規定者，適用其他有關法令之規定。

第3條　本辦法所稱銀行業，係指中華民國境內之銀行、全國農業金庫股份有限公司（以下簡稱農業金庫）、信用合作社、農（漁）會信用部及中華郵政股份有限公司（以下簡稱中華郵政公司）。

本辦法所稱指定銀行，係指經中央銀行（以下簡稱本行）許可辦理外匯業務，並發給指定證書之銀行或農業金庫。

第4條　本辦法所稱外匯業務，包括下列各款：

一、出口外匯業務。

二、進口外匯業務。

三、一般匯出及匯入匯款業務（含買賣外幣現鈔及旅行支票業務）。

四、外匯存款業務。

五、外幣貸款業務。

六、外幣保證業務。

七、外匯衍生性商品業務。

八、其他外匯業務。

本辦法所稱外匯衍生性商品，係指涉及外匯，且符合銀行辦理衍生性金融商品業務內部作業制度及程序管理辦法（以下簡稱內部作業制度及程序管理辦法）第二條所稱衍生性金融商品者。

法規一點靈

銀行業辦理外匯業務管理辦法

本辦法所稱結構型商品及複雜性高風險商品之定義，分別準用內部作業制度及程序管理辦法第二條第二項及第三項規定。

本辦法所稱專業客戶、專業機構投資人及高淨值投資法人之定義，分別準用內部作業制度及程序管理辦法第三條第一項、第三條第一項第一款及第二款規定。

本辦法所稱外匯金融債券，係指涉及外匯，且依銀行發行金融債券辦法發行之債券。

本辦法所稱涉及外匯，係指以外幣計價或交割，或連結國外風險標的者。

第5條　銀行業因辦理外匯業務所蒐集顧客之資料，除其他法律或主管機關另有規定者外，應保守秘密；如涉及個人資料者，並應依個人資

料保護法第二十七條第一項規定採行適當之安全措施。

第二章　外匯業務之申請及開辦

第6條　銀行業有關外匯業務之經營，除本辦法或本行另有規定者外，應向本行申請許可，並經發給指定證書或許可函後，始得辦理。

依本辦法或其他本行規定屬銀行業函報備查即得辦理之外匯業務，於依規定完成函報備查之程序後，視同業經本行許可。

除本辦法或本行另有規定者外，不得辦理非經本行許可或同意備查之外匯業務。

第7條　銀行及農業金庫得申請許可辦理第四條第一項所列各款業務之全部或一部。

中華郵政公司得申請許可辦理一般匯出及匯入匯款或買賣外幣現鈔及旅行支票業務。

信用合作社及農（漁）會信用部，得申請許可辦理買賣外幣現鈔及旅行支票業務。

第8條　銀行及農業金庫申請許可為指定銀行，除本辦法及其他法令另有規定者外，應符合下列各款規定：

一、自有資本與風險性資產比率符合主管機關之規定。

二、配置適格之外匯業務專業人員。

三、最近一年或主管機關核准設立之日起至申請日止，無違反金

融相關法規，而受主管機關處分或糾正之情事，或有違反金融相關法規之情事，惟已具體改善，並經主管機關認可。

第9條　銀行及農業金庫申請許可為指定銀行，應備文檢附下列各項相關文件：

一、主管機關核發之營業執照影本及核定得辦理之業務項目。

二、申請辦理外匯業務之範圍。

三、國外往來銀行之名稱及其所在地。

四、在中華民國境內辦理外匯業務之負責人姓名及營業地址。

五、在中華民國境內之資本或營運資金及其外匯資金來源及金額。

六、符合前條規定之相關證明文件。

七、營業計畫書。

八、其他本行規定之資料或文件。

指定銀行嗣後擴增辦理外匯業務範圍，應備文檢附主管機關核准文件影本及配置適格外匯業務人員資料向本行申請許可並換發指定證書。

第10條　指定銀行之分行申請許可辦理第四條第一項第一款至第六款各項外匯業務，本國銀行及農業金庫應由其總行、外國銀行在臺分行（以下簡稱外國銀行）應由臺北分行備文敘明擬辦理業務範圍，並檢附該分行營業執照影本及經辦與覆核人員資歷。

第11條　指定銀行辦理第四條第一項第一款至第六款各項外匯業務之經

辦及覆核人員，應有外匯業務執照或具備下列資格：

一、經辦人員須有三個月以上相關外匯業務經歷。

二、覆核人員須有六個月以上相關外匯業務經歷。

指定銀行之分行經許可僅辦理買賣外幣現鈔及旅行支票業務者，其經辦及覆核人員，應有五個營業日以上之相關外匯業務經歷。

第12條　指定銀行經本行許可辦理外匯衍生性商品業務後，**得不經申請逕行辦理**下列外匯衍生性商品：

一、遠期外匯交易（不含無本金交割新臺幣遠期外匯交易）。

二、換匯交易。

三、依規定已得辦理未涉及新臺幣匯率之外匯衍生性商品，連結同一風險標的，透過相同交易契約之再行組合，但不含對專業機構投資人及高淨值投資法人以外之客戶辦理涉及外匯之複雜性高風險商品。

四、國內指定銀行間及其與國外銀行間辦理未涉及新臺幣匯率之外匯衍生性商品。

五、以期貨交易人身分辦理未涉及新臺幣匯率之國內外期貨交易契約。

指定銀行經本行許可辦理外匯衍生性商品業務後，辦理下列外匯衍生性商品，應依下列類別，向本行申請許可或函報備查：

一、開辦前申請許可類：

(一) 尚未開放或開放未滿半年及與其連結之外匯衍生性商品。

(二) 無本金交割新臺幣遠期外匯交易。

(三) 涉及新臺幣匯率之外匯衍生性商品。

(四) 代客操作外幣保證金交易。

二、開辦前函報備查類：指定銀行總行授權其指定分行辦理推介外匯衍生性商品。

三、開辦後函報備查類：

(一) 開放已滿半年且未涉及新臺幣匯率之外匯衍生性商品業務。

(二) 對專業機構投資人及高淨值投資法人辦理尚未開放或開放未滿半年，且未涉及新臺幣匯率之外匯衍生性商品業務，並符合其主管機關相關規定。

(三) 經主管機關核准辦理提供境外衍生性金融商品之資訊及諮詢服務業務，其連結標的不得涉及國內利率、匯率、股權、指數、商品、信用事件、固定收益或其他利益。

如因經營受託買賣、簽訂信託契約、全權委託契約、投資型保單或私募基金等，並以專業機構投資人名義進行前項第三款第二目及第三目交易者，其委託人、要保人或應

募人亦應為專業機構投資人或高淨
值投資法人。

第13條 指定銀行向本行申請許可辦
理前條第二項第一款商品，應檢附
下列書件：
一、法規遵循聲明書。
二、本國銀行及農業金庫董事會決議
　　辦理本項商品議事錄或外國銀行
　　總行（或區域總部）授權書。
三、經辦及相關管理人員資歷表。
四、風險預告書。
五、商品簡介。
六、作業準則。
七、風險管理相關文件。
指定銀行向本行函報備查辦理提供
前條第二項第二款服務，應檢附下
列書件，並俟收到本行備查函後，
始得辦理：
一、主管機關核准函影本。
二、本國銀行及農業金庫董事會決
　　議辦理提供本項服務議事錄或
　　外國銀行總行（或區域總部）
　　授權書。
三、依相關規定訂定之授權準則。
指定銀行向本行函報備查辦理前條第
二項第三款第一目及第二目商品，應
於辦理首筆交易後一週內，檢附產品
說明書（須為已實際交易者，列有交
易日、交割日、到期日、名目本金、
執行價或其他相關指標、參數等）及
第一項第一款至第五款規定之文件，
並應俟收到本行備查函後，始得繼續
辦理該項商品。

指定銀行向本行函報備查辦理提供
前條第二項第三款第三目服務，應
於開辦該項服務後一週內為之，並
應檢附主管機關核准函及第一項第
一款至第三款文件。

第14條 指定銀行辦理第四條第一項
第七款外匯衍生性商品業務之經辦
及相關管理人員，應具備下列資格
條件之一：
一、參加國內金融訓練機構舉辦之
　　衍生性商品及風險管理課程時
　　數達六十小時以上且取得合格
　　證書，課程內容須包括外匯衍生
　　性商品交易理論與實務、相關
　　法規、會計處理及風險管理。
二、在國內外金融機構相關外匯衍
　　生性商品業務實習一年。
三、曾在國內外金融機構有半年以
　　上外匯衍生性商品業務之實際
　　經驗。
辦理外匯衍生性商品推介工作之經
辦及相關管理人員，須具備下列資
格條件之一：
一、具備前項資格條件之一。
二、通過國內金融訓練機構舉辦之
　　結構型商品銷售人員資格測驗
　　並取得合格證書。
三、通過國內金融訓練機構舉辦之
　　衍生性金融商品銷售人員資格
　　測驗並取得合格證書。
辦理外匯衍生性商品業務之交易、
行銷業務、風險管理、交割、會計
之經辦及相關管理人員、法令遵循

人員、稽核人員,及外匯衍生性商品推介之經辦及相關管理人員,每年應參加衍生性商品教育訓練課程時數達六小時以上;其中參加國內金融訓練機構舉辦之衍生性商品相關法規或缺失案例課程,不得低於應達訓練時數之二分之一。

指定銀行辦理外匯衍生性商品業務之人員應具專業能力,並應訂定專業資格條件及訓練制度。

第15條 指定銀行經由國內結算機構辦理外幣清算業務,應向本行申請許可為外幣清算銀行。

指定銀行為前項之申請時,應於本行所定期限內,檢附下列證明文件及說明,由本行審酌後,擇優許可一家銀行辦理:

一、辦理外幣清算業務之營業計畫書。

二、會計師最近一期查核簽證之財務報告。

三、其他有利於辦理外幣清算業務之說明。

前項期限,由本行另行通告。

經本行許可之外幣清算銀行,其辦理外幣清算業務得具有自該業務開辦日起五年之專營期。

第16條 指定銀行兼營信託業辦理新臺幣或外幣特定金錢信託投資外幣有價證券業務者,應檢附下列文件向本行申請許可:

一、主管機關核准文件。

二、本國銀行及農業金庫董事會決議辦理本項業務議事錄或外國銀行總行(或區域總部)授權書。

三、法規遵循聲明書。

四、款項收付幣別及結匯流程說明。

五、其他本行要求之文件。

第17條 指定銀行兼營信託業辦理外幣計價之信託資金集合管理運用帳戶業務或於境內募集發行外幣計價之共同信託基金業務者,應於首次設置或募集發行前檢附下列文件向本行申請許可:

一、主管機關核准文件,但設置外幣計價信託資金集合管理運用帳戶且限境外結構型商品管理規則所稱之專業投資人委託投資(應於申請函文敘明)或募集發行外幣計價共同信託基金者免附。

二、首次設置外幣計價集合管理運用帳戶之管理及運用計畫或首檔共同信託基金募集發行計畫書。

三、本國銀行及農業金庫董事會決議辦理本項業務議事錄或外國銀行總行(或區域總部)授權書。

四、法規遵循聲明書。

五、其他本行要求之文件。

指定銀行辦理前項業務經本行許可後,嗣後無須再逐案向本行申請許可。

第17-1條 指定銀行兼營信託業辦理前二條以外之外幣信託業務,應檢附下列文件向本行申請許可:

一、主管機關核准文件或符合信託業營運範圍受益權轉讓限制風險揭露及行銷訂約管理辦法第五條規定之相關證明文件。

二、作業說明（申請辦理各種類之外幣金錢信託及外幣有價證券信託者免附），內容應包括下列各目：

(一) 業務名稱（依信託業法第十六條及信託業法施行細則第六條至第八條標明業務項目及分類）。

(二) 業務簡介。

(三) 作業流程。

(四) 款項收付說明。

三、本國銀行及農業金庫董事會決議辦理本項業務議事錄或外國銀行總行（或區域總部）授權書。

四、法規遵循聲明書。

五、其他本行要求之文件。

第18條　指定銀行設置自動化服務設備受理顧客辦理外匯業務，應符合主管機關所定有關自動化服務設備得提供之服務項目，以及相關作業安全控管規範，並於提供各項外匯服務項目前檢附作業說明及敘明自動化服務設備所隸屬之單位名稱及設置地點，函報本行備查。

嗣後作業說明若有涉及匯率適用原則及揭露方式、外匯申報方式之變動，或縮減提供之外匯服務項目者，應於變動前函報本行備查。

指定銀行嗣後增設或裁撤自動化服務設備辦理外匯業務，僅須備文敘明自動化服務設備所隸屬之單位名稱及設置或裁撤地點，於設置或裁撤後一週內函知本行。

第19條　指定銀行及中華郵政公司受理顧客透過電子或通訊設備辦理外匯業務，應符合金融監督管理委員會（以下簡稱金管會）所定有關銀行得辦理之電子銀行業務範圍，並向本行申請許可。但其受理範圍符合本行規定者，得逕行辦理或函報本行備查。

指定銀行及中華郵政公司依前項規定向本行申請許可時，應檢附下列書件：

一、作業說明。

二、匯款性質分類項目。

三、總機構法令遵循主管、總稽核及資訊部門最高主管聲明書。

四、防範顧客以化整為零方式規避法規義務之管控措施。但未涉及新臺幣結匯者，免附。

指定銀行依第一項規定向本行函報備查時，應檢附前項書件及銀行系統辦理外匯業務作業流程自行模擬測試報告。

指定銀行及中華郵政公司辦理第一項業務，應遵循下列規定：

一、其系統應具備檢核匯款分類之功能，以及控管人民幣兌換或匯款至大陸地區規定之機制。

二、提供顧客依外匯收支或交易申報辦法（以下簡稱申報辦法）

第十條第一項規定利用網際網路辦理新臺幣結匯申報者，其系統應於向本行申請許可或函報備查前通過本行外匯資料處理系統連結測試。

三、其他本行為妥善管理第一項業務所為之規定。

純網路銀行受理顧客透過電子或通訊設備辦理新臺幣結匯金額達等值新臺幣五十萬元以上之交易，應提供申報義務人依申報辦法第十條第一項規定利用網際網路辦理新臺幣結匯申報。

第一項得向本行函報備查或逕行辦理之規定及第四項第三款之其他規定，由本行另定之。

第20條 指定銀行於非共同營業時間辦理外匯業務，應檢附相關作業說明（含劃分相關交易列報營業當日或次營業日「交易日報」及「外匯部位日報表」等報表之時點）向本行申請許可；業務項目若有變動時，亦同。

指定銀行經本行為前項許可後，所屬指定分行依其作業說明辦理前項外匯業務者，無須再逐案申請許可。

第21條 指定銀行以國內自設外匯作業中心處理相關外匯作業時，應於開辦後一週內檢附相關作業說明、作業流程及經辦與覆核人員資歷，函報本行備查；以其他方式委託代為處理外匯相關後勤作業，應檢附委外作業計畫書向本行申請，於申請書件送達本行之次日起十五日內，本行無不同意之表示者，即可逕行辦理。

第22條 指定銀行發行外匯金融債券，應於發行後一週內檢附主管機關之核准（備）文件及相關說明（含發行日期、金額、發行條件、發行地區或國家及資金運用計畫等），函報本行備查。但依發行人募集與發行海外有價證券處理準則規定，於境外發行外匯轉換金融債券、外匯交換金融債券或其他涉及股權之外匯金融債券者，其申請程序依該準則規定辦理。

第23條 非指定銀行之銀行業，申請許可辦理買賣外幣現鈔及旅行支票業務，應依下列規定辦理：

一、本國銀行及其分行應由總行、外國銀行應由臺北分行備文，並檢附營業執照影本（或主管機關核准設立許可函影本）及經辦與覆核人員資歷。

二、信用合作社（總社或其分社）應由其總社備文，並檢附信用合作社營業執照影本、經辦與覆核人員資歷、前一會計年度決算後之資產負債表與綜合損益表及最近一年內有無違反金融法規受處分情形之相關文件。

三、農（漁）會信用部及其分部，應由農（漁）會備文，並檢附許可證影本及經辦與覆核人員資歷，經行政院農業委員會審查核可後，函轉本行許可。

四、中華郵政公司及其所屬郵局，
　　應由總公司備文，檢附金管會
　　核准函影本（九十二年一月一
　　日以後成立者）及經辦與覆核
　　人員資歷。
前項業務之經辦及覆核人員資格，
準用第十一條第二項規定。
中華郵政公司及其所屬郵局辦理一般
匯出及匯入匯款業務之許可程序，準
用第一項第四款規定；其經辦及覆核
人員資格，準用第十一條第一項規定。

第24條 依第九條、第十條、前條第
　一項及第三項規定，經許可辦理外
　匯業務之銀行業，其地址或名稱有
　變動時，應分別於實行日前後二週
　內，檢附下列文件向本行申請換發
　指定證書或函報備查：
　一、中華郵政公司及其所屬郵局：
　　　金管會核准函或總公司核准函
　　　影本；其為地址變動者，並應
　　　檢附經辦及覆核人員資歷。
　二、前款以外之銀行業：主管機關核
　　　准文件、換發之營業執照或許可
　　　證影本；其為地址變動者，並應
　　　檢附經辦及覆核人員資歷。
經許可辦理外匯業務之銀行業裁撤、
終止辦理部分或全部外匯業務時，應
於裁撤或終止後一週內向本行繳回或
換發指定證書或函報備查。

第25條 非指定銀行之銀行業於非共
　同營業時間辦理經本行許可之買賣
　外幣現鈔及旅行支票業務，無須向
　本行申請許可。

第二十條之規定，於中華郵政公司在
非共同營業時間辦理經本行許可之一
般匯出及匯入匯款業務，準用之。

第26條 銀行業申請許可或函報備查
　辦理外匯業務時，所送各項書件不
　完備或應記載事項不完整，經通知
　限期補正，仍未補正者，本行得退
　回其申請或函報案件。

第27條 銀行業申請許可辦理外匯業
　務，經審查有下列情形之一者，本
　行得駁回其申請：
　一、申請資格不符規定或檢附不實
　　　之文件。
　二、未依規定輔導申報義務人填報
　　　外匯收支或交易申報書（以下
　　　簡稱申報書）。
　三、所掣發相關單據及報表填報錯
　　　誤率偏高。
　四、最近一年曾有違反本辦法或相
　　　關規定，且情節重大；或經本
　　　行限期改正，屆期仍未改正。
　五、其他事實足認有礙業務健全經
　　　營或未能符合金融政策要求之
　　　虞。
銀行業函報備查辦理外匯業務時，
若檢附不實之文件，或該業務依規
定非屬得函報備查者，本行除不
予備查外，並得按情節輕重，為警
告、命其改善、停止一定期間辦理
特定外匯業務，或令其不得以函報
備查方式開辦依本辦法規定得函報
備查之外匯業務。

第**28**條　銀行業辦理外匯業務，有下列情事之一者，本行得按情節輕重，命其於一定期間內停辦、廢止或撤銷許可內容之一部或全部，或停止其於一定期間內申請新種外匯業務或新增分支機構辦理外匯業務：

一、發給指定證書或許可函後六個月內未開辦。但有正當理由申請延期，經本行同意，得延長三個月，並以一次為限。

二、違反本辦法規定且情節重大；或經本行限期改正，屆期仍未改正。

三、經本行許可辦理各項外匯業務後，經發覺原檢附書件內容有虛偽不實情事，且情節重大。

四、有停業、解散或破產情事。

五、其他事實足認有礙業務健全經營或未能符合金融政策要求之虞。

銀行業經依前項規定廢止或撤銷許可者，應於接獲處分之日起七日內繳回指定證書或許可函；逾期未繳回者，由本行註銷之。

銀行業經本行或相關主管機關命其於一定期間內停辦或停止申辦外匯業務，於停止期間尚未屆滿或未提報適當之具體改善措施，或提報之改善措施未獲主管機關認可前，不得以函報備查方式開辦依本辦法規定得函報備查之外匯業務。

第三章　外匯業務之經營

第**29**條　銀行業辦理各項外匯業務，應先確認顧客身分或基本登記資料及憑辦文件符合規定後，方得受理。

銀行業辦理外匯業務涉及之確認顧客身分、紀錄保存、一定金額以上通貨交易申報及疑似洗錢或資恐交易申報，應依洗錢防制法及相關規定辦理；對經資恐防制法指定對象之財物或財產上利益及其所在地之通報，應依資恐防制法及相關規定辦理。

第**30**條　指定銀行得於其經本行許可之外匯業務範圍內，接受同一銀行國際金融業務分行委託代為處理國際金融業務分行業務；其受託處理業務應依國際金融業務條例、國際金融業務條例施行細則及其他有關規定辦理。

第**31**條　指定銀行辦理涉及新臺幣匯率之外匯衍生性商品業務，應依下列規定辦理：

一、新臺幣與外幣間遠期外匯交易（DF）：(一)以有實際外匯收支需要者為限，同筆外匯收支需要不得重複簽約。(二)與顧客訂約及交割時，均應查核其相關實際外匯收支需要之交易文件，或主管機關核准文件。(三)期限：依實際外匯收支需要訂定。(四)展期時應依當時市場匯率重訂價格，不得依原價格展期。

二、新臺幣與外幣間換匯交易（FX SWAP）：(一)換匯交易係指同時辦理兩筆相等金額、不同方向及不同到期日之外匯交易。**(二)承作對象及文件：國內法人無須檢附文件；對國外法人及自然人應查驗主管機關核准文件。(三)換匯交易結匯時，應查驗顧客是否依申報辦法填報申報書，其「外匯收支或交易性質」是否依照實際匯款性質填寫及註明「換匯交易」，並於外匯水單上註明本行外匯局訂定之「匯款分類及編號」，連同申報書填報「交易日報」。**(四)本項交易得不計入申報辦法第四條第一項第三款所訂之當年累積結匯金額。(五)展期時應依當時市場匯率重訂價格，不得依原價格展期。

三、無本金交割新臺幣遠期外匯交易（NDF）：(一)承作對象以國內指定銀行及指定銀行本身之海外分行、總（母）行及其分行為限。(二)契約形式、內容及帳務處理應與遠期外匯交易有所區隔。(三)承作本項交易不得展期、不得提前解約。(四)到期結清時，一律採現金差價交割。(五)不得以保證金交易（Margin Trading）槓桿方式為之。(六)非經本行許可，不得與其他衍生性商品、新臺幣或外幣本金或其他業務、產品組合。(七)無本金交割新臺幣遠期外匯交易，每筆金額達五百萬美元以上者，應立即電告本行外匯局。

四、新臺幣匯率選擇權交易：(一)承作對象以國內外法人為限。(二)到期履約時得以差額或總額交割，且應於契約中訂明。(三)權利金及履約交割之幣別，得以所承作交易之外幣或新臺幣為之，且應於契約中訂明。(四)僅得辦理陽春型（Plain Vanilla）選擇權。且非經本行許可，不得就本項業務自行組合或與其他衍生性商品、新臺幣或外幣本金或其他業務、產品組合。

五、新臺幣與外幣間換匯換利交易（CCS）：(一)承作對象以國內外法人為限。(二)辦理期初及期末皆交換本金之新臺幣與外幣間換匯換利交易，國內法人無須檢附交易文件，其本金及利息於交割時得不計入申報辦法第四條第一項第三款所訂之當年累積結匯金額。(三)其他類型之新臺幣與外幣間換匯換利交易，承作時須要求顧客檢附實需證明文件，且交割金額應計入申報辦法第四條第一項第三款所訂之當年累積結匯金額，但其外匯收支或交易性質為出、進口貨款、提供服務或經有關主管機關核准者，

得不計入上述當年累積結匯金額。(四)辦理本款交易，於顧客結匯時應查驗是否依申報辦法填報申報書，其「外匯收支或交易性質」是否依照實際匯款性質填寫，及註明「換匯換利交易」。並於外匯水單上註明本行外匯局訂定之「匯款分類及編號」，連同申報書填報「交易日報」。(五)未來各期所交換之本金或利息視為遠期外匯，訂約時應填報遠期外匯日報表。

第32條 指定銀行辦理未涉及新臺幣匯率之外匯衍生性商品，應依下列規定辦理：

一、外幣保證金交易業務：(一)不得以外幣貸款為之。(二)非經本行許可不得代客操作或以「聯名帳戶」方式辦理本款交易。相關代客操作管理規範由本行另訂之。(三)不得收受以非本人所有之定存或其他擔保品設定質權作為外幣保證金。

二、辦理外幣間遠期外匯及換匯交易，展期時應依當時市場匯率重訂展期價格，不得依原價格展期。

三、辦理外幣間換匯交易及換匯換利交易，交割時應於其他交易憑證上註明適當之「匯款分類及編號」填報「交易日報」。

四、外匯信用違約交換交易（Credit Default Swap）及外匯信用違約選擇權交易（Credit Default Option）：(一)承作對象以屬法人之專業客戶為限。(二)對象如為國內顧客者，除其主管機關規定得承作信用衍生性商品且為信用風險承擔者外，僅得承作顧客為信用風險買方之外匯信用衍生性商品。(三)國內顧客如為信用風險承擔者，合約信用實體應符合其主管機關所訂規範，且不得為大陸地區之政府、公司及其直接或間接持有股權達百分之三十以上之公司。(四)指定銀行本身如為信用風險承擔者，且合約信用實體為利害關係人，其交易條件不得優於其他同類對象，並應依相關銀行法令規定辦理。(五)本款商品組合為結構型商品辦理者，承作對象以屬專業機構投資人及國外法人之專業客戶為限。

五、辦理外匯衍生性商品組合式契約或結構型商品，應符合各單項商品及連結標的之相關限制及規定。

六、原屬自行辦理之外匯衍生性商品，不得改以提供境外衍生性金融商品之資訊及諮詢服務方式辦理。

指定銀行辦理未涉及新臺幣匯率之外匯衍生性商品，除本行另有規定

者外，**不得連結下列標的：**
一、**資產證券化相關之證券或商品。**
二、**未公開上市之大陸地區個股、**
　　股價指數或指數股票型基金。
三、**國內外私募之有價證券。**
四、**國內證券投資信託事業於海外**
　　發行且未於證券市場掛牌交易
　　之受益憑證。
五、**國內外機構編製之臺股指數及**
　　其相關金融商品。但由證券櫃
　　檯買賣中心或證券交易所編製
　　或合作編製者，不在此限。

第33條 本行對指定銀行辦理尚未開
放之外匯衍生性商品，於必要時得於
許可函中另行訂定辦理該項商品應遵
循事項，或授權財團法人臺北外匯市
場發展基金會（以下簡稱基金會）洽
商中華民國銀行商業同業公會全國聯
合會（以下簡稱銀行公會）後，就該
項商品承作條件、範圍及其他有關業
務之處理事項訂定規範，並報本行核
定；修正時，亦同。
指定銀行辦理外匯衍生性商品業
務，除依本辦法規定外，並應依其
他相關規定及前項規範辦理。

第34條 指定銀行辦理外匯存款業
務，應參照國際慣例自行訂定並公
告最低存款利率。未公告存款天期
之利率，指定銀行得參酌相近天期
之公告利率與顧客議定。採議定利
率者應於公告中告知。

前項公告應於營業廳揭示，並於公
開之網站或其他足使公眾知悉之方
式揭露。

第35條 指定銀行設置自動化服務設
備，應限制每帳戶每日累積提領外
幣金額，以等值一萬美元為限。

第36條 指定銀行發行外幣可轉讓定
期存單，應以無實體方式為之，相
關應遵循事項、辦理方式及報送報
表，由本行另定之。

第37條 銀行業與顧客之外匯交易買
賣匯率，由各銀行業自行訂定。
每筆交易金額在一萬美元以下涉及新
臺幣之匯率，應於每營業日上午九時
三十分以前，在營業場所揭示。

第38條 辦理買賣外幣現鈔之銀行
業，應依牌告價格收兌外幣現鈔，
並加強偽鈔辨識能力，若發現偽造
外國幣券，應確實依偽造變造外國
幣券處理辦法辦理。

第39條 經本行許可之外幣清算銀行辦
理外幣清算業務，應遵循下列規定：
一、營運期間非經本行許可，不得
　　擅自停止辦理；如無法正常運
　　作，或有暫停、終止外幣清算
　　系統之參加單位（以下簡稱參
　　加單位）參與之情事，應立即
　　函報本行。
二、應隨時提供本行所需之有關
　　資訊，並定期將統計報表報
　　送本行。

三、如對所提供之外幣清算服務收取費用，應訂定收費標準，報本行備查；變更時，亦同。

四、與參加單位間之約定事項，應訂定作業要點，報本行備查。對於參加單位因違反與其訂定之契約，致妨害外幣清算系統之順暢運作者，除依契約處置外，並應視其違約情節函報本行。

五、於本行對其業務情形進行檢查、調閱有關資料時，不得拒絕。

六、依參加單位所設質之本行定期存單、中央政府公債或其他擔保品，提供日間透支額度者，應訂定相關作業程序，報本行備查。

七、應與結算機構及參加單位約定支付指令經外幣清算系統完成清算後，不得撤銷。

第40條 指定銀行兼營信託業辦理第十七條及第十七條之一業務，除本行另有規定或經本行另予核准外，應遵循下列事項：

一、信託財產交付、返還及其他相關款項收付，均應以外幣或外幣計價財產為之。

二、受託人相關款項收付，應透過其於指定銀行開立之外幣信託財產專戶為之。

三、信託財產之運用，應符合主管機關規定並以外幣計價商品為限，且不得涉及或連結新臺幣利率或匯率指標。

四、應依本行規定格式報送報表。

第41條 指定銀行發行外匯金融債券，其所募資金應以外幣保留。如需兌換為新臺幣使用，應以換匯交易或換匯換利交易方式辦理；並應依本行規定格式報送報表。

除本行另有規定者外，經本行許可辦理外匯衍生性商品業務之指定銀行，於境內發行外匯金融債券，得連結衍生性商品或為結構型債券。但連結之衍生性商品範圍以第十二條已開放辦理者為限，且不得連結新臺幣匯率、信用事件及第三十二條第二項第一款至第五款之標的。

指定銀行於境外發行外匯轉換金融債券、外匯交換金融債券及其他涉及股權之外匯金融債券，應依銀行發行金融債券辦法、發行人募集與發行海外有價證券處理準則及本行其他規定辦理，不適用第一項規定。

第42條 指定銀行於非共同營業時間辦理外匯業務，應依下列規定辦理：

一、每筆結匯金額以未達新臺幣五十萬元或等值外幣者為限。

二、非共同營業時間辦理之外匯交易，應依其檢送之作業說明或本行之規定，列報於營業當日或次營業日之「交易日報」及「外匯部位日報表」。

前項第一款規定，於非指定銀行之銀行業在非共同營業時間辦理買賣外幣現鈔及旅行支票業務，及中華郵政公

司在非共同營業時間辦理一般匯出及匯入匯款業務時，準用之。

非指定銀行之銀行業於非共同營業時間辦理前項業務所為之交易，應列報於營業當日或次營業日之「交易日報」。

第43條 指定銀行得向外匯市場或本行買入或賣出外匯，亦得在自行訂定額度內持有買超或賣超部位。

指定銀行參與銀行間外匯市場，應遵循基金會洽商銀行公會後，依國際慣例所定並報經本行備查之交易規範。

第44條 指定銀行應自行訂定新臺幣與外幣間交易總部位限額，並檢附董事會同意文件（外國銀行則為總行或區域總部核定之相關文件），報本行外匯局同意後實施。

前項總部位限額中，**無本金交割新臺幣遠期外匯及新臺幣匯率選擇權二者合計之部位限額，不得逾總部位限額五分之一。**

第45條 指定銀行應自行訂定「各幣別交易部位」、「交易員隔夜部位」等各項部位限額，責成各單位確實遵行，並定期辦理稽核。

第46條 指定銀行應將涉及新臺幣之外匯交易按日填報「外匯部位日報表」，於次營業日報送本行外匯局。指定銀行填報之外匯部位，應與其內部帳載之外匯部位相符。

指定銀行應將營業當日外匯部位預估數字，於營業結束後電話通報本行外匯局。

第47條 指定銀行受理顧客新臺幣與外幣間即期外匯、遠期外匯、換匯交易或換匯換利交易及中華郵政公司受理顧客新臺幣與外幣間即期外匯交易達下列金額時，應依第三十一條及申報辦法第五條規定確認交易相關證明文件無誤後，依下列規定將資料傳送至本行外匯資料處理系統：

一、**受理公司、有限合夥、行號結購、結售等值一百萬美元以上（不含跟單方式進、出口貨品結匯），或個人、團體等值五十萬美元以上即期外匯交易，於訂約日立即傳送。**

二、受理顧客結購、結售等值一百萬美元以上之新臺幣與外幣間遠期外匯交易，於訂約日之次營業日中午十二時前傳送。

本國指定銀行就其海外分行經主管機關核准受理境內外法人、境外金融機構及本國指定銀行海外分行之無本金交割新臺幣遠期外匯交易達等值一百萬美元以上時，應於訂約日之次營業日中午十二時前傳送至本行外匯資料處理系統。

第47-1條 銀行業應依下列方式擇一與本行外匯資料處理系統辦理連結，並遵循金融機構使用中央銀行外匯資料處理系統應注意事項：

一、自行開發主機對主機系統者，依據外匯資料處理系統之連線作業跨行規格辦理。

二、使用本行外匯資料申報系統者，應依據外匯資料申報系統軟體使用者手冊辦理，並遵循金融機構使用中央銀行外匯資料申報系統應注意事項。

第 48 條 銀行業報送本辦法規定各種報表時，應檢附相關單證及附件。

本行外匯局於必要時，得要求銀行業填送其他相關報表。

銀行業應報送本行外匯局相關報表時間：

一、指定銀行及中華郵政公司：

　　(一) 日報表：次營業日中午十二時前。

　　(二) 月報表：每月營業終了後十日內。

二、非指定銀行、信用合作社及農（漁）會信用部：買賣外幣現鈔及旅行支票業務交易日報表，於次營業日中午十二時前。

前三項報表之格式、內容、填表說明、報表及檢附資料報送方式，依本行另訂之銀行業辦理外匯業務作業規範及其他有關規定辦理。

第 49 條 為審核銀行業所送報表，必要時得派員查閱其有關帳冊文卷，或要求於期限內據實提出財務報告或其他有關資料。

第四章　人民幣業務之管理

第 50 條 指定銀行向本行申請許可為臺灣地區人民幣清算銀行（以下簡稱人民幣清算行），辦理臺灣地區人民幣結算及清算業務（以下簡稱人民幣清算業務），應取得大陸地區主管機關認可得辦理人民幣之結算及清算，並檢附下列文件：

一、上述認可之相關證明文件。

二、辦理人民幣清算業務之項目、內容及相關風險管理機制（應包括於發生流動性及清償性危機時，其總行承諾妥予協助處理、承擔全部清償性責任及流動性支援）之文件。

人民幣清算行辦理人民幣清算業務，應遵循下列規定，並準用第三十九條規定：

一、訂定與金融機構簽署人民幣清算協議之範本，並事先報本行同意。

二、依前款經同意之協議範本內容，提供有關人民幣之結算及清算服務，並充分供應及妥善回收人民幣現鈔。

三、依本行規定提供簽署人民幣清算協議之金融機構名單及清算業務相關統計資料。

四、於本行參酌前項第一款認可文件所載授權期限所給予之專營期內，辦理人民幣清算業務。

第 51 條 國內、外金融機構，均得與人民幣清算行簽署人民幣清算協

議；其屬國內金融機構者，應以經本行許可得辦理外匯或人民幣業務之銀行業為限。

第52條 銀行業辦理人民幣業務之管理，除應遵循下列規定外，準用本辦法及其他有關外匯業務之規定：

一、除本行另有規定外，應於人民幣清算行開立人民幣清算帳戶，始得辦理人民幣業務；於大陸地區代理銀行（以下簡稱代理行）開立人民幣同業往來帳戶，並將其簽訂之清算協議報本行同意備查者，亦同。

二、承作與跨境貿易相關之人民幣業務，涉及資金進出大陸地區者，應透過人民幣清算行或代理行進行結算及清算。

三、業經本行許可得辦理人民幣現鈔買賣業務者，得逕依本辦法規定辦理人民幣現鈔買賣業務。

四、承作自然人買賣人民幣業務，每人每次買賣現鈔及每日透過帳戶買賣之金額，均不得逾人民幣二萬元。

五、承作於外幣提款機提領人民幣現鈔業務，每人每次提領之金額，不得逾人民幣二萬元。

六、承作自然人匯款人民幣至大陸地區業務，其對象應以領有中華民國國民身分證之個人為限，並應透過人民幣清算行或代理行為之；匯款性質應屬經常項目，且每人每日匯款之金額，不得逾人民幣八萬元。

七、其他本行為妥善管理人民幣業務所為之規定。

第五章　附則

第53條 本辦法有關外國銀行之規定，於經金管會核准在臺灣地區設立之大陸銀行分行準用之。

第54條 銀行業未依本辦法之規定辦理時，本行得依行政執行法之有關規定執行。

第55條 本辦法自發布日施行。

第五章 指定銀行辦理外幣保證金交易代客操作業務管理辦法

修正日期：中華民國93年10月20日

第1條 本辦法依中央銀行法第三十五條第二項及銀行業辦理外匯業務管理辦法第三十七條規定訂定之。

第2條 經中央銀行（以下簡稱本行）許可辦理外匯業務之銀行（以下簡稱指定銀行）辦理外幣保證金交易代客操作業務（以下簡稱代客操作業務），依本辦法之規定；本辦法未規定者，適用其他有關法令之規定。

第3條 本辦法所稱代客操作業務，係指經許可辦理代客操作業務之指定銀行（以下簡稱指定機構），接受顧客（以下簡稱委任人）之委任，基於其投資判斷，於委任人所開立之外幣保證金交易帳戶（以下簡稱交易帳戶）餘額內，為委任人之利益，全權代委任人從事外幣保證金交易之業務。

前項所稱交易帳戶，係指委任人於接受委任之指定機構或其他指定銀行所開立，專供代客操作業務收付、結算之存款帳戶；交易帳戶之開立，應以委任人與帳戶行簽訂之外幣保證金交易契約書為之，同一交易帳戶不得同時作為不同委任操作契約或其他交易收付結算之用。

本辦法所稱帳戶行，係指接受開立交易帳戶之銀行。

法規一點靈

指定銀行辦理外幣保證金交易代客操作業務管理辦法

第4條 指定銀行辦理代客操作業務應符合下列條件，並依第五條規定申請許可：
一、經本行許可辦理外幣保證金交易業務。
二、應於其自有資金管理部門及信託業務專責部門之外，另設代客操作專責單位（以下簡稱專責單位）辦理。

第5條 指定銀行申請辦理代客操作業務，應檢具下列書件，向本行申請許可：
一、營業計畫書。
二、本國銀行董事會決議辦理本項業務之議事錄或外國銀行總行（或區域總部）授權書。
三、法規遵循聲明書。
四、風險預告書。
五、專責單位主管與交易經理人之資歷表。
六、其他本行規定之文件。

前項第一款之營業計畫書，應載明辦理代客操作業務經營原則、風險

管理、作業程式、專責單位與帳戶行間之權責劃分、防火牆機制等內部控制制度，以及營業糾紛之處理方式。

第6條　指定銀行依前條申請許可所檢送之各款書件不完備，經通知限期補正，仍未補正者，本行得退回其申請。

第7條　指定銀行有下列情形之一者，本行得駁回其申請：

一、不符合第四條所規定之條件者。

二、依第五條檢送之各款書件，所載內容不符規定或不確實者。

三、違反辦理外幣保證金交易或其他外匯業務之規定，其情節重大，經本行糾正，屆期仍未改善者。

四、其他有事實顯示有礙業務健全經營之虞，或未能符合金融政策之要求者。

第8條　經許可辦理代客操作業務之指定機構有下列情事之一者，本行得廢止或撤銷其許可：

一、違反本辦法規定，經本行限期改正，仍未改正，其情節重大者。

二、本行於許可後，經發覺原申請事項有虛偽情事，其情節重大者。

三、有停業、解散或破產情事者。

第9條　指定機構辦理代客操作業務，限於承作由個別委任人委任操作，在指定銀行之營業處所經營之外幣間即期外匯買賣、遠期外匯買賣及其他經本行許可之交易，並以交易帳戶餘額為履約之擔保。

第10條　指定機構辦理代客操作業務涉及簽約、開戶、買賣、交割、結算、帳務處理、通知義務、操作報酬與費用、專責單位主管與交易經理人之資格條件、利益衝突之防制、指定機構與帳戶行及委任人間之權利義務關係及其他事項之業務規範，由財團法人臺北外匯市場發展基金會（以下簡稱基金會）洽商中華民國銀行商業同業公會全國聯合會（以下簡稱銀行公會）擬訂，報經本行核定後施行；修正時，亦同。

指定機構辦理代客操作業務，應依前項業務規範為之。

指定機構、帳戶行與其委任人間因代客操作業務或其收付、結算等事項所生糾紛，得於契約中約定向銀行公會申訴或請求調處。

第11條　指定機構辦理代客操作業務前，應與委任人先行簽訂委任操作契約書、風險預告書。指定機構並應取得委任人簽署確認該機構已指派專人詳細說明，以及委任人已有七日以上之期間審閱前段相關文件之聲明書。

前項所定之委任操作契約書、風險預告書及依本辦法簽訂之外幣保證金交易契約書等各項書類範本，由基金會洽商銀行公會擬訂後函報本行核定，修正時，亦同。

第12條 指定機構辦理代客操作業務應盡善良管理人之注意及忠實義務，並應向委任人重申交易帳戶之存款不受存款保險之保障，以及其操作虧損之風險由委任人承擔等事項。

第13條 指定機構辦理代客操作業務，得訂定接受委任之最低限額。

第14條 指定機構、指定機構之董事、監察人及專責單位之經理人、相關業務人員、其他受僱人，辦理代客操作業務應避免利益衝突之發生，除應遵守相關法令規定外，不得有下列行為：

一、為與委任人有利益衝突之第三人從事外幣保證金交易或代客操作業務，以及從事足以損害委任人權益之交易。

二、因故意或重大過失，將受委任之資金與其自有資金或其他委任人交付之資金，為相對委託之交易，或自行與委任人對作，或違反契約、內部作業規範、內部控制等行為。

三、利用委任人之交易帳戶，為自己或委任人以外之第三人從事外幣保證金交易。

四、將委任操作契約之全部或部分之權利，複委任他人或轉讓他人。

五、無正當理由，將已成交之買賣委託，由委任人名義改為自己、帳戶行或委任人以外之其他第三人。反之，亦同。

六、其他經本行禁止從事之行為。

除前項各款之規定外，專責單位之經理人、相關業務人員、其他受僱人均不得為自己從事外幣保證金交易或代客操作業務。

第15條 指定機構從事代客操作業務有違反法令或契約致委任人遭受損失時，應負賠償責任。

第16條 指定機構辦理代客操作業務之宣傳及廣告等相關事宜，應受銀行公會會員自律公約之規範，其有明顯欺騙與誇大不實之情形，銀行公會並得函報本行處理。

第17條 本辦法自發佈日施行。

第7期 衍生性金融商品概論與實務

( ) **1** 銀行已取得辦理衍生性金融商品業務之核准者，除應經核准後始得辦理之商品者外，得開辦各種衍生性金融商品，並於開辦後多少日內檢附相關資料報金管會？ (A)3日 (B)7日 (C)15日 (D)30日。

( ) **2** 指定銀行申辦外幣保證金交易，下列敘述何者錯誤？ (A)不得以外幣貸款為之 (B)未經許可不得代客操作 (C)不得以聯名帳戶方式辦理 (D)得收受非本人所有之定存設質為外幣保證金。

( ) **3** 依主管機關規定，銀行辦理結合存款與衍生性金融商品之結構型商品業務時，下列敘述何者錯誤？ (A)應確實辦理認識客戶（KYC）程序 (B)應完成客戶風險屬性分析 (C)客戶如不願接受風險屬性分析，得免除辦理KYC程序 (D)銀行辦理本項業務，不得以存款名義銷售。

( ) **4** 辦理新臺幣與外幣間換匯（SWAP）交易，下列敘述何者錯誤？ (A)承作對象為國內法人，須檢附文件 (B)換匯交易結匯時，客戶應填寫外匯收支或交易申報書 (C)交易金額得不計入當年累積結匯金額 (D)展期時應依當時市場匯率重訂價格。

( ) **5** 銀行得與下列何種客戶辦理複雜性高風險商品？ (A)專業自然人 (B)一般自然人 (C)避險目的之一般法人 (D)非避險目的之一般法人。

( ) **6** 依「銀行辦理衍生性金融商品自律規範」規定，有關銀行對屬自然人之一般客戶銷售結構型商品，該客戶應具備之資歷，下列敘述何者不符規定？ (A)客戶聲明曾承作或投資保證金交易等商品 (B)客戶曾在該銀行承作衍生性金融商品 (C)客戶曾從事金融證券保險等相關行業 (D)客戶應具大專學歷。

( ) **7** 銀行向主管機關申請辦理衍生性金融商品業務，依規定其申請日上一季底逾放比率應為下列何者？ (A)1%以下 (B)2%以下 (C)3%以下 (D)4%以下。

( ) **8** 下列何者不屬於指定銀行開辦前申請許可類？
(A)首次申請辦理外匯衍生性商品業務
(B)尚未開放或開放未滿半年及與其連結之外匯衍生性商品業務
(C)經金管會核准辦理提供境外衍生性金融商品之資訊及諮詢服務業務
(D)涉及新臺幣匯率之外匯衍生性商品，及其自行組合、與其他衍生性商品、新臺幣或外幣本金或其他業務、產品之再行組合業務。

( ) **9** 指定銀行新臺幣與外幣間交易總部位限額中，無本金交割新臺幣遠期外匯及新臺幣匯率選擇權二者合計之部位限額： (A)不得逾總部位限額二分之一 (B)不得逾總部位限額三分之一 (C)不得逾總部位限額五分之一 (D)不得逾總部位限額十分之一。

( ) **10** 「銀行辦理衍生性金融商品業務內部作業制度及程序管理辦法」明定銀行應有客戶分級管理制度，最近一期經會計師查核或核閱之財務報告淨資產超過新臺幣多少元者，並符合其他法定條件後，得以書面向銀行申請為高淨值投資法人？ (A)1億元 (B)10億元 (C)100億元 (D)200億元。

( ) **11** 下列何者屬於銀行辦理衍生性金融商品業務內部作業制度及程序管理辦法所稱之複雜性高風險商品？ (A)比價期數超過三期且隱含賣出選擇權特性之衍生性金融商品 (B)期貨商品 (C)遠期契約 (D)陽春型選擇權。

( ) **12** 銀行向專業機構投資人及高淨值投資法人以外之客戶，提供非屬結構型商品之衍生性金融商品交易服務，銀行核給或展延客戶交易額度時，應確認核給客戶之高風險衍生性金融商品交易額度，不得超過客戶可驗證往來資力之多少比率？ (A)100% (B)150% (C)200% (D)250%。

（　）**13** 下列何種外匯衍生性商品，指定銀行非經申請許可不得逕行辦理？
(A)新臺幣與美元間遠期外匯交易　(B)換匯交易　(C)以期貨交易
人身分辦理未涉及新臺幣匯率之國內外期貨交易契約　(D)無本金
交割新臺幣遠期外匯交易。

（　）**14** 銀行向屬法人之專業客戶提供結構型商品交易服務前，應辦理風
險揭露之程序為：　(A)應提供風險預告書　(B)應提供風險警語
(C)應提供商品風險說明　(D)得依銀行內部作業程序辦理。

（　）**15** 銀行提供複雜性高風險商品交易，非屬匯率類之非避險目的交易
契約，其比價或結算期數十二期以下（含）者，個別交易損失上
限不得超過平均單期名目本金之：　(A)3倍　(B)3.6倍　(C)6倍
(D)9.6倍。

（　）**16** 依「銀行辦理衍生性金融商品業務內部作業制度及程序管理辦法」
規定，銀行辦理衍生性金融商品業務之交易、交割、推介、風險管
理之經辦及相關管理人員，每年應參加國內金融訓練機構所舉辦或
銀行自行舉辦之衍生性金融商品教育訓練課程時數達多少小時以
上？　(A)6小時　(B)10小時　(C)12小時　(D)20小時。

（　）**17** 依「銀行辦理衍生性金融商品自律規範」規定，有關銀行對屬自然人
之一般客戶提供單項衍生性金融商品，其得交易服務之項目，下列
何者非屬之？　(A)買入轉換／交換公司債資產交換選擇權　(B)賣出
陽春型外幣匯率選擇權　(C)陽春型遠期外匯　(D)外匯保證金交易。

（　）**18** 依「銀行辦理衍生性金融商品自律規範」規定，結構型商品於到
期或依合約條件提前到期時，客戶若可取回原計價幣別本金之多
少比率，係屬保本型結構型商品？　(A)70%　(B)80%　(C)90%
(D)100%。

（　）**19** 金管會依據金融消費者保護法之規定，公告銀行等金融服務業對於
評議委員會所作其應向金融消費者給付一定額度以下金額之評議
決定，應予接受，所稱之一定額度。在衍生性金融商品方面，其
一定額度為新臺幣多少元？　(A)10萬元　(B)50萬元　(C)100萬元
(D)300萬元。

(　　) **20** 銀行辦理股權相關衍生性金融商品業務，因避險目的購入股票、指數型股票基金、持有期貨及選擇權合約，得不計入銀行法第74條之1授權訂定之「商業銀行投資有價證券之種類及限額規定」及銀行以期貨交易人身分辦理期貨交易應符合規定之限額，但仍應受持有每一公司之股份總數，不得超過該公司已發行股份總數多少比率之限制？　(A)1%　(B)3%　(C)5%　(D)10%。

(　　) **21** 銀行擬辦理「開放已滿半年且未涉及新臺幣匯率之外匯衍生性商品」，向中央銀行申辦之程序為何？
(A)得不經申請逕行辦理　　　　　(B)開辦前申請許可
(C)開辦前函報備查　　　　　　　(D)開辦後函報備查。

(　　) **22** 依「銀行辦理衍生性金融商品業務內部作業制度及程序管理辦法」規定，所稱高淨值投資法人應符合之條件，包括最近一期經會計師查核或核閱之財務報告持有有價證券部位或衍生性金融商品投資組合達新臺幣多少元以上？
(A)5億元　　　　　　　　　　　(B)10億元
(C)15億元　　　　　　　　　　　(D)20億元。

(　　) **23** 依「銀行辦理衍生性金融商品業務內部作業制度及程序管理辦法」規定，銀行辦理衍生性金融商品業務，對風險容忍度及業務承作限額，應由下列何單位審定？　(A)董（理）事會　(B)風險控制長　(C)風險管理單位　(D)高階管理階層。

(　　) **24** 指定銀行與國外銀行（如外商銀行香港分行）辦理新臺幣匯率選擇權業務之規範，下列敘述何者錯誤？
(A)得辦理陽春型（Plain Vanilla）選擇權
(B)未經許可得辦理新臺幣匯率選擇權組合式商品
(C)到期履約時得以差額或總額交割，且應於契約中訂明
(D)權利金及履約交割之幣別，得以所承作交易之外幣或新臺幣為之，且應於契約中訂明。

(　　) **25** 下列何種投資人不宜承作雙元貨幣投資商品？　(A)風險追求者　(B)新臺幣定存族　(C)欲提高收益率者　(D)有雙重貨幣需求者。

( ) **26** 依「銀行辦理衍生性金融商品業務內部作業制度及程序管理辦法」
規定,銀行向下列何種客戶進行結構型商品交易後,嗣後銀行與該
客戶進行同類型之結構型商品交易,得經客戶逐次簽署書面同意,
免向客戶宣讀客戶須知之重要內容及以錄音方式保留紀錄?
(A)屬法人之一般客戶
(B)屬自然人之一般客戶
(C)交易額在100萬元以下之自然人客戶
(D)交易額在1,000萬元以下之專業機構投資人。

( ) **27** 銀行辦理新種衍生性金融商品,下列敘述何者錯誤?　(A)應訂定
內部審查作業規範　(B)新種商品之審查小組應包括各相關部門之
權責,並依審查作業規範審查　(C)新種複雜性高風險商品,經審
查小組審查通過後即可辦理　(D)新種複雜性高風險商品,經審查
小組審查後,應提報董(理)事會或常務董(理)事會通過。

( ) **28** 指定銀行辦理未涉及新臺幣匯率之外匯衍生性商品業務,下列何者
得為連結之標的?
(A)未公開上市之大陸地區個股、股價指數或指數股票型基金
(B)資產證券化相關之證券或商品
(C)國內外私募之有價證券
(D)由證券櫃檯買賣中心或證券交易編製或合作編製之涉及台股指
　　數相關金融商品。

( ) **29** 有關衍生性金融商品之敘述,下列敘述何者正確?　(A)結構型商
品所收之本金,得以存款名義銷售　(B)結構型商品所收之本金,
仍須向中央銀行繳交存款準備金　(C)指定銀行辦理新臺幣與外幣
間遠期外匯,應先向中央銀行申請許可　(D)銀行業辦理外匯業務
管理辦法定義之衍生性商品包含結構型債券。

( ) **30** 未涉及新臺幣匯率之外匯衍生性商品,下列敘述何者正確?　(A)得
以外幣貸款方式,提供顧客辦理外幣保證金交易所需保證金　(B)辦
理外匯衍生性商品組合式契約或結構型商品業務,應符合各單項業
務及連結標的之相關限制及規定　(C)原屬自行辦理之外匯衍生性商
品業務,得改以提供境外衍生性金融商品之資訊及諮詢服務方式辦
理　(D)得以聯名帳戶方式辦理外幣保證金交易。

（　）**31** 有關境外結構型商品之敘述，下列何者正確？　(A)境外結構型商品發行機構之分公司，係指經金管會核准設立之外國銀行在臺分行、外國券商在臺分公司或外國保險公司在臺分公司　(B)受託或銷售機構得提供贈品勸誘他人購買境外結構型商品　(C)證券商受託買賣境外結構型商品後，應進行逐案電話訪問，確認客戶已了解相關風險　(D)受託或銷售機構得為境外結構型商品績效之臆測。

（　）**32** 指定銀行辦理外匯衍生性商品業務之交易部門經辦人員，其須具備之資格條件何者正確？　(A)在國內外金融機構相關外匯衍生性商品業務實習半年　(B)通過國內金融訓練機構舉辦之衍生性金融商品銷售人員資格測驗並取得合格證書　(C)參加國內金融訓練機構舉辦之衍生性商品及風險管理課程時數達30小時以上且取得合格證書　(D)參加國內金融訓練機構舉辦之衍生性商品及風險管理課程時數達60小時以上且取得合格證書。

（　）**33** 銀行應定期評估檢討有價證券抵繳期初保證金之標的範圍、評價價值計算方式與折扣比率之妥適性與合理性，至少多久評估檢討一次？　(A)每週　(B)每月　(C)每季　(D)每年。

（　）**34** 依「銀行辦理衍生性金融商品業務內部作業制度及程序管理辦法」規定，銀行向下列何種客戶提供複雜性高風險商品交易服務時，應充分告知該金融商品、服務及契約之重要內容且以錄音或錄影方式保留記錄？　(A)專業機構投資人　(B)一般專業客戶　(C)高淨值投資法人　(D)專業知識、交易經驗及風險承擔能力與銀行相當者。

（　）**35** 依「銀行辦理衍生性金融商品自律規範」規定，銀行提供結構型商品交易服務，如屬下列何類客戶，應揭露資訊及交付程序得依銀行內部作業程序辦理？　(A)所有類別客戶　(B)所有專業客戶　(C)屬法人之一般客戶　(D)屬法人之專業客戶。

（　）**36** 銀行與客戶承作一筆6個月2倍槓桿，每期不計槓桿名目本金為100萬美元，每月比價一次共比價6次之USD/CNH匯率類之複雜性高風險TRF商品，其非避險目的之交易之個別交易損失上限為多少？　(A)1百萬美元　(B)3.6百萬美元　(C)6百萬美元　(D)9百萬美元。

( ) **37** 銀行與客戶承作一筆2年期2倍槓桿，1～12期每期不計槓桿名目本
金為500千美元，13～24期每期不計槓桿名目本金為250千美元，
比價24次之USD/CNH TRF交易，其個別交易損失上限為：
(A)3,000千美元　　　　　　　　(B)3,600千美元
(C)6,000千美元　　　　　　　　(D)9,000千美元。

( ) **38** 市場風險敏感度分析指標不包含下列何者？　(A)Delta　(B)Vega
(C)Theta　(D)Omega。

( ) **39** 若某一個選擇權的Gamma值為0.1，所代表的涵義為何？
(A)當標的上漲1元，該選擇權gamma值約略上漲0.1
(B)當標的上漲1元，該選擇權gamma值約略下跌0.1
(C)當標的上漲1元，該選擇權Delta值約略上漲0.1
(D)當標的下跌1元，該選擇權Delta值約略上漲0.1。

( ) **40** 在國外營運機構淨投資之避險會計下，當處分國外營運機構時，帳
上認列為權益調整項目之累積利益或損失應如何處理？　(A)自其
他綜合損益重分類為損益，作重分類調整　(B)仍舊放在其他綜合
損益項目項下　(C)作為國外營運機構淨投資帳面價值之調整　(D)
重分類至保留盈餘。

( ) **41** X8年1月1日，甲公司以$100,000買入乙公司發行之公司債與可分離
之認股權。經估計公司債與可分離之認股權個別公允價值分別為
$96,000與$5,000，雖然公司債與認股權係同時購入，但買入後可
分離買賣。請問買入時，該認購權證應認列金額為何？
(A)$0　　　　　　　　　　　　(B)$4,000
(C)$4,950　　　　　　　　　　(D)$5,000。

( ) **42** X8年1月1日，乙公司以$2,000,000發行五年期轉換公司債。經估計
公司債與認股權個別公允價值分別為$1,920,000與$100,000，乙公
司應認列金融負債之金額為何？
(A)$1,900,000　　　　　　　　(B)$1,900,990
(C)$1,920,000　　　　　　　　(D)$2,000,000。

（　）**43** X公司向Y銀行購買3個月期名目本金100萬美元兌日圓之匯率選擇權合約，支付權利金1萬美元。有關X公司對上述交易之會計處理，下列敘述何者正確？　(A)初始交易日僅需於表外做備忘分錄即可　(B)初始交易日認列透過損益按公允價值衡量之金融資產　(C)初始交易日認列持有供交易之金融負債　(D)初始交易日認列透過損益按公允價值衡量之金融資產及負債損失。

（　）**44** 甲公司X8年9月30日帳上有面額\$5,000,000的公司債（按面額購入，當日的市場報價為101.10），分類為透過其他綜合損益按公允價值衡量之金融資產，由於預期市場利率將上升，為規避此公司債公允價值下跌的風險，乃於同日賣出6個月後到期的公債期貨，此公債期貨之面額\$5,000,000，當時的市場報價為116.20。假設X8年12月31日公司債的市場報價為99.60，公債期貨的市場報價為114.60，則此項避險屬於：　(A)無效之公允價值避險　(B)有效之公允價值避險　(C)無效之現金流量避險　(D)有效之現金流量避險。

（　）**45** 若一個與日經指數連動的債券設計為其本金償還金額為「面額*（1＋指數成長率），但是如果指數上升幅度超過140%，則該債券視為立即到期，並償還債券面額的120%」，則下列敘述何者錯誤？　(A)此債券結合觸及失效選擇權　(B)當第一年指數漲幅超過40%，則投資人年報酬率為40%　(C)當指數上升幅度低於40%時，此商品為單純股權連動債券　(D)當第三年底指數漲幅才超過40%，則投資人三年平均報酬率將低於7%。

（　）**46** 3年期零息公債價格為86.14，3年期零息公司債價格為84.68，則預期此公司在3年內違約的機率為何？　(A)2.77%　(B)3.77%　(C)4.77%　(D)5.77%。

（　）**47** 投資人的澳幣定存，承作連結美元之雙元貨幣定存，目前AUD/USD=0.9100，在何種轉換匯率之下，所得利率最高？　(A)0.94　(B)0.93　(C)0.92　(D)0.91。

（　）**48** 銀行間報價USD：CHF即期匯率1.1856-66，2個月遠期匯率0.0015-0.0022，若以直接匯率報價法，2個月遠期匯率應為：　(A)1.1871-1.1888　(B)1.1841-1.1844　(C)1.1834-1.1851　(D)1.1871-1.1881。

( ) **49** 何謂「TED spread」？ (A)美國中期政府公債期貨與美國短期政府公債期貨間的利率差距 (B)歐洲美元期貨與美國國庫券期貨間的利率差距 (C)美國長期政府公債期貨與美國13週國庫券期貨間的利率差距 (D)美國一年期定存利率與美國商業本票利率期貨間的利率差距。

( ) **50** 保守型投資人如果看多選擇權的標的資產，則其應該購買的保本型結構債券之架構為： (A)買入零息債券＋買入買權 (B)買入零息債券＋買入賣權 (C)買入零息債券＋賣出買權 (D)買入零息債券＋賣出賣權。

( ) **51** 下列何者是「總報酬交換」（Total Return Swaps）買方之參與交易動機？ (A)創造資產組合 (B)不必付出期初款項就可交易，可享受槓桿效果 (C)不必持有至到期日，而可在短期間內獲得所有的收益 (D)可用此工具放空資產，同時可不用列入資產負債表中。

( ) **52** 根據選擇權評價理論，如果投資人已買入一優利型結構型債券，隨後其連結的選擇權之標的資產波動度越大，則該優利型結構債券的價值應該： (A)越高 (B)越低 (C)不變 (D)無法確定。

( ) **53** 某一檔債券允許發行銀行於債券發行滿一年之後，可以隨時將債券買回，向投資人買回的金額訂為：債券面額×〔1＋4.5%〕。對於發行銀行而言，此債券相當於提供給發行銀行一個： (A)歐式買權 (B)美式買權 (C)歐式賣權 (D)美式賣權。

( ) **54** 買固定利率債券可分解成下列哪三項金融商品組合？ (A)買附下限浮動利率債券，買利率交換及賣利率下限 (B)賣附下限浮動利率債券，賣利率交換及買利率下限 (C)買附下限浮動利率債券，賣利率交換及買利率下限 (D)買附下限浮動利率債券，賣利率交換及賣利率下限。

( ) **55** 若投資人買進一檔「區間計息債券」共300萬元，票面利率5%，計息區間2.0%～3.0%，落入該區間的天數為60天，且該計息期間的總天數共90天，請問該區間計息債券當期利息為何？ (A)10萬元 (B)12萬元 (C)20萬元 (D)4萬元。

( ) **56** 某一檔結構型債券的價值與台股指數連動，其到期支付金額如下列公式：債券面額×〔0.9＋0.5×Max（0,0.12－台股指數報酬率）〕。如果期初台股指數為5,000，到期時台股指數為4,000，債券面額為100，請問，此結構型債券到期時價值為：
(A)$94 　　　　　　　　　 (B)$100
(C)$106 　　　　　　　　　 (D)$112。

( ) **57** 有關選擇權的敘述，下列何者錯誤？　(A)美式選擇權指的是買方可以在到期日前的任一時點要求行使權利　(B)歐式選擇權指的是買方必須在到期日當天要求行使權利　(C)亞洲式選擇權是一種美式選擇權的形式　(D)亞洲式選擇權，買方可以「平均即期價格」做為與履約價格比較後決定是否履行權利的基準。

( ) **58** 有關結合碰觸失效外幣選擇權的雙元組合式商品，下列敘述何者正確？
(A)碰觸匯率越接近轉換匯率，對選擇權的賣方越有利
(B)碰觸匯率越接近轉換匯率，商品收益率將越高
(C)碰觸匯率轉往轉換匯率兩側擴散時，商品收益率越低
(D)一旦履約機制被啟動，投資人的損失有限。

( ) **59** 若有一投資人購買了雙元組合式產品，承作本金為10,000美元，承作天期1個月，總收益率5%，計價貨幣為美元，1個月美元定存2%，連結貨幣為歐元，轉換匯率為1.1100，假設到期匯率為1.1200，請問該投資人可領回多少金額？
(A)100,017美元 　　　　　　 (B)9,911美元
(C)10,042美元 　　　　　　　 (D)10,090美元。

( ) **60** CBOT之美國長天期中央政府公債期貨每口契約10萬美元，最小價格跳動點為1/32（%），請問某投資人於市價105-24買入美國政府長期債券期貨，三個月後並於105-28賣出，其損益狀況為何？
(A)獲利31.25美元 　　　　　　(B)獲利62.5美元
(C)獲利125.0美元 　　　　　　(D)損失125.0美元。

解答與解析 （答案標示為#者，表官方曾公告更正該題答案。）

1 (C)。 根據《銀行辦理衍生性金融商品業務內部作業制度及程序管理辦法》第7條，銀行已取得辦理衍生性金融商品業務之核准者，得開辦各種衍生性金融商品及其商品之組合，並於開辦後十五日內檢附商品特性說明書、法規遵循聲明書及風險預告書報金管會備查。

2 (D)。 根據《銀行業辦理外匯業務管理辦法》第32條，指定銀行辦理未涉及新臺幣匯率之外匯衍生性商品業務，應依下列規定辦理：一、外幣保證金交易業務：(一)不得以外幣貸款為之。(二)非經本行許可不得代客操作或以「聯名帳戶」方式辦理本款交易。(三)不得收受以非本人所有之定存或其他擔保品設定質權作為外幣保證金。

3 (C)。 若客戶如不願接受風險屬性分析，則銀行不得辦理結合存款與衍生性金融商品之結構型商品業務。

4 (A)。 根據《銀行業辦理外匯業務管理辦法》第31條，承作對象為國內法人無須檢附文件；對國外法人及自然人應查驗主管機關核准文件。

5 (C)。 根據《銀行辦理衍生性金融商品業務內部作業制度及程序管理辦法》第25-1條，銀行不得與下列客戶辦理複雜性高風險商品：一、

自然人客戶。二、非避險目的交易且屬法人之一般客戶。

6 (D)。 根據《銀行辦理衍生性金融商品自律規範》第22條，銀行向一般客戶銷售結構型商品，其銷售對象應有衍生性金融商品或結構型商品交易經驗或曾從事金融、證券、保險等相關行業之經歷。

7 (C)。 根據《銀行辦理衍生性金融商品業務內部作業制度及程序管理辦法》第5條，銀行向主管機關申請辦理衍生性金融商品業務，依規定其申請日上一季底逾放比率應為3%以下。

8 (C)。 根據《銀行業辦理外匯業務管理辦法》第12條，一、開辦前申請許可類：(一)尚未開放或開放未滿半年及與其連結之外匯衍生性商品。(二)無本金交割新臺幣遠期外匯交易。(三)涉及新臺幣匯率之外匯衍生性商品。(四)代客操作外幣保證金交易。

9 (C)。 根據《銀行業辦理外匯業務管理辦法》第44條，指定銀行應自行訂定新臺幣與外幣間交易總部位限額，並檢附董事會同意文件（外國銀行則為總行或區域總部核定之相關文件），報本行外匯局同意後實施。
前項總部位限額中，無本金交割新臺幣遠期外匯及新臺幣匯率選擇權

二者合計之部位限額，不得逾總部位限額五分之一。

10 (D)。根據《銀行辦理衍生性金融商品業務內部作業制度及程序管理辦法》第3條，最近一期經會計師查核或核閱之財務報告淨資產超過新臺幣200億元者，並符合其他法定條件後，得以書面向銀行申請為高淨值投資法人。

11 (A)。根據《銀行辦理衍生性金融商品業務內部作業制度及程序管理辦法》第2條，本辦法所稱複雜性高風險商品，係指具有結算或比價期數超過三期且隱含賣出選擇權特性之衍生性金融商品，但不包括：一、前項所稱結構型商品。二、交換契約（Swap）。三、多筆交易一次簽約，客戶可隨時就其中之特定筆數交易辦理解約之一系列陽春型選擇權（Plain vanilla option）或遠期外匯。四、其他經主管機關核定之商品類型。

12 (D)。根據《銀行辦理衍生性金融商品業務內部作業制度及程序管理辦法》第20條第4項規定，銀行核給或展延客戶交易額度，應確認核給客戶之高風險衍生性金融商品交易額度（包括避險額度與非避險額度），不得超過客戶可驗證往來資力之百分之二百五十。（請注意：現行法規內容為：「銀行辦理衍生性金融商品業務內部作業制度及程序管理辦法銀行應參酌前項資訊，審慎衡酌客戶風險承擔能力、

承擔意願及與其他金融機構交易額度後，覈實核給客戶交易額度，以避免客戶整體暴險情形超過其風險承擔能力。銀行核給客戶交易額度之控管機制，由主管機關另定之。」）

13 (D)。根據《銀行業辦理外匯業務管理辦法》第12條，指定銀行經本行許可辦理外匯衍生性商品業務後，得不經申請逕行辦理下列外匯衍生性商品業務：一、遠期外匯交易（不含無本金交割新臺幣遠期外匯交易）。二、換匯交易。三、依規定已得辦理未涉及新臺幣匯率之外匯衍生性商品，連結同一風險標的，透過相同交易契約之再行組合，但不含對專業機構投資人及高淨值投資法人以外之客戶辦理涉及外匯之複雜性高風險商品。四、國內指定銀行間及其與國外銀行間辦理未涉及新臺幣匯率之外匯衍生性商品。五、以期貨交易人身分辦理未涉及新臺幣匯率之國內外期貨交易契約。

14 (D)。根據《銀行辦理衍生性金融商品自律規範》第9條，銀行向一般客戶及屬自然人之專業客戶提供結構型商品交易服務，應提供風險預告書，其內容應包括投資風險警語及商品風險說明。銀行向法人之專業客戶，應揭露資訊及交付程序得依銀行內部作業程序辦理。

15 (C)。根據《銀行辦理衍生性金融商品業務內部作業制度及程序管理辦法》第25-1條，銀行向專業

機構投資人及高淨值投資法人以外客戶提供複雜性高風險商品交易,應遵循下列事項:一、屬匯率類之複雜性高風險商品:……二、前款商品以外之複雜性高風險商品:(一)非避險目的之交易契約,其比價或結算期數十二期以下(含)者,個別交易損失上限不得超過平均單期名目本金之六倍。

16 (C)。 根據《銀行辦理衍生性金融商品業務內部作業制度及程序管理辦法》第19條第3項,銀行辦理衍生性金融商品業務之交易、交割、推介、風險管理之經辦及相關管理人員,每年應參加國內金融訓練機構所舉辦或銀行自行舉辦之衍生性金融商品教育訓練課程時數達十二小時以上;其中參加國內金融訓練機構所舉辦之衍生性金融商品教育訓練課程,不得低於應達訓練時數之二分之一。

17 (B)。 根據《銀行辦理衍生性金融商品自律規範》第21條,銀行對屬自然人之一般客戶提供單項衍生性金融商品(非屬結構型商品之衍生性金融商品)交易服務以外匯保證金交易、陽春型遠期外匯、買入陽春型外幣匯率選擇權及買入轉換/交換公司債資產交換選擇權為限。

18 (D)。 根據《銀行辦理衍生性金融商品自律規範》第22條,銀行向一般客戶提供結構型商品交易服務應區分保本型及不保本型。結構型商品於到期或依合約條件提前到期

時,客戶若可取回原計價幣別本金100%者屬保本型結構型商品。

19 (C)。 根據金管法字第10400555310號主旨:公告修正金融消費者保護法第二十九條第二項之一定額度,並自即日生效。公告事項:銀行業及證券期貨業所提供之下列投資型金融商品或服務,其一定額度為新臺幣一百萬元。(請注意:110年9月17日發文之金管法字第11001948991號公告修正金融消費者保護法第29條第2項之一定額度,並自即日生效。官方公告本題答案為(C)與現行法規不符,應將(C)修正為新臺幣120萬元。)

20 (C)。 金管銀字第09750001570號,銀行辦理股權選擇權、股權交換及股權連結結構型商品業務,其因避險目的持有之股票及指數型股票基金,與被避險商品計價標的相同者,得不計入銀行法第七十四條之一授權訂定之「商業銀行投資有價證券之種類及限額規定」第三條第一項第一款及第三款規定限額,但仍應受第六款「商業銀行投資於每一公司之股票、新股權利證書及債券換股權利證書之股份總數,不得超過該公司已發行股份總數百分之五」限制。

21 (D)。 根據《銀行業辦理外匯業務管理辦法》第12條,指定銀行辦理前項以外之外匯衍生性商品業務,應依下列類別,向本行申請許可或函報備查:三、開辦後函

報備查類：以經許可辦理任一項外匯衍生性商品業務之指定銀行為限：(一)開放已滿半年且未涉及新臺幣匯率之外匯衍生性商品業務。(二)對專業機構投資人及高淨值投資法人辦理尚未開放或開放未滿半年，且未涉及新臺幣匯率之外匯衍生性商品業務，並符合其主管機關相關規定。

22 (B)。根據《銀行辦理衍生性金融商品業務內部作業制度及程序管理辦法》第3條，所稱高淨值投資法人應符合之條件，包括最近一期經會計師查核或核閱之財務報告持有有價證券部位或衍生性金融商品投資組合達新臺幣10億元以上。

23 (A)。根據《銀行辦理衍生性金融商品業務內部作業制度及程序管理辦法》第11條，銀行辦理衍生性金融商品業務，應建立風險管理制度，對於風險之辨識、衡量、監控及報告等程序落實管理，並應遵循下列規定辦理：一、銀行辦理衍生性金融商品，應經適當程序檢核，並由高階管理階層及相關業務主管共同參考訂定風險管理制度。對風險容忍度及業務承作限額，應定期檢討提報董（理）事會審定。

24 (B)。新臺幣匯率選擇權業務：
(1) 承作對象以國內外法人為限。
(2) 到期履約時得以差額或總額交割，且應於契約中訂明。
(3) 權利金及履約交割之幣別，得以所承作交易之外幣或新臺幣為之，且應於契約中訂明。

(4) 僅得辦理陽春型（Plain Vanilla）選擇權。且非經本行許可，不得就本項業務自行組合或與其他衍生性商品、新臺幣或外幣本金或其他業務、產品組合。

25 (B)。雙元貨幣投資商品是結合外幣資金及賣出外幣選擇權之結構型商品，並以賣出選擇權之權利金提高投資收益，為非保本型結構型商品；不適合新臺幣定存族承做。

26 (A)。根據《銀行辦理衍生性金融商品業務內部作業制度及程序管理辦法》第30條，銀行向專業機構投資人及高淨值投資法人以外客戶提供結構型商品交易服務，應進行下列行銷過程控制：五、銀行與屬法人之客戶進行結構型商品交易後，嗣後銀行與該客戶進行同類型之結構型商品交易，得經客戶逐次簽署書面同意，免依第三款規定辦理。

27 (C)。根據《銀行辦理衍生性金融商品業務內部作業制度及程序管理辦法》第11條，銀行辦理衍生性金融商品業務，應建立風險管理制度，對於風險之辨識、衡量、監控及報告等程序落實管理，並應遵循下列規定辦理：四、銀行須訂定新種衍生性金融商品之內部審查作業規範，包括各相關部門之權責，並應由財務會計、法令遵循、風險控管、產品或業務單位等主管人員組成商品審查小組，於辦理新種衍生性金融商品前，商品審查小組應依上開規範審查之。新種複雜性高風險商品，應經

商品審查小組審定後提報董（理）事會或常務董（理）事會通過。

28 **(D)**。根據《銀行業辦理外匯業務管理辦法》第32條，指定銀行辦理未涉及新臺幣匯率之外匯衍生性商品業務，除本行另有規定者外，不得連結下列標的：一、資產證券化相關之證券或商品。二、未公開上市之大陸地區個股、股價指數或指數股票型基金。三、國內外私募之有價證券。四、國內證券投資信託事業於海外發行且未於證券市場掛牌交易之受益憑證。五、國內外機構編製之臺股指數及其相關金融商品。但由證券櫃檯買賣中心或證券交易所編製或合作編製者，不在此限。

29 **(B)**。(A)結構型商品若不保本，不得以存款名義銷售。(C)根據《銀行業辦理外匯業務管理辦法》第12條，指定銀行得不經申請逕行辦理遠期外匯交易（不含無本金交割新臺幣遠期外匯交易）。(D)銀行業辦理外匯業務管理辦法定義之衍生性商品不包含結構型債券。

30 **(B)**。根據《銀行業辦理外匯業務管理辦法》第32條，指定銀行辦理未涉及新臺幣匯率之外匯衍生性商品業務，應依下列規定辦理：一、外幣保證金交易業務：(一)不得以外幣貸款為之。(二)非經本行許可不得代客操作或以「聯名帳戶」方式辦理本款交易。相關代客操作管理規範由本行另訂之。……五、辦理外匯衍生性商品組合式契約或

結構型商品業務，應符合各單項業務及連結標的之相關限制及規定。六、原屬自行辦理之外匯衍生性商品業務，不得改以提供境外衍生性金融商品之資訊及諮詢服務業務方式辦理。

31 **(A)**。根據《境外結構型商品管理規則》第6條，境外結構型商品發行機構應於中華民國境內設有分公司（以下簡稱發行人）。前項所稱分公司以經金融監督管理委員會（以下簡稱本會）核准設立之外國銀行在臺分行、外國證券商在臺分公司或外國保險公司在臺分公司為限。

32 **(D)**。根據《銀行業辦理外匯業務管理辦法》第14條，指定銀行辦理第四條第一項第七款外匯衍生性商品業務之經辦及相關管理人員，應具備下列資格條件之一：一、參加國內金融訓練機構舉辦之衍生性商品及風險管理課程時數達六十小時以上且取得合格證書，課程內容須包括外匯衍生性商品交易理論與實務、相關法規、會計處理及風險管理。二、在國內外金融機構相關外匯衍生性商品業務實習一年。三、曾在國內外金融機構有半年以上外匯衍生性商品業務之實際經驗。

33 **(D)**。銀行應定期評估檢討有價證券抵繳期初保證金之標的範圍、評價價值計算方式與折扣比率之妥適性與合理性，至少每年評估檢討一次。

34 (B)。 根據《銀行辦理衍生性金融商品業務內部作業制度及程序管理辦法》第25條，銀行向專業機構投資人及高淨值投資法人以外客戶提供複雜性高風險商品，應充分告知該金融商品、服務及契約之重要內容，包括交易條件重要內容及揭露相關風險，上該說明及揭露，除以非臨櫃之自動化通路交易或客戶不予同意之情形外，應以錄音或錄影方式保留紀錄。

前項銀行告知內容範圍及錄音或錄影方式，由銀行公會訂定，並報金管會備查。

35 (D)。 根據《銀行辦理衍生性金融商品自律規範》第9條，向一般客戶及屬自然人之專業客戶提供結構型商品交易服務，應提供風險預告書，其內容應包括投資風險警語及商品風險說明。如屬法人之專業客戶，應揭露資訊及交付程序得依銀行內部作業程序辦理。

36 (B)。 根據《銀行辦理衍生性金融商品業務內部作業制度及程序管理辦法》第25-1條第2項第1款，銀行向專業機構投資人及高淨值投資法人以外客戶提供複雜性高風險商品交易，應遵循下列事項：一、屬匯率類之複雜性高風險商品：(一)契約期限不得超過一年。(二)契約比價或結算期數不得超過十二期。(三)非避險目的交易之個別交易損失上限，不得超過平均單期名目本金之三點六倍。→100萬×3.6＝3600萬

37 (B)。 根據《銀行辦理衍生性金融商品業務內部作業制度及程序管理辦法》第25-1條第2項第2款，銀行向專業機構投資人及高淨值投資法人以外客戶提供複雜性高風險商品交易，應遵循下列事項：二、前款商品以外之複雜性高風險商品：(一)非避險目的之交易契約，其比價或結算期數十二期以下（含）者，個別交易損失上限不得超過平均單期名目本金之六倍。(二)非避險目的的交易契約，其比價或結算期數超過十二期者，個別交易損失上限不得超過平均單期名目本金之九點六倍。三、前二款所稱平均單期名目本金為不計槓桿之總名目本金除以期數之金額。

契約總名目本金＝500千美元×12＋250千美元×12＝9,000千美元
個別交易損失上限＝（9,000千美元／24）×9.6倍＝3,600千美元

38 (D)。僅(D)不是，其他指標說明如下：
Delta值：期貨價格變動所引起期權價格的變化幅度。
Theta值：用來測量時間變化對期權理論價值的影響。
Vega值：用來衡量期貨價格的波動率的變化對期權價值的影響。

39 (C)。 Gamma：反映期貨價格對Delta的影響程度，為Delta變化量與期貨價格變化量之比。故，當標的上漲1元，該選擇權Delta值約略上漲0.1；當標的下跌1元，該選擇權Delta值約略下跌0.1。

40 (A)。當處分國外營運機構時，多少金額應自權益重分類至損益作為重分類調整：

(1) 當處分被避險之國外營運機構時，帳列母公司有關避險工具與國外營運機構之外幣換算準備，有多少金額應從母公司合併財務報表之權益重分類至損益。

(2) 合併方法是否會影響決定自權益重分類至損益的金額。

41 (D)。可分離之認股權個別公允價值為$5,000，則應依此認列之。

42 (C)。乙公司發行之與認股權結合之公司債衍生性商品，應以公允平價值衡量；故本題乙公司應認列金融負債之金額為$1,920,000。

43 (B)。X公司購買匯率選擇權合約，並因此支付權利金1萬美元。會計帳上於此交易日即應認列投資為強制透過損益按公允價值衡量之金融資產。

44 (B)。現金流量避險（Cash Flow Hedge）和公平價值避險（Fair Value Hedge）之間是trade-off的取捨關係。現金流量避險讓未來的現金流量固定，公平價值避險則是讓現在與未來的公平價值固定。
又101.10－99.6＝1.5
116.20－114.60＝1.6
故本題屬有效之公允價值避險。

45 (B)。當指數上升幅度超過140%，其償還債券面額為120%，報酬率是20%。

46 (#)。本題官方公告送分。

47 (C)。碰觸匯率越接近轉換匯率，對選擇權的賣方越有利。

48 (A)。1.1856＋0.0015＝1.1871；1.1866＋0.0022＝1.1888

49 (B)。Treasury-Eurodollar Spread，簡稱TED Spread，是市場上借美金給美國政府（以三個月期美國公債為代表）和借美金給銀行（以LIBOR三個月美金利率為代表）的利率差。

50 (A)。題目敘述投資人為保守型，故應買入買權（最差只會損失權利金）；又敘述看多標的資產，故應買入買權。

51 (D)。總報酬交換（Total Return Swaps）是一種由兩方訂立的衍生金融合約。一方為總報酬支付人（Total return payer）、一方為總報酬收受人（Total return receiver）。
成為總報酬交換合約中的收受人的最大動機是使用槓桿，收受人可以不必付出期初款項就可交易、享受槓桿效果。
成為總報酬支付人的最大動機是尋求保障與收入，譬如某法人持有風險資產，但受限於規定，又不能放空該資產，於是它便可以尋求成為總報酬交換合約的總報酬支付人，用此工具放空資產，同時不用列入資產負債表中。

52 (B)。結構型債券若依本金保障程度區分還可以分為「保本型」（Principle Protected）與「優利

型」（Yield Enhanced）兩種。如果投資人已買入一優利型結構型債券，隨後其連結的選擇權之標的資產波動度越大，則該優利型結構債券的價值應該越低。

53 (B)。美式買權可以在契約到期前的任意時點都可以行使，故題幹所述之可隨時買回債券相當於提供給銀行一個美式買權。

54 (D)。固定利率債券＝買附下限浮動利率債券＋賣利率交換＋賣利率下限。

55 (A)。$300 \times 5\% \times 60/90 = 10$ 萬。

56 (C)。$100 \times (0.9 + (0.5 \times (0.12 - (4000 - 5000)/5000)))$

$= 100 \times (0.9 + (0.5 \times (0.12 - (-0.2))))$
$= 100 \times (0.9 + 0.16) = 106$

57 (C)。亞洲式選擇權是一種新奇選擇權。

58 (A)。(B)碰觸匯率越接近轉換匯率，商品收益率將越低。
(C)碰觸匯率轉往轉換匯率兩側擴散時，商品收益率越高。
(D)一旦履約機制被啟動，投資人的損失並無上限。

59 (C)。$10,000 \times 0.05 \times 30/360 = 42$
$10,000 + 42 = 10,042$

60 (C)。$100,000 \times (28-24) \times 1/32(\%)$
$= 125$，獲利125.0美元。

第8期 衍生性金融商品概論與實務

( ) **1** 下列何項衍生性金融商品，不得提供給指定銀行DBU之自然人一般客戶？　(A)雙元貨幣不保本型結構型商品，且比價期間超過一年　(B)外匯保證金交易　(C)陽春型遠期外匯　(D)保本型結構型商品。

( ) **2** 有關衍生性金融商品之敘述，下列敘述何者正確？　(A)結構型商品所收之本金，得以存款名義銷售　(B)結構型商品所收之本金，仍須向中央銀行繳交存款準備金　(C)指定銀行辦理新臺幣與外幣間遠期外匯，應先向中央銀行申請許可　(D)銀行業辦理外匯業務管理辦法定義之衍生商品包含結構型債券。

( ) **3** 依「銀行辦理衍生性金融商品自律規範」規定，產品說明書「重要事項摘要」所包含之事項，未包括下列何者？　(A)商品中文名稱應適當表達其商品特性及風險　(B)該商品對一般客戶銷售之商品風險等級　(C)商品最大可能損失　(D)商品審閱期間。

( ) **4** 銀行訂定衍生性金融商品業務人員之酬金制度及考核原則，應：(A)直接與特定金融商品銷售業績連結　(B)僅納入財務指標　(C)包括是否有客戶紛爭　(D)經監事會通過。

( ) **5** 銀行應定期評估檢討有價證券抵繳期初保證金之標的範圍、評價價值計算方式與折扣比率之妥適性與合理性，至少多久評估檢討一次？　(A)每週　(B)每月　(C)每季　(D)每年。

( ) **6** 殖利率曲線形狀改變的風險歸屬於下列何種風險？　(A)期間結構風險（Term Structures Exposures）　(B)殖利率曲線風險（Yield Curve Exposures）　(C)基差風險（Basis Risk）　(D)匯率風險（Foreign Exchange Risk）。

( ) **7** 有關衍生性金融商品之市場風險控制方式，下列敘述何者錯誤？(A)規定停損限額　(B)規定缺口限額　(C)規定未平倉限額　(D)規定盈餘與資本暴險限額。

（　）　**8** 選擇權的Rho風險是指下列何者？　(A)選擇權標的物變動一單位時，選擇權權利金將會變動的幅度　(B)因選擇權的Delta變動所形成的風險　(C)選擇權標的現貨價格波動程度1%時，選擇權權利金變動的幅度　(D)市場利率變化時，選擇權權利金變動的幅度。

（　）　**9** Vega風險是指選擇權標的物何種變動所造成對選擇權價格的影響？　(A)殖利率　(B)標的物價格　(C)標的物波動度　(D)執行價。

（　）　**10** 有關控制作業風險的步驟，下列敘述何者正確？　(A)執行交易→確認交易→交易核可→辦理交割　(B)執行交易→交易核可→確認交易→辦理交割　(C)執行交易→確認交易→辦理交割→交易文件歸檔備查　(D)執行交易→交易核可→確認交易→交易文件歸檔備查。

（　）　**11** 有關適用避險會計之條件，下列敘述何者錯誤？　(A)避險開始時，對避險關係具有正式指定及書面文件　(B)避險有效性能可靠衡量　(C)避險應高度有效，避險實際結果在75%至135%之間　(D)避險應持續評估，且於財務報導期間內均確定其實際為高度有效。

（　）　**12** 衍生工具於財務報表附註揭露時應包括質性及量化揭露，下列何者非屬質性揭露？　(A)每一類型風險及其如何產生　(B)到期分析　(C)管理風險之目的、政策與程序　(D)用以衡量風險之方法。

（　）　**13** IAS 39針對避險類型分類，包括：　A.公允價值避險　B.現金流量避險　C.國外營運機構淨投資避險，下列何者正確？　(A)僅AB　(B)僅BC　(C)僅AC　(D)ABC。

（　）　**14** 重大使用不可觀察輸入值估計公允價格，屬於下列何種層級之公允價值？　(A)第1級　(B)第2級　(C)第3級　(D)第4級。

（　）　**15** 賣出選擇權交易收取之權利金，在非屬避險之情形下，應認列為下列何種分類？　(A)透過損益按公允價值衡量之金融資產　(B)權益　(C)持有供交易之金融負債　(D)不做任何處理。

（　）　**16** 依IFRS 7金融工具揭露之規定，企業應量化揭露金融工具產生之哪些風險？　(A)僅信用風險、市場風險　(B)僅市場風險、流動性風險　(C)僅流動性風險、信用風險　(D)信用風險、市場風險、流動性風險皆應揭露。

( ) **17** 有關區間計息債券，下列敘述何者錯誤？ (A)區間計息的原理乃是債券結合數位式選擇權 (B)一般設計是當指標利率落入一定區間內該債券才計息 (C)以逐日區間計息為例，每一天結合兩個相同臨界點的數位式選擇權 (D)賣方所收取的權利金是該區間計息債券的固定利率高於普通債券固定利率的幅度。

( ) **18** 結構型商品中的保本型債券，可以視為零息債券與何種商品的組合？ (A)賣出買權 (B)賣出賣權 (C)買進連動標的 (D)買進選擇權。

( ) **19** 優利型外匯結構型產品是透過外幣定期存款與何種匯率選擇權之組合，又，若到期為價內，投資人最可能會遇到下列何種情境？ (A)與買進選擇權之組合、需轉換成另一種貨幣 (B)與賣出選擇權之組合、需轉換成另一種貨幣 (C)與買進選擇權之組合、不用轉換成另一種貨幣 (D)與賣出選擇權之組合、不用轉換成另一種貨幣。

( ) **20** 衍生性金融商品所具有的投機性功能與賭博所具有的共通特性不包括下列何者？ (A)具有遠期交割特性的表外交易（off-balancesheet transaction） (B)具有高度的財務槓桿效果（leverage operation） (C)是一種「零和遊戲」（zero-sum game） (D)完全靠運氣。

( ) **21** 有關認股權證，下列敘述何者錯誤？ (A)個股型權證的標的證券只有單一個股 (B)個股型權證的標的證券可以有二檔個股 (C)組合型權證的標的證券是一籃子的投資組合 (D)指數型權證的標的證券是市場指數。

( ) **22** 依主管機關規定，銀行辦理結合存款與衍生性金融商品之結構型商品業務時，下列敘述何者錯誤？ (A)應確實辦理認識客戶（KYC）程序 (B)應完成客戶風險屬性分析 (C)客戶如不願接受風險屬性分析，得免除辦理KYC程序 (D)銀行辦理本項業務，不得以存款名義銷售。

( ) **23** 金融交換早期是由下列何種金融商品所衍生出來？ (A)平行貸款和銀行間拆款 (B)銀行間拆款和債券附買回 (C)債券附買回和相互擔保貸款 (D)相互擔保貸款和平行貸款。

( ) **24** 證券商與銀行可以利用「資產交換」的方式,將可轉換公司債分解成哪兩大部分? (A)普通公司債和股票買權 (B)普通公司債和股票賣權 (C)可提前贖回公司債和股票買權 (D)可提前贖回公司債和股票賣權。

( ) **25** 何謂「雲霄飛車型交換」? (A)企業融資時搭配「本金遞減交換」,償債時搭配「本金遞增交換」 (B)企業融資時搭配「本金遞增交換」,償債時搭配「本金遞減交換」 (C)企業融資前期搭配「本金遞減交換」,融資後期搭配「本金遞增交換」 (D)企業融資後,償債前期搭配「本金遞減交換」,償債後期搭配「本金遞增交換」。

( ) **26** 下列何者非遠期利率協定的主要特性? (A)改善資產負債表膨脹現象 (B)降低交割風險 (C)表外交易 (D)本金需作實體交割。

( ) **27** 下列何者之交易行為,符合「買賣雙方約定在未來某特定時日,以特定價格買賣特定數量商品」之敘述?
(A)遠期契約(Forward Contracts)
(B)交換契約(Swap Contracts)
(C)選擇權(Option Contracts)
(D)交換選擇權(Swaptions)。

( ) **28** 當資產價格超過履約價格,支付一固定金額的新奇選擇權稱之為何? (A)歐式選擇權 (B)美式選擇權 (C)數位選擇權 (D)亞式選擇權。

( ) **29** 有關交換期貨(Swaps Futures)之敘述,下列何者錯誤? (A)為交換契約 (B)為期貨契約 (C)標的物是利率交換契約 (D)避險功能幾乎與「遠期交換」相同。

( ) **30** 指定銀行辦理未涉及新臺幣匯率之外匯衍生性商品業務,除中央銀行另有規定者外,關於不得連結之標的,下列敘述何者錯誤?
(A)國內外公開募集之有價證券 (B)資產證券化相關之證券或商品
(C)未公開上市之大陸地區個股、股價指數或指數股票型基金 (D)國內證券投資信託事業於海外發行且未於證券市場掛牌交易之受益憑證。

( ) **31** 「銀行辦理衍生性金融商品業務內部作業控制及程序管理辦法」所
稱之衍生性金融商品，不包括下列何者？ (A)匯率選擇權 (B)商
品交換 (C)遠期外匯 (D)境外結構型商品。

( ) **32** 依「銀行辦理衍生性金融商品業務內部作業制度及程序管理辦法」
規定，下列敘述何者錯誤？
(A)對專業機構投資人及高淨值法人以外客戶提供衍生性金融商品
交易服務，不得勸誘客戶以融資方式取得資金以辦理衍生性金
融商品交易，或違反客戶意願核予衍生性金融商品交易額度，
並約定應搭配授信額度動用之情形
(B)核給或展延非屬專業機構投資人之客戶衍生性金融商品額度
時，應請客戶提供與其他金融機構承作衍生性金融商品之額度
或透過聯徵中心查詢
(C)銀行僅於向一般客戶提供非屬結構型商品之衍生性金融商品交
易服務，方應訂定徵提期初保證金機制及追繳保證金機制
(D)銀行核給專業機構投資人及高淨值法人以外客戶之高風險衍生
性金融商品交易額度（包括避險及非避險額度），不得超過客
戶可驗證往來資力之2.5倍。

( ) **33** 指定銀行辦理新臺幣與外幣間遠期外匯業務（DF）應遵循事項，下列
敘述何者錯誤？ (A)雙方得合議約定期限 (B)展期時應依當時市場
匯率重訂價格，不得依原價格展期 (C)以有實際外匯收支需要者為
限，同筆外匯收支需要不得重複簽約 (D)與顧客訂約及交割時，均
應查核其相關實際外匯收支需要之交易文件，或主管機關核准文件。

( ) **34** 辦理新臺幣與外幣間換匯換利（CCS）業務，下列敘述何者錯誤？
(A)承作對象以法人為限 (B)承作對象以自然人為限 (C)未來各
期所交換之本金或利息視為遠期外匯，訂約時應填列遠期外匯日報
表 (D)期初期末不一定交換本金之非標準型CCS，承作時須要求
顧客檢附實需證明文件。

( ) **35** 依主管機關規定，本國金融機構於委託國外金融機構從事組合式商
品避險交易時，應於相關合約中明確要求交易對手在避險操作上應
避免之事項，下列何者非屬之？ (A)避免利益衝突 (B)避免損及
客戶權益 (C)避免交易期限太長 (D)避免影響市場行情。

( ) **36** 銀行向屬自然人之一般客戶提供衍生性金融商品交易服務，下列敘述何者錯誤？ (A)應建立商品適合度政策 (B)不得以存款之名義為之 (C)交易完成後至少應提供產品說明書及風險預告書 (D)風險預告書應充分揭露各種風險，並應將最大風險或損失以粗黑字體標示。

( ) **37** 銀行業辦理外匯業務管理辦法所稱「辦理衍生性金融商品業務之經辦及相關管理人員」不包括下列何者？
(A)中、後台之風險控管、交割與會計等部門
(B)指定銀行總行從事外匯衍生性商品交易之前台部門之經辦
(C)指定銀行總行從事外匯衍生性商品交易之前台部門經辦之直屬主管、副主管
(D)指定銀行總行從事外匯衍生性商品交易行銷之部門之經辦及其直屬主管、副主管。

( ) **38** 關於綜合評估非專業投資人之風險承受程度要素，下列何者錯誤？
(A)年齡 (B)知識 (C)商品理解 (D)宗教信仰。

( ) **39** 銀行提供複雜性高風險商品交易，非屬匯率類之非避險目的之交易契約，其比價或結算期數12期以下（含）者，個別交易損失上限不得超過平均單期名目本金之： (A)3倍 (B)3.6倍 (C)6倍 (D)9.6倍。

( ) **40** 依「銀行辦理衍生性金融商品自律規範」規定，有關銀行對屬自然人之一般客戶提供單項衍生性金融商品（非屬結構型商品之衍生性金融商品），其得交易服務之項目，下列何者非屬之？ (A)買入轉換／交換公司債資產交換選擇權 (B)賣出陽春型外幣匯率選擇權 (C)陽春型遠期外匯 (D)外匯保證金交易。

( ) **41** 有關「Sell EUR call USD put」，下列敘述何者正確？
(A)預期EUR將上漲　　　　　　(B)預期EUR將下跌
(C)預期USD將下跌　　　　　　(D)與匯率的預期無關。

( ) **42** 有關不保本型外幣結構型商品之雙元貨幣產品交易要件，下列何者錯誤？ (A)為賣出選擇權 (B)本金及投資收益皆於商品到期日支付 (C)起息日係投資收益的起算日 (D)連結或相對貨幣等同投資人現有外幣存款的貨幣。

（　）**43** 有關外幣組合式商品，下列敘述何者錯誤？
(A)商品以雙元組合式商品（Dual Currency Deposit）最常見
(B)保本型商品適合低利率的幣別
(C)一般而言投資人往往要求100%保本、投資天期短的商品，使得外幣保本型商品窒礙難行
(D)保本型商品為買入選擇權的架構，投資人唯有在會是走波段的行情時比較有機會獲利。

（　）**44** X公司向Y銀行購買三個月期名目本金100萬美元兌日圓之匯率選擇權合約，支付權利金1萬美元。有關X公司對上述交易之會計處理，下列敘述何者正確？　(A)初始交易日僅需於表外做備忘分錄即可　(B)初始交易日認列透過損益按公允價值衡量之金融資產　(C)初始交易日認列持有供交易之金融負債　(D)初始交易日認列透過損益按公允價值衡量之金融資產及負債損失。

（　）**45** 依會計準則之規定，混合工具發行價格為105元，其中主契約之公允價值為99元，嵌入式衍生工具公允價值無法單獨可靠衡量，則分離嵌入式衍生工具之價值時，金額為何？　(A)0元　(B)5元　(C)6元　(D)無法計算。

（　）**46** 甲、企業本身發行之股票，乙、併購其他公司之承諾，丙、企業持有之衍生性商品，丁、企業投資其他公司之股票。請問依公報規定，前述不能做為被避險標的者，合計有幾項？　(A)1項　(B)2項　(C)3項　(D)4項。

（　）**47** A銀行發行雙元貨幣，其合約及交易內容為：客戶先入本金200萬美元，期間為30日，利率為2.6%，到期時A銀行可選擇以美金，或以1美元兌換122日圓之匯率，以日圓支付本金及利息。下列敘述何者錯誤？　(A)主契約（本金）主要風險標的為利率風險，嵌入式衍生工具（匯率選擇權）主要風險標的為匯率風險　(B)嵌入式衍生工具之經濟特性及風險與主契約之經濟特性及風險並非緊密關聯　(C)若未指定混合工具按公允價值衡量且公允價值變動認列於損益，則本金與匯率選擇權二項應拆解分別列帳　(D)A銀行為匯率選擇權（嵌入式衍生工具）之賣方。

( ) **48** 某一檔債券的利息為每年支付一次，利息支付的金額為根據下列公
式：Max〔5%－3個月LIBOR，0〕，則此債券為下列何者？
(A)固定收益債券　　　　　　　(B)浮動利率債券
(C)反向浮動利率債券　　　　　(D)可轉換債券。

( ) **49** 有關金融期貨與遠期契約之差異，下列敘述何者錯誤？　(A)信用
風險：前者由清算所負擔，後者由買賣雙方負擔　(B)交割方式：
前者為到期前反向平倉，後者為到期時實質交割　(C)交易地點：
前者為交易所，後者為店頭市場　(D)價格形成：前者為議價，後
者為競價。

( ) **50** 有關選擇權的敘述，下列何者錯誤？　(A)美式選擇權係指買方可
以在到期日前的任一時點要求行使權利　(B)歐式選擇權係指買方
必須在到期日當天要求行使權利　(C)亞洲式選擇權是一種美式選
擇權的形式　(D)亞洲式選擇權，買方可以「平均即期價格」做為
與履約價格比較後決定是否履行權利的基準。

( ) **51** 雙元組合式商品，除轉換匯率外尚有碰觸匯率，有關加註碰觸失效
匯率之商品，下列敘述何者錯誤？　(A)匯率一旦達碰觸匯率，選
擇權已失效　(B)交易條件中加註碰觸失效條款有利於選擇權買方
(C)加註碰觸失效條款商品之收益率低於未加註者　(D)碰觸匯率愈
靠近轉換匯率商品收益率愈低。

( ) **52** 假設有最低收益率之保本型外幣結構型商品條件如下，本金＝
USD100,000、30天期美元存款利率＝3%、基期天數＝360天，銀
行手續費用＝0、買入選擇權支出＝USD200，請問此商品最低收益
率為何？　(A)1.20%　(B)1.00%　(C)0.80%　(D)0.60%。

( ) **53** 投資人承作雙元貨幣產品，交易條件如下，承作本金：美元
100,000、計價貨幣為美元、連結貨幣為歐元、轉換匯率為
1.2500、到期匯率如低於1.2500，本金需轉換為歐元，到期匯率為
1.2300，請問投資人本金轉換後的幣別與金額，下列何者正確？
(A)歐元81,300.81　　　　　　(B)歐元80,000.00
(C)美元81,300.81　　　　　　(D)美元80,000.00。

（　）**54** 某券商發行了一個1年期結構型債券，發行價為94%，該債券到期償還金額＝面額×〔1＋95%×Max（0,台灣加權指數年成長率-20%）〕，若投資人購買上述債券，1年後的年報酬率至少會是多少？　(A)6.00%　(B)5.00%　(C)6.38%　(D)5.26%。

（　）**55** 假設目前股價指數為7200，一檔與股價指數連結的半年期優利型結構債券，其發行價格為$94.32。如果到期當天股價指數不超過8000，此債券償還面額為$100，否則償還金額等於$100×（8000／到期股價指數）。若到期時指數為8200，則投資人的年報酬率大約為多少？　(A)0.87%　(B)2.87%　(C)4.87%　(D)6.87%。

（　）**56** 某一投資部位，一天95%的VaR為$2,500，則該投資部位十天99%的VaR約為多少？　(A)9,164元　(B)10,164元　(C)11,164元　(D)12,164元。

（　）**57** 假設某AUD/USD雙元組合式商品（Dual Currency Deposit），交易本金為USD 1,000,000.00，履約價格為0.8750，到期之匯率為0.8700，則投資人期末持有之本金為：
(A)USD 1,000,000.00　　　　　(B)AUD 1,142,857.14
(C)AUD 1,141,552.51　　　　　(D)USD 998,320.20。

（　）**58** 投資人承作保本型組合式商品，其條件如下：計價貨幣美元：1,000,000元，連結貨幣歐元（EUR），轉換匯率：1.3500，目前即期匯率為1.3000，契約期間：90天（一年以360天計），一般90天期美元定存年利率：3%，權利金支出：USD5,000。請問該保本型組合式商品之最低保息年化利率為何？　(A)0.50%　(B)0.75%　(C)1%　(D)1.25%。

（　）**59** 若美國投資人與當地銀行進行利差交換，投資人須付給銀行美元六個月銀行間拆款利率加上利差，而銀行必須付給投資人瑞士法郎六個月銀行間拆款利率。契約本金100萬美元且以美元計價，每半年支付一次。若目前美元六個月銀行間拆款利率5.88%、利差240個基本點，而瑞士法郎六個月銀行間拆款利率9.38%，則六個月後：　(A)銀行必須付給投資人5,500美元　(B)投資人必須付給銀行5,500美元　(C)銀行必須付給投資人4,500美元　(D)投資人必須付給銀行4,500美元。

（　　）**60** 若A公司發行一種浮動利率債券，並向銀行買進「利率上限」（interest rate cap）合約以保護未來利率上漲的風險。已知名目本金是2,000萬元，1年後到期，標的利率是3M TAIBOR，每3個月結算一次，上限利率（cap rate）為3%。假設3個月後，3M TAIBOR為3.2%，則銀行應支付多少的金額給A公司？　(A)0.8萬元　(B)1萬元　(C)1.2萬元　(D)1.3萬元。

![解答與解析] （答案標示為#者，表官方曾公告更正該題答案。）

1 (A)。根據《銀行辦理衍生性金融商品自律規範》第8條，銀行對屬自然人之一般客戶提供單項衍生性金融商品（非屬結構型商品之衍生性金融商品）交易服務以外匯保證金交易、陽春型遠期外匯、買入陽春型外幣匯率選擇權及買入轉換／交換公司債資產交換選擇權為限。

2 (B)。(A)結構型商品若不保本，不得以存款名義銷售。(C)根據《銀行業辦理外匯業務管理辦法》第12條，指定銀行經本行許可辦理外匯衍生性商品業務後，得不經申請逕行辦理遠期外匯交易（不含無本金交割新臺幣遠期外匯交易）。(D)銀行業辦理外匯業務管理辦法定義之衍生性商品不包含結構型債券。

3 (C)。根據《銀行辦理衍生性金融商品自律規範》第6條前條第一款所稱重要事項摘要如下：一、商品中文名稱（不得有保本字樣；名稱應適當表達其商品特性與風險，且應避免使用可能誤導客戶之名稱），若有原文名稱應加註。二、

以顯著字體標示本商品風險等級。三、該商品對一般客戶銷售之商品風險等級，以及是否僅限專業客戶投資。四、商品審閱期間或對無須提供審閱期之商品加註說明。五、客戶應詳閱產品說明書之內容，並應注意商品之風險事項。

4 (C)。根據《銀行辦理衍生性金融商品業務內部作業制度及程序管理辦法》第11條，五、銀行應訂定衍生性金融商品業務人員之酬金制度及考核原則，應避免直接與特定金融商品銷售業績連結，並應納入非財務指標，包括是否有違反相關法令、自律規範或作業規定、稽核缺失、客戶紛爭及確實執行認識客戶作業（KYC）等項目，且應經董（理）事會通過。

5 (D)。《財團法人中華民國證券櫃檯買賣中心證券商辦理衍生性金融商品交易業務應注意事項》第25條規定：「證券商向專業機構投資人及高淨值投資法人以外之客戶提供結構型商品或買入選擇權以外之衍

生性金融商品交易服務，應依下列規定辦理：「……五、每月定期提供客戶交易部位之市價評估資訊。前項第三款所稱徵提或追繳保證金機制，應符合下列規定：

一、向客戶收取保證金，以現金、銀行存款及流動性高之有價證券為限。

二、應訂定內部作業制度與程序，規範客戶得以有價證券抵繳保證金之標的範圍，並訂定各類有價證券抵繳標的之折扣比率與評價價值計算方式。

三、應定期評估檢討有價證券抵繳保證金之標的範圍、評價價值計算方式與折扣比率之妥適性與合理性，至少『每年』評估檢討一次。

四、對於客戶繳存與抵繳之保證金，視為客戶資產，且客戶不得再以所繳存與抵繳之期初保證金設定質權或以任何方式再設定擔保。」

6 **(B)**。殖利率曲線風險（yield curve risk）：殖利率曲線形狀改變的風險，投資人買進債券並持有至到期日，這段期間的年投資報酬率稱為債券殖利率，又稱「到期殖利率」（Yield to maturity，簡稱YTM）。

7 **(C)**。一般金融機構所採行的限額控制方式約可分為盈餘或資本暴險限額、停損限額（Loss Control Limit）、缺口限額（Gap Limit）、交易量限額（VolumeLimit）及選擇權限額（Option Limit）等五種。

8 **(D)**。
(A)Delta：選擇權標的物變動一單位時，選擇權權利金將會變動的幅度。
(B)Gamma：因選擇權的Delta變動所形成的風險。
(C)Vega：選擇權標的現貨價格波動程度1%時，選擇權權利金變動的幅度。
(D)Rho：市場利率變化時，選擇權權利金變動的幅度。

9 **(C)**。Vega：市場波動率的變化造成權利金的變化。

10 **(C)**。控制作業風險的步驟為：執行交易→確認交易→辦理交割→交易文件歸檔備查。

11 **(C)**。企業在避險期間，若避險工具與被避險項目間之公平價值或現金流量之變動能幾乎完全抵銷，且實際抵銷結果在80%至125%之間，則視該避險為高度有效。

12 **(B)**。到期分析屬於量化揭露。

13 **(D)**。IAS 39將避險類型分成：公允價值避險、現金流量避險、國外營運機構淨投資避險。

14 **(C)**。第三等級係指衡量公允價值之投入參數並非根據市場可取得之資料（不可觀察之投入參數，例如：使用歷史波動率之選擇權訂價模型，因歷史波動率並不能代表整體市場參與者對於未來波動率之期望值）。

解答與解析

15 **(C)**。賣出選擇權交易收取之權利金，在非屬避險之情形下，應認列為持有供交易之金融負債。

16 **(D)**。依IFRS 7金融工具揭露之規定，應量化揭露金融工具產生信用風險、市場風險、流動性風險。

17 **(C)**。區間計息債券，需要兩個不同臨界點當區間作。

18 **(D)**。保本型債券：零息債券＋買進選擇權。
優利型債券（非保本）：零息債券＋賣出選擇權。

19 **(B)**。優利型外匯結構型產品＝外幣定期存款＋賣出選擇權；如果到期時為價內，則該賣出之選擇權會被執行，需轉換成另一種貨幣。

20 **(D)**。衍生性商品特性如下：
(1)表外交易（Off-balancesheet Transaction）：由於衍生性商品的交易一般均沒有實體，不影響資產及負債，而且OTC的交易也沒有公平市價可衡量，所以操作衍生性商品之盈虧金額及發生的時點比較難以衡量及認定。所以在美國及在我國都是將金融商品交易，以附註方式表達在財務報表上，這類的交易又被稱為「表外交易」。
(2)槓桿效果（Leverage Operation）：槓桿效果是指交易者只要付出少量的保證金或權利金，就可以操作倍數價值的資產。

(3)零和遊戲：衍生性金融商品的對手間，一方贏取金額、一方損失金額。

21 **(B)**。個股型權證的標的證券只有單一個股。

22 **(C)**。若客戶如不願接受風險屬性分析，則銀行不得辦理結合存款與衍生性金融商品之結構型商品業務。

23 **(D)**。金融交換是由1970年代的「平行貸款」及「相互擔保貸款」（Back to Back Loan）所衍生出來的。

24 **(C)**。可轉換公司債，可透過資產交換（Convertible Bond Asset SWAP, CBAS）的方式轉換為「可提前贖回公司債＋股票買權」。

25 **(B)**。所謂雲霄飛車型交換（Rollercoaster Swaps），係指企業融資時搭配「本金遞增交換」，償債時搭配「本金遞減交換」。企業融資期間內的本金並非一成不變的，像許多專案融資都是分期攤還本金，或者許多債券在發行之初即備有償債基金，所以若搭配貨幣交換，其本金必須隨著降低而非自始至終都固定不變，這種交換本金逐漸減少的金融交換稱為「本金遞減交換」（Amortising Swaps）；換成另外一種狀況，某項專案融資須依工程進度分批撥貸，搭配的貨幣交換的本金就必須逐漸增加，這種特殊的貨幣交換稱之為「本金遞增交換」（Accreting Swaps）。若是融資時搭配「本金遞

增交換」，償債時搭配「本金遞減交換」，則整個交換稱之為「本金先遞增後遞減交換」。

26 **(D)**。遠期利率協定（Forward Rate Agreement, FRA）是指買賣雙方約定一適用於未來開始的一段期間內之固定利率與名目本金的契約，透過此契約，買方可鎖定未來的借款利率，但是買賣雙方並不交換名目本金，僅針對利息差額做結算。

27 **(A)**。遠期合約是現金交易，買方和賣方達成協議在未來的某一特定日期交割一定質量和數量的商品。

28 **(C)**。數位選擇權（Digital Option）指當資產價格超過履約價格，支付一固定金額的新奇選擇權。

29 **(A)**。交換期貨為期貨契約（不是交換契約）標的物。

30 **(A)**。根據《銀行業辦理外匯業務管理辦法》第32條，指定銀行辦理未涉及新臺幣匯率之外匯衍生性商品，除本行另有規定者外，不得連結下列標的：一、資產證券化相關之證券或商品。二、未公開上市之大陸地區個股、股價指數或指數股票型基金。三、國內外私募之有價證券。四、國內證券投資信託事業於海外發行且未於證券市場掛牌交易之受益憑證。五、國內外機構編製之臺股指數及其相關金融商品。但由證券櫃檯買賣中心或證券交易所編製或合作編製者，不在此限。

31 **(D)**。根據《銀行辦理衍生性金融商品業務內部作業制度及程序管理辦法》第2條，本辦法所稱衍生性金融商品係指其價值由利率、匯率、股權、指數、商品、信用事件或其他利益及其組合等所衍生之交易契約及第二項所稱之結構型商品，不含資產證券化商品、結構型債券、可轉（交）換公司債等具有衍生性金融商品性質之國內外有價證券及「境外結構型商品管理規則」所稱之境外結構型商品。

32 **(C)**。根據《銀行辦理衍生性金融商品業務內部作業制度及程序管理辦法》第20條，銀行向專業機構投資人及高淨值投資法人以外客戶提供非屬結構型商品之衍生性金融商品交易服務，應訂定徵提期初保證金機制及追繳保證金機制。

33 **(A)**。根據《銀行業辦理外匯業務管理辦法》第31條，指定銀行辦理涉及新臺幣匯率之外匯衍生性商品業務，應依下列規定辦理：
一、新臺幣與外幣間遠期外匯交易（DF）：(一)以有實際外匯收支需要者為限，同筆外匯收支需要不得重複簽約。(二)與顧客訂約及交割時，均應查核其相關實際外匯收支需要之交易文件，或主管機關核准文件。(三)期限：依實際外匯收支需要訂定。(四)展期時應依當時市場匯率重訂價格，不得依原價格展期。

34 (B)。根據《銀行業辦理外匯業務管理辦法》第31條，辦理新臺幣與外幣間換匯換利（CCS），其承作對象以國內外法人為限。

35 (C)。本國金融機構於委託國外金融機構從事類此商品避險交易時，應於相關合約中明確要求交易對手在避險操作上應避免損及客戶權益、避免利益衝突或影響市場之情事，若未能符合者，應暫不考慮與其進行交易。

36 (C)。交易完成前，至少應提供產品說明書及風險預告書。

37 (A)。「辦理衍生性金融商品業務之經辦及相關管理人員」屬於前台第一線角色，與中後台的風控、交割、會計部門不可重疊職務內容，故不包括。

38 (D)。宗教信仰並非評估非專業投資人之風險承受程度要素。

39 (C)。根據《銀行辦理衍生性金融商品業務內部作業制度及程序管理辦法》第25-1條，銀行向專業機構投資人及高淨值投資法人以外客戶提供複雜性高風險商品交易，應遵循下列事項：一、屬匯率類之複雜性高風險商品：(一)契約期限不得超過一年。(二)契約比價或結算期數不得超過十二期。(三)非避險目的之交易之個別交易損失上限，不得超過平均單期名目本金之三點六倍。二、前款商品以外之複雜性高風險商品：(一)非避險目的之交易契約，其比價或結算期數十二期以下（含）者，個別交易損失上限不得超過平均單期名目本金之六倍。(二)非避險目的交易契約，其比價或結算期數超過十二期者，個別交易損失上限不得超過平均單期名目本金之九點六倍。三、前二款所稱平均單期名目本金為不計槓桿之總名目本金除以期數之金額。

40 (B)。根據《銀行辦理衍生性金融商品自律規範》規定，有關銀行對屬自然人之一般客戶提供單項衍生性金融商品（非屬結構型商品之衍生性金融商品），其得交易服務之項目包括：外匯保證金交易、陽春型遠期外匯、買入陽春型外幣匯率選擇權、買入轉換／交換公司債資產交換選擇權。

41 (B)。Sell EUR call USD put，預期EUR將下跌、USD將上漲。

42 (D)。不保本型外幣結構型商品之雙元貨幣產品，是結合外幣資金及賣出外幣選擇權之結構型商品，並以賣出選擇權之權利金提高投資收益，為非保本型結構型商品。

43 (B)。保本型商品係以定存利息來買入選擇權，若利率過低，則用以買選擇權的金額有限，不易包裝出吸引人的商品。

44 (B)。X公司購買匯率選擇權合約，並因此支付權利金1萬美元。會計帳上於此交易日即應認列投資為強制透過損益按公允價值衡量之金融資產。

45 (C)。混合工具＝主契約＋嵌入式
衍生工具×混合工具發行價格
105元－主契約之公允價值99元
＝嵌入式衍生工具公允價值
故105－99＝6

46 (C)。企業自身之股東權益、採權
益法之長投購買其它企業之承諾不
得做為被避險項目，故甲、乙、丁
不適合。

47 (D)。A銀行有選擇執行與否的權
力，為匯率選擇權（嵌入式衍生工
具）之買方。

48 (C)。浮動利率債券→LIBOR＋X
反向浮動利率債券→LIBOR-X

49 (D)。期貨的價格為買賣雙方於交
易所競價而成，遠期契約因多有
客制化成分存在，故價格是議價
而來。

50 (C)。亞洲式選擇權是一種奇異
（Exotic）選擇權，並非歐式或美
式其中之一。

51 (B)。雙元組合式商品，若交易條
件中加註碰觸失效條款會有利於選
擇權賣方。

52 (D)。$100,000 \times 3\%/30/360＝250$
$250－200＝50$
$(50/100,000) \times (360/30)\%＝0.6\%$

53 (B)。若到期匯率低於轉換匯率，
則需轉換。
故美金100,000/轉換匯率1.25＝歐
元80,000

54 (C)。Max（0，台灣加權指數年成
長率－20％），代表最低為0
該債券到期償還金額最低為＝面額
$\times (1＋95\% \times 0)＝100$
$100－94＝6$
$(6/94)\%＝6.38\%$

55 (D)。$(8000/8200) \times 100＝97.5609$
$97.5609－94.32＝3.2409$
$(3.2409/94.32) \times 2＝6.87\%$
$\downarrow Z＝95\%$

56 (C)。
$(10^{0.5}) \times 2500 \times 2.326/1.645$
$＝11,164$
$\uparrow Z＝99\%$

57 (B)。因到期匯率低於履約價格，
故會履約。
USD 1,000,000/0.875
＝AUD 1,142,857

58 (C)。
利息收入＝美金100萬×3%×90/360
＝美金7,500
權利金支出美金5,000
最低收益率＝（7500－5000）÷
$1,000,000 \times 360/90＝1\%$

59 (A)。240個基點→2.4%
$5.88\%＋2.4\%＝8.28\%$（投資人應
付利率）
$(9.38\%－8.28\%) \times 1,000,000 \times 6/12$
$＝5,500$
故為銀行需支付5,500給投資人

60 (B)。$2000萬 \times (3.2\%－3.0\%)$
$\times 3/12＝1$。

第9期 衍生性金融商品概論與實務

( ) **1** 銀行已取得辦理衍生性金融商品業務之核准者,除應經核准後始得辦理之商品者外,得開辦各種衍生性金融商品,並於開辦後多少日內檢附相關資料報金管會? (A)3日 (B)7日 (C)15日 (D)30日。

( ) **2** 下列何種商品不適用「銀行辦理衍生性金融商品業務內部作業制度及程序管理辦法」? (A)期貨 (B)選擇權 (C)結構型商品 (D)結構型債券。

( ) **3** 銀行向專業機構投資人及高淨值投資法人以外之客戶,提供非屬結構型商品之衍生性金融商品交易服務,銀行核給或展延客戶交易額度時,應確認核給客戶之高風險衍生性金融商品交易額度,不得超過客戶可驗證往來資力之多少比率? (A)100% (B)150% (C)200% (D)250%。

( ) **4** 關於衍生性金融商品部位之評價頻率,其為銀行本身業務需要辦理之避險性交易者,應: (A)至少每週評估一次 (B)至少每月評估一次 (C)應即時評估 (D)應每日以市價評估。

( ) **5** 指定銀行受理個人或團體辦理金額價值多少以上之結購、結售外匯,應於確認交易相關證明文件無誤後,於訂約日立即將相關資料傳送中央銀行外匯局? (A)等值十萬美元 (B)等值五十萬美元 (C)等值一百萬美元 (D)等值新臺幣三千萬元。

( ) **6** 銀行提供複雜性高風險商品交易,匯率類之契約期限不得超過: (A)六個月 (B)一年 (C)兩年 (D)沒有限制。

( ) **7** 結構型產品說明書應記載之重要事項摘要之詳細項目,下列何者錯誤?
(A)商品名稱不得加註原文名稱
(B)商品中文名稱不得有保本字樣
(C)以顯著字體標示本商品風險等級
(D)該商品是否僅限專業客戶投資。

( ) **8** 銀行指定分行擬辦理經中央銀行許可或函報本行備查之外匯衍生性
商品推介業務，其總行向中央銀行申辦之程序為何？ (A)得不經
申請逕行辦理 (B)開辦前申請許可 (C)開辦前函報備查 (D)開
辦後函報備查。

( ) **9** 依「銀行辦理衍生性金融商品自律規範」規定，有關銀行對屬自然
人之一般客戶提供外匯保證金交易之槓桿倍數，下列何者正確？
(A)以一倍為限 (B)以二倍為限 (C)以三倍為限 (D)由各銀行於
評估風險後自行訂定。

( ) **10** 依「銀行辦理衍生性金融商品自律規範」規定，有關銀行對屬自然
人之一般客戶提供不保本型結構型商品業務，本金連結黃金選擇權
之結構型商品，承作時之交易門檻為等值多少美元以上（含）？
(A)1萬美元 (B)3萬美元 (C)4萬美元 (D)5萬美元。

( ) **11** 指定銀行辦理未涉及新臺幣匯率之外匯衍生性商品業務，除中央
銀行另有規定者外，關於不得連結之標的，下列敘述何者錯誤？
(A)國內外公開募集之有價證券 (B)資產證券化相關之證券或商品
(C)未公開上市之大陸地區個股、股價指數或指數股票型基金 (D)
國內證券投資信託事業於海外發行且未於證券市場掛牌交易之受益
憑證。

( ) **12** 有關結構型商品，下列敘述何者錯誤？ (A)不得以存款名義為之
(B)雙元貨幣（DCI）係屬結構型商品的一種 (C)信用結構型商品
之承作對象得為一般客戶 (D)結構型商品，係指固定收益商品或
黃金與衍生性商品之組合契約。

( ) **13** 國際金融業務分行（OBU）辦理衍生性金融商品，下列敘述何者
錯誤？
(A)因國際金融業務條例排除銀行法，故無須遵守「銀行辦理衍生
性金融商品業務內部作業制度及程序管理辦法」
(B)交易對象為中華民國境外客戶
(C)交易對象得為國際金融業務條例第四條第二項所稱之中華民國
境內金融機構
(D)除經主管機關核准外，辦理之商品以未涉及新臺幣者為限。

(　　) **14** 衍生性商品的風險控制可分為質化與量化兩方面，下列何者不屬於質化的控制方式？　(A)交易對手的選擇　(B)內部作業品質　(C)缺口限額　(D)產品標的選擇。

(　　) **15** 投資人購買了一檔由台灣金融機構發行的新臺幣計價連結台灣加權股價指數為標的且天期為3年的100%保本結構型商品，請問下列敘述何者正確？　(A)投資人承擔了外匯風險　(B)產品為100%保本，故投資人未承擔此發行機構的信用風險　(C)投資人承擔此產品中途解約贖回的流動性風險　(D)投資人承擔了金融機構作業風險所產生的損失。

(　　) **16** 某金融機構風險管理部主管欲有效管理市場風險，請問下列何項措施較沒有幫助？　(A)對每位交易員設定停損限額，並要求確實執行停損　(B)在衍生性商品交易前，驗證各項風險參數計算方法的正確性　(C)嚴密監控交易員的暴險金額是否超限　(D)要求在各項交易前先了解交易對手的信用狀況。

(　　) **17** 結算前風險係屬於何種風險？　(A)市場風險　(B)信用風險　(C)流動性風險　(D)作業風險。

(　　) **18** F公司於9月1日與銀行簽約承作利率交換交易，該利率交換合約於9月30日之公允價值為30，於10月31日之公允價值為-10，於11月30日之公允價值為20，於12月31日之公允價值為40，則該利率交換合約於當年度財務報表上之評價金額為何？　(A)評價利益80　(B)評價利益40　(C)評價利益30　(D)評價損失10。

(　　) **19** 銀行出售結構型商品予客戶，該商品為本金連結個股選擇權，則當銀行收到本金時，會計上應列為下列何者？　(A)股票投資　(B)債券投資　(C)備供出售金融資產　(D)金融負債。

(　　) **20** 下列何者不屬於公報規定之避險型態？　(A)公允價值避險　(B)企業併購避險　(C)現金流量避險　(D)國外營運機構淨投資避險。

(　　) **21** 承作雙元組合式商品，投資人於何時得知計價貨幣被轉換成連結貨幣？　(A)交易日　(B)權利金交割日　(C)結算日　(D)到期日。

( )　**22** 下列何者是各類型之選擇權其權利金由低至高的排列順序？
(A)亞洲式、歐式、美式　　　(B)歐式、亞洲式、美式
(C)美式、歐式、亞洲式　　　(D)歐式、美式、亞洲式。

( )　**23** 甲銀行發行以S&P 500股價指數為連結標的之4年期結構商品，票面利率2%，每半年付息一次，到期償還金額公式：面額×〔1＋92.2%×Max（0,8.5%-S&P 500股價指數成長率）〕。到期償還金額公式可以看出，此商品連結的選擇權為：　(A)買權　(B)賣權　(C)放棄權　(D)轉換權。

( )　**24** 保守型投資人如果看多選擇權的標的資產，則其應該購買的保本型結構債券之架構為：　(A)買入零息債券＋買入買權　(B)買入零息債券＋買入賣權　(C)買入零息債券＋賣出買權　(D)買入零息債券＋賣出賣權。

( )　**25** 關於換匯換利（cross-currency swap）與外匯交換（foreign exchange swap, FX swap），下列敘述何者錯誤？　(A)換匯換利是指交易期間雙方相互支付「期初取得貨幣利息」，期末再依原期初互換之本金等額返還　(B)換匯換利交易，因為本金相同，所以進行差額交割　(C)外匯交換是在同一交易日簽訂一筆即期交易與另一筆買賣方向相反的遠期交易　(D)外匯交換交易，在存續期間內無利息的交換。

( )　**26** 以韓國政府信用風險為標的，三年期的信用交換商品報價為32/38，其所代表的意義何者正確？　(A)交易商願意以名目本金的0.32%賣出韓國政府的信用保險　(B)交易商願意以名目本金的0.32-0.38%間議價交易賣出韓國政府的信用保險　(C)交易商願意以名目本金的0.32%買進韓國政府的信用保險　(D)交易商願意以名目本金的0.38%買進韓國政府的信用保險。

( )　**27** 下列何者不在店頭市場（臨櫃）交易？　A.期貨契約　B.遠期契約　C.交換契約　(A)僅A　(B)僅AB　(C)僅BC　(D)ABC。

( )　**28** 下列何者不是利率選擇權之形式？　(A)利率上限契約　(B)利率交換契約　(C)利率下限契約　(D)利率上下限契約。

( ) **29** 反向浮動債券在下列何種情況下能獲利？ (A)利率下跌 (B)利率上漲 (C)利率波動大 (D)利率波動小。

( ) **30** 若一債息連動台灣加權股價指數的債券，其票面利率＝3.5％＋[（付息前一日收盤股價指數-8500點）/10] bp，若付息前一日收盤股價指數為8630時，當期利率會是多少？ (A)3.63％ (B)3.53％ (C)3.51％ (D)3.50％。

( ) **31** 假設目前美元現匯價格為32元新臺幣，6個月期美元和新臺幣之利率為分別2％和3％，則6個月期的遠期匯率為何？ (A)32.0935 (B)32.1584 (C)32.2267 (D)32.281。

( ) **32** 衍生性金融商品比現貨具有優勢之處，不包括下列何者？
(A)交易成本低　　　　　　　　(B)流動性高
(C)放空不易　　　　　　　　　(D)易放空操作。

( ) **33** 下列有關遠期外匯交易之報價方式的敘述何者正確？ (A)銀行同業間和外匯指定銀行對一般出口廠商之報價方式皆以換匯點（swap point）為基礎 (B)銀行同業間和外匯指定銀行對一般出口廠商之報價皆採直接遠匯價格（forward outright rate）方式 (C)銀行同業間之報價方式以換匯點為基礎，而外匯指定銀行對一般出口廠商則採直接遠匯價格方式 (D)銀行同業間之報價方式以直接遠匯價格為基礎，而外匯指定銀行對一般出口廠商則採換匯點方式。

( ) **34** 甲銀行以5元的權利金賣出一檔台積電的歐式買權給投資人，其履約價格為120元，買權到期時，台積電股價為123元，在不考慮貨幣的時間價值下，請問甲銀行在此檔買權的損益為何？
(A)賠2元　　　　　　　　　　(B)賠5元
(C)賺2元　　　　　　　　　　(D)賺5元。

( ) **35** 有關金融期貨之信用風險，下列敘述何者正確？
(A)買方須負擔賣方之信用風險，但賣方不須負擔買方之信用風險
(B)賣方須負擔買方之信用風險，但買方不須負擔賣方之信用風險
(C)買賣雙方皆須負擔對方之信用風險
(D)信用風險由清算所負擔。

( ) **36** 關於信用衍生性商品發展的敘述中，下列何者錯誤？
(A)信用衍生性商品最初的功能，是用來保護或避免信用品質變化的風險
(B)銀行可以透過信用衍生性商品，移轉標的資產的風險，但仍能保留資產
(C)銀行主要透過信用衍生性商品，降低對於客戶的融資額度
(D)提高金融市場效率。

( ) **37** 預期美國聯邦準備理事會將調升存款準備率時，持有大量美元債券型資產的外商銀行若欲快速降低債券存續期間應如何？　(A)買入短天期利率衍生性商品　(B)賣出短天期利率衍生性商品　(C)買入長天期利率衍生性商品　(D)賣出長天期利率衍生性商品。

( ) **38** 有關外匯交換的運用目的，下列敘述何者錯誤？　(A)以部位交易為目的　(B)以外匯匯率調控為目的　(C)以現金流量管理為目的　(D)可以套取無風險利潤。

( ) **39** 如「看升」人民幣，應如何操作？
(A)買入USD Call CNY Put　　(B)買入USD Put CNY Call
(C)賣出USD Put CNY Call　　(D)買入一連串USD Call。

( ) **40** 假設某遠期利率協定之參考利率為7.50%，約定利率為6.50%，訂約金額為$10,000,000，合約期間為90天，每年天數為360，請問在定息日時，利差清算金額為何？（取最接近值）
(A)$23,256　　　　　　　　(B)$24,540
(C)$25,000　　　　　　　　(D)$25,848。

( ) **41** 關於「銀行辦理衍生性金融商品業務內部作業制度及程序管理辦法」所稱之專業客戶，不包括下列何者？
(A)專業機構投資人
(B)高淨值投資法人
(C)最近一期經會計師查核之財務報告總資產超過等值新臺幣五萬元之境外法人
(D)簽訂信託契約之信託業，其委託人為專業客戶之自然人。

( ) **42** 銀行已取得辦理衍生性金融商品業務之核准者,擬開辦下列何種衍生性金融商品及其商品之組合,於申請書件送達金管會之次日起十日內,金管會未表示反對意見者,即可逕行辦理? (A)新種台股股權衍生性金融商品 (B)非新種台股股權衍生性金融商品 (C)第一家銀行申請台股股權衍生性金融商品外之其他涉及從事衍生自國內股價及期貨交易所有關之現貨商品及指數等契約 (D)第一家銀行核准辦理後,其他銀行申請台股股權衍生性金融商品外之其他涉及從事衍生自國內股價及期貨交易所有關之現貨商品及指數等契約。

( ) **43** 依「銀行辦理衍生性金融商品業務內部作業制度及程序管理辦法」規定,下列何者屬複雜性高風險商品之範圍? (A)結構型商品 (B)多筆交易一次簽約之一系列陽春型選擇權 (C)交換契約(Swap) (D)歐式觸及出場遠期合約。

( ) **44** 依「銀行辦理衍生性金融商品自律規範」規定,下列何者僅適用於非避險目的之複雜性高風險商品交易? (A)應每日按市價評估,確實執行徵提保證金或擔保品機制 (B)個別交易設有客戶最大損失上限 (C)應核予最高風險評級 (D)應告知交易條件重要內容及相關風險,並以錄音方式保留紀錄。

( ) **45** 依「銀行辦理衍生性金融商品業務內部作業制度及程序管理辦法」規定,銀行向一般客戶提供結構型商品交易服務,應進行客戶屬性評估,綜合評估其風險承受程度,應評估之客戶因素不包括下列何者? (A)知識 (B)投資經驗 (C)學歷 (D)交易目的。

( ) **46** 銀行辦理複雜性高風險產品,向客戶徵提期初保證金之最低標準,下列敘述何者錯誤?
(A)複雜性高風險商品:不論避險或非避險交易,每筆交易之期初保證金金額,不得低於契約總名目本金之百分之二
(B)商品期限超過一年且隱含賣出選擇權之匯率類衍生性金融商品:不論避險或非避險交易,每筆交易之期初保證金金額,不得低於契約總名目本金之百分之二
(C)銀行向客戶收取期初保證金,以現金、銀行存款及流動性高之有價證券為限
(D)銀行不得接受客戶以銀行無擔保放款所得資金繳存期初保證金。

( )　**47** 依「銀行辦理衍生性金融商品自律規範」規定，有關「結構型商品有直接導致本金損失或超過當初本金損失之虞」的情況，下列敘述何者錯誤？　(A)因利率、匯率、有價證券市價或其他指標之變動　(B)因銀行或他人之業務或財產狀況之變化　(C)因主管機關規定足以影響投資人判斷之重要事項　(D)因投資人對產品認知及瞭解產生之變化。

( )　**48** 銀行之董（理）事會應適時檢討銀行辦理衍生性金融商品業務之經營策略及作業準則，並應評估績效及風險，且除外國銀行在臺分行依總行規定定期辦理檢討者外，應至少多久檢討一次？　(A)每月　(B)每季　(C)每半年　(D)每年。

( )　**49** 選擇權的Delta風險係指下列何者？　(A)選擇權標的物價格變動一單位時，選擇權權利金將會變動的幅度　(B)因選擇權的Delta變動所形成的風險　(C)選擇權標的現貨價格波動程度1%時，選擇權權利金變動的幅度　(D)當到期日逐日逼近時，選擇權權利金降低的幅度。

( )　**50** 關於衍生性金融商品流動性風險，下列敘述何者錯誤？　(A)流動性風險又可分為市場或商品的流動性風險及現金流量風險　(B)造成現金流量風險的主要因素為複雜的評價模式　(C)維持一定水準的高流動性資產，以備不時之需　(D)金融機構本身信用不佳也可能會遭遇到流動性風險。

( )　**51** 銀行與客戶簽訂美元兌新臺幣遠期外匯合約，約定6個月後客戶可以匯率$33買進100萬美元，客戶繳了新臺幣75萬元保證金，如果美元兌台幣匯率升到$34.5，則銀行面對之當期暴險額（current exposure）為何？　(A)新臺幣3,450萬元　(B)新臺幣150萬元　(C)新臺幣75萬元　(D)0。

( )　**52** 利率風險是指因利率變化而引起衍生性商品部位的市場變化，若再加以細分，利率變化的方式上可再區分為三種，請問何謂「基差風險」（Basis Risk）？　(A)因為不同期間利差關係改變而形成的風險　(B)因為不同市場間利差關係改變而形成的風險　(C)因殖利率曲線平行移動形成的風險　(D)殖利率曲線形狀改變形成的風險。

( ) **53** 甲公司於X1年9月1日以$2,000,000取得一透過其他綜合損益按公允價值衡量之債券投資，X1年12月底之公平市價為$2,010,000，X2年4月1日以$2,014,000處分該金融資產。下列敘述何者正確？ (A)X1年度金融資產評價利益為$10,000 (B)X1年度處分投資利益為$10,000 (C)X2年度處分投資利益為$4,000 (D)X2年度處分投資利益為$14,000。

( ) **54** 有關避險會計，下列敘述何者正確？ (A)係以互抵之方式認列避險工具及被避險項目之公允價值變動所產生之損益影響數 (B)避險工具及被避險項目之公允價值變動所產生之損益影響數應各自採總額表達 (C)避險工具之公允價值變動所產生之損益影響數應列入損益科目，而被避險項目之公允價值變動影響數應列入權益科目 (D)避險工具之公允價值變動所產生之損益影響數應列入權益科目，而被避險項目之公允價值變動影響數應列入損益科目。

( ) **55** 關於嵌入式衍生工具之敘述，下列何者正確？ (A)企業於首次成為合約之一方時，應評估嵌入式衍生工具是否須與主契約分離並以衍生工具處理 (B)嵌入式衍生工具與主契約的經濟特性及風險若緊密關聯，仍可拆解入帳 (C)混合工具按透過損益按公允價值衡量者，仍可拆解入帳 (D)每一財務報導日應持續重評估嵌入式衍生工具是否須與主契約分開列帳。

( ) **56** 丙公司於20X1年12月31日，按面額$100,000購入乙公司所發行三年期轉換公司債10張（單位），該公司債票面利率6%，每年底付息，經評估20X1年12月31日認股權之公允價值為$26,243，不含認股權之債券公允價值為$973,757（有效利率為7%），丙公司投資之轉換公司債分類為「透過損益按公允價值衡量之金融資產」。丙公司20X2年12月31日收到利息$60,000後，評估該認股權之公允價值為$30,000，公司債之公允價值為$983,000，全部轉換公司債之公允價值為$1,013,000。則丙公司有關前述轉換公司債投資，於20X2年度綜合損益表之稅前損益中，所認列之損益共若干？ (A)利益$63,757 (B)利益$64,837 (C)利益$71,920 (D)利益$73,000。

( )　**57** 甲公司於20X1年12月10日賣出台指期貨十口，合約價值為指數的200
倍，支付保證金\$2,000,000，當日台股加權股價指數為8,000，20X1
年12月31日台股加權股價指數為7,800，20X2年2月1日平倉時，台股
加權股價指數為7,600，則甲公司於20X1年12月31日應做分錄為：
(A)借記：存出保證金\$400,000
(B)貸記：存入保證金\$400,000
(C)借記：持有供交易金融資產－台指期貨400,000
(D)貸記：持有供交易金融負債－台指期貨400,000。

( )　**58** 以類似資產活絡市場公開報價所決定之公允價值，依據公報規定，
係屬於何層級？
(A)第1級　　　　　　　　　　(B)第2級
(C)第3級　　　　　　　　　　(D)第4級。

( )　**59** 投資雙元組合式商品，存款本金：歐元60萬元，連結美元匯率，轉
換匯率1.4500，結算日匯率1.4400，到期日幣別及金額為何？
(A)EUR 600,000　　　　　　　(B)USD 413,793.10
(C)USD 870,000　　　　　　　(D)USD 864,000。

( )　**60** 一本金為1,000萬之利率交換，每半年交換一次，以5%交換LIBOR＋
1%，如果LIBOR利率是3.8%，此利率交換之現金流量為何？
(A)買方支付賣方20,000　　　　(B)賣方支付買方20,000
(C)買方支付賣方10,000　　　　(D)賣方支付買方10,000。

解答與解析　（答案標示為#者，表官方曾公告更正該題答案。）

1 (C)。根據《銀行辦理衍生性金融
商品業務內部作業制度及程序管理
辦法》第7條，銀行已取得辦理衍
生性金融商品業務之核准者，得開
辦各種衍生性金融商品及其商品之
組合，並於開辦後十五日內檢附商
品特性說明書、法規遵循聲明書及
風險預告書報金管會備查。

2 (D)。根據《銀行辦理衍生性金融
商品業務內部作業制度及程序管理
辦法》第2條，本辦法所稱衍生性
金融商品係指其價值由利率、匯
率、股權、指數、商品、信用事
件或其他利益及其組合等所衍生
之交易契約及第二項所稱之結構型
商品，不含資產證券化商品、結構

型債券、可轉（交）換公司債等具有衍生性金融商品性質之國內外有價證券及「境外結構型商品管理規則」所稱之境外結構型商品。

3 (D)。根據金管銀外字第10600064741號函，銀行核給或展延客戶交易額度，應確認核給客戶之高風險衍生性金融商品交易額度（包括避險額度與非避險額度），不得超過客戶可驗證往來資力之百分之二百五十。

4 (B)。根據《銀行辦理衍生性金融商品業務內部作業制度及程序管理辦法》第11條第3項，衍生性金融商品部位之評價頻率，其為銀行本身業務需要辦理之避險性交易者，應至少每月評估一次。

5 (B)。根據《銀行業辦理外匯業務管理辦法》第47條，指定銀行受理個人或團體辦理金額價值五十萬美元以上之結購、結售外匯，應於確認交易相關證明文件無誤後，於訂約日立即將相關資料傳送中央銀行外匯局。

6 (B)。根據《銀行辦理衍生性金融商品業務內部作業制度及程序管理辦法》第25-1條，銀行向專業機構投資人及高淨值投資法人以外客戶提供複雜性高風險商品交易，應遵循下列事項：一、屬匯率類之複雜性高風險商品：(一)契約期限不得超過一年。(二)契約比價或結算期數不得超過十二期。(三)非避險目的之交易之個別交易損失上限，不得超過平均單期名目本金之三點六倍。

7 (A)。根據《銀行辦理衍生性金融商品自律規範》第6條，產品說明書應記載之重要事項摘要之詳細項目如下：一、商品中文名稱（不得有保本字樣；名稱應適當表達其商品特性與風險，且應避免使用可能誤導客戶之名稱），若有原文名稱應加註。二、以顯著字體標示本商品風險等級。三、該商品對一般客戶銷售之商品風險等級，以及是否僅限專業客戶投資。

8 (C)。根據《銀行業辦理外匯業務管理辦法》第12條第2項第2款，指定銀行辦理前項以外之外匯衍生性商品業務，應依下列類別，向本行申請許可或函報備查：二、開辦前函報備查類：指定銀行總行授權其指定分行辦理經本行許可或函報本行備查之外匯衍生性商品推介業務。

9 (D)。根據《銀行辦理衍生性金融商品自律規範》第21條，銀行對屬自然人之一般客戶提供外匯保證金交易之槓桿倍數，由各銀行於評估風險後自行訂定。

10 (A)。根據《銀行辦理衍生性金融商品自律規範》第24條，銀行對屬自然人之一般客戶提供不保本型結構型商品業務，本金連結黃金選擇權之結構型商品，承作時之交易門檻為等值1萬美元以上。

11 (A)。根據《銀行業辦理外匯業務管理辦法》第32條第2項，指定銀行辦理未涉及新臺幣匯率之外匯衍生性商品，除本行另有規定者外，不得連結下列標的：一、資產證券化相關之證券或商品。二、未公開上市之大陸地區個股、股價指數或指數股票型基金。三、國內外私募之有價證券。四、國內證券投資信託事業於海外發行且未於證券市場掛牌交易之受益憑證。五、國內外機構編製之臺股指數及其相關金融商品。但由證券櫃檯買賣中心或證券交易所編製或合作編製者，不在此限。

12 (C)。信用結構型商品之承作對象僅限於屬專業機構投資人及國外法人之專業客戶。

13 (A)。國際金融業務分行（OBU）辦理衍生性金融商品，須遵守「銀行辦理衍生性金融商品業務內部作業制度及程序管理辦法」。

14 (C)。風險控制可分成質化與量化兩類方法，質化是定性的方式，例如控制交易對手、內部作業品質、產品標的。量化則是定量的方法，例如缺口限額、風險值的評估。

15 (C)。(A)題幹所述之商品為新台幣計價且連結台股，故無外匯風險。(B)產品為100%保本建立在發行機構營運正常的前提下，若其倒閉投資人仍須有信用風險。(D)題幹未提及，且一般作業風險不會由投資人承擔。

16 (D)。了解交易對手的信用狀況可以降低信用風險，但對管理市場風險無益。

17 (B)。結算前風險屬於信用風險，又可區分為現有違約風險及潛在違約風險。

18 (B)。評價金額以會計年度最後一天（我國為12/31）計，故為評價利益40。

19 (D)。銀行因賣出商品而收到本金，但在未來客戶贖回時仍要還給客戶，故為金融負債。

20 (B)。避險類型依規避風險性質，可將避險關係分為：
(1)公允價值避險。
(2)現金流量避險。
(3)國外營運機構淨投資避險。

21 (C)。雙元組合式商品是由「外幣定期存款」＋「賣出其他外幣的選擇權」所構成（可以是賣出買權／賣出賣權）。
要等到結算日，才會知道賣出選擇權的部分是否會被執行，方得知計價貨幣是否被轉換成連結貨幣。

22 (A)。對投資人越有利的，權利金價格越高，反之越低；通常權利金價格：美式選擇權>歐式選擇權>亞式選擇權。
(1)歐式選擇權：到期日當天才能履約。
(2)美式選擇權：於到期日前的每一天，都可履約。

(3) 亞式選擇權：一般選擇權是以履約當日的標的物市價為結算價，而亞式選擇權是以到期前一特定期間之標的物平均市價為結算價。

23 (B)。 S&P 500股價指數成長率越高，償還金額越少，故可得知商品連結的選擇權為賣權。

24 (A)。 題目敘述投資人為保守型，故應買入買權（最差只會損失權利金）；又敘述看多標的資產，故應買入買權。

25 (B)。 換匯換利交易（Cross Currecy Swap，CCS）交易雙方於期初交換兩種幣別的本金，並在約定期間內交換利息，到期時再以相同匯率換回本金；需要「全額交割」。

26 (C)。 交易商願意以名目本金的0.32%買進、0.38%賣出韓國政府的信用保險（以低買高賣交易商才能獲利思考即可）。

27 (A)。 期貨契約是在集中市場交易。

28 (B)。 利率交換是以交換契約（Swaption）為概念的契約，和選擇權（Option）本質上是不同的商品類型。

29 (A)。 反向浮動債券利息計算為：
固定利率－浮動利率
故當利率下跌，反向浮動債券可獲利。

30 (A)。 1 bp＝0.01%
票面利率＝3.5%＋[(8630-8500)/10]×0.01%＝3.5%＋0.13%＝3.63%

31 (B)。 假設S為6個月期的遠期匯率
$32×(1＋3\%×6/12)＝1×(1＋2\%×6/12)×S$
$→S＝32.1584$

32 (C)。 操作衍生性金融商品相較現貨，優點有：
(1) 交易成本低（因衍生性商品具槓桿特性）。
(2) 流動性高（交易門檻低，可以讓更多投資人參與）。
(3) 易放空操作。

33 (C)。 實務上遠期外匯交易之報價，銀行同業間以換匯點（swap point）報價；外匯指定銀行對一般出口廠商則採直接遠匯價格（forward outright rate）報價。

34 (C)。 $-(123-120)+5＝+2$，甲銀行賺2元。

35 (D)。 期貨結算機構（清算所）負責期貨成交契約之結算、交割及擔保契約之履約義務，結算機構的介入使期貨契約履行獲得可靠保障，承擔了交易買賣雙方的信用風險。

36 (C)。 銀行主要透過信用衍生性商品，「提高」對於客戶的融資額度。

37 (D)。 預期調升存款準備率，債券為長天期利率衍生性商品，因此做反向部位「賣出長天期利率衍生性商品」。

38 (B)。 外匯交換（FX Swaps）是由交易雙方約定，以兩種貨幣作為交換，並於約定之到期日將貨幣換

回；換言之，雙方在無匯率變動的風險下，藉由不同貨幣資金之交換使用，達到雙方資金調度的目的。

39 (B)。 看升人民幣，可以買入人民幣買權、或是賣出人民幣賣權；僅選項(B)符合。

40 (B)。 [10000000×(7.5%－6.5%)×90/360]/[1＋(7.5%×90/360)]＝24,540

41 (C)。 根據《銀行辦理衍生性金融商品業務內部作業制度及程序管理辦法》第3條，僅(C)不符合，應改成「最近一期經會計師查核或核閱之財務報告淨資產超過新臺幣二百億元之法人。」

42 (D)。 根據《銀行辦理衍生性金融商品業務內部作業制度及程序管理辦法》第7條，除臺股股權衍生性金融商品外之其他涉及從事衍生自國內股價及期貨交易所有關之現貨商品及指數等契約；金管會核准第一家銀行辦理後，其他銀行於申請書件送達金管會之次日起十日內，金管會未表示反對意見者，即可逕行辦理。

43 (D)。 根據《銀行辦理衍生性金融商品業務內部作業制度及程序管理辦法》第2條，本辦法所稱複雜性高風險商品，係指具有結算或比價期數超過三期且隱含賣出選擇權特性之衍生性金融商品，但不包括：一、前項所稱結構型商品。二、交換契約（Swap）。三、多筆交易一次簽約，客戶可隨時就其中之特

定筆數交易辦理解約之一系列陽春型選擇權（Plain vanilla option）或遠期外匯。四、其他經主管機關核定之商品類型。

44 (B)。 本題僅(B)專屬適用於非避險目的之複雜性高風險商品交易（參見銀銀行辦理衍生性金融商品自律規範》第25條之1），其餘為原則性風管機制，為銀行所廣泛應用。

45 (C)。 根據《銀行辦理衍生性金融商品業務內部作業制度及程序管理辦法》第29條第1款，銀行應進行客戶屬性評估，確認客戶屬專業客戶或一般客戶；並就一般客戶之年齡、知識、投資經驗、財產狀況、交易目的及商品理解等要素，綜合評估其風險承受程度。

46 (B)。 商品期限超過一年且隱含賣出選擇權之匯率類衍生性金融商品：不論避險或非避險交易，每筆交易之期初保證金金額，不得低於契約總名目本金之百分之五。

47 (D)。 根據《銀行辦理衍生性金融商品自律規範》第9條，銀行應向專業機構投資人及高淨值投資法人以外客戶告知可能涉及之風險，應說明下列事項：一、該結構型商品因利率、匯率、有價證券市價或其他指標之變動，有直接導致本金損失或超過當初本金損失之虞者。二、該結構型商品因銀行或他人之業務或財產狀況之變化，有直接導致本金損失或超過當初本金損失之虞者。三、該結構型商品因其他足

以影響投資人判斷之重要事項，有直接導致本金損失或超過當初本金損失之虞者。四、該結構型商品之最大損失金額。

48 (D)。根據《銀行辦理衍生性金融商品業務內部作業制度及程序管理辦法》第6條，董（理）事會應視商品及市場改變等情況，適時檢討前項之經營策略及作業準則，並應評估績效是否符合既定之經營策略，所承擔之風險是否在銀行容許承受之範圍，每年至少檢討一次。但外國銀行在臺分行依總行規定定期辦理檢討者，不在此限。

49 (A)。(B)指Gamma、(C)指Vega、(D)指Theta。

50 (B)。現金流量風險主因是契約到期時或期間內需繳保證金卻無足夠的資金履行義務，而必須面臨臨時處分龐大部位的壓力。

51 (D)。當期暴險額：所有衍生性商品契約皆依市價評估其重置成本（replacement cost），其重置成本為正數者，以重置成本為「當期暴險額」；其重置成本為負數或零者，「當期暴險額」以零計算。

52 (B)。基差＝現貨價格－期貨價格，為不同市場（現貨市場與期貨市場）間利差關係改變而形成的風險。

53 (D)。X2年4月1日以$2,014,000處分該金融資產，因此X2年度處分投資利益為($2,014,000－$2,000,000)＝$14,000

54 (A)。避險會計係以互抵之方式認列避險工具及被避險項目之公允價值變動所產生之損益影響數。

55 (A)。嵌入式衍生性金融商品，係指衍生性金融商品為混合商品（含主契約及衍生性金融商品）一部分，造成混合商品之部分現金流量與獨立之衍生性金融商品相似。嵌入式衍生性金融商品會計處理，依其與主契約關聯程度而不同，若嵌入式衍生性金融商品同時符合：
(1) 嵌入式衍生性商品之經濟特性及風險與主契約之經濟特性及風險並非緊密關聯。
(2) 與嵌入式衍生性商品相同條件之個別商品符合衍生性商品之定義。
(3) 混合商品非屬交易目的者。
則嵌入式衍生性金融商品應與主契約分別認列，並依獨立之衍生性金融商品處理之，有關主契約部分則依其屬金融商品或非金融商品之性質，採用相關公報之規定處理。若嵌入式衍生性金融商品未符合上述條件，則可與主契約共同認列處理之。

56 (D)。可轉債＝債券＋認股權

20X1年　認股權公允價值：$26,243

不含認股權債券公允價值：$973,757

→總和$1,000,000

20X2年　認股權公允價值：$30,000

不含認股權債券公允價值：$983,000

利息收入：$60,000

→總和$1,073,000

20X2年度綜合損益表之稅前損益＝$1,073,000－$1,000,000＝$73,000

57 (C)。$(7,800-800)\times 200$（倍）$\times 10$(口)$=-400,000$

58 (B)。第一等級係完全可觀察（例如：企業於衡量日可取得該相同資產及負債於活絡市場之未調整公開報價）之輸入值；第二等級係除屬第一等級公開報價外之直接或間接可觀察輸入值；及第三等級係不可觀察之輸入值。

59 (A)。本金EUR，其他貨幣USD→EUR/USD。此操作為看空EUR，而到期匯率1.44<轉換匯率1.45，表示看空預測正確，所以不執行選擇權，賺取權利金，本金不轉換。

60 (C)。固定年利率5%，浮動年利率3.8%＋1%＝4.8%，年利率差距0.2%，半年則0.1%。

故買方應支付賣方1,000萬×0.1%＝10,000

第10期　衍生性金融商品概論與實務

( )　**1** 依「銀行辦理衍生性金融商品自律規範」規定，有關向一般客戶提供結構型商品中文客戶須知應記載事項，下列敘述何者非屬之？
(A)商品內容摘要　(B)以往投資績效　(C)投資風險說明　(D)市價評估說明。

( )　**2** 最近一期經會計師查核或核閱之財務報告持有有價證券部位或衍生性金融商品投資組合達新臺幣多少元以上者，並同時符合其他法定條件後，得以書面向銀行申請為高淨值投資法人？　(A)一億元　(B)十億元　(C)一百億元　(D)二百億元。

( )　**3** 銀行訂定衍生性金融商品業務人員之酬金制度及考核原則，應：
(A)直接與特定金融商品銷售業績連結　(B)僅納入財務指標　(C)包括是否有客戶紛爭　(D)經監事會通過。

( )　**4** 銀行辦理衍生性金融商品業務之經辦及相關管理人員，應具備之資格條件，下列何者非屬之？
(A)參加國內金融訓練機構舉辦之衍生性金融商品及風險管理課程時數達60小時以上且取得合格證書
(B)通過國內金融訓練機構舉辦之衍生性金融商品銷售人員資格測驗並取得合格證書
(C)在國內外金融機構相關衍生性金融商品業務實習1年
(D)曾在國內外金融機構有半年以上衍生性金融商品業務之實際經驗。

( )　**5** 「銀行業辦理外匯業務管理辦法」係依據下列哪一個法律授權訂定？　(A)銀行法　(B)中央銀行法　(C)證券交易法　(D)票券金融管理法。

( )　**6** 下列何種外匯衍生性商品，指定銀行非經申請許可不得逕行辦理？
(A)新臺幣與美元間遠期外匯交易　(B)換匯交易　(C)以期貨交易人身分辦理未涉及新臺幣匯率之國內外期貨交易契約　(D)無本金交割新臺幣遠期外匯交易。

( ) **7** 指定銀行辦理未涉及新臺幣匯率之外匯衍生性商品業務，得連結下列何種標的？ (A)由證券櫃檯買賣中心或證券交易所編製之臺股指數及其相關金融商品 (B)未公開上市之大陸地區個股、股價指數或指數股票型基金 (C)國內外私募之有價證券 (D)國內證券投資信託事業於海外發行且未於證券市場掛牌交易之受益憑證。

( ) **8** 銀行提供屬匯率類之複雜性高風險商品交易，其契約比價或結算期數不得超過：
(A)六期 　　　　　　　　　(B)十二期
(C)二十四期 　　　　　　　(D)沒有限制。

( ) **9** 下列何者屬於以經許可辦理任一項外匯衍生性商品業務之指定銀行，得於開辦後函報備查之業務？ (A)遠期外匯交易業務 (B)開放已滿半年且未涉及新臺幣匯率之外匯衍生性商品業務 (C)指定銀行總行授權其指定分行辦理函報備查之外匯衍生性商品推介業務 (D)業經本行許可未涉及新臺幣匯率之外匯衍生性商品，連結同一風險標的，透過相同交易契約之再行組合。

( ) **10** 依「銀行辦理衍生性金融商品業務內部作業制度及程序管理辦法」規定，銀行向客戶提供結構型商品交易服務時，不得以下列何者名義為之？
(A)附條件美元優利投資組合 　(B)黃金外幣組合
(C)雙元貨幣組合 　　　　　　(D)結構型優利存款。

( ) **11** 無本金交割新臺幣遠期外匯業務（NDF）應遵循事項，下列何者錯誤？ (A)契約形式、內容及帳務處理應與遠期外匯業務（DF）有所區隔 (B)承作本項交易得展期、得提前解約 (C)到期結清時，一律採現金差價交割 (D)不得以保證金交易（Margin Trading）槓桿方式為之。

( ) **12** 依「銀行辦理衍生性金融商品業務內部作業控制及程序管理辦法」規定，下列何者屬於複雜性高風險商品？
(A)交換契約
(B)結構型商品
(C)12期歐式觸及出場遠期合約
(D)3筆交易一次簽約之一系列陽春型選擇權。

( ) **13** 關於新臺幣與外幣間換匯換利交易（CCS），下列敘述何者錯誤？
(A)辦理期初及期末皆交換本金之新臺幣與外幣間換匯換利交易，國內法人無須檢附交易文件　(B)辦理非「期初及期末皆交換本金」型之新臺幣與外幣間換匯換利交易，承作時須要求顧客檢附實需證明文件　(C)新臺幣與外幣間換匯換利交易，承作對象限為國內法人　(D)本項交易未來各期所交換之本金或利息視為遠期外匯，應於訂約時填報遠期外匯日報表。

( ) **14** 標的資產波動度變動所引發選擇權價值變動的風險是指：
(A)θ（Theta）風險　　　　(B)δ（Delta）風險
(C)ν（Vega）風險　　　　(D)ρ（Rho）風險。

( ) **15** 結算前風險可以區分為現有違約風險及潛在違約風險，關於違約風險，下列敘述何者錯誤？
(A)客戶違約風險只有在市場走勢不利於客戶時，方可能存在
(B)潛在的違約風險，主要是因為未來的市場風險所造成的
(C)潛在的違約風險可以沖抵
(D)應該使用保守穩健的方式求出潛在的違約風險。

( ) **16** 在信用風險監控管理上，監控單位應適時將正確的信用風險資訊提供給相關單位，下列何者非屬重要的考量因素？　(A)交易對手使用額度的情形　(B)交易集中度　(C)主要客戶信用狀況　(D)額度內的交易契約。

( ) **17** 下列何項措施有助於降低作業風險？　(A)針對交易員設定停損限額　(B)交易確認書的點收部門應獨立於交易部門之外　(C)針對交易員部位設定暴險金額上限　(D)針對個別商品的持有部位設定限額。

( ) **18** 有關避險會計現金流量避險之公允價值變動數，應作如何處理？
(A)列為當期損益　(B)列為其他綜合損益　(C)列為當期損益或其他綜合損益　(D)不需認列損益。

( ) **19** 依據IFRS 13規定，類似資產或負債之活絡市場公開報價，屬於第幾層級之揭露？　(A)第一層級　(B)第二層級　(C)第三層級　(D)第四層級。

（　） **20** 嵌入式衍生工具於符合特定條件時，應與主契約拆解分別認列，下列何者不屬於前述條件？　(A)經濟特性及風險與主契約之經濟特性、風險並非緊密關聯　(B)經濟特性及風險與主契約之經濟特性、風險緊密關聯　(C)相同條件之單獨工具符合衍生工具之定義　(D)混合工具非按公允價值衡量且公允價值變動認列於損益者。

（　） **21** 目前我國衍生性金融商品的交易存在於哪個市場？　(A)集中市場與店頭市場皆有交易　(B)集中市場有交易，店頭市場沒有交易　(C)集中市場沒有交易，店頭市場有交易　(D)集中市場與店頭市場皆無交易。

（　） **22** 依據金管會的定義，衍生性金融商品是一種金融交易的合約，其標的資產不包括下列何者？　(A)匯率　(B)利率　(C)可轉換公司債　(D)個股與股價指數。

（　） **23** 貨幣相同，固定利率對浮動利率的交換稱為下列何者？　(A)基本換匯換利　(B)普通利率交換　(C)基差利率交換　(D)不需交換。

（　） **24** 有關遠期匯率與即期匯率的敘述，下列何者錯誤？　(A)遠期匯率為即期匯率加上「換匯點」（swap point）　(B)遠期匯率與即期匯率的差額稱為「換匯點」（swap point）　(C)當換匯點為正值（>0）時，表示遠期外匯是「升水」（premium）的　(D)當換匯點為負值（<0）時，表示遠期外匯是「升水」（premium）的。

（　） **25** 有關遠期利率協定（FRA）的敘述，下列何者錯誤？　(A)FRA是由遠期性存款改良而來的　(B)FRA的結算期間通常是一季一次　(C)FRA的交易只有買方而無賣方　(D)FRA在報價時通常有買入價（bid rate）及賣出價（offer rate）。

（　） **26** 關於「遠期交換」（Forward Swap）和「期貨選擇權」（Futures Options），下列敘述何者正確？　(A)遠期交換是一種「遠期契約」，而期貨選擇權是一種「選擇權」　(B)遠期交換是一種「交換」，而期貨選擇權是一種「選擇權」　(C)遠期交換是一種「遠期契約」，而期貨選擇權是一種「期貨」　(D)遠期交換是一種「交換」，而期貨選擇權是一種「期貨」。

( ) **27** 有關認股權證，下列敘述何者正確？ (A)「權益型權證」（Equity Warrant）是以發行公司之自家股票為標的之認購權證 (B)「權益型權證」（Equity Warrant）是以與發行公司不同家股票為標的之認售權證 (C)「衍生型權證」（Derivatives Warrant）是以發行公司之自家股票為標的之認購權證 (D)「備兌型權證」（Covered Warrant）是以發行公司之自家股票為標的之認售權證。

( ) **28** 加值型外幣組合式商品結構為： (A)外幣定期存款＋賣出外幣期貨 (B)外幣定期存款＋賣出外幣遠期契約 (C)外幣定期存款＋賣出外幣選擇權 (D)外幣定期存款＋買入外幣選擇權。

( ) **29** 甲銀行報價USD：¥即期匯率120.38-120.58，兩個月換匯點45-35，若乙銀行願意承作35的換匯交易，請問其所代表匯率？ (A)甲S/B：120.58/120.23 (B)甲S/B：120.38/120.73 (C)甲B/S：120.38/120.03 (D)甲B/S：120.58/120.13。

( ) **30** 根據選擇權評價理論，如果投資人已買入一優利型結構型債券，隨後其連結的選擇權之標的資產波動度越大，則該優利型結構債券的價值應該： (A)越高 (B)越低 (C)不變 (D)無法確定。

( ) **31** 關於期貨與選擇權契約，下列敘述何者錯誤？ (A)－買權＋期貨＝－賣權 (B)＋期貨＋賣權＝＋買權 (C)－買權＋賣權＝＋期貨 (D)＋買權－期貨＝＋賣權。

( ) **32** 雙元組合式商品，運用碰觸失效選擇權，若碰觸匯率小於轉換匯率時，下列敘述何者正確？ (A)碰觸價格越高收益率愈低 (B)碰觸價格越低收益率越低 (C)附加此一碰觸條款對投資人之實質意義不大 (D)投資人如賣出此類型選擇權所能獲得的權利金較高。

( ) **33** 期貨的交易成本比現貨低，投資者傾向將訊息反應在期貨交易上，因此期貨的價格變動往往領先現貨價格的變動。請問此現象反應衍生性商品具有何項功能？ (A)風險管理的功能 (B)投機交易上的優勢 (C)價格發現的功能 (D)促進市場效率及完整性的功能。

( ) **34** 下列哪一項工具不屬於信用衍生性商品？ (A)貸款擔保證券（CLOs） (B)債券擔保憑證（CBOs） (C)抵押擔保證券（MBSs） (D)股權連動債券（ELDs）。

( ) **35** 投資人若買進反向浮動債券，等於透過銀行承做了三筆交易，但不包括下列何種類型的交易？ (A)買進與反向浮動利率相同天期的債券 (B)賣出相同天期的利率交換合約 (C)賣出相同天期的債券 (D)買進相同天期的利率上限合約。

( ) **36** 對於「以信用交換合成的CDOs」、「以現貨資產合成的CDOs」進行比較，下列敘述何者正確？ (A)「以信用交換合成的CDOs」相對收益較低 (B)「以信用交換合成的CDOs」到期日通常較長 (C)「以信用交換合成的CDOs」累積投資組合的時間較短 (D)「以現貨資產合成的CDOs」在契約條件的設計上較有彈性。

( ) **37** 「鎖住利差交換」（Spread-lock Swap）之「利差」係指下列何項？ (A)期間溢酬 (B)交換溢酬 (C)市場風險溢酬 (D)違約風險溢酬。

( ) **38** 信用交換商品訂價常考慮多種變數，下列何者錯誤？ (A)參考實體的信用品質 (B)參考實體與信用保障的賣方的聯合違約機率 (C)交易期間長短 (D)參考實體的市場價值。

( ) **39** 一檔兩年期之保本零息債券以 100 元名目本金發行，到期時的本金償還計算公式如下：本金償還金額＝面額×〔1＋75%×Max（0,股價指數成長率）〕。若這兩年期間，標的股價指數由發行當時的450點上升至600點，則投資人損益為何？(A)$0 (B) $25 (C) $75 (D) $125。

( ) **40** 一投資者買進區間2%~6%的3年期區間計息債券（指標利率落入該區間才計息）共500萬，票面年利率 5%，若本期指標利率半年內（180天）有45天未落入該區間，請問投資者本期可收到多少票息？ (A)$250,000 (B) $187,500 (C) $125,000 (D) $93,750。

( ) **41** 依「銀行辦理衍生性金融商品自律規範」規定，銀行應於結構型商品交易文件中提醒客戶承作本商品之重要注意事項，下列敘述何者錯誤？ (A)商品設計或條件不同客戶所暴露之風險程度可能不同 (B)現金交割可能發生部分或全部利息、本金減損之風險 (C)非現金交割可能發生本金將依約定轉換成標的資產之情事 (D)現金交割可能必須承擔再投資風險。

( ) **42** 依「銀行辦理衍生性金融商品自律規範」規定，有關銀行對屬自然人之一般客戶提供保本型結構型商品業務，其應符合之原則，下列敘述何者錯誤？ (A)計價幣別以銀行可受理之幣別為限，但不得為人民幣 (B)結構型商品不得連結新臺幣匯率指標 (C)結構型商品不得連結國外私募之有價證券 (D)結構型商品不得連結本國企業於國外發行之有價證券。

( ) **43** 有關銀行向金融監督管理委員會申請核准辦理衍生性金融商品業務時所需符合之規定，下列敘述何者錯誤？ (A)銀行自有資本與風險性資產比率符合銀行法規定標準 (B)備抵呆帳提列不足之比率低於應提列總額3% (C)申請日上一季底逾放比率為3%以下 (D)申請日上一年度無因違反銀行法令而遭罰鍰處分情事，或其違法情事已具體改善，經金管會認可。

( ) **44** 銀行對屬自然人之一般客戶得提供之單項衍生性金融商品交易服務（如未涉及大陸地區商品或契約），下列何者非屬之？ (A)信用違約交換(CDS) (B)外匯保證金交易 (C)買入陽春型外幣匯率選擇權 (D)買入轉換／交換公司債資產交換選擇權。

( ) **45** 銀行已取得辦理衍生性金融商品業務之核准者，擬開辦各種衍生性金融商品及其商品之組合，其申請程序，下列敘述何者錯誤？ (A)原則採事後備查制度 (B)例外以負面表列方式明定應事前核准之商品項目 (C)非新種臺股股權衍生性金融商品於申請書件送達金管會之次日起十日內，金管會未表示反對意見者，即可逕行辦理 (D)涉及須經中央銀行許可之外匯衍生性商品，則逕向中央銀行申請。

( ) **46** 有鑑於自然人之一般客戶風險承受能力最為薄弱，最需要被保護，因此下列何者為管理辦法針對此類客戶首次交易前訂定之專屬規定？ (A)誠實信用原則 (B)至少應提供產品說明書及風險預告書，並應派專人解說並請客戶確認 (C)交易文件如為英文者，應提供中文譯本 (D)交易糾紛之申訴管道。

( ) **47** 銀行與客戶承作1筆1年期2倍槓桿，每期不計槓桿名目本金為500千美元，比價12次之USD/CNH TRF交易，其個別交易損失上限為：(A)1,800千美元 (B)3,000千美元 (C)3,600千美元 (D)6,000千美元。

( ) **48** 依「銀行辦理衍生性金融商品業務內部作業制度及程序管理辦法」規定，銀行辦理衍生性金融商品業務，對風險容忍度及業務承作限額，應由下列何單位審定？ (A)董（理）事會 (B)高階管理階層 (C)風險管理單位 (D)財務會計單位。

( ) **49** 當某一個選擇權的隱含波動率為20%、Vega值為0.1，如何解讀所代表的涵義？ (A)當標的上漲20%時，該選擇權的Vega值約略上漲0.1元 (B)當標的上漲1元，該選擇權的Vega值約略上漲0.1元 (C)當隱含波動率上升至21%時，該選擇權的價值約略上漲0.1元 (D)當隱含波動率上升至21%時，該選擇權的Vega值約略上漲0.1元。

( ) **50** 一般金融機構對於市場風險所採行限額控制方式，下列何者不在其中？ (A)交易量限額 (B)選擇權限額 (C)交割限額 (D)缺口限額。

( ) **51** 利率風險是指因利率變化引起衍生性商品市價變化的風險，若再予以細分可分為三種，請問何謂「殖利率曲線風險（Yield Curve Exposures）」？ (A)殖利率曲線形狀改變的風險 (B)殖利率曲線平行移動形成的風險 (C)不同市場利差變化的風險 (D)不同貨幣利差變化的風險。

( ) **52** 有一資產投資額為100,000，期望報酬為5%，如果其1日97.5%的相對風險值為8.6%，則下列敘述何者正確？ (A)該資產有2.5%的機率一日內賠超過8,600 (B)該資產有2.5%的機率一日內賺超過8,600 (C)該投資1日97.5%的之絕對風險值為13.6% (D)該投資1日97.5%的之絕對風險值為3.6%。

( ) **53** 甲公司於X1年1月1日買入乙公司三年期公司債，面額$100,000，票面利率6%，每年12月31日付息一次。當日該公司債的公允價值為$105,000，12個月預期信用損失估計金額為$2,000，甲公司另外支付交易成本$1,000。若甲公司將該公司債分類為按攤銷後成本衡量之投資，則其X1年1月1日之總帳面金額及攤銷後成本分別為多少？ (A)$105,000、$103,000 (B)$104,000、$106,000 (C)$106,000、$103,000 (D)$106,000、$104,000。

（　）**54** 對於避險工具之限制條件，下列敘述何者正確？ 　(A)賣出選擇權通常不宜被指定為避險工具 　(B)買入選擇權通常不宜被指定為避險工具 　(C)衍生工具不可被指定為避險工具 　(D)非衍生金融工具只限於規避利率風險情況下，得被指定為避險工具。

（　）**55** 與衍生工具有關之會計項目，下列何者屬負債類之會計項目？ (A)避險之衍生金融資產 　(B)現金流量避險中屬有效避險部分之避險工具損失 　(C)透過損益按公允價值衡量之金融負債評價利益 (D)持有供交易之金融負債評價調整。

（　）**56** 有關銀行辦理結構型商品所收本金性質及會計處理之相關事項，下列敘述何者錯誤？ 　(A)結構型商品所收之本金，不屬於存款保險標的 　(B)結構型商品所收本金，若與嵌入式衍生性商品須分拆入帳，則本金部分可分類為存款項目 　(C)結構型商品係由固定收益證券（或黃金）及衍生性商品組成 　(D)結構型商品所收之本金，不符合銀行法所稱之存款定義。

（　）**57** 甲公司產銷黃豆油，預計20X1年10月30日需進貨黃豆1,000噸。該公司為規避黃豆價格上漲風險，乃於20X1年4月30日簽訂遠期購買合約，購買六個月期黃豆1,000噸，每噸遠期價格為$5,200，到期以現金淨額交割。20X1年4月30日的黃豆現貨價格為每噸$5,000，甲公司將遠期合約的即期價格及利息部分分開，並對即期價格的公允價值變動指定避險關係。假設20X1年10月30日的黃豆現貨價格為每噸$5,600，請問甲公司20X1年此項避險為： 　(A)無效之公允價值避險 　(B)有效之公允價值避險 　(C)無效之現金流量避險 (D)有效之現金流量避險。

（　）**58** 企業從事非避險性買進選擇權支付權利金500元，1個月後到期未履約，請問對企業之影響為何？ 　(A)負債增加500元 　(B)資產增加500元 　(C)本期利益增加500元 　(D)本期損失增加500元。

（　）**59** 保本型組合式商品交易條件如下，連結EUR/USD數位選擇權，指標匯率門檻為1.25，目前EUR/USD即期匯率位於1.23，原先商品設計無商品最低收益率，如欲變更為有最低收益率，下列何者錯誤？ (A)降低指標匯率門檻 　(B)指標匯率門檻不變，但調降執行收益 (C)僅以部分定存利息買入選擇權 　(D)再增加一指標利率。

(　) **60** 假設目前股價指數為7,200，一檔與股價指數連結的半年期優利型結構型債券，其發行價格為$96.59。如果到期當天股價指數不超過8,000，則此債券償還面額為$100，否則償還金額等於$100×（8,000/到期股價指數）。若到期時指數為8,100，則投資人的年報酬率大約為多少？　(A)3.5%　(B)4.0%　(C)4.5%　(D)5.0%。

解答與解析 （答案標示為#者，表官方曾公告更正該題答案。）

1 (B)。 銀行向一般客戶提供結構型商品服務應編製不超過四頁且內文至少不得小於12字體之中文客戶須知，並提供客戶。所稱客戶須知應記載下列事項：(A)商品內容摘要 (B)投資風險說明　(C)市價評估說明　(D)交易糾紛申訴管道。

2 (B)。 《銀行辦理衍生性金融商品業務內部作業制度及程序管理辦法》第3條規定：「……二、同時符合下列條件，並以書面向銀行申請為高淨值投資法人：……(三)最近一期經會計師查核或核閱之財務報告持有有價證券部位或衍生性金融商品投資組合達新臺幣十億元以上。……」

3 (C)。 根據《銀行辦理衍生性金融商品業務內部作業制度及程序管理辦法》第11條：「……五、銀行應訂定衍生性金融商品業務人員之酬金制度及考核原則，應避免直接與特定金融商品銷售業績連結，並應納入非財務指標，包括是否有違反相關法令、自律規範或作業規定、稽核缺失、客戶紛爭及確實執行認

識客戶作業（KYC）等項目，且應經董（理）事會通過。」

4 (B)。 銀行辦理衍生性金融商品業務之經辦及相關管理人員，應具備下列資格條件之一：
(1) 參加國內金融訓練機構舉辦之衍生性金融商品及風險管理課程時數達六十小時以上且取得合格證書，課程內容須包括衍生性金融商品交易理論與實務、相關法規、會計處理及風險管理。
(2) 在國內外金融機構相關衍生性金融商品業務實習一年。
(3) 曾在國內外金融機構有半年以上衍生性金融商品業務之實際經驗。

5 (B)。 《銀行業辦理外匯業務管理辦法》第1條：「本辦法依中央銀行法第三十五條第二項規定訂定之。」

6 (D)。 根據《銀行業辦理外匯業務管理辦法》第12條，指定銀行經本行許可辦理外匯衍生性商品業務

後，得不經申請逕行辦理下列外匯衍生性商品：

一、遠期外匯交易（不含無本金交割新臺幣遠期外匯交易）。

二、換匯交易。

三、依規定已得辦理未涉及新臺幣匯率之外匯衍生性商品，連結同一風險標的，透過相同交易契約之再行組合，但不含對專業機構投資人及高淨值投資法人以外之客戶辦理之複雜性高風險外匯衍生性商品。

四、國內指定銀行間及其與國外銀行間辦理未涉及新臺幣匯率之外匯衍生性商品。

五、以期貨交易人身分辦理未涉及新臺幣匯率之國內外期貨交易契約。

7 (A)。根據《銀行業辦理外匯業務管理辦法》第32條，指定銀行辦理未涉及新臺幣匯率之外匯衍生性商品，除本行另有規定者外，不得連結下列標的：

一、資產證券化相關之證券或商品。

二、未公開上市之大陸地區個股、股價指數或指數股票型基金。

三、國內外私募之有價證券。

四、國內證券投資信託事業於海外發行且未於證券市場掛牌交易之受益憑證。

五、國內外機構編製之臺股指數及其相關金融商品。但由證券櫃檯買賣中心或證券交易所編製或合作編製者，不在此限。

8 (B)。《銀行辦理衍生性金融商品業務內部作業制度及程序管理辦法》第25-1條：「銀行向專業機構投資人及高淨值投資法人以外客戶提供複雜性高風險商品交易，應遵循下列事項：

一、屬匯率類之複雜性高風險商品：

(一)契約期限不得超過一年。

(二)契約比價或結算期數不得超過十二期。

(三)非避險目的交易之個別交易損失上限，不得超過平均單期名目本金之三點六倍。……」

9 (B)。《銀行業辦理外匯業務管理辦法》第12條第2項：「……開辦後函報備查類：

(一)開放已滿半年且未涉及新臺幣匯率之外匯衍生性商品業務。

(二)對專業機構投資人及高淨值投資法人辦理尚未開放或開放未滿半年，且未涉及新臺幣匯率之外匯衍生性商品業務，並符合其主管機關相關規定。

(三)經主管機關核准辦理提供境外衍生性金融商品之資訊及諮詢服務業務，其連結標的不得涉及國內利率、匯率、股權、指數、商品、信用事件、固定收益或其他利益。」

10 (D)。《銀行辦理衍生性金融商品業務內部作業制度及程序管理辦法》第28條：「銀行向客戶提供結構型商品交易服務時，不得以存款之名義為之。」

11 **(B)**。《銀行業辦理外匯業務管理
辦法》第31條規定:「……三、
無本金交割新臺幣遠期外匯業務
（NDF）:……(三)承作本項交易
不得展期、不得提前解約。」

12 **(C)**。根據《銀行辦理衍生性金融
商品業務內部作業制度及程序管理
辦法》第2條,本辦法所稱複雜性
高風險商品,係指具有結算或比價
期數超過三期且隱含賣出選擇權特
性之衍生性金融商品,但不包括:
一、前項所稱結構型商品。二、交
換契約（Swap）。三、多筆交易
一次簽約,客戶可隨時就其中之特
定筆數交易辦理解約之一系列陽春
型選擇權（Plain vanilla option）或
遠期外匯。四、其他經主管機關核
定之商品類型。

13 **(C)**。《銀行業辦理外匯業務管理
辦法》第36條規定:「……五、
「新臺幣與外幣間」換匯換利交易
（CCS）:(一)承作對象以國內外
法人為限。……」

14 **(C)**。Vega是用來衡量期貨價格的
波動率的變化對期權價值的影響。
用公式表示:Vega＝期權價格變化
／波動率的變化。

15 **(C)**。結算前風險可以區分為現有
違約風險及潛在違約風險,潛在的
違約風險不可以沖抵。

16 **(D)**。信用風險一般指交易對手因
違約事件的發生,造成無法履行契
約而引發的損失,一般違約事件包

含付息日無法支付所承諾之款項、
破產導致之違約或是信用評等的調
降等。可透過了解交易對手使用額
度的情形以降低信用風險。

17 **(B)**。不同於市場風險與信用風險,
作業風險需要定性（qualitative）
與定量（quantitative）的組合資訊,
以協助資深管理階層了解風險概況
暨專注於相關決策。資訊來自於
組織內的何人,且實際地影響組織
內每一個人。不同於市場風險與
信用風險,其使用者眾多,包括專
門委員、專家、以及職員。不同類
型的股東需要不同的資訊。業務經
理（Business manager）熱衷於確
切的資料與行動,諸如實際損失事
件、風險衡量,以及自我評估的特
定調查結果。執行經營階層眼光較
為廣泛,需要更多樣化的資訊,以
專注於主要議題與應採取行動。因
此交易確認書的點收部門獨立於交
易部門之外,可以降低作業風險。

18 **(B)**。現金流量避險:係規避預期
交易或已認列資產或負債的未來現
金流量風險。避險工具應按公平價
值衡量,並調整帳面金額,有關避
險會計現金流量避險之公允價值變
動數,應列為其他綜合損益。

19 **(B)**。依據IFRS13規定,類似資產
或負債之活絡市場公開報價,屬於
第二層級之揭露。

20 **(B)**。國際會計準則第39號第10段
規定嵌入式衍生性工具唯有同時符
合下列所有條件時,始應與主契約

分別認列：「(1)嵌入式衍生性工具之經濟特性及風險與主契約之經濟特性及風險並非緊密關聯（選項(A)）；(2)與嵌入式衍生性工具相同條件之個別工具符合衍生性工具之定義（選項(C)）；及(3)混合（組合）工具非屬以公平價值衡量且公平價值變動認列為損益者（即嵌入於以公平價值衡量且公平價值變動認列為損益之金融資產或金融負債之衍生性工具，無須與主契約分別認列）（選項(D)）。（資料來源：國際財務報導解釋第9號「嵌入式衍生性工具之重評估「嵌入式衍生性工具之重評估」）

21 (A)。衍生性金融工具可於交易所（Exchanges）及店頭市場（Over-the-Counter，OTC）交易，若以規模而論，衍生性交易所市場之交易量遠低於衍生性店頭市場。

22 (C)。依據金管會的定義，衍生性金融商品是一種金融交易的合約，其標的資產包括，利率，匯率，個股，或者各種指數（股票指數、消費者物價指數，以及天氣指數）等。

23 (B)。(1)普通利率交換：貨幣相同，固定利率對浮動利率的交換。(2)固定對浮動利率交換：國際美元通常是以LIBOR為參考利率，新台幣則以TAIBOR為參考利率。

24 (D)。(1)遠期外匯匯率與即期外匯匯率是有差額的，這種差額叫遠期差價，用升水、貼水或平價來表示。(2)升水表示遠期匯率比即期匯率高（即當換匯匯率為正值），貼水則反之，平價表示二者相等。

25 (C)。遠期利率協定（Forward Rate Agreement, FRA）是指買賣雙方約定一適用於未來開始的一段期間內之固定利率與名目本金的契約，透過此契約，買方可鎖定未來的借款利率，但是買賣雙方並不交換名目本金，僅針對利息差額做結算。

26 (A)。(1)「遠期交換」（Forward Swap）是約定合約持有人有權利與義務去執行一項交易，該交易是針對某特定證券或商品，而持有人必需在特定的時間以特定的價格去履行此合約。(2)遠期交換是一種「遠期契約」，常見的遠期合約如遠期外匯、金屬、能源產品與利率商品。期貨選擇權是一種「選擇權」。

27 (A)。權益型權證（Equity Warrant）：是以發行公司之自家股票為標的之認購權證。備兌型權證（Covered Warrant）：由標的公司以外的之第三者所發行。

28 (C)。加值型外幣組合式商品是一種連結匯率選擇權的高收益商品，市場上又通稱為「雙元組合式商品」（如美元定存連結歐元）。其產品結構是「外幣定期存款＋賣出外幣選擇權」，且雙元組合式商品保息不保本。

29 (C)。銀行間報價USD：¥即期匯率120.38-120.58，兩個月換匯點45-

35，若以直接匯率報價法，2個月遠期匯率應為165.38(120.38＋0.0045)-120.93(120.28＋0.0035)。

30 (B)。結構型債券若依本金保障程度區分還可以分為「保本型」（Principle Protected）與「優利型」（Yield Enhanced）兩種。如果投資人已買入一優利型結構型債券，隨後其連結的選擇權之標的資產波動度越大，則該優利型結構債券的價值應該越低。

31 (C)。買權＋賣權＝選擇權

32 (A)。(1)雙元組合式商品是由「外幣定期存款」＋「賣出其他外幣的選擇權」所構成（可以是賣出買權／賣出賣權）。(2)碰觸失效意指當看多時，外幣貶值逾轉換匯率；當看空時，外幣升值超過轉換匯率，即失效。(3)碰觸匯率越接近轉換匯率，商品收益率將越低。碰觸匯率轉往轉換匯率兩側擴散時，商品收益率越高。

33 (C)。市場的價格係由供需的關係決定。期貨市場以公開的方式進行交易，並且將交易的相關資訊即時傳至各地。在價格變化的資訊充分揭露之下，所有的市場參與者，皆可以完全掌握價格變動的狀況。所以，期貨市場自然的成為了決定商品價格的場所，成交價格也就成為了買賣的標準。
譬如說，意欲買進現貨：則期貨多單先進場，之後買進現貨，以吸引期貨市場之投機性買盤追價，而因此墊高期現貨價格。此為了降低多單進場之原始成本所做的買進過程，所造成對於期現貨市場價格影響的骨牌效應，正符合期貨市場「價格發現」功能的彰顯。

34 (D)。股權連動債券（equity-linked debt），是指本金及利息償付金額的多少，與特定期間內某一特定股票或股價指數的漲跌幅度直接相關的債券。故其本質仍為債券，不屬於衍生性金融商品。

35 (C)。所謂反浮動利率債券，即利率持續走低，則債券收益率將反向走高。投資人若買進反向浮動債券，等於透過銀行承做了三筆交易，包括買進與反向浮動利率相同天期的債券、賣出相同天期的利率交換合約、買進相同天期的利率上限合約。

36 (C)。CDO可分為資產負債表型（Balance Sheet）或套利型（Arbitrage），係以發行動機及群組資產來源之不同分類。以信用交換合成的CDOs累積投資組合的時間較短。

37 (B)。(1)期限溢酬：債券投資者要求持有長期債券（相對於短期債券）所要求的額外報酬（excess yield）。(2)市場風險溢酬：投資人願意接受的最低金額，如果一項投資的報酬率低於這個，投資人就不會投資，故也被稱為門檻報酬率。(3)違約風險溢價（Default Risk Premium）：債券發行者在規

定時間內不能支付利息和本金的風險。債券信用等級越高，違約風險越小；債券信用等級越低，違約風險越大。

38 (D)。信用交換商品是以所連結之合約標的是否發生信用事件為依據，因此其定價或收益是以合約標的之違約機率大小為依歸。理論上，信用交換商品之評價決定於四個因素：權利金利率（premium）、回收率（recovery rate，如債券違約後之剩餘價值比率）、信用價差（Credit spread，通常以信評來決定）及折現率（通常以Libor利率來決定）。
參考實體的市場價值不屬於上述評價決定的影響四個因素，故不屬於信用交換商品訂價常考慮的變數之一。

39 (B)。$100 \times [1 + 75\% \times (600 - 450)/450] = 125$
$125 - 100 = 25$

40 (D)。該區間計息債券當期利息為：$500 \times 5\% \times 135/360 = 93,750$。180天內有45天未落入該區間，即表示有135天落入區間的天數。

41 (D)。依據銀行辦理結構型商品應注意事項（第3～20條）第6點：除應遵守前項各類風險揭露外，銀行應於交易文件中提醒客戶承作本商品之重要注意事項如下：
結構型商品依商品設計或條件不同，客戶所暴露之風險程度可能不同，如為現金交割，可能發生部分或全部利息、本金減損或其他損失之風險；如為非現金交割，則可能

發生本金將依約定轉換成標的資產之情事，可能必須承擔銀行及標的資產發行人之信用風險。

42 (A)。《銀行辦理衍生性金融商品自律規範》第23條：「銀行向一般客戶提供保本型結構型商品業務應符合下列原則：一、計價幣別以銀行可受理之幣別為限。二、不得連結下列標的：(一)新臺幣匯率指標。(二)本國企業於國外發行之有價證券。(三)國內證券投資信託事業於國外發行之受益憑證。(四)國內外機構編製之臺股指數及其相關金融商品。但如該指數係由臺灣證券交易所或證券櫃檯買賣中心公布之各類指數及該指數係由臺灣證券交易所或證券櫃檯買賣中心與國外機構合作編製非以臺股為主要成分股之指數，不在此限。(五)未經金融監督管理委員會核准或申報生效得募集及銷售之境外基金。(六)國外私募之有價證券。(七)股權、利率、匯率、基金、商品、上述相關指數及指數型基金以外之衍生性金融商品。但指數股票型基金，以金融監督管理委員會核定之證券市場掛牌交易之以投資股票、債券為主且不具槓桿或放空效果者為限。」

43 (B)。《銀行辦理衍生性金融商品業務內部作業制度及程序管理辦法》第5條第1項規定，銀行辦理衍生性金融商品業務應檢具金融監督管理委員會規定之申請書件，向金融監督管理委員會申請核准，並符合下列規定：

(一)銀行自有資本與風險性資產比率符合銀行法規定標準。

(二)無備抵呆帳提列不足情事。

(三)申請日上一季底逾放比率為百分之三以下。

(四)申請日上一年度無因違反銀行法令而遭罰鍰處分情事，或其違法情事已具體改善，經金融監督管理委員會認可。

44 (A)。《銀行辦理衍生性金融商品自律規範》第21條：「……銀行對屬自然人之一般客戶提供單項衍生性金融商品（非屬結構型商品之衍生性金融商品）交易服務以外匯保證金交易、陽春型遠期外匯、買入陽春型外幣匯率選擇權及買入轉換／交換公司債資產交換選擇權為限。」

45 (C)。《銀行辦理衍生性金融商品業務內部作業制度及程序管理辦法》第7條規定：「銀行已取得辦理衍生性金融商品業務之核准者（其中屬辦理期貨商業務者，並應依期貨交易法之規定取得許可），得開辦各種衍生性金融商品及其商品之組合，並於開辦後『十五日內』檢附商品特性說明書、法規遵循聲明書及風險預告書報本會備查。但下列商品應依第二項至第五項及第八條規定辦理：……二、新種臺股股權衍生性金融商品。……」故(C)選項的非新種臺股股權衍生性金融商品係以開辦後『十五日內』檢附商品特性說明書、法規遵循聲明書及風險預告書報金融監督管理委員會備查。

46 (B)。銀行向屬法人之一般客戶提供衍生性金融商品交易服務，應訂定向客戶交付產品說明書及風險預告書之內部作業程序，並依該作業程序辦理。銀行與一般客戶完成衍生性金融商品交易後，應提供交易確認書（應包含交易確認書編號）予客戶。

47 (A)。(1)《銀行辦理衍生性金融商品業務內部作業制度及程序管理辦法》第25-1條規定：「……一、屬匯率類之複雜性高風險商品：(一)契約期限不得超過一年。(二)契約比價或結算期數不得超過十二期。(三)非避險目的之交易之個別交易損失上限，不得超過平均單期名目本金之三點六倍。……」(2)500千美元*3.6(倍)=1,800(千美元)。

48 (A)。《銀行辦理衍生性金融商品業務內部作業制度及程序管理辦法》第11條：「銀行辦理衍生性金融商品業務，應建立風險管理制度，對於風險之辨識、衡量、監控及報告等程序落實管理，並應遵循下列規定辦理：一、銀行辦理衍生性金融商品，應經適當程序檢核，並由高階管理階層及相關業務主管共同參考訂定風險管理制度。對風險容忍度及業務承作限額，應定期檢討提報『董（理）事會』審定。……」

49 (C)。Vega值＝選擇權標的物價值之波動率變動1%時，選擇權價值變動額。

解答與解析

50 (C)。一般金融機構所採行的限額控制方式約可分為盈餘或資本暴險限額、停損限額（Loss Control Limit）、缺口限額（Gap Limit）、交易量限額（Volume Limit）及選擇權限額（Option Limit）等五種。

51 (A)。(1)殖利率曲線平行移動表示所有到期年限之債券收益改變幅度皆相同，殖利率曲線平行移動有期間結構風險。(2)不同市場利差變化的風險為基差風險。(3)不同貨幣利差變化的風險為匯率風險。

52 (D)。相對風險－期望報酬＝絕對風險，因此絕對風險＝8.6%－5%＝3.6%

53 (D)。X1年1月1日之總帳面金額＝$105,000＋$1,000＝$106,000
攤銷後成本＝$106,000－$2,000＝$104,000

54 (A)。避險性：經指定為避險用途且合乎避險條件之衍生性金融商品，才適用特殊避險會計處理。一般而言，除發行選擇權不宜被指定為避險工具外，與企業個體外部交易之衍生性商品若符合前述之避險條件，皆可被指定為避險工具。

55 (D)。透過損益按公允價值衡量之金融負債－流動：(一)持有供交易之金融負債：1.其發生主要目的為近期內再買回。2.於原始認列時即屬合併管理之可辨認金融工具組合之一部分，且有證據顯示近期該組合為短期獲利之操作模式。3.除財

務保證合約或被指定且為有效避險工具外之衍生金融負債。

56 (B)。銀行辦理結構型商品所收本金不視為存款，不得納入各項法定比率或限額之存款總餘額，並應帳列「其他金融負債」項下另設「結構型商品所收本金」子科目。（金管銀法字第09910003990號令）

57 (D)。本題係避險工具與被避險項目間之公平價值或現金流量之變動能完全抵銷，視該避險為高度有效。

58 (D)。(1)非避險情形下，賣出選擇權收取的權利金，應認列為持有供交易之金融負債。(2)非避險情形下，買進選擇權支付的權利金，初始交易日認列透過損益按公允價值衡量之金融資產，若到期未履約，應認列本期損失增加，故應認到本期損失增加500元。

59 (A)。數位選擇權又稱二分法選擇權（Binary Option），以投機目的為主，可分為歐式選擇權或美式選擇權。
買賣雙方約好在選擇權有效期間內，設定一個barrier的匯價，如果在到期日或到期日前觸及（One Touch）或未觸及（No Touch）barrier價格，則買方可收到雙方約定好的一定金額（pay out amount）。

60 (C)。$(8000/8100) \times 100 = 98.7654$
$98.7654 - 96.59 = 2.1754$
$2.1754/96.59 \times \dfrac{12}{6} = 4.5\%$

第11期 衍生性金融商品概論與實務

( ) 1 依「銀行辦理衍生性金融商品自律規範」規定，有關商品及交易條件應記載事項，下列敘述何者錯誤？ (A)計價幣別、交易日／生效日／到期日 (B)計價幣別到期本金保本率 (C)連結標的類別或資產 (D)交易延後到期之約定。

( ) 2 依「銀行辦理衍生性金融商品自律規範」規定，銀行向專業機構投資人（PII）、高淨值投資法人（HWII）以外之客戶提供結構型商品交易服務之行銷過程控制，下列敘述何者錯誤？ (A)應向客戶宣讀客戶須知之重要內容並以錄音方式保留紀錄，不得以交付書面取代之 (B)應充分揭露並明確告知各項費用、收取方式及可能涉及風險等 (C)應提供產品說明書 (D)對專業機構投資人，銀行得依其內部程序辦理。

( ) 3 專業客戶分為專業機構投資人（PII）、高淨值投資法人（HWII）及其他專業客戶，其中其他專業客戶中的專業法人或基金的最近一期會計師查核或核閱之財務報告總資產必須超過多少？並同意免責及申請，才可以成為專業投資人。 (A)5,000萬 (B)1億 (C)1.5億 (D)2億。

( ) 4 依「銀行辦理衍生性金融商品自律規範」規定，銀行應於結構型商品交易文件中提醒客戶承作本商品之重要注意事項，下列敘述何者錯誤？ (A)商品設計或條件不同客戶所暴露之風險程度可能不同 (B)現金交割可能發生部分或全部利息、本金減損之風險 (C)非現金交割可能發生本金將依約定轉換成標的資產之情事 (D)現金交割可能必須承擔再投資風險。

( ) 5 「銀行辦理衍生性金融商品業務內部作業制度及程序管理辦法」係依據下列何項法律授權訂定？(A)銀行法 (B)期貨交易法 (C)證券交易法 (D)票券金融管理法。

( ) 6 下列何種商品不適用「銀行辦理衍生性金融商品業務內部作業制度及程序管理辦法」？(A)期貨 (B)選擇權 (C)結構型商品 (D)結構型債券。

( ) **7** 銀行不得與下列何類客戶辦理複雜性高風險商品？ (A)自然人客戶 (B)以避險為目的之一般法人客戶 (C)專業機構投資人 (D)高淨值投資法人。

( ) **8** 依「銀行辦理衍生性金融商品業務內部作業制度及程序管理辦法」，銀行辦理衍生性金融商品，應向其申報相關交易資訊之機構，不包括下列何者？ (A)金融監督管理委員會 (B)財團法人中華民國證券櫃檯買賣中心 (C)財團法人金融聯合徵信中心 (D)中央銀行。

( ) **9** 有關衍生性金融商品部位之評價頻率，其為銀行本身業務需要辦理之避險性交易者，應：(A)至少每週評估一次 (B)至少每月評估一次 (C)應即時評估 (D)應每日以市價評估。

( ) **10** 下列何者非屬陽春型選擇權？ (A)Call or Put Strips (B)Interest Rate Collars (C)Interest Rate Caps (D)Digital Option。

( ) **11** 依「銀行辦理衍生性金融商品業務內部作業制度及程序管理辦法」規定，下列何者屬於所稱複雜性高風險商品？ (A)銀行以交易相對人身份與客戶承作固定收益商品 (B)客戶承作為期半年每月比價之隱含賣出選擇權商品 (C)一次簽約之多筆交易，客戶隨時可就其中特定交易解約之一系列陽春選擇權 (D)一次簽約之多筆交易，客戶隨時可就其中特定交易解約之一系列遠期外匯。

( ) **12** 依銀行業辦理外匯業務管理辦法規定，有關銀行辦理涉及新臺幣匯率之外匯衍生性商品業務，下列敘述何者錯誤？ (A)與客戶承作遠期外匯，須查核其實際外匯需求之交易文件 (B)同筆外匯收支需求，不可重複簽約交易 (C)到期時客戶因為實際外匯需求而展期，經確認交易文件，則可依原價格展期 (D)到期時依當時市價展期。

( ) **13** 指定銀行辦理外匯衍生性商品業務前，下列何者不須先向中央銀行申請許可？ (A)指定銀行總行授權其指定分行辦理函報備查之外匯衍生性商品推介業務 (B)無本金交割新臺幣遠期外匯交易業務 (C)涉及新臺幣匯率之外匯衍生性商品業務 (D)外幣保證金代客操作業務。

( ) **14** 下列何者不屬於利率風險？ (A)殖利率曲線平行移動所引發的債券價格波動 (B)殖利率曲線形狀改變所引發的債券價格波動 (C)倫敦LIBOR與美國基本放款利率之間的利差關係改變所引發的基差風險 (D)股票無法即時賣出所造成的價格損失。

( ) **15** 衡量流動性風險的最佳指標為： (A)風險值 (B)Beta係數 (C)買賣價差 (D)Sharpe指標。

( ) **16** 下列何者不屬於選擇權風險的衡量方法？ (A)Delta法 (B)敏感度分析法 (C)共變異數法 (D)模擬法。

( ) **17** 信用分析有助於信用額度與個別信用額度的制定，而信用分析的內容亦可比照傳統授信業務的五P原則來審核，下列何者錯誤？ (A)Purpose (B)Payment (C)Price (D)Protection。

( ) **18** 有關非避險衍生工具之衡量與分類，下列何者正確？ (A)透過損益按公允價值衡量 (B)透過其他綜合損益按公允價值衡量 (C)後續按攤銷後成本衡量 (D)權益法投資。

( ) **19** 有關嵌入式衍生工具，下列敘述何者錯誤？ (A)指包含在混合工具之衍生工具 (B)實務上所稱之結構型商品即為IFRS 9所稱之混合工具 (C)其會計處理議題在於應否與主契約分開列帳 (D)其主契約必屬於IFRS 9範圍內之資產。

( ) **20** 在國外營運機構淨投資之避險會計下，當處分國外營運機構時，帳上認列為權益調整項目之累積利益或損失應如何處理？ (A)自其他綜合損益重分類為損益，作重分類調整 (B)仍舊放在其他綜合損益項目項下 (C)作為國外營運機構淨投資帳面價值之調整 (D)重分類至保留盈餘。

( ) **21** 就期貨價格和現貨價格的變動而言，下列何者具有領先變動的特性？ (A)期貨價格 (B)現貨價格 (C)同時變動 (D)視情形而定。

( ) **22** 臺灣市場上所稱之「連動債」或「結構債」，其本質係屬於下列何者？ (A)外幣存款 (B)外幣債券 (C)衍生性證券 (D)固定收益證券。

（　）**23** 衍生性金融商品不具備下列何種功能？　(A)風險管理　(B)投機交易　(C)促進市場的完整性　(D)管制套利。

（　）**24** 「利率上限」（interest rate cape）簡稱為Cap，下列敘述何者正確？　(A)利率買權　(B)利率賣權　(C)利率交換　(D)利率期貨。

（　）**25** 買進利率上下限（interest rate collar），下列敘述何者正確？
(A)同時買進一個「利率上限」，以及買進一個「利率下限」
(B)同時賣出一個「利率上限」，以及賣出一個「利率下限」
(C)同時買進一個「利率上限」，以及賣出一個「利率下限」
(D)同時賣出一個「利率上限」，以及買進一個「利率下限」。

（　）**26** 期貨之集中交易市場其成交的撮合原則為何？　(A)價格優先　(B)時間優先　(C)價格優先，其次為時間優先　(D)時間優先，其次為價格優先。

（　）**27** 根據交換（Swap）市場的慣例，「支付固定利率，收取浮動利率」的投資人係指利率交換的：　(A)買方　(B)賣方　(C)造市者　(D)承銷者。

（　）**28** 某一檔債券允許發行銀行於債券發行滿一年之後，可以隨時將債券買回，向投資人買回的金額訂為：
債券面額×〔1＋4.5%〕。對於發行銀行而言，此債券相當於提供給發行銀行一個：　(A)歐式買權　(B)美式買權　(C)歐式賣權　(D)美式賣權。

（　）**29** 與條件相同的普通債券相比，附賣回權債券的發行利率應該：　(A)較高　(B)較低　(C)不變　(D)無法確定。

（　）**30** 下列何種衍生性商品的報酬與風險具有不對稱的非線性風險型態？　(A)期貨　(B)交換　(C)選擇權　(D)遠期契約。

（　）**31** 下列何者不屬於市場風險以「量」控制的方法？　(A)缺口限額　(B)停損限額　(C)獲利限額　(D)資本暴險限額。

（　）**32** 下列四種債券的票息的計息方式，何者為反浮動計息商品？
(A)LIBOR＋0.60% p.a.　　　　(B)Max〔10%-2*(LIBOR), 0%〕
(C)6% p.a.　　　　　　　　　(D)2*LIBOR–2%, floor at 1%。

( ) **33** 「保本型」結構型債券可視為零息票債券與下列何者之組合？
(A)買入選擇權 (B)賣出選擇權 (C)期貨契約 (D)遠期契約。

( ) **34** 有關加值型外幣組合式商品，下列敘述何者錯誤？ (A)總收益率
為存款利率加權利金收入佔存款金額之比率 (B)保息不保本 (C)
收益愈高代表投資人未來潛在的匯兌損失也愈高 (D)總收益率常
遠高於原存款利率。

( ) **35** 雙元組合式商品所連結的外幣選擇權為加註失效條款的賣權，下列
敘述何者錯誤？ (A)加註失效條款，降低了選擇權未來被執行的
可能性 (B)匯率一旦被碰觸，投資人並無轉換本金的義務 (C)碰
觸匯率愈接近轉換匯率，商品收益率愈高 (D)碰觸匯率往轉換匯
率兩側擴散時，商品收益率愈高。

( ) **36** A公司以7.0%的價格買入1百萬美元的3X9遠期利率協定，三個月
後，LIBOR美元的利率上升為8.0%，請問A公司可向對手收取（或
支付）的金額最接近下列何者？ (A)收取$4,859 (B)收取$5,000
(C)支付$4,859 (D)支付$5,000。

( ) **37** CDOs以發行動機可分為哪兩種？ (A)合成性CDOs和現貨式CDOs
(B)合成性CDOs和套利型CDOs (C)合成性CDOs和資產負債表型
CDOs (D)套利型CDOs和資產負債表型CDOs。

( ) **38** 已知目前美元的即期匯率為33.00新台幣，3個月期的美元利率為
1.2%，3個月期的新台幣利率為1.0%，則3個月期的美元遠期匯率
為多少？ (A)32.8825 (B)32.9835 (C)32.9925 (D)33.0125。

( ) **39** 王大牛以每股160元買入台積電股票後，同時以每單位10元的代價
買入等部位、履約價格為180元、到期期間三個月的台積電賣權，
屆期時若台積電股價為170元且忽略交易成本，則王大牛之整體投
資報酬為何？ (A)$5 (B)$10 (C)$15 (D)$20。

( ) **40** 假設某99%保本型外幣組合式商品交易條件如下，30天期美元存
款利率=0.12%，本金=USD200,000，銀行手續費=USD500，請
問該商品可供運用買入選擇權支出為何？ (A)USD1,520 (B)
USD2,000 (C)USD2,020 (D)USD2,120。

( ) **41** 銀行業未涉及新臺幣匯率之商品,如連結同一風險標的,透過相同
交易契約之再組合商品得逕行辦理。下列何者符合?
(A)匯率選擇權再組合成匯率期貨
(B)遠匯交易再組合換匯交易
(C)匯率選擇權再與多個匯率選擇權組合
(D)利率選擇權再組合成匯率選擇權。

( ) **42** 指定銀行辦理外匯衍生性商品業務,必須遵循相關規範,有關規範
的敘述,下列何者錯誤? (A)央行訂定之「銀行業辦理外匯業務
管理辦法」 (B)金管會訂定之「銀行辦理衍生性金融商品業務內
部作業制度及程序管理辦法」 (C)銀行公會訂定之自律規範 (D)
央行與金管會的函令不是規範,是修法前的準備。

( ) **43** 銀行辦理涉及新臺幣匯率之有本金交割遠匯(DF)與無本金交割遠
匯(NDF)之規範,下列敘述何者錯誤?
(A)DF交易要查核實際外匯收支文件,NDF交易無須文件
(B)NDF交易對象以國內指定銀行及指定銀行本身之海外分行、總
(母)行及其分行為限
(C)DF交易可以展期,NDF交易不得展期
(D)到期結算時,DF須全額交割,NDF可選擇全額或差額交割。

( ) **44** 依「銀行辦理衍生性金融商品業務內部作業制度及程序管理辦法」
規定,銀行向一般客戶提供結構型商品交易服務,對於交易條件標
準化且存續期限超過六個月之商品,應提供不低於幾日之契約審閱
期間? (A)三日 (B)五日 (C)七日 (D)十日。

( ) **45** 指定銀行辦理外匯衍生性商品業務之交易部門經辦人員,其須具備
之資格條件,不包括下列何者?
(A)參加國內金融訓練機構舉辦之衍生性商品及風險管理課程時數
達六十小時以上且取得合格證書
(B)通過國內金融訓練機構舉辦之衍生性金融商品銷售人員資格測
驗並取得合格證書
(C)在國內外金融機構相關外匯衍生性商品業務實習一年
(D)曾在國內外金融機構有半年以上外匯衍生性商品業務之實際經驗。

( ) **46** 依「銀行辦理衍生性金融商品業務內部作業制度及程序管理辦法」規定，銀行與特定類別客戶之交易糾紛，無法依照銀行內部申訴處理程序完成和解者，該客戶得向財團法人金融消費評議中心申請評議。下列敘述何者正確？ (A)僅適用於屬自然人之一般客戶 (B)適用於一般客戶 (C)適用於屬自然人之專業客戶 (D)僅適用於屬法人之一般客戶。

( ) **47** 指定銀行前經許可或備查之外幣衍生性商品業務，擬擴增辦理涉及人民幣或大陸地區標的者，其向中央銀行申辦之程序為何？ (A)逕行辦理 (B)開辦前申請許可(C)開辦前函報備查 (D)開辦後函報備查。

( ) **48** 依「銀行辦理衍生性金融商品自律規範」規定，結構型商品產品說明書應記載之各項費用及交易處理程序說明之應記載事項，下列敘述何者錯誤？ (A)銀行提供結構型商品服務應說明商品最低投資金額及投資金額給付方式，惟給付方式如另有約定則從其約定 (B)客戶應負擔的各項費用（如有適用）與其收取方式 (C)對交易條件標準化之商品應說明商品開始受理投資、提前到期結算及客戶申請延後終止日期 (D)交易糾紛申訴管道。

( ) **49** 若某一個選擇權的Delta值為-0.5，所代表的涵義為何？ (A)當標的上漲1元，該選擇權gamma值約略上漲0.5 (B)當標的上漲1元，該選擇權gamma值約略下跌0.5 (C)當標的上漲1元，該選擇權約略下跌0.5元 (D)當標的上漲1元，該選擇權約略上漲0.5元。

( ) **50** 有關風險值（Value at Risk）的敘述，下列何者正確？ (A)在某一信賴水準下，持有某一投資組合，經過一特定期間後，因為市場價格變動的因素，所可能發生的平均損失期望值 (B)在某一信賴水準下，持有某一投資組合，經過一特定期間後，因為市場價格變動的因素，所可能發生的最大損失期望值 (C)在某一信賴水準下，持有某一投資組合，經過一特定期間後，因為流動性風險變動的因素，所可能發生的最大損失期望值 (D)在某一信賴水準下，持有某一投資組合，經過一特定期間後，因為流動性風險變動的因素，所可能發生的最大損失金額。

（　　）**51** 殖利率曲線形狀改變的風險歸屬於下列何種風險？　(A)期間結構
風險（Term Structures Exposures）　(B)殖利率曲線風險（Yield
Curve Exposures）　(C)基差風險（Basis Risk）　(D)匯率風險
（Foreign Exchange Risk）。

（　　）**52** C金融機構發行了一個新臺幣計價，連結台灣加權股價指數的結構
型商品，6個月期，100%保本，投資者欲認購此商品必須在交易
日前一日將申購款項匯入C金融機構，請問下列敘述何者正確？
(A)在交易日後C金融機構即承擔了申購此產品投資者的信用風險
(B)C金融機構應放空台指期貨來規避市場風險　(C)由於產品保本
率為100%，代表申購此產品投資人沒有承擔任何風險，例如市場
風險、信用風險、外匯風險等　(D)在交易日後投資者承擔了C金
融機構的信用風險。

（　　）**53** 乙公司於X1年1月1日，發行三年期的公司債，面額$1,000,000、票
面利率12%，每年12月31日付息一次，在支付發行公司債之交易成
本後，乙公司淨收取現金$1,049,732（原始有效利率為10%）。公
司採用攤銷後成本法，並以有效利率法攤銷折溢價。則乙公司於
X1年12月31日對於上述公司債應有的分錄為何？　(A)借：利息費
用$104,973　(B)借：利息費用$120,000　(C)借：應付公司債溢價
$16,529　(D)借：應付公司債溢價$49,732。

（　　）**54** 甲公司於X1年2月1日賣出本身普通股1,000股之歐式買權給乙公
司，每股履約價格為$100，到期日為X2年2月1日採現金淨額交
割，收取權利金$6,000。甲公司普通股每股市價，於X1年2月1日為
$100，X1年12月31日為$102，X2年2月1日為$104，假設X1年12月
31日該買權之時間價值為$1,000，則甲公司X1年度應認列有關上述
交易之損益為：　(A)利益$1,000　(B)利益$3,000　(C)利益$5,000
(D)利益$6,000。

（　　）**55** 銀行出售結構型商品予客戶，該商品為本金連結個股選擇權，則當
銀行收到本金時，會計上應列為下列何者？　(A)股票投資　(B)債
券投資(C)備供出售金融資產　(D)金融負債。

( ) **56** 有關衍生性商品會計處理之敘述，下列何者正確？ (A)承作期貨交易所繳之保證金，係代表該筆期貨交易承作時之公允價值 (B)遠期外匯合約若以公允匯率成交，該契約於承作當時之公允價值應為零 (C)遠期外匯若被指定為避險工具即可不需按公允價值評價 (D)衍生性商品若採用避險會計處理，則不須再以公允價值衡量入帳。

( ) **57** 從事非避險性質之買入外匯遠期交易，期末時公允價值由0變為負5,000元，請問對財務報告之影響，下列何者正確？ (A)本期利益增加5,000元 (B)本期損失增加5,000元 (C)本期資產增加5,000元 (D)對財務報告不會有影響。

( ) **58** 依會計準則之規定，混合工具發行價格為105元，其中主契約之公允價值為99元，嵌入式衍生工具公允價值無法單獨可靠衡量，則分離嵌入式衍生工具之價值時，金額為何？ (A)0元 (B)5元 (C)6元 (D)無法計算。

( ) **59** 投資人有美元存款，欲承作連結歐元之雙元貨幣組合式商品，所連結的外幣選擇權為何？ (A)買入（EUR PUT/USD CALL） (B)賣出（EUR PUT/USD CALL） (C)賣出（EUR CALL/USD PUT） (D)買入（EUR CALL/USD PUT）。

( ) **60** 投資人承作雙元貨幣產品，交易條件如下，承作本金：美元100,000、計價貨幣為美元、連結貨幣為歐元、轉換匯率為1.2500、到期匯率為1.2600，期末若轉換，僅本金轉換，請問投資人到期領取之本金幣別與金額，下列何者正確？ (A)歐元81,300.81 (B)歐元80,000.00 (C)美元81,300.81 (D)美元100,000.00。

解答與解析 （答案標示為#者，表官方曾公告更正該題答案。）

1 (D)。銀行辦理衍生性金融商品自律規範第7條規定：「第五條第二款所稱商品或交易條件，及最大可能損失與情境說明，應記載下列事項：……六、交易條件如有提前到期約定，應載明提前到期之條件或說明銀行得提前到期之權利、結算應付款數額之金額或計算方式。

2 (A)。《銀行辦理衍生性金融商品自律規範》第3條:「……三、向客戶宣讀或以電子設備說明客戶須知之重要內容,並以錄音方式保留紀錄或以電子設備留存相關作業之軌跡。但對專業客戶得以交付書面(紙本或電子郵件等)或影音媒體方式取代之。」

3 (B)。《銀行辦理衍生性金融商品業務內部作業制度及程序管理辦法》第3條:「……三、同時符合下列條件,並以書面向銀行申請為專業客戶之法人或基金:
(一)最近一期經會計師查核或核閱之財務報告總資產『超過新臺幣一億元』。
(二)經客戶授權辦理交易之人,具備充分之金融商品專業知識、交易經驗。
(三)客戶充分了解銀行與專業客戶進行衍生性金融商品交易得免除之責任後,同意簽署為專業客戶。

4 (D)。現金交割可能發生部分或全部利息、本金減損或其他損失之風險。

5 (A)。《銀行辦理衍生性金融商品業務內部作業制度及程序管理辦法》第1條規定:「本辦法依銀行法(以下簡稱本法)第四十五條之一第四項規定訂定之。」

6 (D)。根據《銀行辦理衍生性金融商品業務內部作業制度及程序管理辦法》第2條,本辦法所稱衍生性金融商品係指其價值由利率、匯率、股權、指數、商品、信用事件或其他利益及其組合等所衍生之交易契約及第二項所稱之結構型商品,不含資產證券化商品、結構型債券、可轉(交)換公司債等具有衍生性金融商品性質之國內外有價證券及「境外結構型商品管理規則」所稱之境外結構型商品。

7 (A)。《銀行辦理衍生性金融商品業務內部作業制度及程序管理辦法》第25-1條:「銀行不得與下列客戶辦理複雜性高風險商品:一、自然人客戶。二、非避險目的交易且屬法人之一般客戶。」

8 (D)。依《銀行辦理衍生性金融商品業務內部作業制度及程序管理辦法》第5、9、20條,銀行辦理衍生性金融商品,應向其申報相關交易資訊之機構包括:金融監督管理委員會、財團法人中華民國證券櫃檯買賣中心、財團法人金融聯合徵信中心。

9 (B)。根據《銀行辦理衍生性金融商品業務內部作業制度及程序管理辦法》第11條第3項,衍生性金融商品部位之評價頻率,其為銀行本身業務需要辦理之避險性交易者,應至少每月評估一次。

10 (D)。所謂陽春型選擇權係指:選擇權到期結算為Max(ST-K,0)or Max(K-ST,0)的型態,其中ST為選擇權到期日時的資產平均資產價格。依此定義,如digital/binary option, barrier option等則非屬陽春型選擇權。

11 (B)。複本辦法所稱複雜性高風險商品，係指具有結算或比價期數超過三期且隱含賣出選擇權特性之衍生性金融商品，但不包括：
(1) 前項所稱結構型商品。
(2) 交換契約（Swap）。
(3) 多筆交易一次簽約，客戶可隨時就其中之特定筆數交易辦理解約之一系列陽春型選擇權（Plain vanilla option）或遠期外匯。
(4) 其他經主管機關核定之商品類型。

12 (C)。辦理外幣間遠期外匯及換匯交易，展期時應依當時市場匯率重訂展期價格，不得依原價格展期。

13 (A)。(1)《銀行業辦理外匯業務管理辦法》第12條規定：「……指定銀行辦理前項以外之外匯衍生性商品業務，應依下列類別，向本行申請許可或函報備查：一、開辦前申請許可類：(一)首次申請辦理外匯衍生性商品業務。(二)尚未開放或開放未滿半年及與其連結之外匯衍生性商品業務。(三)無本金交割新臺幣遠期外匯交易業務。(四)涉及新臺幣匯率之外匯衍生性商品，及其自行組合、與其他衍生性商品、新臺幣或外幣本金或其他業務、產品之再行組合業務。(五)外幣保證金代客操作業務。……」(2)指定銀行總行授權其指定分行辦理函報

備查之外匯衍生性商品推介業務，不須先向中央銀行申請許可。

14 (D)。利率風險是指因利率變化而引起衍生性商品部位的市場變化的風險。
股票無法即時賣出所造成的價格損失不屬於利率風險。

15 (C)。(A)風險值的原始目的係用來描述複雜投資組合的風險暴露程度，同時整合風險發生機率與損失金額之概念。可用來表達不同交易活動及投資活動所隱含的風險大小外，亦可用來作為與外部溝通、或進行跨資產比較的風險衡量工具。(B)Beta係數是一項衡量產品或投資組合之系統性風險的指標，用於評估該金融商品或投資組合與總體市場波動性的比較。(D)Sharpe指標：夏普指數，衡量一項投資（如證券或投資組合）在對其調整風險後，相對於無風險資產的表現。定義為投資收益與無風險收益之差的期望值，再除以投資標準差（即其波動性）。它代表投資者額外承受的每一單位風險所獲得的額外收益。

16 (C)。一般衡量市場風險的因素有：敏感度、波動度、風險值，選擇權風險的衡量方法有Delta法、敏感度分析法、模擬法。

17 (C)。
(1)People授信戶：評估企業及負責人的信用狀況、公司經營獲利能力、與銀行往來情形。

(2) Purpose資金用途：評估借款資金運用計劃是否合情、合理、合法，明確且具體可行，切忌資金挪作他用。

(3) Payment還款來源：分析授信戶還款來源的可信度，且還款來源與借款資金用途有其關連性。

(4) Protection債權確保

A. 評估授信戶的還款來源與債權（擔保品），並對擔保品進行鑑估價值與安全性。

B. 當借款戶不能就其還款來源履行還款義務時，銀行仍可藉由處分擔保品而如期收回放款來確保債權。

(5) Perspective未來展望：整體經濟金融情勢對授信戶行業別的影響，及企業未來的發展性加以分析衡量。

18 (A)。非避險衍生工具之公允價值變動數，應列入透過損益按公允價值衡量，其會計處理應直接計入損益。

19 (D)。嵌入式衍生性金融商品應與主契約分別認列，並依獨立之衍生性金融商品處理之，有關主契約部分則依其屬金融商品或非金融商品之性質，採用相關公報之規定處理。

20 (A)。當處分國外營運機構時，多少金額應自權益重分類至損益作為重分類調整：

(1) 當處分被避險之國外營運機構時，帳列母公司有關避險工具

與國外營運機構之外幣換算準備，有多少金額應從母公司合併財務報表之權益重分類至損益。

(2) 合併方法是否會影響決定自權益重分類至損益的金額。

21 (A)。在上漲趨勢中，期貨領先現貨上漲，市場預期心理後勢看好，若基差發散則有助漲力道，若收歛表示漲勢趨緩。在下跌趨勢中，期貨亦領先現貨止跌，市場預期心理後市有撐，若基差發散則有止跌力道，若收歛表示跌勢將趨急。（基差：係指期貨到期日應與期貨價格相同，但未到期日前，因買賣關係使期貨價格高於或低於現貨價格，因此，兩者產生價格差異，又稱之期貨與現貨之價差。基差＝現貨－期貨）。

22 (C)。「連動債」或「結構債」結合固定收益商品與衍生性金融商品的投資工具，固定收益部份提供投資金額的基本利息收益，而變化多端的衍生性商品部份則負責提供槓桿效果，加強收益，或是改變風險承受的模式。

23 (D)。衍生性金融商品的主要功能包括可作為風險管理的工具、價格發現、具有投機交易，以及促進市場的效率性及完整性等，不包括管制套利功能。

24 (A)。利率上限（Cap）：為利率買權，指在約定的比價日，市場指標利率高於履約利率時，利率選擇權之買方得依履約利率與指標利率

間收取利息差額的權利。對以浮動利率進行籌資之企業而言，可將長期負債的利息成本完全鎖定在一定水準之下，將可有效規避企業利率風險。

25 (C)。買進利率上下限契約即為同時買進一個利率上限契約和賣出一個利率下限契約的組合，買方可將利率鎖定在一定的範圍內達到避險目的，成本又較利率上限契約為低。

26 (C)。買賣成交優先順序：撮合依價格優先及時間優先原則依續成交，買賣申報之優先順序原則決定如後。

27 (A)。付固定利率之利率交換選擇權（Payer's Swaption）：此契約賦予選擇權的買方有權進入一個「支付固定利率、收取浮動利率的利率交換契約」，一旦未來交換利率高於執行價格時，買方將會選擇執行契約，如此將可享有以較低交換利率進行利率交換的好處。

28 (B)。美式買權可以在契約到期前的任意時點都可以行使，故題幹所述之可隨時買回債券相當於提供給銀行一個美式買權。

29 (B)。可賣回債券（Putable Bond）是債券持有人（投資人）擁有一個額外的權利，可以按照特定的價格，在債券到期日之前強制賣回給債券發行人。
對投資人來說，投資債券就是想賺取利息報酬，當市場利率升高時，

一般來說，手上債券的利息可能會低於市場行情，所以會導致手上現有債券價值下跌。這時可賣回債券就有額外優勢，因為投資人有權將債券賣回，不用擔心利率上升造成現有債券價值下跌的問題，並將所得資金投資於其他更高殖利率的債券，來獲得更高的報酬。
因為可賣回債券對投資人較有利、對發行人比較不利，所以這種債券在發行時通常票面利率較低，因為要彌補債券發行人的損失。

30 (C)。選擇權具有報酬不對稱性之特性，其非線性之特殊報酬型態無法輕易由既存之證券來加以複製。依其特性，可重新建構資產報酬形式，有利投資人創造所希冀之投資報酬分配及承擔風險樣態，以規避持有現貨部位之風險或透過選擇權組合運用鎖定標的證券價格區間之損益波動。

31 (C)。市場風險以「量」控制的方法有：缺口限額、停損限額、資本暴險限額等。

32 (B)。反浮動利率債券的票面利率，是由一個固定利率減去指標利率。

33 (A)。所謂保本型結構型商品為透過固定收益商品的孳息來投資衍生性商品，泛指結合固定收益商品（如：零息債券）及衍生性金融商品（如：買選擇權）的投資工具。

34 (A)。收入為投資本金之資金運用收益＋權利金收入

總收益率＝(投資本金之資金運用收益＋權利金收入)／存款金額

35 (C)。碰觸匯率越接近轉換匯率，商品收益率將越低。

36 (A)。$1,000,000 \times (8\% - 7\%) \times \dfrac{485}{360}$

$\times (1 + 8\% \times \dfrac{485}{360}) = \$4,859$（收利息）

37 (D)。一般的CDO可分為兩種類型：資產負債表型（Balance Sheet）與套利型（Arbitrage）。此兩者的不同之處，在於金融機構之初始發行動機以及標的資產組合來源。

38 (B)。$33 - [33 \times (1.2\% - 1.0\%) \times \dfrac{3}{12}]$

$= 33 - [33 \times (0.002 \times \dfrac{3}{12})] = 33 -$
$(33 \times 0.005) = 33 - 0.0165 = 32.9835$

39 (B)。買入賣權代表看跌未來走勢，若未來股價低於160元，則可以履約價格180執行該賣權，而今台積電股價為170，未低於160，故不可執行該賣權。

當初以160買入台積電股票，後股價來到170，故整體報酬為170－160=10。

40 (A)。$(200,000 \times 1\%) +$

$(200,000 \times 0.12\% \times \dfrac{30}{360}) - 500$

$= 2,000 + 20 - 500$

$= 1,520$（USD）

41 (C)。銀行業辦理外匯業務管理辦法第12條：三、依規定已得辦理未涉及新臺幣匯率之外匯衍生性商品，連結同一風險標的，透過相同交易契約之再行組合，但不含對專業機構投資人及高淨值投資法人以外之客戶辦理涉及外匯之複雜性高風險商品。

42 (D)。指定銀行辦理外匯信用衍生性金融商品交易業務，應依據本規範及中央銀行訂定之相關外匯法規辦理。

43 (D)。無本金交割遠匯（NDF）與DF最大的差異即NDF合約到期時無須交割本金。

44 (C)。《銀行辦理衍生性金融商品業務內部作業制度及程序管理辦法》第30條第1項第2點規定，銀行向一般客戶提供結構型商品交易服務，應盡告知義務；對於交易條件標準化且存續期限超過六個月之商品，應提供一般客戶不低於七日之審閱期間審閱結構型商品相關契約；對於無須提供審閱期之商品，應於產品說明書上明確標示該商品並無契約審閱期間。

45 (B)。根據《銀行業辦理外匯業務管理辦法》第14條，指定銀行辦理第四條第一項第七款外匯衍生性商品業務之經辦及相關管理人員，應具備下列資格條件之一：一、參加國內金融訓練機構舉辦之衍生性商品及風險管理課程時數達六十小時以上且取得合格證書，課程內容須

包括外匯衍生性商品交易理論與實務、相關法規、會計處理及風險管理。二、在國內外金融機構相關外匯衍生性商品業務實習一年。三、曾在國內外金融機構有半年以上外匯衍生性商品業務之實際經驗。

46 (B)。客戶與銀行發生爭議時得以下列方式尋求協助：
A.銀行與一般客戶之交易糾紛，無法依照銀行內部申訴處理程序完成和解者，該客戶得向財團法人金融消費評議中心申請評議或調解。
B.向金融監督管理委員會申訴。

47 (A)。指定銀行前經許可或備查之外幣衍生性商品業務，擬擴增辦理涉及人民幣或大陸地區標的者，無須另為申請或函報備查，得逕行辦理。

48 (C)。對交易條件標準化之商品應說明商品開始受理投資、提前到期結算及客戶申請提前終止日期。

49 (C)。Delta值（δ），又稱對沖值：是衡量標的資產價格變動時，期權價格的變化幅度。用公式表示：Delta＝期權價格變化／期貨價格變化。若權證Delta值為0.5，代表標的股價變動1元，權證會上漲0.5元；若某一個選擇權的Delta值為-0.5，代表標的股價變動1元，權證會下跌0.5元。

50 (B)。風險值係以一金額數字來表達金融商品或投資組合在特定持有期間及特定信賴水準下之最大可能損失。

風險值的原始目的係用來描述複雜投資組合的風險暴露程度，同時整合風險發生機率與損失金額之概念。
風險值除可用來表達不同交易活動及投資活動所隱含的風險大小外，亦可用來作為與外部溝通、或進行跨資產比較的風險衡量工具。

51 (B)。殖利率曲線平行移動表示所有到期年限之債券收益改變幅度皆相同，殖利率曲線平行移動有期間結構風險。
不同市場利差變化的風險為基差風險。
不同貨幣利差變化的風險為匯率風險。

52 (D)。(1)當投資者購買了此新臺幣計價，6個月期100%保本，產品參與率為50%之連結台灣加權股價指數的結構型商品後，代表在交易日後投資者承擔了C金融機構的信用風險，故C金融機構亦無須透過放空台指期貨來規避市場風險。(2)雖然產品保本率為100%，但申購此產品投資人仍有承擔風險，例如市場風險、信用風險、外匯風險等。

53 (A)。利息費用＝$1,049,732×10%＝$104,973（借記）

54 (B)。X1年度應認列有關上述交易之損益＝$6,000－（$102－$100）×1,000－$1,000＝$3,000（利益）

55 (D)。銀行出售結構型商品予客戶，該商品為本金連結個股選擇權，則當銀行出售結構型商品予客

戶時，則對銀行而言是產生了一項未來必須償還的負債，銀行會計上應分類為「其他金融負債」。

56 (B)。(1)期貨保證金，是對於期貨本身價值變化的「保證」。因為期貨本身就是在交易「商品的未來」，當價值產生漲跌的時候，持有期貨的人就有可能獲利或是虧損。(2)遠期外匯既為衍生工具，除被指定為有效避險工具外，應列為透過損益按公允價值衡量之金融資產。(3)若符合避險會計，視為透過損益按公允價值衡量之金融資產，故以公允價值衡量入帳。

57 (B)。外匯合約之外幣交易分為為「避險」性質及「非避險」性質兩種。其中非避險衍生工具之公允價

值變動數，其會計處理應直接計入損益。
故期末公允價值由0變為-5000，本期應計入損失5,000。

58 (C)。混合工具＝主契約＋嵌入式衍生工具×混合工具發行價格105元－主契約之公允價值99元＝嵌入式衍生工具公允價值，故105－99＝6

59 (B)。投資人有美元存款，欲承作連結歐元之雙元貨幣定存，所連結的外幣選擇權為賣出（EUR PUT／USD CALL）。

60 (D)。若到期匯率低於轉換匯率，則需轉換。本題到期匯率為1.26大於轉換匯率1.25，故無需轉換。

第**12**期 衍生性金融商品概論與實務

( ) **1** 銀行辦理衍生性金融商品業務內部作業制度及程序管理辦法所稱複雜性高風險商品，係指具有結算或比價期數超過多少期且隱含賣出選擇權特性之衍生性金融商品？　(A)1期　(B)2期　(C)3期　(D)4期。

( ) **2** 有關境外結構型商品之敘述，下列何者正確？　(A)境外結構型商品發行機構之分公司，係指經金管會核准設立之外國銀行在臺分行、外國券商在臺分公司或外國保險公司在臺分公司　(B)受託或銷售機構得提供贈品勸誘他人購買境外結構型商品　(C)證券商受託買賣境外結構型商品後，應進行逐案電話訪問，確認客戶已了解相關風險　(D)受託或銷售機構得為境外結構型商品績效之臆測。

( ) **3** 有關金融監督管理委員會對於銀行辦理結合存款與衍生性金融商品之結構型商品業務之規定，下列敘述何者錯誤？　(A)銀行不得以客戶不願接受客戶風險屬性分析為由，免除辦理KYC程序　(B)銀行應避免與高齡、教育水準較低等弱勢族群客戶承作結構型商品交易，以減少交易糾紛　(C)銀行辦理結合存款與衍生性金融商品之結構型商品，其存款成分均有100%保障　(D)相關銷售文件應以粗顯字體明確標示該衍生性商品成分之風險，以及對商品整體報酬之影響及最大損失。

( ) **4** 銀行向專業機構投資人及高淨值投資法人以外之客戶，提供非屬結構型商品之衍生性金融商品交易服務，銀行核給或展延客戶交易額度時，應確認核給客戶之高風險衍生性金融商品交易額度，不得超過客戶可驗證往來資力之多少比率？(A)100%　(B)150%　(C)200%　(D)250%。

( ) **5** 銀行辦理衍生性金融商品業務，應建立風險管理制度，下列敘述何者錯誤？　(A)關於衍生性金融商品部位之評價頻率，其為交易部位者，至少每月評估一次　(B)風險容忍度及業務承作限額，應定期檢討提報董（理）事會審定　(C)辦理衍生性金融商品業務之交易及交割人員不得互相兼任　(D)應設立獨立於交易部門以外之風險管理單位。

( ) **6** 下列何者為外匯業務之行政主管機關？ (A)金融監督管理委員會 (B)中央銀行 (C)財政部 (D)經濟部。

( ) **7** 指定銀行受理個人或團體辦理金額價值多少以上之結購、結售外匯，應於確認交易相關證明文件無誤後，於訂約日立即將相關資料傳送中央銀行外匯局？ (A)等值十萬美元 (B)等值五十萬美元 (C)等值一百萬美元 (D)等值新臺幣三千萬元。

( ) **8** 銀行提供複雜性高風險商品交易，非屬匯率類之非避險目的交易契約，其比價或結算期數超過十二期者，個別交易損失上限不得超過平均單期名目本金之：(A)三倍 (B)三點六倍 (C)六倍 (D)九點六倍。

( ) **9** 依「銀行辦理衍生性金融商品業務內部作業制度及程序管理辦法」規定，下列何者屬複雜性高風險商品之範圍？
(A)結構型商品
(B)多筆交易一次簽約之一系列陽春型選擇權
(C)交換契約（Swap）
(D)歐式觸及出場遠期合約。

( ) **10** 依「銀行辦理衍生性金融商品業務內部作業制度及程序管理辦法」所稱之專業客戶，包括最近一期經會計師查核或核閱之財務報告總資產超過新臺幣多少以上之法人或基金？ (A)1,000萬元 (B)3,000萬元 (C)5,000萬元 (D)1億元。

( ) **11** 依「銀行辦理衍生性金融商品業務內部作業制度及程序管理辦法」規定，銀行辦理衍生性金融商品業務之交易、交割、推介、風險管理之經辦及相關管理人員，每年應參加國內金融訓練機構所舉辦或銀行自行舉辦之衍生性金融商品教育訓練課程時數達多少小時以上？ (A)6小時 (B)10小時 (C)12小時 (D)20小時。

( ) **12** 依「銀行辦理衍生性金融商品自律規範」規定，結構型商品於到期或依合約條件提前到期時，客戶若可取回原計價幣別本金之多少比率，係屬保本型結構型商品？(A)70% (B)80% (C)90% (D)100%。

( ) **13** 依「銀行辦理衍生性金融商品自律規範」規定，銀行向專業機構投
資人及高淨值投資法人以外之客戶提供非屬結構型商品之衍生性金
融商品交易服務，交易文件應以文字或情境分析說明交易損益之可
能變動情形。下列何種商品得以一次性之說明分析交易損益之可能
變動情形？ (A)遠期外匯 (B)賣出選擇權 (C)目標可贖回遠期
契約 (D)歐式觸及出場遠期合約。

( ) **14** 下列敘述何者錯誤？
(A)銀行辦理衍生性商品，應依相關法規及內部規定防範利益衝突
及內線交易行為
(B)為服務客戶，銀行得利用衍生性商品協助客戶遞延損失
(C)銀行辦理衍生性商品，各項業務對交易雙方之相關限制或規
定，不得因組合而有放寬或忽略之情形
(D)不得有為自身或配合客戶利用衍生性商品交易進行併購或不法
交易之情形。

( ) **15** δ（Delta）變動所引發選擇權價值變動的風險，係指下列何者？
(A)θ（Theta）風險 (B)δ（Delta）風險 (C)γ（Gamma）風險
(D)ρ（Rho）風險。

( ) **16** 信用風險評估制度的5P，不包含下列何者？ (A)Performance (B)
Purpose (C)Protection (D)Payment。

( ) **17** 衍生性商品的風險控制可分為質化與量化兩方面，下列何者不屬於
質化的控制方式？ (A)交易對手的選擇 (B)內部作業品質 (C)
缺口限額 (D)產品標的選擇。

( ) **18** 有關遠期合約作為避險工具，下列敘述何者錯誤？ (A)得將遠期
合約之即期價格及利息部分分開 (B)僅指定遠期合約之即期價格
改變作為避險工具 (C)遠期合約之利息部分排除在避險有效性評
估之外 (D)依IFRS 9規定，遠期合約皆不適用為避險工具。

( ) **19** 衍生工具於財務報表附註揭露時應包括質性及量化揭露，下列何者
非屬質性揭露？ (A)每一類型風險及其如何產生 (B)到期分析
(C)管理風險之目的、政策與程序 (D)用以衡量風險之方法。

（　　）**20** IAS 39針對避險類型分類，包括　(A)公允價值避險　(B)現金流量避險　(C)國外營運機構淨投資避險，下列敘述何者正確？　(A)僅(A)(B)　(B)僅(B)(C)　(C)僅(A)(C)　(D)(A)(B)(C)。

（　　）**21** 銀行與客戶承作一筆1年2倍槓桿，1～6期每期不計槓桿名目本金為100萬美元，7～12期每期不計槓桿名目本金為50萬美元，比價12次之USD/CNH TRF交易，其個別交易損失上限為：　(A)75萬美元　(B)270萬美元　(C)450萬美元　(D)720萬美元。

（　　）**22** 期貨交易中，市價申報與限價申報二者以何種優先撮合？　(A)市價優先　(B)限價優先　(C)優先順序一樣　(D)依輸入時間的先後決定。

（　　）**23** 在金融交換契約的演進過程中，最早出現的是下列何者？　(A)平行貸款（parallel loan）　(B)相互擔保貸款（back to back loan）　(C)換匯換利（cross currency swap）　(D)利率交換（interest rate swap）。

（　　）**24** 有關選擇權契約的敘述，下列何者正確？　(A)買方有權利，也有義務　(B)賣方有權利，也有義務　(C)買方有權利，但無義務　(D)賣方無權利，也無義務。

（　　）**25** 有關選擇權的敘述，下列何者錯誤？　(A)美式選擇權指的是買方可以在到期日前的任一時點要求行使權利　(B)歐式選擇權指的是買方必須在到期日當天要求行使權利　(C)亞洲式選擇權是一種美式選擇權的形式　(D)亞洲式選擇權，買方可以「平均即期價格」做為與履約價格比較後決定是否履行權利的基準。

（　　）**26** 保本型外幣組合式商品結構為：　(A)外幣定期存款＋賣出外幣期貨　(B)外幣定期存款＋賣出外幣遠期契約　(C)外幣定期存款＋賣出外幣選擇權　(D)外幣定期存款＋買入外幣選擇權。

（　　）**27** 某銀行之外幣組合式商品之存續期間為一個月。商品到期時，若紐幣兌美元匯價低於約定轉換匯率，投資人紐幣存款本金可獲得100%的保障並可享有4.25%的年收益率；若紐幣兌美元匯價高於或等於約定轉換匯率，投資人可享有4.25%的年收益率，但原有紐幣存款本金將依約定轉換匯率兌換為美金，下列敘述何者正確？(A)此商品不保息但保本　(B)此商品保息但不保本　(C)此商品保息也保本　(D)此商品不保息也不保本。

（　）**28** 根據交換（Swap）市場的慣例，「支付固定利率，收取浮動利率」的投資人係指利率交換的：　(A)買方　(B)賣方　(C)造市者　(D)承銷者。

（　）**29** 選擇權的Rho越高，則利率對於選擇權價格的影響？　(A)越高　(B)越低　(C)不變　(D)無法確定。

（　）**30** 甲銀行以5元的權利金賣出一檔台積電的歐式買權給投資人，其履約價格為120元，買權到期時，台積電股價為123元，在不考慮貨幣的時間價值下，請問甲銀行在此檔買權的損益為何？　(A)賠2元　(B)賠5元　(C)賺2元　(D)賺5元。

（　）**31** 若一個與日經指數連動的債券設計為其本金償還金額為「面額＊（1＋指數成長率），但是如果指數上升幅度超過140%，則該債券視為立即到期，並償還債券面額的120%」，則下列敘述何者錯誤？(A)此債券結合觸及失效選擇權　(B)當第一年指數漲幅超過40%，則投資人年報酬率為40%　(C)當指數上升幅度低於40%時，此商品為單純股權連動債券　(D)當第三年底指數漲幅才超過40%，則投資人三年平均報酬率將低於7%。

（　）**32** 雙元組合式商品，除轉換匯率外尚有碰觸匯率，有關加註碰觸失效匯率之商品，下列敘述何者錯誤？　(A)匯率一旦達碰觸匯率，選擇權已失效　(B)交易條件中加註碰觸失效條款有利於選擇權買方(C)加註碰觸失效條款商品之收益率低於未加註者　(D)碰觸匯率愈靠近轉換匯率商品收益率愈低。

（　）**33** 為了獲得高於相同天期債券的報酬，下列何者是設計「優利型」結構型商品所採取的策略？　(A)買入選擇權　(B)賣出選擇權　(C)連結交換契約　(D)連結遠期契約。

（　）**34** 若買進一口台指選擇權賣權，並同時賣出一口相同到期日、相同履約價的台指選擇權買權，該組合部位的到期損益型態近似於下列何種交易部位？　(A)買進期貨　(B)賣出期貨　(C)多頭價差　(D)空頭價差。

（　）**35** 下列何者不屬於信用衍生性商品?　(A)總報酬交換　(B)信用價差交換　(C)違約選擇權　(D)信用狀押匯。

（　）**36** 「歐洲美元」期貨契約是屬於下列何種商品？　(A)外匯期貨商品　(B)短期利率期貨　(C)中期利率期貨　(D)歐洲市場交易之特種外匯商品。

（　）**37** 銀行間報價USD：CHF即期匯率0.9756-66，兩個月換匯點15-22，若以直接匯率報價法，兩個月遠期匯率應為：　(A)0.9741-0.9744　(B)0.9771-0.9788　(C)0.9771-0.9744　(D)0.9741-0.9788。

（　）**38** 有關遠期利率協定（FRA）的敘述，下列何者錯誤？　(A)FRA是一種以「利率」為交易標的的遠期契約　(B)遠期利率協定的主要功能係可規避利率風險　(C)FRA可改善遠期性存款（Forward Deposit）資產負債表膨脹的問題　(D)遠期性存款（Forward Deposit）的信用風險較FRA低。

（　）**39** 投資人承作雙元貨幣產品，交易條件如下，承作本金：美元100,000、計價貨幣為美元、連結貨幣為歐元、轉換匯率為1.2500、到期匯率為1.2450，投資人選擇期末若轉換時，將本金與收益皆轉換，倘結構型商品總收益為USD100，投資人稅率為10%，請問投資人到期領取幣別及金額為何？　(A)美元100,090　(B)歐元80,072　(C)美元100,100　(D)歐元80,080。

（　）**40** 一檔兩年期之保本零息債券以100元名目本金發行，到期時的本金償還計算公式如下：本金償還金額＝面額×〔1＋75%×Max（0, 股價指數成長率）〕。若這兩年期間，標的股價指數由發行當時的450點下跌至300點，則投資人損益為何？(A)$0　(B)$25　(C)$75　(D)$125。

（　）**41** 銀行辦理未涉及新臺幣匯率之外匯信用違約交易的規範中，下列敘述何者錯誤？　(A)承作對象限為法人客戶　(B)國內客戶未經主管機關許可為風險承擔者，僅得承作信用風險買方　(C)國內客戶如為風險承擔者，合約信用實體不得為大陸政府、公司及其直接間接持股達30%以上之公司　(D)外匯信用違約交易包括交換契約（CDS）與選擇權契約（CDO）。

（　）**42** 指定銀行辦理外匯衍生性金融商品業務，下列何項業務為開辦前須申請？　(A)換匯交易　(B)陽春型遠匯交易　(C)外幣保證金代客操作業務　(D)指定銀行總行授權指定分行辦理經許可之外匯衍生性商品之推介業務。

（　）**43** 銀行向一般客戶提供結構型商品服務時，如客戶一年內辦理衍生性金融商品交易筆數低於幾筆，年齡為幾歲以上，銀行不得以當面洽談、電話或電子郵件寄發說明書等方式進行商品推介？　(A)5筆；65歲　(B)5筆；70歲　(C)10筆；75歲　(D)10筆；80歲。

（　）**44** 本國銀行國外分行與專業機構投資人以外之境外法人辦理衍生性金融商品交易，應向下列何者報送客戶衍生性金融商品交易額度？(A)金融監督管理委員會　(B)財團法人中華民國證券櫃檯買賣中心(C)財團法人金融聯合徵信中心　(D)經濟部投資審議委員會。

（　）**45** 有關銀行已取得辦理衍生性金融商品業務之核准者，擬開辦各種衍生性金融商品及其商品之組合，其申請程序，下列敘述何者正確？　(A)原則採事前核准制度　(B)例外明列採事後備查之商品項目　(C)非新種臺股股權衍生性金融商品採自動核准制　(D)涉及須經中央銀行許可之外匯衍生性商品，則逕向中央銀行申請。

（　）**46** 關於新臺幣匯率選擇權業務之敘述，下列何者正確？　(A)承作對象不限於國內外法人，自然人亦可　(B)到期履約時限以差額交割(C)權利金及履約交割之幣別應以新臺幣為之　(D)僅得辦理陽春型（Plain Vanilla）選擇權。

（　）**47** 銀行得提供予屬自然人之一般客戶之不保本型結構型商品，下列何者錯誤？　(A)計價幣別以銀行可受理之幣別（包含人民幣）為限　(B)結構型商品到期結算金額或依合約條件提前到期結算金額應達原計價幣別本金（或其等值）70%以上　(C)本金連結外幣匯率選擇權之結構型商品，產品期限不超過3個月，承作時之交易門檻為等值1萬美元以上（含）　(D)本金連結黃金選擇權之結構型商品：產品期限不超過6個月，承作時之交易門檻為等值2萬美元以上（含）。

(　) **48** 依銀行辦理衍生性金融商品自律規範中之風險管理及內部作業控制
程序原則，有關客戶承作衍生性金融商品交易發生評價損失時，未
包括下列何者？　(A)銀行應依其內部規範定期監控交易評價損失
及信用風險額度使用情形　(B)客戶於交易到期或提前終止時承作
新交易，並以新交易取得之期初款項沖抵原到期或終止交易應支付
之款項時，銀行應依其內部規範執行評核程序，並應於交易文件上
載明沖抵之情形　(C)若客戶信用風險無虞，銀行仍應確認客戶有
足夠保證金或擔保品時，方得承作新交易　(D)客戶得就其交易請
銀行提供市價評估資訊。

(　) **49** 因商品殖利率曲線平行移動形成的風險，係指下列何者？　(A)殖
利率曲線風險　(B)匯率風險　(C)基差風險　(D)期間結構風險。

(　) **50** 選擇權的Delta風險係指下列何者？　(A)選擇權標的物價格變動一單
位時，選擇權權利金將會變動的幅度　(B)因選擇權的Delta變動所形
成的風險　(C)選擇權標的現貨價格波動程度1%時，選擇權權利金
變動的幅度　(D)當到期日逐日逼近時，選擇權權利金降低的幅度。

(　) **51** 關於衍生性金融商品流動性風險，下列敘述何者錯誤？　(A)流動
性風險又可分為市場或商品的流動性風險及現金流量風險　(B)造
成現金流量風險的主要因素為複雜的評價模式　(C)維持一定水準
的高流動性資產，以備不時之需　(D)金融機構本身信用不佳也可
能會遭遇到流動性風險。

(　) **52** 銀行與客戶簽訂美元兌新台幣遠期外匯合約，約定6個月後客戶可
以匯率$33買進100萬美元，客戶繳了新台幣75萬元保證金，如果
美元兌新台幣匯率升到$34.5，則銀行面對之當期暴險額（current
exposure）為何？　(A)新台幣3,450萬元　(B)新台幣150萬元　(C)
新台幣75萬元　(D)0。

(　) **53** 公司買入遠期外匯合約，有關會計處理，下列敘述何者正確？　(A)在
訂約日認列入帳，帳列透過損益按公允價值衡量之金融資產或金融負
債　(B)在交割日認列入帳，帳列透過損益按公允價值衡量之金融資產
或金融負債　(C)在訂約日不入帳，僅需於表外做備忘分錄即可　(D)
在交割日不做分錄，僅需於表外做備忘分錄即可。

（　　）**54** 有關公允價值衡量之揭露，下列敘述何者正確？
(A)公允價值衡量應分為4項層級
(B)第1層級係指採不可觀察輸入值，惟須反應市場參與者於資產或負債訂價時會使用之假設
(C)第2層級包括類似資產負債之活絡市場公開報價
(D)第3層級係指相同資產或負債於活絡市場之未調整公開報價。

（　　）**55** 關於衍生性商品會計處理之敘述，下列何者錯誤？
(A)金融商品交易經濟實質若不同於法律形式時，會計處理宜依交易經濟實質判斷處理
(B)非避險衍生工具須以透過損益按公允價值衡量，公允價值變動數計入損益
(C)依IAS 39之規定，發行選擇權於期初所收到權利金應列為收入科目
(D)可僅指定選擇權內含價值改變作為避險工具，並將選擇權之時間價值排除在避險有效性評估之外。

（　　）**56** X8年1月1日，甲公司以$100,000買入乙公司發行之公司債與可分離之認股權。經估計公司債與可分離之認股權個別公允價值分別為$96,000與$5,000，雖然公司債與認股權係同時購入，但買入後可分離買賣。請問買入時，該認購權證應認列金額為何？　(A)$0 (B)$4,000　(C)$4,950　(D)$5,000。

（　　）**57** 企業無法將混合商品中主契約與嵌入式衍生工具拆解，則混合商品之會計分類應採下列何種項目處理？
(A)列為指定透過損益按公允價值衡量
(B)列為備供出售證券投資
(C)列為持有供到期日投資
(D)列為現金及約當現金。

（　　）**58** 企業持有固定利率之債券分類為備供出售金融資產，為規避利率變動對債券價格之影響，以利率交換合約進行避險並符合避險會計規定，請問債券公允價值之變動對企業財務報告之影響為何？
(A)影響本期損益　　　　　　(B)影響其他綜合損益
(C)影響股東權益調整項目　　(D)影響特別盈餘公積。

(　) **59** 有關認股權證，下列敘述何者錯誤？

(A)國內市場上交易的權證是一種「權益型權證」（equity warrant）

(B)國內市場上交易的權證是一種「備兌型權證」（covered warrant）

(C)證券商所發行的有認購權證和認售權證二種

(D)若該權證賦予投資人只能於到期日當日方能行使履約之權利者，稱為「歐式權證」（European warrant）。

(　) **60** 投資人承作80%保本型外幣結構型商品條件如下，本金＝USD100,000、30天期美元存款利率＝3%、商品基期=360天、銀行手續費用＝USD100，請問投資人支付之權利金費用為何？

(A)USD20,150　　　　　　　(B)USD250

(C)USD20,000　　　　　　　(D)USD19,900。

解答與解析　（答案標示為#者，表官方曾公告更正該題答案。）

1 (C)。(1)《銀行辦理衍生性金融商品業務內部作業制度及程序管理辦法》第2條規定：「……本辦法所稱複雜性高風險商品，係指具有結算或比價期數超過三期且隱含賣出選擇權特性之衍生性金融商品，但不包括：一、前項所稱結構型商品。二、交換契約（Swap）。三、多筆交易一次簽約，客戶可隨時就其中之特定筆數交易辦理解約之一系列陽春型選擇權（Plain vanilla option）或遠期外匯。四、其他經主管機關核定之商品類型。……」(2)依前揭規定，複雜性高風險商品係指具有結算或比價期數超過3期且隱含賣出選擇權特性之衍生性金融商品。

2 (A)。根據《境外結構型商品管理規則》第6條：境外結構型商品發行機構應於中華民國境內設有分公司（以下簡稱發行人）。前項所稱分公司以經金融監督管理委員會（以下簡稱本會）核准設立之外國銀行在臺分行、外國證券商在臺分公司或外國保險公司在臺分公司為限。

3 (C)。若客戶如不願接受風險屬性分析，則銀行不得辦理結合存款與衍生性金融商品之結構型商品業務。

4 (D)。依《銀行辦理衍生性金融商品業務內部作業制度及程序管理辦法》第20條規定：銀行核給專業機構投資人及高淨值法人以外客戶之高風險衍生性金融商品交易額度

（包括避險及非避險額度），不得超過客戶可驗證往來資力之百分之二百五十倍。

5 (A)。《銀行辦理衍生性金融商品業務內部作業制度及程序管理辦法》第11條規定：
關於衍生性金融商品部位之評價頻率，銀行應依照部位性質分別訂定；其為交易部位者，應以即時或每日市價評估為原則；其為銀行本身業務需要辦理之避險性交易者，至少每月評估一次。

6 (A)。外匯業務之行政主管機關，行政院公告自101年7月1日起改由「金融監督管理委員會」管轄。

7 (B)。根據《銀行業辦理外匯業務管理辦法》第47條：指定銀行受理個人或團體辦理金額價值五十萬美元以上之結購、結售外匯，應於確認交易相關證明文件無誤後，於訂約日立即將相關資料傳送中央銀行外匯局。

8 (D)。根據《銀行辦理衍生性金融商品業務內部作業制度及程序管理辦法》第25-1條：非避險目的交易契約，其比價或結算期數超過十二期者，個別交易損失上限不得超過平均單期名目本金之九點六倍。

9 (D)。根據《銀行辦理衍生性金融商品業務內部作業制度及程序管理辦法》第2條，本辦法所稱複雜性高風險商品，係指具有結算或比價期數超過三期且隱含賣出選擇權特

性之衍生性金融商品，但不包括：一、前項所稱結構型商品。二、交換契約（Swap）。三、多筆交易一次簽約，客戶可隨時就其中之特定筆數交易辦理解約之一系列陽春型選擇權（Plain vanilla option）或遠期外匯。四、其他經主管機關核定之商品類型。

10 (D)。同時符合下列條件，並以書面向銀行申請為專業客戶之法人或基金：
(1) 最近一期經會計師查核或核閱之財務報告總資產超過新臺幣一億元。
(2) 經客戶授權辦理交易之人，具備充分之金融商品專業知識、交易經驗。
(3) 客戶充分了解銀行與專業客戶進行衍生性金融商品交易得免除之責任後，同意簽署為專業客戶。

11 (C)。《銀行辦理衍生性金融商品業務內部作業制度及程序管理辦法》第19條規定：「……銀行辦理衍生性金融商品業務之交易、交割、推介、風險管理之經辦及相關管理人員，每年應參加國內金融訓練機構所舉辦或銀行自行舉辦之衍生性金融商品教育訓練課程時數達十二小時以上；其中參加國內金融訓練機構所舉辦之衍生性金融商品教育訓練課程，不得低於應達訓練時數之二分之一。……」

12 (D)。《銀行辦理衍生性金融商品自律規範》第22條：「銀行向一

般客戶提供結構型商品交易服務應區分保本型及不保本型。結構型商品於到期或依合約條件提前到期時，客戶若可取回原計價幣別本金100%者屬保本型結構型商品。」

13 (A)。《銀行辦理衍生性金融商品自律規範》第25條：提供予客戶之交易文件應以文字或情境分析說明交易損益之可能變動情形。除賣出選擇權、複雜性高風險商品及其他經主管機關核定之商品類型須逐筆提供文字或情境分析外，其他商品得以一次性之說明分析交易損益之可能變動情形。

14 (B)。銀行不得利用衍生性商品協助客戶遞延損失。

15 (C)。(A)θ（Theta）風險：距到期期間變動所引發選擇權價值變動的風險。
(B)δDelta（Delta）風險：又稱對沖值，是衡量標的資產價格變動時，期權價格的變化幅度。
(C)γ（Gamma）風險：反映期貨價格對Delta值的影響程度，為Delta變化量與期貨價格變化量之比。因此Delta變動所引發選擇權價值變動的風險係指γ（Gamma）風險。
(D)ρ（Rho）風險：在選擇權中是指當無風險利率每變動一單位，選擇權價格的變化程度。

16 (A)。
(1) People授信戶：評估企業及負責人的信用狀況、公司經營獲利能力、與銀行往來情形。

(2) Purpose資金用途：評估借款資金運用計劃是否合情、合理、合法，明確且具體可行，切忌資金挪作他用。
(3) Payment還款來源：分析授信戶還款來源的可信度，且還款來源與借款資金用途有其關連性。
(4) Protection債權確保
　A.評估授信戶的還款來源與債權（擔保品），並對擔保品進行鑑估價值與安全性。
　B.當借款戶不能就其還款來源履行還款義務時，銀行仍可藉由處分擔保品而如期收回放款來確保債權。
(5) Perspective未來展望：整體經濟金融情勢對授信戶行業別的影響，及企業未來的發展性加以分析衡量。

17 (C)。缺口限額屬於量化的控制方式。

18 (D)。金融商品所產生之金融資產及金融負債具有相同之主要風險（例如遠期合約或其他衍生性商品投資組合中之資產及負債），但該風險涉及不同之交易對方者，始不適用避險工具。

19 (B)。到期分析屬於量化揭露。

20 (D)。IAS 39將避險類型分成：公允價值避險、現金流量避險、國外營運機構淨投資避險。

21 (B)。
(1)《銀行辦理衍生性金融商品業務內部作業制度及程序管理

辦法》第25-1條規定：「……
一、屬匯率類之複雜性高風險
商品：(一)契約期限不得超過一
年。(二)契約比價或結算期數不
得超過十二期。(三)非避險目的
交易之個別交易損失上限，不
得超過平均單期名目本金之三
點六倍。……」
(2) 平均每期本金
　＝(100×6＋50×6)/12＝75
　75×3.6＝270萬美元

22 (A)。市價申報係指不限定價格之
買賣申報，其成交價格依競價程序
決定之。
限價申報，係指限定價格之買賣申
報，於買進時，得在其限價或限價
以下之價格成交；於賣出時，得在
其限價或限價以上之價格成交。
市價申報與限價申報二者以市價優
先撮和。

23 (A)。金融交換是由1970年代的
相互擔保貸款和平行貸款所衍生
出來。

24 (C)。選擇權（Options Contracts）
乃是一種合約，買方有權利在未來
某一特定期間內，以事先議定好的
價格〔履約價格（Exercise Price）向
賣方買入或賣出某一特定數量的標
的資產。買方有權利，但無義務。

25 (C)。亞洲式選擇權是一種新奇選
擇權。
亞洲式選擇權，乃根據選擇權存
續期間內平均商品價格計算報酬
的選擇權。以平均商品價格作為選

擇權的執行價格，則選擇權的結算
價值將為到期日商品價格減去平
均價格。

26 (D)。保本型外幣組合式產品：投
資本金加上買入連結其他外幣（美
元、歐元、澳幣等）之匯率選擇
權，如：ONE TOUCH/NO TOUCH
（觸及達成／不觸及達成）。
其原投資本金受100%保障，最大
損失即投資本金之資用收益，而潛
在收益可能相對提高。

27 (B)。商品到期時，若紐幣兌美元
匯價低於約定轉換匯率，投資人紐
幣存款本金可獲得100%的保障並
可享有4.25%的年收益率；若紐幣
兌美元匯價高於或等於約定轉換匯
率，投資人可享有4.25%的年收益
率，但原有紐幣存款本金將依約定
轉換匯率兌換為美金，本商品可能
會有匯率損失，是此商品保息但不
保本。

28 (A)。以利率交換（Interest Rate
Swaps；IRS）契約為標的資產的
選擇權（Swaption，亦或稱為換
利選擇權；Swap Options或Option
on Interest Swaps）。選擇權的買
方在期初支付權利金予賣方後，
有權利在到期日（或於到期日前之
任一時點／特定時點）將「履約交
換利率」（Strike swap rate，即約
定利率交換之固定利率）與「市場
交換利率」（Market swap rate）
比較，選擇直接以約定之市場交換
利率及約定履約交換利率間進行差

額交割或依約定之履約交換利率履約承作利率交換交易。選擇權買方依契約種類可選擇成為支付固定利率的一方（Paye's swaption），或可以選擇成為收取固定利率的一方（Receiver's swaption）。

29 (A)。Rho值：Rho是用來衡量利率的變化對期權價值的影響。
用公式表示：Rho＝期權價格變化／利率變化。
在期權定價理論中，期權的價值也會受到利率變動影響，利率上升時，看漲期權價格上升，看跌期權價格下跌。

30 (C)。$-(123-120)+5=+2$，甲銀行賺2元。

31 (B)。當指數上升幅度超過140%，其償還債券面額為120%，報酬率是20%。

32 (B)。雙元組合式商品，若交易條件中加註碰觸失效條款會有利於選擇權賣方。

33 (B)。優利型結構型商品藉由賣出選擇權提升其收益。其收益為原有貨幣定存收益＋賣出選擇權權利金之年化收益。

34 (B)。買入賣權＋賣出買權＝賣出期貨
賣出期貨的使用時機在於研判標的物市場行情會下幅下跌。

35 (D)。信用衍生性金融商品為金融工具的一種，用來移轉放款（loan）或其他資產的風險。其種類有：信用違約交換(CDS)、全部報酬交換、信用價差選擇權、信用違約連結票據。

36 (B)。歐洲美元期貨價格反映市場對未來特定日期3個月歐洲美元存款的利率預期，故歐洲美元期貨指的是3個月的短期利率期貨。

37 (B)。銀行間報價USD：CHF即期匯率0.9756-66，兩個月換匯點15-22，若以直接匯率報價法，2個月遠期匯率應為：0.9771（0.9756＋0.0015）－0.9788（0.8766＋0.0022）。

38 (D)。遠期性存款為遠期利率協定的前身，FRA有兩大特色及優點：
(1)在訂約日並未約定未來交割本金，屬於資產負債表外交易，有益於銀行策略規劃。
(2)採淨額結算，故即使交易對手違約，其中一方的損失僅止於額外利息收入而已，大幅降低信用風險。
故，遠期性存款的信用風險較FRA高。

39 (D)。投資人選擇期末若轉換時，將本金與收益皆轉換，投資人領取歐元投資人於到期日領取金額＝80,080歐元（100,100÷1.2500＝80,080）。

40 (A)。$100\times[1+75\%\times(300-450)]-100=100\times[1+\frac{3}{4}\times(0,150)]-100=0$

41 (A)。銀行業辦理外匯業務管理辦法第32條：指定銀行辦理未涉及新臺幣匯率之外匯衍生性商品，應依下列規定辦理：
外匯信用違約交換交易（Credit Default Swap）及外匯信用違約選擇權交易（Credit Default Option）之承作對象以屬法人之專業客戶為限。

42 (C)。《銀行業辦理外匯業務管理辦法》第12條：
開辦前申請許可：一、尚未開放或開放未半年及與其連結之外匯衍生性商品。二、無本金交割新臺幣遠期外匯交易。三、涉及新臺幣匯率之外匯衍生性商品。四、代客操作外幣保證金交易。
開辦前函報備查類：指定銀行總行授權其指定分行辦理推介外匯衍生性商品。

43 (B)。銀行向一般客戶提供結構型商品交易服務，應建立交易控管機制：對於最近一年內辦理衍生性金融商品交易筆數低於五筆、年齡為七十歲以上、教育程度為國中畢業以下或有全民健康保險重大傷病證明之客戶，銀行不得以當面洽談、電話或電子郵件聯繫、寄發商品說明書等方式進行商品推介。

44 (C)。銀行辦理衍生性金融商品業務內部作業制度及程序管理辦法第20條規定：「銀行辦理衍生性金融商品，應向本會及本會指定之機構申報交易資訊。銀行應依財團法人金融聯合徵信中心（以下稱聯徵中心）規定之作業規範向該中心報送客戶衍生性金融商品交易額度等相關資訊。

45 (D)。(A)銀行開辦衍生性金融商品採事後核准制。(B)涉及外匯者外，得開辦衍生性金融商品業務及其商品之組合，並採行事後申報備查。(C)非新種臺股股權衍生性金融商品於申請書送達金管會之次日起15日內，金管會未表示反對意見者，即可逕行辦理。

46 (D)。新臺幣匯率選擇權業務：
(A)承作對象以國內外法人為限。(B)到期履約時得以差額或總額交割，且應於契約中訂明。(C)權利金及履約交割之幣別，得以所承作交易之外幣或新臺幣為之，且應於契約中訂明。(D)僅得辦理陽春型（Plain Vanilla）選擇權。且非經本行許可，不得就本項業務自行組合或與其他衍生性商品、新臺幣或外幣本金或其他業務、產品組合。

47 (D)。銀行辦理衍生性金融商品自律規範第24條之1規定：「銀行向屬法人之一般客戶提供不保本型結構型商品業務應符合下列原則：一、計價幣別以銀行可受理之幣別為限，且不得連結新臺幣匯率指標及信用事件。二、連結標的涉及臺股股權者，其得連結之標的範圍，應與證券商從事臺股股權衍生性金融商品及臺股股權結構型商品業務交易得連結之標的相同。三、產品

期限超過二年者，其到期結算金額或依合約條件提前到期結算金額應達原計價幣別本金（或其等值）70%以上。產品説明書及推廣文宣資料中之商品中文名稱應依本自律規範第六條第一款原則訂定。」

48 (C)。客戶承作衍生性金融商品交易發生評價損失時，銀行應依其內部規範定期監控交易評價損失及信用風險額度使用情形，客戶並得就其交易請銀行提供市價評估資訊。

49 (D)。殖利率曲線平行移動表示所有到期年限之債券收益改變幅度皆相同，殖利率曲線平行移動有期間結構風險。
不同市場利差變化的風險為基差風險。
不同貨幣利差變化的風險為匯率風險。

50 (A)。(1)Gamma反映期貨價格對Delta的影響程度，為Delta變化量與期貨價格變化量之比。(2)Vega是用來衡量期貨價格的波動率的變化對期權價值的影響。用公式表示：Vega＝期權價格變化／波動率的變化。(3)Theta是用來測量時間變化對期權理論價值的影響。表示時間每經過一天，期權價值會損失多少。用公式表示：Theta＝期權價格變化／到期時間變化。在其他因素不變的情況下，不論是看漲期權還是看跌期權，到期時間越長，期權的價值越高；隨著時間的經過，期權價值則不斷下降。

51 (B)。現金流量風險主因是契約到期時或期間內需繳保證金卻無足夠的資金履行義務，而必須面臨臨時處分龐大部位的壓力。

52 (D)。當期暴險額：所有衍生性商品契約皆依市價評估其重置成本（replacement cost），其重置成本為正數者，以重置成本為「當期暴險額」；其重置成本為負數或零者，「當期暴險額」以零計算。

53 (C)。在訂約時之原始認列，以遠期合約為例，其淨公允價值通常為零，故不必作認列之處理。

54 (C)。(1)公允價值層級分為3個層級。(2)公允價值層級第1等級：在活絡市場中，「相同」資產或負債的報價—最可驗證的輸入值，也是最建議優先用的評價技術。(3)公允價值層第3層級：評價技術採「不可觀察輸入值」（如：公司成長率）-這是最不得已為之的評價技術。

55 (C)。淨收權利金：代表組合部位類似賣出選擇權，故不得適用避險會計。

56 (D)。可分離之認股權個別公允價值為$5,000，則應依此認列之。

57 (A)。嵌入式衍生工具於符合特定條件時，應與主契約拆解分別認列，前述條件為：(1)經濟特性及風險與主契約之經濟特性、風險並非緊密關聯。(2)相同條件之單獨工具符合衍生工具之定義。(3)混

合工具非按公允價值衡量且公允價
值變動認列於損益者。

58 (A)。第34號公報將金融資產分為
以下四類：
(1) 以公平價值衡量且公平價值變
動認列為損益之金融資產，其
續後評價應以公平價值衡量。
(2) 持有至到期日之投資，其續後評
價應以利息法之攤銷後……。

59 (A)。權益型權證一般是由公司企
業所發行的，持有人有權利向該公
司轉換成股票而該公司的股東；備
兌型權證是由公司以外的第三者
（如證商）發行。
目前台灣券商所發行上市的權證，
都是屬於備兌型權證。

60 (A)。權利金=投入金額及存款利
息扣除手續費
100,000*20%＋100,000*1/12*3%-100
=20,150(USD)

第13期 衍生性金融商品概論與實務

( ) **1** 銀行辦理結合存款與衍生性金融商品之結構型商品業務，下列敘述何者錯誤？
(A)確實辦理認識客戶（KYC）程序
(B)客戶風險屬性與商品風險屬性不適配時，不宜與客戶進行交易
(C)盡量避免與高齡，教育水準較低等弱勢族群客戶承作結構型商品交易，以減少交易糾紛
(D)無須揭露商品整體報酬及最大損失。

( ) **2** 依主管機關規定，本國金融機構於委託國外金融機構從事組合式商品避險交易時，應於相關合約中明確要求交易對手在避險操作上應避免之事項，下列何者非屬之？
(A)避免利益衝突
(B)避免損及客戶權益
(C)避免交易期限太長
(D)避免影響市場行情。

( ) **3** 依「銀行辦理衍生性金融商品自律規範」規定，有關客戶須知應載明投資人權益之保護方式，未包括下列何者？
(A)糾紛之申訴管道
(B)與銀行發生爭議訴訟之處理方式
(C)向金融監督管理委員會申訴尋求協助
(D)向消費者保護中心申訴尋求處理。

( ) **4** 依「銀行辦理衍生性金融商品自律規範」規定，有關銀行對屬自然人之一般客戶銷售結構型商品，該客戶應具備之資歷，下列敘述何者不符規定？
(A)客戶聲明曾承作或投資保證金交易等商品
(B)客戶曾在該銀行承作衍生性金融商品
(C)客戶曾從事金融證券保險等相關行業
(D)客戶應具大專學歷。

( ) 5 依「銀行辦理衍生性金融商品業務內部作業制度及程序管理辦法」
規定，受託或銷售機構應提供非專業投資人（非投資型保單之要保
人）不低於幾日之審閱期間審閱相關契約？
(A)七日　　　　　　　　　　(B)五日
(C)三日　　　　　　　　　　(D)一日。

( ) 6 銀行對屬自然人之一般客戶得提供之單項衍生性金融商品交易服務
（如未涉及大陸地區商品或契約），下列何者非屬之？
(A)信用違約交換（CDS）
(B)外匯保證金交易
(C)買入陽春型外幣匯率選擇權
(D)買入轉換／交換公司債資產交換選擇權。

( ) 7 依「銀行辦理衍生性金融商品業務內部作業制度及程序管理辦
法」，銀行辦理衍生性金融商品，應向其申報相關交易資訊之機
構，不包括下列何者？
(A)金融監督管理委員會
(B)財團法人中華民國證券櫃檯買賣中心
(C)財團法人金融聯合徵信中心
(D)中央銀行。

( ) 8 下列何種外匯衍生性商品，指定銀行非經申請許可不得逕行辦理？
(A)新臺幣與美元間遠期外匯交易
(B)換匯交易
(C)以期貨交易人身分辦理未涉及新臺幣匯率之國內外期貨交易
契約
(D)無本金交割新臺幣遠期外匯交易。

( ) 9 銀行與客戶承作1筆1年期2倍槓桿，每期不計槓桿名目本金為
500千美元，比價12次之USD/CNH TRF交易，其個別交易損失
上限為：
(A)1,800千美元　　　　　　(B)3,000千美元
(C)3,600千美元　　　　　　(D)6,000千美元。

( ) **10** 銀行辦理無本金交割新臺幣遠期外匯業務（NDF）之承作對象以下列何者為限？
(A)限國內指定銀行間
(B)限本國銀行（指定銀行）與其海外分行
(C)限外國銀行在臺分行與該行總行及其分行
(D)國內指定銀行間、本國銀行（指定銀行）與其海外分行間、外國銀行在臺分行與該行總行及其分行皆可。

( ) **11** 依「銀行辦理衍生性金融商品業務內部作業制度及程序管理辦法」規定，該業務之經辦及相關管理人員，每年應參加衍生性金融商品教育訓練課程時數達一定時數以上，其中參加國內金融訓練機構所舉辦之課程，不得低於應達訓練時數之多少比率？
(A)四分之一 　　　　　　　(B)三分之一
(C)二分之一 　　　　　　　(D)四分之三。

( ) **12** 下列何項衍生性金融商品，不得提供給指定銀行DBU之自然人一般客戶？
(A)雙元貨幣不保本型結構型商品，且比價期間超過一年
(B)外匯保證金交易
(C)陽春型遠期外匯
(D)保本型結構型商品。

( ) **13** 依「銀行國際金融業務分行辦理衍生性金融商品業務規範」規定，銀行國際金融業務分行訂定接受客戶之標準，非屬專業機構投資人及高淨值投資法人之其他專業法人應符合之條件，不包括下列何者？
(A)最近一期經會計師查核或核閱之財務報告總資產超過新臺幣一億元
(B)經母公司保證，且母公司最近一期經會計師查核或核閱之財務報告總資產超過新臺幣一億元
(C)與金融機構往來之資產總額合計超過新臺幣一億元
(D)經母公司介紹，且母公司最近一期經會計師查核或核閱之財務報告總資產超過新臺幣十億元。

（　）**14** 指定銀行提供境外衍生性金融商品之資訊及諮詢服務業務之應遵循
事項，下列敘述何者錯誤？
(A)本項業務須經金管會事前審核並核准
(B)本項業務須經中央銀行事前審核並核准
(C)其連結標的不得涉及國內利率、匯率、股權、指數、商品、信
用事件、固定收益或其他利益
(D)原屬自行辦理之外匯衍生性商品，不得改以提供境外衍生性金
融商品之資訊及諮詢服務業務方式辦理。

（　）**15** 銀行對屬自然人之一般客戶提供保本型結構型商品得連結之標的，
包括下列何者？
(A)本國企業於國外發行之有價證券
(B)臺灣證券交易所或證券櫃檯買賣中心公布之非以台股為主要成
分股之指數
(C)未經金管會核准或申報生效得募集及銷售之境外基金
(D)新臺幣匯率指標。

（　）**16** 大成銀行與甲上貿易公司承作30年期美金利率交換交易（Interest
Rate Swap），大成銀行目前帳上評價獲利為NT500萬元，然甲上
貿易公司因資金週轉不靈發生違約，請問此事件中，大成銀行受下
列何種風險影響最鉅？
(A)發行者信用風險　　　　　　(B)交易對手信用風險
(C)市場風險　　　　　　　　　(D)作業風險。

（　）**17** 標的資產波動度變動所引發選擇權價值變動的風險是指：
(A)θ（Theta）風險　　　　　(B)δ（Delta）風險
(C)ν（Vega）風險　　　　　(D)ρ（Rho）風險。

（　）**18** 依照IFRS 9之分類標準，純粹為收取本金及利息之債務工具投資應
分類為何種金融資產？
(A)透過損益按公允價值衡量之金融資產
(B)透過其他綜合損益按公允價值衡量之金融資產
(C)按攤銷後成本衡量之金融資產
(D)權益法投資。

(　　) **19** 針對僅為收取合約現金流量之經營模式，下列敘述何者錯誤？
(A)企業持有該金融資產僅為收取資產存續期間之現金流量
(B)此模式要求必須持有該金融資產至到期日
(C)雖未到期日，該資產信用風險增加時出售，仍可符合此模式
(D)雖未至到期日，因其他理由出售該資產且該等出售不頻繁，仍可符合此模式。

(　　) **20** 嵌入式衍生工具於符合特定條件時，應與主契約拆解分別認列，下列何者不屬於前述條件？
(A)經濟特性及風險與主契約之經濟特性、風險並非緊密關聯
(B)經濟特性及風險與主契約之經濟特性、風險緊密關聯
(C)相同條件之單獨工具符合衍生工具之定義
(D)混合工具非按公允價值衡量且公允價值變動認列於損益者。

(　　) **21** X1年1月1日，乙公司以$2,000,000發行轉換公司債，支付手續費$2,000。該轉換公司債之持有人可以$1,000債券轉換為50股之乙公司普通股。經估計公司債與認股權個別公允價值分別為$1,920,000與$100,000，乙公司應認列「手續費」之金額為何？
(A)$0　　　　　　　　　　(B)$20
(C)$22　　　　　　　　　　(D)$2,000。

(　　) **22** 依據金管會的定義，衍生性金融商品是一種金融交易的合約，其標的資產不包括下列何者？
(A)匯率　　　　　　　　　　(B)利率
(C)可轉換公司債　　　　　　(D)個股與股價指數。

(　　) **23** 「利率上限」（interest rate cap）簡稱為Cap，下列敘述何者正確？
(A)利率買權　　　　　　　　(B)利率賣權
(C)利率交換　　　　　　　　(D)利率期貨。

(　　) **24** 有關認股權證，下列敘述何者錯誤？
(A)個股型權證的標的證券只有單一個股
(B)個股型權證的標的證券可以有二檔個股
(C)組合型權證的標的證券是一籃子的投資組合
(D)指數型權證的標的證券是市場指數。

( ) **25** 一個月澳幣定存利率為6%，本金為：AUD10,000，保本率為90%，在沒有其他費用的前提下，可買入選擇權的最高金額為：
(A)AUD133　　　　　　　　　(B)AUD600
(C)AUD1,050　　　　　　　　(D)AUD1,600。

( ) **26** 金融交換早期是由下列何種金融商品所衍生出來？
(A)平行貸款和銀行間拆款　　(B)銀行間拆款和債券附買回
(C)債券附買回和相互擔保貸款　(D)相互擔保貸款和平行貸款。

( ) **27** 關於交換買權（Call Swaption），下列敘述何者正確？
(A)其又稱為「支付者交換權」（Payer Swaption），因其買方在選擇權契約到期時，可選擇是否執行「支付固定利息、收取浮動利息」的利率交換
(B)其又稱為「支付者交換權」（Payer Swaption），因其買方在選擇權契約到期時，可選擇是否執行「支付浮動利息、收取固定利息」的利率交換
(C)其又稱為「收取者交換權」（Receiver Swaption），因其買方在選擇權契約到期時，可選擇是否執行「支付固定利息、收取浮動利息」的利率交換
(D)其又稱為「收取者交換權」（Receiver Swaption），因其買方在選擇權契約到期時，可選擇是否執行「支付浮動利息、收取固定利息」的利率交換。

( ) **28** 保本型結構型債券的架構為：
(A)買入零息債券＋買入選擇權　(B)買入零息債券＋賣出選擇權
(C)賣出零息債券＋買入選擇權　(D)賣出零息債券＋賣出選擇權。

( ) **29** 關於區間計息債券，下列敘述何者錯誤？
(A)區間計息的原理乃是債券結合數位式選擇權
(B)一般設計是當指標利率落入一定區間內該債券才計息
(C)以逐日區間計息為例，每一天結合兩個相同臨界點的數位式選擇權
(D)賣方所收取的權利金是該區間計息債券的固定利率高於普通債券固定利率的幅度。

( ) **30** 「附有利率上下限的浮動債券」（collared FRN）可分解為：

(A)完全浮動利率債券（LIBOR）＋年息（.5％）－利率上限（Max8.5％）＋利率上限（Min 4.5％）

(B)完全浮動利率債券（LIBOR）＋年息（.5％）－利率下限（Max8.5％）＋利率下限（Min 4.5％）

(C)完全浮動利率債券（LIBOR）＋年息（.5％）＋利率上限（Max8.5％）－利率下限（Min 4.5％）

(D)完全浮動利率債券（LIBOR）＋年息（.5％）－利率上限（Max8.5％）＋利率下限（Min 4.5％）。

( ) **31** 下列何者之交易行為，符合「買賣雙方約定在未來某特定時日，以特定價格買賣特定數量商品」之描述？

(A)遠期契約（Forward Contracts）

(B)交換契約（Swap Contracts）

(C)選擇權（Option Contracts）

(D)交換選擇權（Swaptions）。

( ) **32** 利率可能會大幅變動，但不知會上漲或下跌，則下列何種操作較能有獲利的保障？

(A)買進公債期貨買權且買進公債期貨賣權

(B)賣出公債期貨買權且賣出公債期貨賣權

(C)買進公債期貨買權且賣出公債期貨賣權

(D)賣出公債期貨買權且買進公債期貨賣權。

( ) **33** 在信用交換的確認函中必須詳細載明足以導致信用事件發生的事由。下列何者不屬於ISDA（International Swaps and Derivatives Association）規定的信用事件？

(A)企業本身破產　　　　　　　(B)企業加速償還債務

(C)拒絕履行債務　　　　　　　(D)企業本身宣佈重整。

( ) **34** 以韓國政府信用風險為標的，三年期的信用交換商品報價為32/38，其所代表的意義何者正確？

(A)交易商願意以名目本金的0.32％賣出韓國政府的信用保險

(B)交易商願意以名目本金的0.32－0.38％間議價交易賣出韓國政府的信用保險

(C)交易商願意以名目本金的0.32%買進韓國政府的信用保險

(D)交易商願意以名目本金的0.38%買進韓國政府的信用保險。

( ) **35** 下列何者非為利率型相關衍生性金融商品？
(A)歐洲美元期貨契約　　　　　(B)資產交換合約
(C)英鎊期貨合約　　　　　　　(D)負債交換合約。

( ) **36** 有關外匯交換的運用目的，下列敘述何者錯誤？
(A)以部位交易為目的　　　　　(B)以外匯匯率調控為目的
(C)以現金流量管理為目的　　　(D)可以套取無風險利潤。

( ) **37** 遠東紡織公司發行5年期甲、乙債券，甲債券（面額5億元），票面利率為7.50%＋（6.90%－3M TAIBOR）＋CAP（14.40%），乙債券（面額5億元），票面利率為7.50%＋（3M TAIBOR－6.90%）－CAP（14.40%），請教兩種債券若均順利依面額發行，則其整體平均利率成本為多少？
(A)3.75%　　　　　　　　　　(B)7.50%
(C)6.90%　　　　　　　　　　(D)14.40%。

( ) **38** 假設A公司發行四年期本金連動債券，票面利率3%，投資人溢酬為A公司股票四年內價格成長比率，保本率100%，A公司股票市價$27，A公司股票價平選擇權價值$4.17，A公司信用風險等級之四年期普通公司債市價為87.04%，請問該張A公司本金連動債券合理價格應為何？
(A)87.04%　　　　　　　　　　(B)100%
(C)102.48%　　　　　　　　　(D)115.44%。

( ) **39** 某一檔結構型債券的價值與台股指數連動，其到期支付金額如下列公式：債券面額×〔0.9＋0.5×Max（0,0.12－台股指數報酬率）〕。如果期初台股指數為5,000，到期時台股指數為4,000，債券面額為100，請問，此結構型債券到期時價值為：
(A)$94　　　　　　　　　　　(B)$100
(C)$106　　　　　　　　　　(D)$112。

（　　）**40** CBOT之美國長天期中央政府公債期貨每口契約10萬美元，最小價格跳動點為1/32（％），請問某投資人於市價105－24買入美國政府長期債券期貨，三個月後並於105－28賣出，其損益狀況為何？
(A)獲利31.25美元　　　　　　(B)獲利62.5美元
(C)獲利125.0美元　　　　　　(D)損失125.0美元。

（　　）**41** 銀行已取得辦理衍生性金融商品業務之核准者（其中屬辦理期貨商業務者，並應依期貨交易法之規定取得許可），除負面表列之商品外，原則得開辦各種衍生性金融商品及其商品之組合，並於開辦後幾日內檢附商品特性說明書、法規遵循聲明書及風險預告書報金管會備查？
(A)10日　　　　　　　　　　(B)15日
(C)20日　　　　　　　　　　(D)7日。

（　　）**42** 依「銀行辦理衍生性金融商品自律規範」規定，有關風險預告書之投資風險警語應記載事項，下列敘述何者錯誤？
(A)客戶應自行了解判斷並自負盈虧
(B)全部投資本金僅在新臺幣300萬元內受存款保險之保障，超過部份不負賠償責任
(C)應自行負擔商品之市場風險及銀行信用風險
(D)未清楚瞭解產品說明書等內容前請勿於相關文件簽名或蓋章。

（　　）**43** 關於「銀行辦理衍生性金融商品業務內部作業制度及程序管理辦法」所稱之專業客戶，不包括下列何者？
(A)專業機構投資人
(B)高淨值投資法人
(C)最近一期經會計師查核之財務報告總資產超過等值新臺幣五千萬元之境外法人
(D)簽訂信託契約之信託業，其委託人為專業客戶之自然人。

（　　）**44** 銀行應定期評估檢討有價證券抵繳期初保證金之標的範圍、評價價值計算方式與折扣比率之妥適性與合理性，至少多久評估檢討一次？
(A)每週　　　　　　　　　　(B)每月
(C)每季　　　　　　　　　　(D)每年。

( ) **45** 銀行擬辦理「開放已滿半年且未涉及新臺幣匯率之外匯衍生性商品」，向主管機關申辦之程序為何？
(A)得不經申請逕行辦理　　　(B)開辦前申請許可
(C)開辦前函報備查　　　　　(D)開辦後函報備查。

( ) **46** 依金管會規定，假設某客戶於A銀行之可驗證往來資力1,000萬美元，該客戶擬與A銀行交易USD/CNH之比價12次、名目本金50萬美元、槓桿2倍之目標可贖回遠期契約（TRF），A銀行計算TRF信用風險之信用轉換因子（CCF）為5%，則A銀行最多可與該客戶承作多少筆TRF交易？
(A)12筆　　　　　　　　　　(B)21筆
(C)41筆　　　　　　　　　　(D)45筆。

( ) **47** 依銀行業辦理外匯業務管理辦法規定，指定銀行之承作對象為非屬專業機構投資人之國內法人專業客戶時，客戶得承作下列何種外匯信用衍生性商品？
(A)信用結構型商品
(B)擔任信用風險買方
(C)擔任信用風險賣方
(D)合約信用實體為大陸地區之政府或公司。

( ) **48** 有關指定銀行辦理新臺幣與外幣間換匯交易業務（FX SWAP）應遵循事項，下列敘述何者正確？
(A)展期時得依原價格展期
(B)國內法人無須檢附文件
(C)國外法人及自然人無須檢附文件
(D)須計入外匯收支或交易申報辦法所訂之當年累積結匯金額。

( ) **49** 信用風險的控制可採質與量的控制，其中量的控制著重於事後風險暴露程度的管理，而監控的單位是負責適時將正確的信用風險資訊提供給高級主管及相關單位，下列何者不是監控單位應提供的資訊內容？
(A)交易對手信用條件的審核　　(B)交易集中度
(C)主要客戶信用狀況　　　　　(D)交易對手使用額度的情形。

（　　）**50** 衍生性金融商品的波動比一般商品更為劇烈，因此金融機構為避免
市場風險發生，必須對每位交易員進行哪一種限額控制方式才比較
適當？
(A)停損限額　　　　　　　　(B)價差限額
(C)盈餘或資本暴險限額　　　(D)交割限額。

（　　）**51** 下列何者係結算風險的定義？
(A)指投資人的部位無法找到交易對手，或者無法以合理的價格軋
平部位
(B)指當銀行履行契約規定之交割義務後，因全球時差尚未收到交
易對手所提供之報償或價值而承擔的風險
(C)指當選擇權標的物的現貨價格波動程度為1%時，其權利金變動
的幅度
(D)指個股股價或股價指數的變動而使衍生性商品的部位發生損失
的風險。

（　　）**52** 市場風險敏感度分析指標不包含下列何者？
(A)Delta　　　　　　　　　　(B)Vega
(C)Theta　　　　　　　　　　(D)Omega。

（　　）**53** 甲公司於X1年9月1日以$2,000,000取得一透過其他綜合損益按公允
價值衡量之債券投資，X1年12月底之公平市價為$2,010,000，X2
年4月1日以$2,014,000處分該金融資產。下列敘述何者正確？
(A)X1年度金融資產評價利益為$10,000
(B)X1年度處分投資利益為$10,000
(C)X2年度處分投資利益為$4,000
(D)X2年度處分投資利益為$14,000。

（　　）**54** 甲公司有一透過損益按公允價值衡量之股票投資，其原始成本為
$65,000，持有第一年年底之市價為$63,000，第二年年底之市價為
$70,000，則第二年年底應作之調整分錄為何？
(A)借：透過損益按公允價值衡量股票投資評價調整$5,000
(B)貸：透過損益按公允價值衡量股票投資之未實現利益$5,000
(C)借：透過損益按公允價值衡量股票投資評價調整$7,000
(D)貸：透過損益按公允價值衡量股票投資之未實現利益$7,000。

（　）**55** 某公司為避免價格變動而對公司績效有不利影響，擬對下列項目進行避險。請問下列項目何者不適用公允價值避險之會計處理？
(A)預期採購之原料
(B)已簽訂合約購買原料之確定承諾
(C)該公司持有至到期日之政府公債
(D)已入庫之製成品存貨。

（　）**56** 銀行賣出選擇權收取權利金新臺幣1萬元，在非避險之情形下，其會計處理何者錯誤？
(A)訂約日應將收取權利金直接認列為利益
(B)訂約日應將所收取的權利金認列為持有供交易之金融負債
(C)後續於資產負債表日應按公允價值評價並認列損益
(D)於到期日時應按公允價值評價，並將未實現衍生工具損益結轉為已實現。

（　）**57** 下列何者不是衍生工具之特性？
(A)價值不低於零
(B)於未來日期交割
(C)價值隨標的之變動而變動
(D)無須原始淨投資，或與有類似反應之合約相較僅需較小金額之原始淨投資。

（　）**58** 下列何者不屬於公報規定之避險型態？
(A)公允價值避險　　　　　　(B)企業併購避險
(C)現金流量避險　　　　　　(D)國外營運機構淨投資避險。

（　）**59** 某一股票基金與股票指數期貨的相關係數為0.825，股票基金的標準差為0.4，股票指數期貨的標準差為0.3，請問在風險最小化之避險比率為何？
(A)0.9　　　　　　　　　　(B)1
(C)1.1　　　　　　　　　　(D)1.2。

（　）**60** 若A公司發行一種浮動利率債券，並向銀行買進「利率上限」（interest rate cap）合約以保護未來利率上漲的風險。已知名目本金是2,000萬元，1年後到期，標的利率是3M TAIBOR，每3個月結

算一次，上限利率（cap rate）為3%。假設3個月後，3M TAIBOR
為3.2%，則銀行應支付多少金額給A公司？

(A)0.8萬元   (B)1萬元

(C)1.2萬元   (D)1.3萬元。

解答與解析 （答案標示為#者，表官方曾公告更正該題答案。）

1 (D)。 行政院金融監督管理委員會98年6月2日金管銀外字第09850004190號函釋規定，銀行辦理結合存款與衍生性金融商品之結構型商品業務，此類商品存款成分有可能非100%保障，基於此係消費者承作重要考量之一，故銀行負有義務揭露各項成分之風險、法令限制及報償型態，避免消費者誤解，故選項(D)錯誤。

2 (C)。 銀行辦理衍生性金融商品業務應注意事項規定，本國金融機構於委託國外金融機構從事組合式商品避險交易時，應於相關合約中明確要求交易對手在避險操作上應避免損及客戶權益、避免利益衝突或影響市場之情事，若未能符合者，應暫不考慮與其進行交易。

3 (D)。 銀行辦理衍生性金融商品自律規範規定，向金融監督管理委員會申訴，而非向消費者保護中心申訴，故選項(D)有誤。

4 (D)。 根據《銀行辦理衍生性金融商品自律規範》第22條：
銀行向一般客戶銷售結構型商品，其銷售對象應有衍生性金融商品或結構型商品交易經驗或曾從事金融、證券、保險等相關行業之經歷。

5 (A)。 銀行向一般客戶提供結構型商品交易服務，應盡告知義務；對於交易條件標準化且存續期限超過六個月之商品，應提供一般客戶不低於七日之審閱期間審閱結構型商品相關契約；對於無須提供審閱期之商品，應於產品說明書上明確標示該商品並無契約審閱期間。

6 (A)。 銀行對屬自然人之一般客戶提供單項衍生性金融商品（非屬結構型商品之衍生性金融商品）交易服務以外匯保證金交易、陽春型遠期外匯、買入陽春型外幣匯率選擇權及買入轉換／交換公司債資產交換選擇權為限。

7 (D)。 依《銀行辦理衍生性金融商品業務內部作業制度及程序管理辦法》第5、9、20條，銀行辦理衍生性金融商品，應向其申報相關交易資訊之機構包括：金融監督管理委員會、財團法人中華民國證券櫃檯買賣中心、財團法人金融聯合徵信中心。

8 (D)。根據《銀行業辦理外匯業務管理辦法》第12條，指定銀行得不經申請逕行辦理下列外匯衍生性商品業務：

一、遠期外匯交易（不含無本金交割新臺幣遠期外匯交易）。

二、換匯交易。

三、業經本行許可或函報本行備查未涉及新臺幣匯率之外匯衍生性商品，連結同一風險標的，透過相同交易契約之再行組合，但不含對專業機構投資人及高淨值投資法人以外之客戶辦理之複雜性高風險外匯衍生性商品。

四、國內指定銀行間及其與國外銀行間辦理未涉及新臺幣匯率之外匯衍生性商品。

五、以期貨交易人身分辦理未涉及新臺幣匯率之國內外期貨交易契約。

9 (A)。

(1) 銀《行辦理衍生性金融商品業務內部作業制度及程序管理辦法》第25-1條規定：「……一、屬匯率類之複雜性高風險商品：(一)契約期限不得超過一年。(二)契約比價或結算期數不得超過十二期。(三)非避險目的交易之個別交易損失上限，不得超過平均單期名目本金之三點六倍。……」

(2) 500千美元×3.6（倍）＝1,800（千美元）。

10 (D)。銀行業辦理外匯業務管理辦法第36條規定：「……三、無本金交割新臺幣遠期外匯業務（NDF）。(一)承作對象以國內指定銀行及指定銀行本身之海外分行或總行為限。……」

11 (C)。銀行辦理衍生性金融商品業務內部作業制度及程序管理辦法第19條規定：「……銀行辦理衍生性金融商品業務之交易、交割、推介、風險管理之經辦及相關管理人員，每年應參加國內金融訓練機構所舉辦或銀行自行舉辦之衍生性金融商品教育訓練課程時數達十二小時以上；其中參加國內金融訓練機構所舉辦之衍生性金融商品教育訓練課程，不得低於應達訓練時數之二分之一。……」

12 (A)。根據《銀行辦理衍生性金融商品自律規範》第8條，銀行對屬自然人之一般客戶提供單項衍生性金融商品（非屬結構型商品之衍生性金融商品）交易服務以外匯保證金交易、陽春型遠期外匯、買入陽春型外幣匯率選擇權及買入轉換/交換公司債資產交換選擇權為限。

13 (D)。《銀行國際金融業務分行辦理衍生性金融商品業務規範》規定：「銀行國際金融業務分行訂定接受客戶之標準，非屬本辦法第三條第一項第一款及第二款所稱專業機構投資人及高淨值投資法人之其他專業法人，應符合下列條件之一：

(一)最近一期經會計師查核或核閱之財務報告總資產超過新臺幣一億元。

(二)經母公司保證或提供擔保品，且母公司最近一期經會計師查核或核閱之財務報告總資產超過新臺幣一億元。

(三)與金融機構往來之資產總額合計超過新臺幣一億元。

(四)其他相當或不低於前三款之分類標準並經風險管理主管及法令遵循主管審核。

14 (B)。依據金管會《銀行提供境外衍生性金融商品資訊及諮詢服務應注意事項》第4點第1項規定辦理：指定銀行經金管會核准旨揭業務後，應於業務開辦一週內檢附法規遵循聲明書、董事會決議之議事錄、人員資歷表及該會核准函，函報本行備查。

15 (B)。銀行對屬自然人之一般客戶提供保本型結構型商品業務應符合下列原則：

(1)計價幣別以銀行可受理之幣別（包含人民幣）為限。

(2)不得連結下列標的：

　A.新臺幣匯率指標。

　B.本國企業於國外發行之有價證券。

　C.國內證券投資信託事業於國外發行之受益憑證。

　D.國內外機構編製之臺股指數及其相關金融商品。但如該指數係由臺灣證券交易所或證券櫃檯買賣中心公布之各

類指數及該指數係由臺灣證券交易所或證券櫃檯買賣中心與國外機構合作編製非以臺股為主要成分股之指數，不在此限。

　E.未經金融監督管理委員會核准或申報生效得募集及銷售之境外基金。

　F.國外私募之有價證券。

16 (B)。所謂交易對手風險即交易對手不履約的風險。

甲上貿易公司因資金週轉不靈發生違約，故大成銀行承受交易對手（甲上貿易）違約之信用風險最鉅。

17 (C)。Vega是用來衡量期貨價格的波動率的變化對期權價值的影響。用公式表示：Vega＝期權價格變化／波動率的變化。

18 (C)。依照IFRS 9之分類標準，純粹為收取本金及利息之債務工具投資應分類為按攤銷後成本衡量之金融資產。

19 (B)。針對僅為收取合約現金流量之經營模式，此模式不須要求持有該資產至到期日。

20 (B)。嵌入式衍生工具於符合特定條件時，應與主契約拆解分別認列，前述條件為：

(1)經濟特性及風險與主契約之經濟特性、風險並非緊密關聯。

(2)相同條件之單獨工具符合衍生工具之定義。

(3)混合工具非按公允價值衡量且
公允價值變動認列於損益者。

21 (A)

22 (C)。依據金管會的定義，衍生性
金融商品是一種金融交易的合約，
其標的資產包括利率、匯率、個股，
或者各種指數（股票指數、消費者
物價指數，以及天氣指數）等。

23 (A)。利率上限（Cap）：為利率
買權，指在約定的比價日，市場指
標利率高於履約利率時，利率選擇
權之買方得依履約利率與指標利率
間收取利息差額的權利。對以浮動
利率進行籌資之企業而言，可將長
期負債的利息成本完全鎖定在一定
水準之下，將可有效規避企業利率
風險。

24 (B)。權益型權證一般是由公司企
業所發行的，持有人有權利向該公
司轉換成股票而該公司的股東。
個股型權證有很多類型，如：股票
型權證（與現股股價連結）、ETF
型權證（與ETF連結，如0050、富
邦上證反一等等）、指數型權證
（與指數連結，如台股指數、金融
指數、電子指數等等），上述個股
型權證的標的證券可以有很多檔股
票標的，不只侷限兩檔。

25 (C)。 $10,000 \times 6\% = 600$
$600 \div 12$（月）$= 50$
$10,000 \times 10\%(100\% - 90\%) = 1,000$
$1,000 + 50 = 1,050$

26 (D)。
(1)交換（Swap）是指金融工具
間的互換，根據國際清算銀行
（BIS）的定義，金融交換是交
易雙方在一定期間內，交換不
同標的物之現金流量的協議。
從事交換交易的目的，在於涉
足此一交易之雙方均能從中獲
得其所希望之利益，不外是減
少資金成本、降低財務風險、
增加資金籌措來源及最適化公
司資產負債結構等。
(2)金融交換是由1970年代的「平
行貸款」及「相互擔保貸款」
（Back to Back Loan）所衍生
出來的。
平行貸款是指在不同國家的兩個母
公司分別在國內向對方公司在本國
境內的子公司提供金額相當的本幣
貸款，並承諾在指定到期日，各自
歸還所借貨幣。

27 (D)。交換買權：買方有權力執行
收取固定利息，支付浮動利息的利
率交換，又稱收取者交換權。
交換賣權：買方有權利執行支付固
定利息，收取浮動利息的利率交
換，又稱支付者交換權。

28 (A)。保本型債券（Principal-
Guaranteed Notes，PGN）：是一
種由固定收益商品再加上參與分配
連結標的資產報酬之權利所組合而
成之衍生性金融商品。該保本型債
券產品於到期時，本金可獲得一
定比例保障，而透過連結標的選擇

權，投資人尚可享受未來連結標的
價格上漲機會。
保本型債券之產品結構為：買進零
息債券＋買進各型選擇權
保本型債券之到期收益為：（本金
＋利息）＋履約價值

29 (C)。區間計息債券，需要兩個不
同臨界點當區間作。

30 (D)。利率浮動於5％－9％間，
票面利率為LIBOR＋0.5％的
「附有利率上下限的浮動債券」
（collared FRN）可分解為：
完全浮動利率債券（LIBOR）＋年
息（.5％）－利率上限（Max8.5％）
＋利率下限（Min4.5％）。

31 (A)。遠期合約是現金交易，買方
和賣方達成協議在未來的某一特定
日期交割一定質量和數量的商品。

32 (A)。同時買進一買權和買進一賣
權（下跨或下勒式組合策略）
應用時機：重大訊息公佈前、或已
盤整相當時間，預期股價會有波段
行情的啟動，只是不確定突破的方
向時，可以採用同時買進買權和賣
權的交易策略，組合成下跨式或是
下勒式。

33 (B)。根據2003年ISDA對於信用
衍生性商品的定義，將信用事件歸
類為以下六大項：
(1) 破產（Bankruptcy）。
(2) 未能付款（Failure to Pay）。
(3) 債務加速到期（Obligation
Acceleration）。

(4) 債務違約（Obligation Default）。
(5) 拒付/延期償付（Repudiation/
Moratorium）。
(6) 債務重整（Restructuring）。

34 (C)。交易商願意以名目本金的
0.32％買進、0.38％賣出韓國政府
的信用保險（以低買高賣交易商才
能獲利思考即可）。

35 (C)。
(1) 現行客戶與本行承作之衍生性金
融商品主要分為匯率類、利率
類、商品類，利率類包含：利
率交換、利率選擇權等，提供
客戶利率避險所需。利率交換
（Interest Rate Swap,簡稱IRS）
是衍生性金融商品，為交易雙方
立約相同幣別、相同本金和相同
期限，進行利息交換。
(2) 選項(C)英鎊期貨是以英鎊匯率
為交易標的之期貨會約，屬匯
率類衍生性金融商品，非利率
類衍生性金融商品。

36 (B)。貨幣換匯交易（Foreign
Exchange Swaps;簡稱FX Swaps）：
以A貨幣交換B貨幣，並於約定未
來某一特定時日，再以B貨幣換回
A貨幣，在買賣雙方無外匯匯率變
動的風險下，藉由不同幣別資金之
交換使用，以使交易雙方資金調度
且規避匯率風險。其優點包括：交
換兩種貨幣並約定於到期日換回
原貨幣、彈性靈活可提前交割或展
期、適合短期資金調度操作。

故選項(B)錯誤,非以調控匯率為
目的,應為規避匯率風險為主。

37 (B)。〔7.50%＋(6.90%－BA利
率)＋CAP(14.40%)＋7.50%＋(BA
利率－6.90%)－CAP(14.40%)〕
÷2＝7.50%

38 (C)。
該張A公司本金連動債券合理價格
＝15.444%＋87.04%＝102.48%。

39 (C)。結構型債券到期時價值:
＝債券面額×〔0.9＋0.5×
Max(0,0.12－台股指數報酬率)〕
＝100×〔0.9＋0.5×Max(0,0.12－0)〕
＝100×〔0.9＋0.5×(0.12－(－0.2)〕
＝106

40 (C)。10萬美元×1／32（4%）
×4＝125.0美元（獲利）

41 (B)。根據《銀行辦理衍生性金融
商品業務內部作業制度及程序管理
辦法》第7條,銀行已取得辦理衍
生性金融商品業務之核准者,得開
辦各種衍生性金融商品及其商品之
組合,並於開辦後十五日內檢附商
品特性說明書、法規遵循聲明書及
風險預告書報金管會備查。

42 (B)。由於衍生性金融商品並非存
款,而係一項投資,故投資本金
不受存款保險之保障。故選項(B)
錯誤。

43 (C)。根據《銀行辦理衍生性金融
商品業務內部作業制度及程序管理
辦法》第3條,僅(C)不符合,應改

成「最近一期經會計師查核或核
閱之財務報告淨資產超過新臺幣
二百億元之法人。」

44 (D)。
根據金管銀外字第10550000352號,銀
行應定期評估檢討有價證券抵繳期
初保證金之標的範圍、評價價值計
算方式與折扣比率之妥適性與合理
性,至少每年評估檢討一次。

45 (D)。根據《銀行業辦理外匯業務
管理辦法》第12條:指定銀行辦理
前項以外之外匯衍生性商品業務,
應依下列類別,向本行申請許可或
函報備查:……三、開辦後函報備
查類:以經許可辦理任一項外匯
衍生性商品業務之指定銀行為限:
(一)開放已滿半年且未涉及新臺幣
匯率之外匯衍生性商品業務。(二)
對專業機構投資人及高淨值投資法
人辦理尚未開放或開放未滿半年,
且未涉及新臺幣匯率之外匯衍生性
商品業務,並符合其主管機關相關
規定。

46 (C)。
(1)根據金管銀外字第10600064741
號函,銀行核給或展延客戶交
易額度,應確認核給客戶之高
風險衍生性金融商品交易額度
（包括避險額度與非避險額
度）,不得超過客戶可驗證往
來資力之250%。
(2)信用轉換係數（Credit Conversion
Factor,CCF)是指用來衡量表外
資產轉換為表內資產的風險程
度的指標。

(3) 1,000250％＝2,500（萬）
　　50萬×12（次）×2（倍）＝
　　1,200（萬）
　　1,200×5％（轉換因子）＝60
　　2,500÷60≒41（筆）

47 (B)。 銀行業辦理外匯業務管理辦
法第32條：
外匯信用違約交換交易（Credit
Default Swap）及外匯信用違
約選擇權交易（Credit Default
Option）：
(一)承作對象以屬法人之專業客戶
為限。
(二)對象如為國內顧客者，除其主
管機關規定得承作信用衍生性
商品且為信用風險承擔者外，
僅得承作顧客為信用風險買方
之外匯信用衍生性商品。

48 (B)。 根據《銀行業辦理外匯業務
管理辦法》第31條：承作對象為國內
法人無須檢附文件；對國外法人及
自然人應查驗主管機關核准文件。

49 (A)。 傳統的信用風險管理手段主
要包括分散投資、防止授信集中
化、加強對借款人的信用審查和動
態監控，要求提供抵押或擔保的信
用強化措施等。
選項(A)錯誤，應對交易對手信用
條件做調查，非審核。

50 (A)。 停損限額（Stop loss Limit）：
當交易員之部位累積損失到達或接
近停損限額時，交易員之部位須受到
限制，以將部位損失控制在停損限額
內。故當衍生性金融商品的波動比一

般商品更為劇烈，因此金融機構為避
免市場風險發生，必須對每位交易員
進行停損限額控制較適當。

51 (B)。 結算風險：乃指當主體一方
已經付款後，而交易對手有可能違
約的可能性。對外匯交易來說這種
違約的可能性是很高的，因為早晨
可能在歐洲即已付款，然而交割卻
是稍後才在美洲進行。
選項(A)為流動性風險，選項(C)和
(D)屬價格風險。

52 (D)。 Delta值：期貨價格變動所引
起期權價格的變化幅度。
Theta值：用來測量時間變化對期
權理論價值的影響。
Vega值：用來衡量期貨價格的波動
率的變化對期權價值的影響。
故，僅選項(D)Omega不是市場風
險敏感度分析指標。

53 (D)。 X2年4月1日以$2,014,000
處分該金融資產，因此X2年度
處分投資利益為($2,014,000－
$2,000,000)＝$14,000

54 (C)。 第二年年底：
借：透過損益按公允價值衡量股票
　　投資評價調整　　7,000
　　貸：其他綜合損益　　7,000

55 (A)。
(1)適用避險會計之條件：
　A.避險開始的正式書面文件（有
　　關避險關係、策略、風險管理
　　目標等）。應載明避險工具、
　　被避險項目及如何評估二者間

之公允價值變動。

B. 預期能達高度有效避險且與原風險管理策略一致。

C. 以預期交易之現金流量而言，該預期交易須高度很有可能發生且其現金流量之變動將影響損益。

D. 避險有效性能可靠衡量。

E. 避險有效性需持續評估，且財務報表期間需為高度有效避險。

(2) 預期採購之原料不符合適用避險會計之條件，不適用公允價值避險之會計處理。

56 (A)。訂約日應將所收取的權利金認列為持有供交易之金融負債。

57 (A)。衍生性工具為一零和博弈，即各方收益與損失之和永遠為零，假設買方贏，賣方便是輸，合約交易的雙方盈虧完全負相關，淨損益為零，因此稱「零和」。

58 (B)。財務會計準則第34號公報規定之避險型態為：

(1) 公允價值避險。

(2) 現金流量避險。

(3) 國外營運機構淨投資避險。

59 (C)。在共同基金的管理以及投資組合的選取上，有一個經常被提及的觀念，稱為β（Beta）值。β值又常被稱為風險係數，是一種評估「系統性風險」的工具，其可以利用Beta值來衡量單一標的或是一個投資組合，對比整體市場（大盤）的波動性，也就是投資的商品報酬相對於大盤表現的波動程度。

β值＝Cov（X,M）／Var（M）

其中，Cov（X,M）是X與M的互變異數；Var（M）是的M變異數

最適避險比率（H）＝（兩資產報酬率之相關係數現貨資產之標準差）／期貨資產之標準差

→$(0.825 \times 0.4)/0.3 = 1.1$。

60 (B)。

2000萬$\times (3.2\% - 3.0\%) \times 3/12 = 1$。

信託業務｜銀行內控｜
初階授信｜初階外匯｜
理財規劃｜保險人員推薦用書

千華出品
有口皆碑

2F021121	初階外匯人員專業測驗重點整理+模擬試題	蘇育群	510元
2F031111	債權委外催收人員專業能力測驗重點整理+模擬試題	王文宏 邱雯瑄	470元
2F041101	外幣保單證照 7日速成	陳宣仲	430元
2F051111	無形資產評價師(初級、中級)能力鑑定速成	陳善	460元
2F061111	證券商高級業務員(重點整理+試題演練)	蘇育群	650元
2F071121	證券商業務員(重點整理+試題演練)	金永瑩	近期出版
2F081101	金融科技力知識檢定(重點整理+模擬試題)	李宗翰	390元
2F091121	風險管理基本能力測驗一次過關	金善英	近期出版
2F101121	理財規劃人員專業證照10日速成	楊昊軒	390元
2F111101	外匯交易專業能力測驗一次過關	蘇育群	390元

2F141121	防制洗錢與打擊資恐(重點整理+試題演練)	成琳	630元
2F151121	金融科技力知識檢定主題式題庫(含歷年試題解析)	黃秋樺	470元
2F161121	防制洗錢與打擊資恐7日速成	艾辰	550元
2F171121	14堂人身保險業務員資格測驗課	陳宣仲 李元富	490元
2F181111	證券交易相關法規與實務	尹安	590元
2F191121	投資學與財務分析	王志成	570元
2F201121	證券投資與財務分析	王志成	460元
2F621111	信託業務專業測驗考前猜題及歷屆試題	龍田	590元
2F791121	圖解式金融市場常識與職業道德	金融編輯小組	430元
2F811121	銀行內部控制與內部稽核測驗焦點速成+歷屆試題	薛常湧	590元
2F851121	信託業務人員專業測驗一次過關	蔡季霖	近期出版
2F861121	衍生性金融商品銷售人員資格測驗一次過關	可樂	470元
2F881121	理財規劃人員專業能力測驗一次過關	可樂	600元
2F901121	初階授信人員專業能力測驗重點整理+歷年試題解析二合一過關寶典	艾帕斯	560元
2F911101	投信投顧相關法規(含自律規範)重點統整+歷年試題解析二合一過關寶典	陳怡如	470元
2F951101	財產保險業務員資格測驗(重點整理+試題演練)	楊昊軒	490元
2F121121	投資型保險商品第一科7日速成	葉佳洺	590元
2F131121	投資型保險商品第二科7日速成	葉佳洺	近期出版
2F991081	企業內部控制基本能力測驗(重點統整+歷年試題)	高瀅	450元

千華數位文化股份有限公司

■新北市中和區中山路三段136巷10弄17號 ■千華公職資訊網 http://www.chienhua.com.tw
■TEL: 02-22289070 FAX: 02-22289076

學習方法 系列

如何有效率地準備並順利上榜，學習方法正是關鍵！

榮登新書快銷榜

—— 連三金榜 黃禕 ——

翻轉思考 破解道聽塗說	適合的最好 調整習慣來應考	一定學得會 萬用邏輯訓練

三次上榜的國考達人經驗分享！
運用邏輯記憶訓練，教你背得有效率！
記得快也記得牢，從方法變成心法！

作者在投入國考的初期也曾遭遇過書中所提到類似的問題，因此在第一次上榜後積極投入記憶術的研究，並自創一套完整且適用於國考的記憶術架構，此後憑藉這套記憶術架構，在不被看好的情況下先後考取司法特考監所管理員及移民特考三等，印證這套記憶術的實用性。期待透過此書，能幫助同樣面臨記憶困擾的國考生早日金榜題名。

最強校長 謝龍卿

榮登博客來暢銷榜

經驗分享＋考題破解
帶你讀懂考題的know-how!

open your mind！
讓大腦全面啟動，做你的防彈少年！

108課綱是什麼？考題怎麼出？試要怎麼考？書中針對學測、統測、分科測驗做統整與歸納。並包括大學入學管道介紹、課內外學習資源應用、專題研究技巧、自主學習應用，以及學習歷程檔案製作等。書籍內容編寫的目的主要是幫助中學階段後期的學生與家長，涵蓋普高、技高、綜高與單高。也非常適合國中學生超前學習、五專學生自修之用，或是學校老師與社會賢達了解中學階段學習內容與政策變化的參考。

千華會員享有最值優惠!

立即加入會員

會員等級	一般會員	VIP 會員	上榜考生
條件	免費加入	1. 直接付費 1500 元 2. 單筆購物滿 5000 元	提供國考、證照相關考試上榜及教材使用證明
折價券	200 元	500 元	
購物折扣	·平時購書 9 折 ·新書 79 折 (兩周)	·書籍 75 折　·函授 5 折	
生日驚喜		●	●
任選書籍三本		●	●
學習診斷測驗(5科)		●	●
電子書(1本)		●	●
名師面對面			

facebook

公職 · 證照考試資訊

專業考用書籍｜數位學習課程｜考試經驗分享

千華公職證照粉絲團

按讚送E-coupon

Step1. 於FB「千華公職證照粉絲團」按讚

Step2. 請在粉絲團的訊息，留下您的千華會員帳號

Step3. 粉絲團管理者核對您的會員帳號後，將立即回贈e-coupon 200元。

金佰圓

千華 Line@ 專人諮詢服務

✓ 有疑問想要諮詢嗎？歡迎加入千華LINE@！

✓ 無論是考試日期、教材推薦、勘誤問題等，都能得到滿意的服務。

✓ 我們提供專人諮詢互動，更能時時掌握考訊及優惠活動！

國家圖書館出版品預行編目(CIP)資料

(金融證照)衍生性金融商品銷售人員資格測驗一次過關
/可樂編著. -- 第五版. -- 新北市：千華數位文化股
份有限公司, 2023.02
　　面；　公分
ISBN 978-626-337-538-3 (平裝)

1.CST: 衍生性商品

563.5　　　　　　　　　　111022021

[金融證照]

衍生性金融商品銷售人員資格測驗一次過關

編　著　者：可　樂

發　行　人：廖雪鳳

登　記　證：行政院新聞局局版台業字第 3388 號

出　版　者：千華數位文化股份有限公司

地址／新北市中和區中山路三段 136 巷 10 弄 17 號

電話／(02)2228-9070　傳真／(02)2228-9076

郵撥／第 19924628 號　千華數位文化公司帳戶

千華公職資訊網：http://www.chienhua.com.tw

千華網路書店：http://www.chienhua.com.tw/bookstore

網路客服信箱：chienhua@chienhua.com.tw

法律顧問：永然聯合法律事務所

編輯經理：甯開遠

主　　編：甯開遠

執行編輯：尤家瑋

校　　對：千華資深編輯群

排版主任：陳春花

排　　版：翁以倢

出版日期：2023 年 2 月 20 日　　第五版／第一刷

本書如有勘誤或其他補充資料，
將刊於千華公職資訊網　http://www.chienhua.com.tw
歡迎上網下載。